인권법이론

양천수

Theorie der Menschenrechte

박영사

Theorie der Menschenrechte

Bearbeitet von
Dr. Chun‑Soo Yang
Professor an der Yeungnam Universität

1. Auflage

Parkyoungsa Verlag
Seoul, Korea
2023

서 문

2006년 9월 영남대학교에 임용된 이래 필자는 자의 반 타의 반으로 인권 연구에 몰입하게 되었다. 크게 세 가지가 계기가 되었다. 첫째는 영남대학교 법학전문대학원이 특성화 목표로 설정한 '공익·인권'을 구체화하는 작업에 필자가 주도적으로 참여했다는 점이다. 둘째는 법학전문대학원 특성화의 일환으로 설립된 영남대학교 인권교육연구센터장을 필자가 오랫동안 맡아 운영해 왔다는 점이다. 셋째는 이의 연장선상에서 영남대학교 인권교육연구센터에서 발간하는 특성화 저널 『인권이론과 실천』에 필자가 매번 인권 관련 논문을 게재해야 했다는 점이다. 물론 이 세 가지 이유만이 계기가 된 것은 아니지만 이후 필자는 인권 연구, 그중에서도 인권의 이론적 연구에 오랫동안 천착하였다. 무엇보다도 자연법의 확실성이 사라진 현대 다원주의 사회에서 인권의 보편성을 여전히 인정할 수 있는지, 만약 그렇다면 이를 어떻게 근거지을 수 있는지에 관심을 기울였다. 필자는 형법이 규율해야 하는 범죄, 그 가운데서도 실질적 범죄 개념의 바탕이 되는 법익(Rechtsgut) 개념을 독일의 사회철학자 하버마스(Jürgen Habermas)의 대화이론(Diskurstheorie)에 힘입어 새롭게 구성하는 작업으로 박사학위 논문을 썼다. 그 과정에서 우리가 자의적으로 처분할 수 없는 그 무엇을 오늘날에도 여전히 긍정할 수 있을지를 오랜 시간 고민하였다. 그리고 독일의 지도 교수이신 클라우스 귄터(Klaus Günther) 교수님의 가르침으로 복잡성과 우연성, 다원성이 지배하는 오늘날에도 여전히 처분할 수 없는 핵심 가치를 인정할 수 있음을 깨닫게 되었다. 필자가 인권의 보편성에 관심을 가진 것은 독일에서 박사학위 논문을 쓰면서 마주한 문제의식과도 관련이 없지는 않을 것이다. 이러한 맥락에서 이 책은 인권법에 관한 이론을 다룬다. 인권 및 인권법에 관한 이론적·실천적 문제와 해결 방향을 논한다. 특히 인권의 보편성 문제를 중심으로 하여 오늘날 인권에 제기되는 여러 이론적·실천적 문제를 풀기 위해 그동안 필자가 고

민했던 여정을 담는다. 그 과정에서 이 책은 인권법에 관한 사회철학적·사회이론적 관점을 수용한다. 그 점에서 이 책은 인권법사회학에 관한 연구로 볼 수도 있겠다.

이번에도 많은 분의 귀한 도움에 힘입어 이 책을 낼 수 있었다. 그중 몇 분에게는 특별히 감사 인사를 드리고 싶다. 먼저 이 책을 쓰는 데 가장 기초가 되는 가르침을 주신 이상돈 교수님과 클라우스 귄터 교수님에게 감사를 드린다. 독일의 사회학자 루만(Niklas Luhmann)이 언제나 파슨스(Talcott Parsons)를 회고한 것처럼 필자는 매번 두 분 스승님의 가르침을 떠올린다. 이철우 교수님께 감사를 드린다. 법사회학을 포함한 법학 및 사회과학 전반에 엄격한 학문적 태도와 열정을 보여주시는 교수님의 모습에서 많은 것을 배운다. 특히 다문화주의에 관해 많은 가르침을 받았다. 김현철 교수님께 감사를 드린다. 인권의 기초가 되는 권리 개념에 관한 깊이 있는 연구를 통해 그리고 평소 베풀어주시는 학문적 격려를 통해 학자로서 힘을 얻는다. 협력적 개입에 관해 귀한 통찰을 가르쳐 주신 정태욱 교수님과 청소년 인권에 관해 유익한 시사점을 제공해 주신 이소영 교수님에게 감사를 드린다. 필자의 초고를 면밀하게 교정해 주신 영남대학교 법학연구소의 백윤진 박사와 박정인 연구원에게 감사를 드린다. 이번에도 책을 낼 수 있도록 배려해 주신 박영사의 장규식 팀장님께 감사를 드린다. 그리고 역시 이번에도 큰 힘이 되어 주신 박영사의 이승현 차장님께 감사를 드린다. 이승현 차장님의 섬세한 편집 작업 덕분에 필자의 원고에 남아 있던 오류를 바로잡을 수 있었다. 『공학법제』,『삼단논법과 법학방법』,『책임과 법』,『디지털 전환시대의 법이론』에 이어 이번에도 차장님께 큰 신세를 졌다. 우리나라가 지속 가능한 나라가 되도록 힘써주시는 모든 분에게 이 책을 바친다.

2023년 여름의 초입에
양천수 배상

차 례

제1장 서론

제2장 인권의 의의와 문제

제3장 통합과학으로서 인권법학

제4장 인권법체계의 자기생산적 구조

제5장 인권의 보편성에 관한 이론적 문제

제8장 동아시아적 인권 구상의 가능성

제9장 상호합법성과 북한 인권 문제

제10장 북한이탈주민 이혼소송과 인권법정책

제11장 생명공학과 인권

제12장 생명윤리의 법정책과 인권

제13장 청소년 인권정책의 방향

제14장 기업과 인권

제15장 자유주의적 공동체주의 인권 구상

제16장 현대 안전사회와 인권

제17장 시민불복종과 인권

제18장 전쟁과 인권

01 서론

1. 목표

이 책은 인권법에 관한 이론을 다룬다. 구체적으로 말하면 인권 및 인권법에 관한 이론적·실천적 문제와 해결 방향을 논한다. 2001년 국가인권위원회가 새롭게 출범하면서 인권은 그 어느 때보다 우리 사회에서 중요한 역할을 한다. 그리고 이에 발맞추어 인권을 고유한 학문적 대상으로 삼는 이른바 인권법학도 독자적인 학문영역으로 성장하였다.[1]

인권을 향한 사회적 관심이 늘어나고 인권법학이 독자적인 학문으로 자리매김하는 것에 발맞추어 인권에 관한 다양한 이론적·실천적 문제가 제기된다. 근대 인권 구상이 전제로 삼았던 다양한 이론적 토대에 대한 이론적·실천적 도전, 가령 인권의 보편성에 대한 도전 등을 이러한 예로 언급할 수 있다. 이 책은 오늘날 인권에 제기되는 여러 이론적·실천적 문제를 풀기 위해 그동안 필자가 고민한 여정을 담는다. 기초법학을 전공으로 하는 필자의 학문 성향상 실천적 문제보다는 이론적 문제에 더 무게중심을 둔다. 하지만 필자가 고민 끝에 구축한 이론적 기초를 바탕으로 하여 몇몇 실천적 문제도 다룬다. 이는 일종의 이론 적용에 해당한다. 다만 이는 아직 완성되지 않은 필자의 대응이라는 점을 미리 밝힌다.

---

1 제2장 Ⅳ.에서 논증하듯이 필자는 인권과 인권법을 개념적으로 구별한다. 이러한 견지에서 보면 '인권학'과 '인권법학'도 엄밀하게 구별해야 한다. 그렇지만 현재 우리 학계에서는 양자가 혼용되고 있기에 이 책에서는 인권법학으로 통일해서 사용하고자 한다.

2. 방법론

이 책은 크게 두 이론을 방법론적 기초로 삼는다. 독일의 사회학자 니클라스 루만(Niklas Luhmann)이 구축한 체계이론(Systemtheorie)과 독일의 사회철학자 하버마스(Jürgen Habermas)가 정립한 대화이론(Diskurstheorie)이 그것이다.[2] 루만의 체계이론은 오늘날 인권이 처한 이론적 문제를 규명할 때 주로 원용된다. 하버마스의 대화이론은 현대 인권이론이 직면한 문제를 해결하거나 실천적인 인권 문제를 풀어갈 때 끌어온다. 그 점에서 이 책은 인권이라는 문제를 계기로 하여 체계이론과 대화이론을 연결하고자 하는 시도로 볼 수 있겠다.

물론 이러한 시도에는 다음과 같은 반론을 던질 수 있다. 관찰자 관점에 바탕을 둔 체계이론과 참여자 관점에 기반을 둔 대화이론이 어떻게 이론적으로 화해할 수 있을까의 반론이 그것이다. 무엇보다도 루만 자신이 하버마스의 상호주관적 기획을 성공할 수 없는 것으로 비판했다는 점에서 이러한 반론은 힘을 얻는다. 사실 두 이론을 어떻게 연결할 수 있는지는 필자가 직면한 거대한 이론적 난문이다. 사회적 체계와 환경은 직접 소통할 수 없다는 체계이론과 상호주관성에 기반을 두어 모든 참여자가 이해하고 동의할 수 있는 합의를 도출하고자 하는 대화이론이 어떻게 양립할 수 있을까? '체계/생활세계' 구별을 활용하는 하버마스의 사회이론과 '체계/환경' 구별로 현대사회의 기능적 분화를 관찰하는 루만의 사회이론을 어떻게 화해시킬 수 있을까? 이 책은 이러한 의문에 지금까지 필자가 고민한 중간 여정으로 답한다. 그 때문에 여전히 불완전하다. 다만 선구적으로 이러한 시도를 한 독일의 법사회학자 토이브너(Gunther Teubner)에 힘입어 책임을 회피하고자 한다.

이렇게 보면 이 책이 추구하는 인권법이론은 '인권법사회학' 또는 '인권법·사회철학'으로 이해해도 무방할 듯싶다.

3. 전체 구성

거칠게 개관하면 이 책은 두 부분으로 구성된다. 인권법의 이론적 문제를

---

2 하버마스는 필자의 독일 스승인 클라우스 귄터(Klaus Günther)의 스승이기도 하다. 이렇게 보면 필자 역시 프랑크푸르트학파의 학문적 계보를 이어받는다.

다루는 부분과 실천적 문제를 다루는 부분이 그것이다.

인권법의 이론적 문제를 다루는 부분은 인권의 개념과 특성, 이론적 기초 및 이론적 도전 등을 검토한다. 특히 인권의 보편성과 자기생산성, 다문화적·동아시아적 인권의 가능성, 상호합법성과 인권을 규명하는 데 논의를 집중한다. 제2장 인권의 의의와 문제, 제3장 통합과학으로서 인권법학, 제4장 인권법체계의 자기생산적 구조, 제5장 인권의 보편성에 관한 이론적 문제, 제6장 다문화시대의 인권법정책, 제7장 다문화적 인권의 가능성, 제8장 동아시아적 인권 구상의 가능성, 제9장 상호합법성과 북한 인권 문제가 이에 해당한다.

인권법의 실천적 문제를 다루는 부분은 생명공학, 청소년, 기업, 안전사회, 시민불복종, 전쟁에 관한 인권 문제를 검토한다. 제10장 북한이탈주민 이혼소송과 인권법정책, 제11장 생명공학과 인권, 제12장 생명윤리의 법정책과 인권, 제13장 청소년 인권정책의 방향, 제14장 기업과 인권, 제15장 자유주의적 공동체주의 인권 구상, 제16장 현대 안전사회와 인권, 제17장 시민불복종과 인권, 제18장 전쟁과 인권이 이에 해당한다.[3]

4. 각 장의 문제의식

이 책은 모두 18개의 장으로 구성된다. 각 장의 문제의식을 간략하게 개관하면 다음과 같다.

(1) 서론

제1장 서론에서는 이 책이 무엇을 목표로 하는지, 이 책이 원용하는 방법론은 무엇인지, 이 책의 전체 구성은 어떻게 되어 있는지를 간략하게 밝힌다.

(2) 인권의 의의와 문제

제2장 인권의 의의와 문제에서는 인권이란 무엇인지, 인권의 이론적 기초

---

3 다만 제15장 자유주의적 공동체주의 인권 구상은 이론적 성격과 실천적 성격을 모두 가진다. 자유주의적 공동체주의 인권 구상의 가능성을 모색한다는 점에서는 이론적이지만, 이러한 가능성이 완결되어 나타나지 않고 삶의 질 문제에 대한 연관성만을 간략하게 밝힌다는 점에서 실천적이다.

가 무엇인지, 오늘날 인권에 어떤 이론적·실천적 도전이 제기되는지, 인권과 기본권, 인권과 인권법은 어떻게 구별할 수 있는지를 다룬다. 제2장은 인권의 이론적 기초로 인간중심주의, 보편주의, 권리중심주의, 주체중심주의를 제시하면서 이에 어떤 도전이 제기되는지 살펴본다.[4]

(3) 통합과학으로서 인권법학

제3장은 인권법과 이러한 인권법을 연구 대상으로 하는 인권법학이 어떤 성격을 가지는지 다룬다.[5] 제3장은 인권법을 전문법의 일종으로, 인권법학을 통합과학으로 규정한다. 기초법학자 이상돈 교수가 기초를 마련한 전문법은 공법/사법/형사법으로 구별되는 기존의 기본 삼법체계를 넘어 오늘날 새롭게 출현한 법형식을 말한다. 제3장은 인권법 역시 이러한 전문법에 해당함을 논증한다. 더불어 인권법을 다루는 인권법학도 단순히 어느 한 전공에만 속하는 법의 분과가 아니라 법학의 다양한 관점을 넘어 사회과학 및 자연과학의 관점도 통합적으로 원용해야 하는 통합과학임을 논증한다.

(4) 인권법체계의 자기생산적 구조

제4장은 인권이 고정된 것이 아니라 가변적인 것임을 논증하기 위한 일환으로 인권법체계가 자기생산적 구조를 가지고 있음을 밝힌다.[6] 제4장은 루만의 체계이론을 원용하여 생물학에서 등장한 자기생산 개념을 인권법체계에 적용한다. 제4장은 자기생산이 지닌 다섯 가지 특징에 주목한다. 자기생산의 동적 구조, 특히 사회적 체계에서 소통으로 작동하는 자기생산의 특성, 인지적 개방성과 작동적 폐쇄성이라는 자기생산의 모순적 성격, 자기생산의 자기준거적·순환적 구조, 스스로 규정되는 정체성이 그것이다. 제4장은 이러한 자기생산의 특성을 인권법체계에서도 발견할 수 있다고 주장한다.

---

4 제2장은 양천수, "인권 개념을 둘러싼 몇 가지 문제", 『사회과학연구』(영남대) 제31집 제1호 (2011), 179−198쪽 및 양천수, "근대 인권 구상의 한계와 새로운 인권 구상의 가능성", 『공법학연구』 제21권 제3호(2020), 131−158쪽을 일부 활용하여 작성되었다.
5 제3장은 양천수, "인권법의 통합과학적 성격", 『인권이론과 실천』 제2호(2007), 117−129쪽을 대폭 수정 및 보완한 것이다.
6 제4장은 양천수, "인권법체계의 자기생산적 구조: 법사회학의 측면에서 접근한 試論", 『법학연구』(부산대) 제48권 제2호(2008), 33−58쪽을 대폭 수정 및 보완한 것이다.

(5) 인권의 보편성에 관한 이론적 문제

제5장은 인권의 특징 가운데 가장 중요한 보편성 문제를 다룬다.[7] 인권은 보편적 권리로 널리 알려져 있다. 그러나 오늘날 다양한 측면에서 인권이 과연 보편적 권리인지 의문이 제기된다. 인권의 가변성이나 다문화적 인권, 아시아적 가치 등에 관한 목소리는 인권이 보편적 권리인지에 유력한 도전이다. 이는 자연법이나 자연권이 오늘날 처한 상황과 유사하다. 제5장은 인권의 보편성이란 무엇인지, 어떤 이유에서 보편성에 의문이 제기되는지, 오늘날 인권의 보편성을 어떻게 새롭게 근거 지을 수 있는지 살펴본다.

(6) 다문화시대의 인권법정책

제6장은 다문화시대에 우리가 지향해야 하는 인권법정책은 무엇인지 논한다.[8] 지난 2010년을 전후로 하여 다문화시대가 우리 사회의 화두가 되었는데 이제는 다문화가 일상이 된 듯싶다. 우리 일상생활에서 다양한 배경의 외국인을 만나는 게 어렵지 않다. K-팝을 필두로 하는 한류 열풍으로 대한민국이 전 세계적인 관심 대상이 되면서 이는 가속화된다. 이제는 오히려 단일민족국가라는 주장이 낯설게 느껴진다. 이러한 상황에서 제6장은 다문화시대의 바탕이 되는 다문화주의란 무엇인지, 다문화시대에 필요한 인권법정책은 무엇인지 살펴본다.

(7) 다문화적 인권의 가능성

제7장은 다문화시대 및 다문화사회에 대응하는 다문화적 인권이 가능하다는 점을 논증한다.[9] 이를 통해 제6장에서 제시한 다문화시대의 인권법정책을 인권의 관점에서 더욱 구체화한다. 이러한 맥락에서 제7장은 다문화적 인권이란 무엇인지 검토한다. 여기서 거시적 의미의 다문화적 인권과 미시적 의미의

---

7 제5장은 양천수, "인권의 보편성에 대한 철학적 논증 가능성", 『인권이론과 실천』 제1호(2007), 23-35쪽을 대폭 수정 및 보완한 것이다.
8 제6장은 양천수, "다문화시대의 인권법정책: 대구경북지역의 인권조례정책을 예로 하여", 『영남법학』 제31호(2010), 1-26쪽을 대폭 수정 및 보완한 것이다.
9 제7장은 양천수, "다문화적 인권의 가능성: 기초법학의 관점에서", 『법과 정책연구』 제11집 제2호(2011), 369-393쪽을 대폭 수정 및 보완한 것이다.

다문화적 인권을 구별한다. 이어서 어떻게 거시적 의미의 다문화적 인권을 정
당화할 수 있는지 살펴본다. 이때 문화와 다원주의에 관한 논의를 끌어온다. 이
러한 이론적 토대 위에서 미시적 의미의 다문화적 인권이 어떤 내용을 담아야
하는지 검토한다.

(8) 동아시아적 인권 구상의 가능성

인권은 보편적 권리로 인정된다. 그러나 인권이 과연 보편적 권리인지에
다양한 측면에서 비판이 제기된다. 특히 아시아적 가치를 지지하는 진영은 인
권은 서구적 가치를 대변하는 것이기에 보편적 권리가 될 수 없다고 비판한다.
이러한 상황에서 제8장은 서구적 인권 구상에 대응하는 동아시아적 인권 구상
이 가능함을 논증한다.[10] 이를 위해 한편으로는 보편성을 새롭게 이해하면서 다
른 한편으로는 인권을 이원적으로 구별한다. 근원적·보편적 인권과 가변적·구
체적 인권이 그것이다. 제8장은 이를 근거 짓기 위해 독일의 정치철학자 라이
너 포르스트(Rainer Forst)가 제시한 '정당화를 요청할 수 있는 권리' 구상을 원용
한다. 이를 통해 동아시아적 인권 구상이 가능할 뿐만 아니라 동아시아의 문화
적 기반이 되는 유교문화가 인권과 친화적일 수 있음을 보여준다.

(9) 상호합법성과 북한 인권 문제

남한과 북한은 여러 측면에서 복잡하고 특수한 관계를 형성한다. 정치적·
군사적 긴장이 지속되고 있으며 법적 측면에서도 여러 복잡한 문제를 야기한
다. 예를 들어 남한의 관점에서 볼 때 북한은 국가가 아닌 동시에 국가라는 모
순적 지위를 가진다. 제9장은 이러한 관계에 주목하면서 우리가 북한 인권 문
제에 어떻게 접근하는 게 바람직한지 다룬다.[11] 특히 법다원주의자로 유명한 산
토스(Boaventura De Sousa Santos)가 제시한 '상호합법성'(Interlegality) 이론을 원용
하여 북한 인권 문제에 대한 합리적인 인권법정책의 방향을 모색한다.

---

10 제8장은 양천수, "동아시아적 인권구상의 가능성", 『고려법학』 제67호(2012), 163－210쪽을 대폭
   수정 및 보완한 것이다.
11 제9장은 양천수, "상호합법성의 측면에서 접근한 북한 인권 문제: 북한 인권에 대한 법정책의 방
   향", 『공법학연구』 제8권 제2호(2007), 211－234쪽을 대폭 수정 및 보완한 것이다.

(10) 북한이탈주민 이혼소송과 인권법정책

제9장에서도 살펴보는 것처럼 남한과 북한은 분단 상태에 있으면서 통일을 지향한다. 이러한 이유에서 기존의 실정법 해석론으로는 해결하기 어려운 법적 문제가 종종 발생한다. 북한이탈주민이 자신의 배우자를 북한에 남겨 놓고 홀로 북한을 이탈한 경우, 이 북한이탈주민이 남한의 법에 따라 북에 있는 자신의 배우자를 상대로 이혼소송을 제기할 수 있는지의 문제도 이에 해당한다. 제10장은 남한과 북한의 특수한 관계를 고려하면서 이 문제에 어떻게 대응할 수 있는지, 남한과 북한 사이에서 발생하는 인권법적 문제를 해결하려면 우리가 어떤 인권법정책을 지향해야 하는지 살펴본다.[12]

(11) 생명공학과 인권

오늘날 과학기술이 급속도로 발전하면서 새로운 인권 문제가 출현한다. 이른바 제4차 산업혁명과 관련된 인권 문제, 예를 들어 인공지능과 관련된 인권 문제를 언급할 수 있다. 생명공학과 관련된 인권 문제 역시 이러한 예로 말할 수 있다. 첨단재생의료와 같은 새로운 생명공학기술이 등장하면서 인권법체계는 새로운 인권 문제와 마주한다. 이는 인권법학자에게도 새로운 도전이 된다. 제11장은 이러한 문제의식에서 한때 우리나라를 떠들썩하게 만들었던 인간배아복제 문제를 예로 하여 생명공학과 인권 문제를 살펴본다.[13]

(12) 생명윤리의 법정책과 인권

생명은 아주 소중한 가치이자 이익이다. 따라서 생명을 대상으로 하는 생명권은 인권 중에서도 매우 중요한 지위를 차지한다. 생명은 인간에게 매우 중요한 규범적 가치이기에 윤리에서도 이는 중요하게 취급된다. 무엇보다도 현대 과학기술의 비약적인 발전으로 생명에 대한 인간의 관여가 늘어나면서 생명을 다루는 윤리, 즉 생명윤리가 윤리학과 규범학의 독자적인 영역으로 분리 및 발

---

12 제10장은 양천수, "법이론과 법정책의 관점에서 접근한 새터민 이혼소송", 『통일정책연구』 제17권 제1호(2008), 293-314쪽을 대폭 수정 및 보완한 것이다.

13 제11장은 양천수, "인간배아복제 연구를 둘러싼 논쟁의 논증분석: 법철학의 관점에서", 『법학논총』(조선대) 제15집 제2호(2008), 361-388쪽을 대폭 수정 및 보완한 것이다.

전한다. 그뿐만 아니라 이를 정면에서 규율하는 법인 「생명윤리 및 안전에 관한 법률」(생명윤리법)이 제정 및 시행된다. 제12장은 생명윤리법을 중심으로 하여 생명윤리에 관해 어떤 법정책을 펼쳐야 하는지 모색한다.[14]

(13) 청소년 인권정책의 방향

제13장은 청소년의 인권 상황을 개선하기 위해 어떻게 청소년 인권정책을 추진해야 하는가의 원리적 문제를 다룬다.[15] 청소년 인권정책에 관한 두 가지 상반되는 정책 방향을 살펴보고 이들이 가진 문제점을 검토하면서 대안으로 토론과 참여 중심의 청소년 인권정책을 제안한다. 이 정책에 따르면 청소년은 성인과 마찬가지로 정책을 입안하고 추진하는 과정에 참여자로 참여할 수 있다. 청소년 인권법정책은 청소년들이 자신들의 문제를 직접 해결할 수 있도록 하는 것을 목표로 삼아야 한다. 이때 청소년 인권법정책은 청소년들이 자발적인 참여와 토론으로 자신들의 인권 문제를 해결할 수 있도록 하는 데 이바지하는 울타리 역할을 할 수 있어야 한다. 제13장은 이러한 역할을 청소년 의사소통공동체가 수행할 수 있다고 주장한다.

(14) 기업과 인권

제14장은 지난 2000년 중반 이후부터 새로운 인권이슈로 등장한 인권경영을 다룬다.[16] 특히 인권경영을 둘러싼 이론적 쟁점을 집중적으로 살펴본다. 제14장은 크게 네 가지 쟁점에 주목한다. 첫째, 왜 기업은 인권경영을 준수해야 할까? 둘째, 사회적 책임경영과 인권경영은 어떤 점에서 서로 구별될까? 셋째, 기업의 인권경영을 이론적으로 논증하는 데 필요한 인권이론은 무엇일까? 넷째, 인권경영의 실효성 확보를 위해 우리는 어떤 규제 방향 및 수단을 선택해야 할까? 제14장은 이러한 쟁점을 해결하는 과정에서 특히 독일의 법사회학자 토이

---

14 제12장은 양천수, "생명윤리의 법정책", 『인권이론과 실천』 제32호(2022), 67－86쪽을 대폭 수정 및 보완한 것이다.

15 제13장은 양천수, "자율적 토론과 참여에 바탕을 둔 청소년 인권정책 가능성", 『인권이론과 실천』 제5호(2009), 17－36쪽을 대폭 수정 및 보완한 것이다.

16 제14장은 양천수, "인권경영을 둘러싼 이론적 쟁점", 『법철학연구』 제17권 제1호(2014), 159－188쪽을 대폭 수정 및 보완한 것이다.

브너의 인권 구상을 끌어온다.

(15) 자유주의적 공동체주의 인권 구상

제15장은 우리 사회의 질(social quality)을 제고하는 데 결정적인 이바지를 할 수 있는 자유주의적 공동체주의 인권 구상의 가능성을 탐구하는 데 필요한 전제적 작업이 무엇인지 밝힌다.[17] 최근 들어 우리 사회에서는 경제의 '양적 성장'뿐만 아니라 삶의 질, 더 나아가 사회의 질과 같은 '질적 성장'에 관심을 기울인다. 이러한 상황에서 제15장은 자유주의적 공동체주의 인권 구상이 우리 사회의 질을 높이는 데 중요한 역할을 할 수 있다는 테제를 제시한다. 다만 제15장은 이러한 테제를 구체화하지는 못한다. 그 점에서 일종의 연구노트에 머문다.

(16) 현대 안전사회와 인권

코로나19 바이러스는 우리 사회에 크나큰 변화를 야기하였다. 코로나 이전 사회와 코로나 이후 사회를 분명하게 구별할 수 있을 정도로 급진적인 변화가 이루어졌다. 더불어 코로나 사태는 우리에게 다양한 사회적·법적 문제를 던졌다. 무엇보다도 포함과 배제라는 이분법이 우리 사회를 엄습하며 여러 문제를 제기하였다. 제16장은 현재 사회를 코로나 사회로 규정하면서 여기에 어떤 인권법적·헌법학적 문제가 제기되었는지, 이에는 어떻게 대응할 수 있는지 검토한다.[18]

(17) 시민불복종과 인권

제17장은 지난 2000년에 진행된 낙천·낙선운동을 예로 하여 시민불복종 문제를 다룬다.[19] 낙천·낙선운동을 서구에서 논의되었던 시민불복종 운동으로 평가할 수는 없을지, 만약 시민불복종이라고 말할 수 있다면 이를 합법적인 것

---

17 제15장은 양천수, "자유주의적 공동체주의 인권구상의 가능성: 사회적 질 제고와 관련한 연구노트", 『인권이론과 실천』 제16호(2014), 39–47쪽을 대폭 수정 및 보완한 것이다.

18 제16장은 양천수, "현대 안전사회의 헌법학적 문제: 법이론의 관점을 겸하여", 『헌법재판연구』 제7권 제2호(2020), 3–37쪽을 대폭 수정 및 보완한 것이다.

19 제17장은 양천수, "인권으로서 시민불복종?: 낙천·낙선운동을 예로 하여", 『인권이론과 실천』 제3호(2008), 73–89쪽을 대폭 수정 및 보완한 것이다.

으로 정당화하는 방법은 없을지, 더 나아가 만약 낙천·낙선운동이 시민불복종에 해당한다면 이를 인권으로 볼 수는 없을지 검토한다. 제17장은 이러한 의문을 해명하기 위해 시민불복종에 관해 이루어진 논의, 특히 법철학적 논의를 참고한다. 그 가운데서도 독일의 공법학자 랄프 드라이어(Ralf Dreier)와 하버마스의 시민불복종 이론을 분석한다.

(18) 전쟁과 인권

어떻게 전쟁을 억제하고 평화를 유지하여 사람들의 생존과 안전을 보장할 것인가 하는 문제는 예나 지금이나 중요하면서도 풀기 어려운 문제이다. 제18장은 뉘른베르크 전범재판을 예로 하여 어떻게 법규범이 평화를 유지하는 데 이바지할 수 있는지를 다룬다.[20] 무엇보다도 전쟁 개시의 가능성과 한계에 초점을 맞춘다. 우선 전쟁의 제한 가능성에 대한 법철학적 논의를 간략하게 개관하고 뉘른베르크 전범재판을 분석하면서 여기에 어떤 역사적·법적 의미와 문제가 있는지 살펴본다. 다음으로 전쟁 개시의 가능성과 한계에 관해 오늘날 새롭게 등장하는 문제를 검토한다.

---

[20] 제18장은 양천수, "뉘른베르크 전범재판과 평화의 원칙: 전쟁개시의 가능성과 한계를 중심으로 하여", 『법철학연구』 제14권 제1호(2011), 75-104쪽을 대폭 수정 및 보완한 것이다.

Ⅰ. 인권의 의의와 이론적 기초

1. 인권의 의의

인권은 인간이면 그 누구나 평등하게 그리고 보편적으로 누릴 수 있는 권리로 이해된다. 이러한 인권이해는 세 가지 중요한 요소를 담는다. 첫째, 인권은 인간의 권리라는 점이다. 둘째, 인권은 인간이면 그 누구나 평등하게 그리고 보편적으로 누릴 수 있다는 점이다. 셋째, 인권은 바로 권리라는 점이다.

2. 인권의 이론적 기초

우리에게 익숙한 인권이해는 근대 인권 구상에 바탕을 둔다. 오늘날 우리가 가진 법체계가 그렇듯이 인권 역시 근대 인권 구상에 빚을 진다. 앞에서 언급한 인권 개념의 세 가지 요소에서 근대 인권 구상의 핵심이 되는 이론적 기초를 발견할 수 있다. 인간중심주의, 보편주의, 권리중심주의, 주체중심주의가 그것이다.

(1) 인간중심주의

먼저 인간중심주의를 언급할 수 있다. 인권은 '인간의 권리'를 뜻한다. 인간이 인권의 주체가 된다는 것이다. 이를 반대로 추론하면 인간이 아닌 존재는 인권의 주체가 될 수 없다는 점을 뜻한다. 예를 들어 동물은 인권의 주체가 될 수 없다.[1]

---

1 물론 인권이 아닌 동물권을 인정할 수 있는지는 별개의 문제이다.

인권이 바탕으로 삼는 이러한 인간중심주의는 사회를 규율하고 지탱하는 '질서의 중심'을 인간에 둔다는 의미도 지닌다. 이는 신을 중심으로 하여 세계의 질서를 설계했던 중세의 질서모델과 차이가 있다. 인권은 인간중심의 질서모델을 전제로 하는 것이다. 그 점에서 인권 규범은 중세의 규범질서에서 근간이 되었던 신 중심의 자연법이론과도 차이가 있다.

한편 여기서 주목해야 할 점은 인권은 바로 '인격체의 권리'(Personenrechte)가 아닌 '인간의 권리'(Menschenrechte)라는 점이다. 이는 근대법의 기본구조를 감안할 때 꽤 이질적인 편에 속한다. 왜냐하면 근대법은 자연적인 인간이 아닌 '법적 인격'(Rechtsperson)을 중심으로 하여 전체 법체계를 구성하였기 때문이다. 이는 근대법의 전형이자 모든 법의 중심을 이루는 민법, 특히 독일 민법에서 찾아볼 수 있다. 독일 민법은 '인간'(Mensch)이 아닌 '인격'(Person)을 권리 및 법률행위의 주체로 설정하기 때문이다. 이 점에서 볼 때 인권 개념 자체는 꽤 이질적이다. 물론 여기에는 여러 설득력 있는 근거가 있다. 무엇보다도 인권은 법체계에 편입되지 못한 인간, 즉 배제된 '호모 사케르'를 보호하려는 의도를 지닌 것이다.[2]

(2) 보편주의

다음으로 보편주의를 들 수 있다. 인권은 보편적 권리라는 것이다. 물론 이때 말하는 보편주의는 인간 존재에만 효력을 미친다. 이러한 보편주의는 세 가지 측면에서 접근할 수 있다. 객관적 측면, 주관적 측면, 시간적 측면이 그것이다. 이에 따르면 첫째, 인권은 객관적·규범적 측면에서 보편적인 내용을 가지는 권리이다. 둘째, 인권은 인간 존재이면 그가 누구인지에 상관없이 보편적으로 보유할 수 있는 권리이다. 셋째, 인권은 시간이라는 변수에 의존하지 않는 초시간적 권리이다. 이 점에서 인권은 마치 자연권처럼 보편적이면서 절대적인 권리라 할 수 있다.

(3) 권리중심주의

나아가 권리중심주의를 언급할 수 있다. 인권은 바로 인간의 '의무'가 아닌

---

2 이 점에서 인권은 인간이 법체계의 보호에서 배제되는 것을 막기 위한 권리라고도 볼 수 있다.

'권리'라는 것이다. 인권은 이 점에서는 근대법의 기본구조에 합치한다. 왜냐하면 근대법 역시 그 이전의 법과는 달리 의무가 아닌 권리를 중심으로 하여 구조화되어 있기 때문이다. 한편 이렇게 인권이 권리중심주의를 수용하고 있다는 점에서 인권은 기본적으로 개인의 자유를 중시하는 자유주의를 출발점으로 삼는다는 점도 확인할 수 있다. 다소 도식적으로 표현하면 권리는 자유주의 그리고 의무는 공동체주의와 연결된다고 볼 수 있기 때문이다. 다른 한편으로 인권에서 전제로 하는 권리 개념은 단일한 의미를 가지는 것이 아니라 복잡한 의미맥락을 담는다. 이는 크게 세 가지로 구별할 수 있다. 도덕적 의미, 정치적 의미, 법적 의미가 그것이다.

첫째, 인권은 도덕적 권리라는 의미를 가진다. 여기서 도덕적 권리라는 의미는 인권의 보편성, 그중에서도 초시간성과 관련을 맺는다. 인권은 마치 모세의 십계명과 같은 종교적 윤리처럼 시간성에 상관없이 영속하는 보편적 권리라는 것이다. 이는 인권을 일반적으로 지칭하는 '보편적인 천부인권'이라는 개념에서 확인할 수 있다. 인권은 하늘, 즉 신이 부여한 권리이기에 변화하는 실정법상 권리와는 달리 변하지 않는 숭고한 도덕적 권리라는 것이다.[3]

둘째, 인권은 정치적 권리라는 의미를 가진다. 인권은 '적과 동지'로 구별되는 정치적 영역에서 저항 및 투쟁의 수단으로 사용되는 권리라는 것이다. 이는 근대 인권이 애초에 프랑스 혁명이라는 정치적 투쟁 과정에서 본격적으로 등장한 개념이라는 점을 고려하면 당연한 듯하다. 인권은 자신의 정치적 투쟁 및 저항을 규범적으로 정당화하는 수단이었던 것이다. 이러한 맥락에서 인권은 정치적 영역에서는 '인권운동'이라는 개념으로 지칭되는 경우가 많았다. 같은 맥락에서 여기서 말하는 인권은 엄밀하게 보면 규범적 권리라기보다는 '시민운동체계'라는 '사회적 체계'에 속하는 소통방식 혹은 의미론이라고 말할 수 있다. 그러나 이러한 인권의 정치적 성격은 적과 동지의 구별이라는 진영논리를 강화하여 결국 인권을 보편적 권리가 아닌 당파적 권리로 전락시키는 위험성도 안고

---

3 물론 도덕이론의 측면에서 보면 이때 말하는 도덕은 변하지 않는 자연법적 도덕을 전제로 한다. 인지주의의 전통에서 본 도덕인 것이다. 결정주의의 전통에서 본다면 도덕 역시 변화가능성에서 자유로울 수 없다.

있다.

셋째, 인권은 법적 권리라는 의미도 가진다. 오늘날 인권은 더 이상 도덕적 권리나 정치적 권리로만 머물지 않는다. 도덕적·정치적 권리였던 인권을 법체계 안으로 끌어들인 다양한 인권법규범이 제정되면서 인권은 이제는 법적 권리로 제도화되었다. 이는 인권법원을 독자적인 법원으로 구축하고 있는 유럽연합에서 극명하게 확인할 수 있다. 다만 이렇게 인권이 실정법상 지위를 획득하면서 법적 권리인 인권과 헌법이 규정하는 기본권의 관계를 어떻게 설정해야 하는지의 이론적·실천적 문제가 등장하기도 한다.

(4) 주체중심주의

마지막으로 주체중심주의를 언급할 수 있다. 인권은 인간이라는 주체를 염두에 두면서 이러한 주체가 필요로 하거나 관심을 가진 이익을 보호하고자 하는 규범적 장치라는 것이다.[4] 물론 이러한 주체중심주의는 앞에서 소개한 인권 개념에서 명확하게 드러나지는 않는다. 그렇지만 인권의 인간중심주의나 권리중심주의에서 이러한 주체중심주의를 추론할 수 있다. 근대법이 수용한 권리 개념 자체가 권리주체와 권리객체를 구별하는 '주체/객체 모델'을 전제로 하기 때문이다. 이때 주체의 자격을 인간 존재로 한정하는 것이 바로 인권이다.

Ⅱ. 근대 인권 구상에 대한 도전

그러나 근대 인권 개념이 바탕으로 삼는 이념적 기초는 그동안 여러 비판에 직면하였다. 그리고 가장 최근에는 근대 인권 구상의 출발점인 '인간중심주의'가 정면에서 도전을 받는다. 아래에서는 그동안 근대 인권이 바탕으로 삼는 보편주의, 권리중심주의 및 인권중심주의에 어떤 이론적 도전이 제기되었는지 개관한다.

---

4 이는 이익설의 관점에서 인권을 파악한 것이다. 만약 의사설의 관점에서 인권을 파악하면 주체의 의사 혹은 의지가 전면에 등장할 것이다.

1. 인권의 보편주의에 대한 도전

인권의 보편주의, 즉 인권이 과연 보편적 권리인가에 관해서는 이미 일찍부터 도전이 시작되었다. 이는 크게 두 지점에서 비판이 제기되었다. 첫째는 과연 인권은 보편적 권리인가 아니면 서구의 정신, 가치관, 문화를 반영하는 서구중심적 권리에 불과한 것인지의 비판이다. 둘째는 만약 인권이 보편적 권리라면 이를 어떻게 이론적으로 논증할 수 있는가 하는 비판이다.

(1) 인권의 서구중심성 비판

먼저 인권은 서구중심적 권리에 불과한 것은 아닌지 문제가 된다.[5] 이는 주로 문화론의 견지에서 논쟁이 되었다. 크게 두 문화권에서 인권의 보편성을 문제 삼았다. 우선 '아시아적 가치'라는 이름 아래 인권을 포함하는 민주주의 전반의 보편성이 비판되었다. 이는 김대중 전 대통령과 리콴유 전 싱가포르 총리 사이에서 '아시아적 가치'와 '민주주의의 보편성'을 둘러싸고 이루어진 논쟁으로 잘 알려져 있다. 다음으로 이슬람 문화권에서 인권이 과연 보편적 권리인지를 문제 삼았다. 이는 독일에서 '히잡 착용의 자유'를 둘러싼 여성 차별금지와 종교의 자유 사이의 논쟁 형태로 불거지기도 하였다. 유교문화에 기반을 둔 동아시아 문화권이나 이슬람교에 바탕을 둔 이슬람 문화권은 인권은 보편적 권리가 아니라 서구 기독교 문화의 규범적 가치를 반영한 문화상대적인 권리에 지나지 않는다고 비판한다. 이러한 비판은 두 가지 이론적 주장을 전제로 한다. 첫째, 인권과 문화는 서로 관련을 맺는다는 것이다. 둘째, 오늘날 문화는 단일하게 존재하는 것이 아니라 서로 다른 문화가 다원적으로 병존한다는 것이다.

이러한 이론적 전제는 오늘날 모두 타당한 것으로 인정된다. 인권이 문화와 무관하지 않다는 것은 국제인권규약이 시민적·정치적 권리뿐만 아니라 경제적·사회적·문화적 권리까지 포함하고 있다는 점에서 어느 정도 확인할 수 있다. 이에 따르면 문화적 권리 자체가 인권이다. 또한 인권을 포함하는 법규범과 문화가 서로 관련을 맺는다는 주장을 통해서도 인권과 문화의 상호연관성은 논증될 수 있다. 이를테면 신칸트주의를 수용한 독일의 법철학자 라드브루흐

---

5 이에 관한 상세한 내용은 이 책 제8장 참고.

(Gustav Radbruch)는 법개념을 문화 개념으로 파악하였고, 신칸트주의 형법학자인 마이어(Max Ernst Mayer)는 아예 형법규범을 문화규범으로 규정하기도 하였다. 물론 엄밀하게 말하면 인권과 법은 개념적으로 구별된다. 인권은 도덕적·정치적·법적 권리라는 복합적인 의미를 가진다는 점에서 법과는 분명 차이가 있다. 그렇지만 인권 역시 규범에 속하고 신칸트주의에 따르면 규범은 가치관련적인 명제로 구성된다는 점에서 문화와 관련을 맺는다. 이러한 이론적 논의를 고려하면 인권이 문화와 무관하게 존재하는 권리라고 말하는 것은 쉽지 않다. 나아가 오늘날 문화가 다원적으로 병존한다는 주장은 굳이 본격적으로 논증할 필요 없이 한참 유행어가 되기도 하였던 '문화다원주의'나 '문명충돌'이라는 개념에 힘입어 쉽게 논증할 수 있다.

(2) 보편성의 논증 가능성에 대한 비판

이렇게 보면 오늘날 인권의 보편성은 포기해야 하는 것은 아닌지 의문이 들 수 있다. 바로 이러한 의문에서 두 번째 비판점이 등장한다. 인권의 보편성을 어떻게 이론적으로 논증할 수 있는가의 비판이 그것이다. 사실 문화다원주의가 지배하는 오늘날 인권의 보편성을 주장하는 것 자체가 무모한 것으로 보일 수도 있다. 인권은 문화에 의존하고 이러한 문화는 보편적으로 단일하게 존재하는 것이 아니라 다원적으로 병존하는 것이라면, 인권을 보편적인 권리라고 확언하는 것은 너무 무모한 주장일 수 있기 때문이다. 더불어 권리의 철학적 구조를 다룬 연구에서는 권리 자체가 고정된 것이 아니라 구성적이며 가변적이라고 말한다. 이러한 권리의 가변적 성격은 인권에서도 확인된다. 사실이 그렇다면 오늘날 인권을 보편적 권리로 설정하고 논증하는 것은 쉽지 않아 보인다.

2. 권리중심주의에 대한 도전

인권은 권리라는 점, 즉 인권의 권리중심주의에도 그동안 여러 비판이 제기되었다. 이러한 비판은 두 가지로 요약할 수 있다. 첫째는 권리중심주의는 개인과 개인의 충돌을 야기하여 사회의 분열을 초래한다는 공동체주의적 비판이다. 둘째는 권리는 규범적 독자성을 지니지 못한다는 순수법학의 비판이다.

(1) 권리에 대한 공동체주의적 비판

인권은 의무가 아닌 권리이다. 권리는 개인이라는 권리주체를 전제로 한다. 이 점에서 권리는 개인주의와 자유주의를 지향한다. 그러나 이러한 성격으로 인해 권리는 필연적으로 다음과 같은 문제에 부딪힌다. 개인과 개인, 권리와 권리 간의 갈등 및 충돌이라는 문제가 그것이다. 이는 보편적인 권리인 인권에서도 그대로 나타난다.[6] 각 인간 존재에 더욱 많은 인권을 부여하면 부여할수록 인권의 상호 충돌 가능성 역시 덩달아 커진다. 이는 자칫 사회의 갈등과 분열로 이어질 수 있다. 근대 자유주의를 철학적으로 정초하는 데 기여한 칸트는 이러한 문제를 해결하기 위해 다음과 같은 제안을 한다. 먼저 도덕영역에서는 보편화에 관한 정언명령을 제시하여 개인과 개인의 주관적 준칙이 객관적 법칙과 합치할 수 있도록 도모한다. 이에 의하면 개인의 주관적 준칙은 객관적인 일반 법칙에 합치할 수 있도록 설정해야 한다. 다음으로 법영역에서는 한 사람의 자유와 다른 사람의 자유가 양립할 수 있도록 하는 임무를 법이 수행해야 한다. 그러나 사실 이러한 해법은 자유와 권리를 최대한 실현할 수 있도록 하는 것이 아니다. 보편화에 관한 정언명령에 따르면 각 개인은 가급적 적극적·능동적으로 행위하는 것을 삼가야 한다. 가령 흡연하는 것보다 금연하는 것이 정언명령에 합치한다. 또한 법이 개인의 자유와 자유가 양립할 수 있도록 해야 한다는 것은 법이 자유보다 본질적으로 우선한다는 의미를 담는다. 주관적 권리보다 객관적 법이 우선한다는 것이다. 바로 이 점에서 헤겔을 비롯한 공동체주의자들은 권리중심적 사고가 사회라는 공동체를 지탱하는 데 역부족이라고 비판한다. 그 때문에 공동체주의는 개인의 자유가 객관적인 인륜성과 합치할 수 있도록 해야 한다고 강조한다. 이에 의하면 다소 극단적으로 말하면 결국 남는 것은 주관적 도덕에 대한 객관적 인륜성의 우위, 자유에 대한 미덕의 우위, 권리에 대한 의무의 우위라고 할 수 있다.[7]

---

6 그러나 다수의 인권운동가는 이러한 측면을 부각하지 않는다.
7 그러나 오늘날의 공동체주의자들은 이러한 극단적인 주장을 하지는 않는다.

(2) 권리에 대한 순수법학의 비판

법이론의 측면에서 권리 개념을 가장 치열하게 비판한 이론으로 '순수법학'(reine Rechtslehre)을 들 수 있다. 세기의 법학자 켈젠(Hans Kelsen)이 제시한 순수법학은 오직 국가가 제정한 실정법만을 법으로 인정하고 법과 도덕 및 기타 사회규범을 엄격하게 구별함으로써 법의 순수성을 극단적으로 추구한 법이론으로 잘 알려져 있다. 그렇지만 이와 더불어 순수법학이 권리의 규범적 독자성 역시 맹렬하게 비판했다는 점은 상대적으로 알려져 있지 않다.[8] 켈젠의 순수법학은 '주관적 권리'(subjektive Rechte)의 규범적 독자성을 부인하면서 이는 '객관적 법'(objektives Recht)이 의무 형태로 보호하는 이익이 반사적으로 표현된 것에 지나지 않는다고 말한다. 순수법학에 따르면 주관적 권리보다 객관적 법이 본질적인 지위를 차지한다.

켈젠은 권리의 규범적 독자성을 강조하는 이론적 진영으로 19세기 독일에서 융성했던 판덱텐 법학, 즉 로마사법학을 꼽는다. 켈젠에 따르면 판덱텐 법학은 다음과 같은 이론적 전제를 바탕으로 하여 권리의 규범적 독자성을 근거 짓는다. 첫째, 국가영역과 사회영역을 구별한다. 이에 따라 공법과 사법이 구분되고 서로 다른 규범원리가 공법과 사법을 규율한다. 이는 사법이 공법으로부터 독립된 자율적인 법으로 존재한다는 것을 뜻한다. 공법이 없어도 사법은 존재할 수 있는 것이다.[9] 이러한 사법에서 중심적인 역할을 하는 것이 바로 권리이다. 민법학에서 가장 핵심적인 개념이 되는 '법률행위'(Rechtsgeschäft)는 바로 이러한 권리를 형성하기 위한 행위라 할 수 있다. 둘째, 주관적 권리의 귀속주체, 즉 권리주체로 '인격'(Person)을 설정한다.

그러나 켈젠은 이러한 전제를 다음과 같이 비판한다. 켈젠에 따르면 권리주체가 되는 인격은 자연적 존재인 인간처럼 실재하는 존재가 아니라 객관적 법에 의해 의제되는 존재에 지나지 않는다. 이는 특히 법인이 잘 보여준다. 따라서 객관적 법이 없으면 인격도 존재할 수 없고, 그렇게 되면 권리주체뿐만 아

---

8 다만 허영 교수 등을 통해 그 일부만이 알려졌을 뿐이다.
9 이러한 주장의 현대적 버전을 독일의 법사회학자 토이브너(Gunther Teubner)에서 발견할 수 있다.

니라 권리 자체도 성립할 수 없다. 바로 이러한 근거에서 켈젠은 주관적 권리보다 객관적 법에 본질적인 지위를 부여한다. 객관적 법이 의무라는 형식을 이용하여 특정한 이익을 보호하기에 이러한 이익이 반사적으로 권리가 될 수 있다는 것이다. 이처럼 객관적 법에 대한 주관적 권리의 독자성이 허물어지면서 공법에 대한 사법의 독자성 역시 무너진다. 켈젠에 따를 때 공법과 사법의 구별이라는 전제 자체가 성립할 수 없다.

(3) 개인정보 및 데이터에 대한 권리 논쟁

최근에는 개인정보, 더 나아가 데이터가 권리의 대상에 해당하는지를 둘러싼 논쟁에서 권리에 대한 비판의식을 찾아볼 수 있다. 지배적인 견해뿐만 아니라 현행 「개인정보 보호법」은 개인정보에 대한 권리를 독자적인 권리로 인정한다. 독일 연방헌법재판소가 인정한 '정보적 자기결정권'에서 연원하는 개인정보 자기결정권이 그것이다. 뿐만 아니라 가장 최근에는 '데이터 소유권'이라는 개념 아래 개인정보에 속하지 않는 데이터도 권리의 대상으로 삼고자 하는 움직임이 전개된다. 그러나 일부 견해는 이렇게 데이터에 대한 권리를 인정하거나 강화하는 움직임에 반발한다. 이는 크게 두 가지 흐름에서 이루어진다. 첫째는 데이터에 대한 권리를 인정하거나 강화하면 이는 현대사회에서 새로운 성장동력으로 각광 받는 빅데이터를 형성하는 데 장애가 된다는 것이다. 둘째는 애초에 데이터는 상호적인 것이기에 한 개인에게 이를 전적으로 귀속시킬 수는 없다는 것이다. 예를 들어 개인정보는 해당 개인을 위해서만 존재하기보다는 오히려 그 개인을 특정하고자 하는 타인에게 더욱 중요하게 사용된다는 것이다. 타인이 그 개인정보를 이용하기 때문에 비로소 해당 개인이 독자적인 존재로 의미를 획득할 수 있다는 것이다. 바로 이 점에서 개인정보에 대한 권한을 그 개인이 권리로서 독점하는 것은 타당하지 않다고 말한다. 이는 어찌 보면 권리에 대한 공동체주의적 비판이 데이터를 매개로 하여 현대적으로 변용된 것이라고 말할 수 있다.

3. 인간중심주의에 대한 비판

제4차 산업혁명이 진행되는 오늘날 근대 인권 구상에 제기되는 가장 큰 도전은 바로 인권의 인간중심주의에 대한 도전이라고 말할 수 있다.

(1) 동물권 운동

그러나 인간중심주의에 대한 도전이 완전히 새로운 것은 아니다. 인간만이 권리를 가진다는 주장에는 이미 오래전부터 도전이 제기되었기 때문이다. 동물권 운동이 바로 그것이다. 동물권 운동은 인간뿐만 아니라 동물에도 권리주체성을 인정하고자 한다. 심지어 급진적인 견해는 권리주체성을 모든 존재로 확장한다. 이러한 맥락에서 환경권이 문제가 된 실제 사건에서는 인간이 아닌 도롱뇽을 당사자로 하여 재판을 청구하기도 하였다. 그러나 현재까지는 과연 어떤 이론적 근거로 동물 또는 모든 존재에게 권리주체성을 인정할 수 있는지 분명하지는 않다. 그나마 설득력 있는 근거로서 쾌고감수능력이나 소통가능성이 제시되는 편이다. 그렇지만 여전히 사회의 다수 견해는 동물의 권리주체성을 인정하지 않는다. 이러한 연유에서 국내의 동물권 운동가들은 최근 현실적인 목표로서 독일 민법이 규정하는 것처럼 동물은 물건이 아니라는 법적 규정을 획득하고자 한다. 다만 독일 민법의 태도를 수용하면 동물은 물건이 아니면서도 물건으로 취급되는 역설이 출현한다. 동물이면서 동물이 아닌 제3의 자격을 획득하는 것이다.

(2) 인공지능 로봇과 인권

인권의 인간중심주의에 제기되는 가장 설득력 있는 도전은 인공지능 로봇에도 권리주체성을 인정할 수 있는가의 논의이다. 구글 알파고와 이세돌 9단 간의 세기적인 바둑대국이 이루어진 이후 인공지능 로봇을 둘러싼 윤리적·법적 논의가 다양하게 전개된다. 이는 크게 두 가지 목적에서 이루어진다. 첫째는 인공지능 로봇에 일정한 의무나 책임을 묻기 위한 것이다. 둘째는 인공지능 로봇 자체를 윤리나 법으로 보호하기 위한 것이다. 물론 현재로서는 이 중에서 전자에 관한 논의가 더 활발하게 이루어진다. 전자에 관한 문제, 즉 인공지능 로봇에 윤리적 의무나 법적 책임을 묻기 위한 일환으로 인공지능 로봇에 인격성을 인정할 수 있는지가 논의되기도 하였다. 만약 인공지능 로봇이 윤리적 또는 법적인 면에서 인격성을 획득할 수 있다면, 이는 윤리적인 면이나 법적인 면에서 인공지능 로봇이 인간과 동등한 자격을 획득할 수 있음을 시사한다. 바꿔 말해 인공지능 로봇이 윤리적 의무를 부담하거나 법적 책임을 부담할 수 있다는 것이다. 이러한 논증을 두 번째 문제, 즉 인공지능 로봇을 윤리나 법으로 보호할 수 있는가의 문제까지 확장하면 인공지능 로봇에 권리주체성을 인정하는 것도 불가능하지는 않을 것이다. 이는 인공지능 로봇이 인권과 같은 보편적 권리를 보유할 수 있다는 것을 뜻한다.

4. 주체중심주의에 대한 도전

마지막으로 근대 인권 구상이 담고 있는 주체중심주의에 대한 도전을 언급할 수 있다. 이는 인권뿐만 아니라 근대법이 바탕으로 삼는 '주체/객체 모델'에 대한 비판이기도 하다. 주체중심주의에 대한 도전은 다양한 이론에서 제기되었는데, 그중에서 특히 눈여겨볼 만한 이론으로 독일의 사회학자 루만(Niklas Luhmann)이 정립한 체계이론을 꼽을 수 있다. 그 이유는 근대의 철학적 토대인 주체중심주의를 비판한 이론은 많지만, 비판에 그치지 않고 이를 넘어 설득력 있는 새로운 대안을 내놓은 이론은 많지 않기 때문이다.

루만은 영국의 수학자 스펜서-브라운(George Spencer-Brown)의 형식법칙을 수용하여 '구별'을 체계이론의 출발점으로 삼는다. 루만에 따르면 '주체/객체 모델'도 구별에 기반을 둔 것이다. 이는 주체와 객체를 구별한 후 이를 주체이론에 수용한 것이다. 이 점에서 주체중심주의는 '주체/객체 모델'과 연결된다. 주체중심주의는 주체와 객체를 구별하면서 주체가 아닌 것은 객체로 파악한다. 그러면서 주체를 객체보다 우위에 놓는다. 이러한 구별에 따르면 인간은 주체가 되고 인간이 아닌 존재는 객체가 된다. 주체인 인간만이 권리주체가 되고 인간이 아닌 존재는 객체로서 권리의 대상이 될 뿐이다. 그러나 루만은 주체와 객체라는 구별에 바탕을 둔 주체중심주의 혹은 인간중심주의는 현대사회를 설득력 있게 관찰할 수 없다고 한다. 이러한 근거에서 루만은 새로운 구별을 제시한다. 체계와 환경이라는 구별이 그것이다. 그러면서 루만은 인간을 체계가 아닌 환경에 속하는 존재로 파악한다. 그 이유는 인간 존재 자체가 단일한 체계로 구성되어 있지 않기 때문이다. 루만에 따르면 인간 존재는 의식체계와 생명체계가 복합되어 있는 존재이다. 이러한 인간을 중심으로 삼는 주체중심주의는 현대사회를 정확하게 그려낼 수 없다. 현대사회는 단순히 수많은 사람을 모아 놓은 것에 그치는 것이 아니기 때문이다. 현대사회는 수많은 사람과 더불어 또 다른 그 무엇으로 구성된다. 그 무엇이 바로 사회적 체계인 것이다.[10] 이러한 이유에서 루만은 '주체/객체'라는 구별을 '체계/환경'이라는 구별로 대체한다.

이러한 체계이론의 시각에서 보면 인간중심주의 및 주체중심주의에 바탕을 둔 근대 인권 구상은 유지되기 어렵다. 체계이론에 따르면 애초에 인간과 권리는 서로 결합하기 어렵다. 인간은 인격이라는 모습을 이용해서만 권리와 결합할 수 있을 뿐이다. 이는 인권의 철학적 토대를 뒤흔드는 중대한 도전에 해당한다.

5. 새로운 인권 구상의 필요성

이처럼 제4차 산업혁명이 진행되는 오늘날 근대 인권 구상이 가진 인간중심주의, 보편주의, 권리중심주의, 주체중심주의는 여러 비판에 직면한다. 그렇지만 오늘날 인권은 그 어느 때보다 호황을 누린다. 사회적·법적 갈등이 인권 문제로 환원되는 경우가 대다수이다. 인권의 이론적 기초가 흔들리는 반면 인권의 실천적 요청은 증대한다. 이러한 상황에서 우리는 현대사회의 요청에 적절하게 대응할 수 있는 새로운 인권 구상을 모색할 필요가 있다. 근대 인권 구상에 전개된 이론적 비판에 대응할 수 있으면서도 실천적 요청을 포섭할 수 있는 그런 인권 구상을 말이다.[11] 이 책은 이를 위한 여정에 해당한다고 말할 수 있다.

---

10 이외에도 인간이 아닌 각종 환경을 언급할 수 있다.
11 이에 관한 시도로는 양천수, "근대 인권 구상의 한계와 새로운 인권 구상의 가능성", 『공법학연구』 제21권 제3호(2020), 131-158쪽 참고.

Ⅲ. 인권과 기본권의 구별 문제

1. 필요성

인권의 개념에 관해 검토할 만한 문제로 인권과 기본권의 구별 문제를 언급할 수 있다. 이 논의가 필요한 이유는 인권과 기본권이 그 성질상 과연 동일한 권리인가에 관해 견해가 대립하기 때문이다.[12] 그리고 이 같은 견해 대립은 단순히 이론적 차원에서만 의미가 있는 것이 아니라 실제적인 의미도 지닌다. 가령 인권과 기본권을 성질상 같은 권리로 파악하는 견해는 기본권을 '기본적 인권'으로 이해하면서 인권 역시 기본권을 다루는 헌법학의 연구 대상이 되어야 한다고 말한다. 인권 역시 헌법학의 일부라는 것이다. 그러나 인권과 기본권이 각기 독자적으로 성장하는 지금 시점에서 이 같은 이해 방식이 여전히 의미가 있는지는 좀 더 면밀하게 고찰할 필요가 있다. 바로 이러한 까닭에 인권과 기본권의 구별 문제를 다룰 필요가 있다.

2. 인권과 기본권의 관계 설정

아래에서는 인권과 기본권의 관계를 어떻게 설정할 수 있는지에 초점을 맞춤으로써 양자의 개념을 좀 더 명확하게 하겠다. 인권과 기본권의 관계를 어떻게 설정할까? 이에는 크게 두 가지 관점을 제시할 수 있다. 첫 번째 관점은 양자를 동일한 것으로 파악한다. 두 번째 관점은 양자를 별개의 것으로 파악한다. 여기에서는 편의상 첫 번째 관점을 '동일설'로, 두 번째 관점을 '비동일설'로 명명하여 논의를 전개하겠다.

(1) 동일설

동일설은 인권과 기본권이 내용적으로 같은 것이라고 이해한다.[13] 사실 이

---

[12] 이에 관한 논의는 많은 문헌을 대신하여 정종섭, "기본권의 개념", 『헌법연구 5』(박영사, 2005), 61쪽 아래 참고.

[13] 부분적으로는 양자의 차이를 인정하면서도 기본적으로 인권과 기본권을 동일하게 파악하는 견해로는 김철수, 『헌법학개론』(박영사, 2001), 246쪽; 권영성, 『헌법학원론』(법문사, 2002), 273쪽 참고.

러한 이해 방식은 헌법학 안에서 오랫동안 자리를 잡고 있었다. 예를 들어 우리 헌법은 기본권을 "기본적 인권"이라 표현하는데 이를 통해 우리 헌법의 입법자는 헌법이 규정하는 기본권을 기본적 '인권'으로 이해하였음을 간접적으로 추론할 수 있다.

과연 어떤 근거에서 인권과 기본권을 동일한 것으로 파악할 수 있을까? 다양한 이유를 생각할 수 있겠지만 여기서 필자는 크게 두 가지 이유를 검토한다. 첫 번째는 역사적 이유이고 두 번째는 이론적 이유이다.

1) 인권과 기본권의 동근원성

첫째, 역사적 이유를 통해 인권과 기본권이 본질적으로 같은 권리라는 점을 논증할 수 있다. 미국 헌법의 경우가 대표적인 사례이다. 대표적인 근대 헌법이라고 할 수 있는 미국 헌법은 자연권적 인권사상의 영향을 받아 제정되었다. 그 때문에 미국 헌법이 규정하는 기본권은 인권이 실정화된 권리, 즉 '실정화된 인권'으로 이해된다.[14] 이러한 이해 방식은 이후 많은 영향을 끼쳐 미국 헌법을 모범으로 삼아 제정된 상당수의 헌법은 기본권을 '실정화된 인권'으로 파악한다.[15]

2) 칼 슈미트의 기본권이론

둘째, 이와 같은 역사적 배경은 몇몇 비중 있는 헌법학자에 의해 이론적으로 정당화된다. 가장 대표적인 헌법학자로 독일의 헌법학자이자 정치학자인 칼 슈미트(Carl Schmitt)를 거론할 수 있다.[16] '결단주의'로 우리에게 잘 알려진 칼 슈미트는 헌법상 기본권을 자연권으로 파악한다. 여기서 말하는 자연권이란 근대 계몽주의 사상에 터 잡아 형성된 천부인권을 말한다. 그러므로 칼 슈미트에 따를 때 다음과 같은 도식이 성립한다.

---

14 이를 보여주는 K. Stern, "Idee der Menschenrechte und Positivität der Grundrechte", in: J. Isensee/P. Kirchhof (Hrsg.), *Handbuch des Staatsrechts der Bundesrepublik Deutschland*, Bd. V (Heidelberg, 1992), 11쪽 아래.

15 이와 유사한 맥락에서 김철수 교수 역시 헌법상 기본권을 자연권으로 이해한다. 김철수, "현행 헌법상 기본권의 법적 성격과 체계", 『헌법논총』 제8집(1997), 31쪽 아래.

16 칼 슈미트에 관해서는 우선 양천수, "합법성과 정당성: 칼 슈미트의 이론을 중심으로 하여", 『영남법학』 제25호(2007), 91–115쪽 참고.

도식 - 1	인권과 기본권의 동근원성

자연권 → 천부인권 → 헌법상 기본권

이와 같은 이해 방식은 언뜻 보면 결단주의를 강조한 칼 슈미트의 이론체계와 어울리지 않는 것처럼 보인다. 그러나 슈미트는 국가를 구성하는 기본원리인 민주주의와 법치주의를 이론적으로 분리함으로써 결단주의와 자연권사상이 서로 양립할 수 있도록 도모한다.

칼 슈미트는 국가를 정치적 통일체의 결단인 헌법과 동일한 것으로 본다. 정치적 통일체가 바로 국가이다. 그런데 칼 슈미트에 따르면 국가는 단지 정치적 통일체만을 의미하지는 않는다. 국가는 정치적 통일체인 국가를 구성하는 개인의 기본권을 보장하는 수단이라는 의미도 지닌다. 좀 더 정확하게 말하면 국가라는 개념은 정치적 통일체의 결단이라는 민주주의적 요소와 개인의 기본권 보장이라는 법치국가적 요소를 모두 포함한다. 결국 결단주의 사상질서에서 볼 때 국가란 국민주권 원리에 입각한 민주적 정당성에 따라 존속하는 정치적 통일체인 동시에 자연법사상에서 유래하는 인간의 천부적 자유와 권리를 보장하는 수단이라는 의미를 지닌다.[17]

이 가운데 후자의 의미에 초점을 맞춰 논의를 더욱 진행한다. 칼 슈미트에 따르면 국가는 자기목적적인 존재가 아니다. 오히려 국가란 개인, 바꿔 말해 시민의 기본권을 보장하기 위해 존재하는 도구적·수단적 존재이다. 따라서 국가는 개인의 기본권을 보장하는 데 봉사해야 한다. 이러한 관점에서 볼 때 칼 슈미트의 국가이론은 국가절대주의나 국가지상주의와는 차이가 있다.[18] 그런데 이때 칼 슈미트가 말하는 기본권은 엄밀한 의미에서 볼 때 현대 공법학에서 말하는 기본권과 그 의미가 같지는 않다. 왜냐하면 칼 슈미트는 기본권을 국가에 선재하는 천부적이고 초국가적인 자연권으로 파악하면서 이러한 자연권으로서 국가에 대한 방어권의 성질을 가진 자유권만을 염두에 두기 때문이다. 따라서 오늘날 공법학에서 기본권의 범주에 포함하는 정치적 기본권이나 사회적 기본

---

17 허영, 『헌법이론과 헌법』 신2판(박영사, 2008), 813−814쪽.
18 허영, 위의 책, 810쪽.

권 등은 칼 슈미트가 말하는 기본권의 개념에 포섭되지 않는다. 특히 노사쟁의
와 같이 사회적인 권력투쟁의 성격을 띠는 경우에는 정치적인 성격이 드러난다
고 해서 기본권이 아닌 민주주의 원리가 지배하는 정치영역에 포함한다.[19]

　한편 칼 슈미트는 국가가 개인의 자유권을 보장할 수 있도록 법치국가 원
리를 받아들인다. 칼 슈미트는 자연권의 의미를 가진 자유영역을 국가권력에서
보호하기 위해서는 헌법에 법치국가 원리를 제도화하는 것이 불가피하다고 한
다. 그러면서 이른바 '배분원리'와 '조직원리'를 법치국가 원리의 내용으로 강조
한다.[20] 여기에서 배분원리란 원칙적으로 무제한적인 인간의 선국가적 자유에
대해 국가권력은 법률유보 원칙에 따라 제한적으로만 행사될 수 있다는 것을
말한다. 우리 헌법에서도 보장하는 본질내용 침해금지 원칙이 바로 배분원리를
달리 표현한 것이다. 그리고 조직원리란 무제한적인 인간의 자유를 헌법상 기
본권으로 보호하기 위해 제한적인 국가권력을 일정한 권능체계에 따라 분리해
야 함을 뜻한다.[21] 그러므로 배분원리는 권력분립 원리와 같은 맥락을 이룬다.

　이와 같은 이론구상을 통해 칼 슈미트는 한편으로는 결단주의를 견지하면
서도 다른 한편으로는 헌법상 기본권을 자연권으로 이해한다. 슈미트의 헌법이
론은 오랫동안 우리 헌법학에 음으로 양으로 영향을 끼쳤는데 슈미트의 기본권
이해 역시 마찬가지라 할 수 있다. 이에 영향을 받아 우리 헌법학계는 상당 기
간 기본권을 '기본적 인권'으로, 즉 인권과 동일한 것으로 바라보았다.

　(2) 비동일설

　동일설과는 달리 비동일설은 인권과 기본권이 내용적·규범적으로 서로 다
르다고 본다.[22] 인권과 기본권은 처음에는 같은 어머니에서 태어난 쌍둥이 형제
라고 할 수 있지만 이제는 많은 부분에서 서로 달라진 별개의 존재라는 것이다.
이러한 비동일설의 근거로는 크게 두 가지를 생각할 수 있다. 첫째는 형식적 이
유로 인권과 기본권이 이제는 각각 별개의 학문영역에 속하게 되었다는 것이

---

19 C. Schmitt, *Verfassungslehre* (Berlin, 1954), 165쪽 아래.
20 C. Schmitt, 위의 책, 126쪽.
21 C. Schmitt, 앞의 책, 126쪽.
22 이러한 태도를 보이는 경우로는 허영, 앞의 책, 395-396쪽; 정종섭, 앞의 책, 65쪽 등 참고.

다. 둘째는 내용적 이유로서 인권을 다루는 인권법학이 다른 학문에 비해 통합
과학적 성격을 강하게 띠고 있다는 점이다.

1) 별개의 학문영역으로서 인권과 기본권

우선 학문체계(Wissenschaftssystem)의 관점에서 볼 때 오늘날 인권과 기본권
은 별개의 학문영역에 속하게 되었다는 점을 언급할 수 있다. 물론 인권법학이
독자적으로 성장하기 이전에는 인권이 헌법학의 영역에서 논의되는 경우가 많
았다. 오늘날에도 헌법학자 가운데 상당수가 인권에 관심을 기울인다. 그러나
인권은 이제 더 이상 헌법학의 전유물이 되지는 않는다. 오히려 인권은 헌법학
이라는 학문영역에서 독립분화되어 독자적인 학문영역으로 자리매김한다.

2) 통합과학의 대상으로서 인권

인권이 독자적인 학문영역으로 자리매김한다는 점은 인권이 통합과학의
대상이 된다는 점에서도 근거를 확보할 수 있다.[23] 그 어느 때보다 학문 간의
융합 또는 컨버전스가 강조되는 요즘 시점에서 인권은 그 어떤 학문 대상보다
도 통합과학적 접근을 필요로 한다. 이를테면 인권은 헌법학과 같은 법학에서
만 다룰 수 있는 대상이 아니라 철학, 정치학, 사회학, 사회복지학 및 심지어 문
학과 같은 인문학에서도 접근할 수 있을 뿐만 아니라 또 그래야만 하는 대상이
다. 요컨대 인권은 통합과학의 방법으로 다루어야 할 대상인 것이다. 물론 그렇
다고 해서 기본권은 통합과학으로 다룰 수 없는 대상이라는 것은 아니다. 일찍
이 헌법학자 정종섭 교수가 강조한 것처럼 기본권을 연구 대상으로 포함하는
헌법학 역시 통합과학의 대상이 된다.[24] 그러나 켈젠처럼 이를 거부하면서 헌법
학을 포함한 법학을 철저하게 규범학으로 정립하고자 한 시도 역시 존재했었고
이것이 전적으로 의미가 없는 것도 아니었다. 그 점에서 볼 때 기본권을 통합과
학의 방법으로 접근해야 할 필요성은 인권보다 그 정도가 낮다고 말할 수 있다.

---

23 이에 관해서는 양천수, "인권법의 통합과학적 성격", 『인권이론과 실천』 제2호(2007), 117-129쪽
참고.
24 정종섭, "우리 법학의 올바른 자리매김을 위하여: 헌법학의 통합과학적 연구에로", 『법과 사회』
제2호(1990), 221-254쪽.

(3) 중간결론

이상의 논의에 비추어 볼 때 필자는 비록 역사적 측면, 즉 통시적 측면에서는 인권과 기본권을 동일하게 파악하는 동일설이 타당할지 모르지만 지금 시점, 즉 공시적 측면에서는 양자를 별개로 취급하는 것이 여러모로 더욱 타당하다고 생각한다. 오늘날 인권과 기본권은 비록 내용적인 면에서 서로 겹치는 부분이 있다 할지라도 서로 별개인 권리로 파악해야 한다.

Ⅳ. 인권과 인권법의 구별 문제

1. 필요성

논의의 마지막으로 인권과 인권법의 개념에 관해 논의한다. 인권과 기본권의 관계와 마찬가지로 인권과 인권법도 많은 경우 동일한 의미로 사용된다. 아마도 법학자들은 주로 인권법이라는 개념을 그리고 인문사회과학자들은 인권이라는 개념을 즐겨 사용하는 경향이 있는 듯하다. 그렇지만 필자는 이 두 개념 역시 구별해야 한다고 생각한다. 그 이유를 아래에서 논증한다.

2. 인권과 인권법의 구별

기본적으로 인권과 인권법 개념은 구별해야 한다. 물론 대부분 인권이 인권법으로 실정화되어 있는 오늘날의 상황에서는 인권과 인권법을 굳이 구별할 필요가 있을지 의문을 던질 수 있다. 이 때문에 심지어 하버마스는 인권을 실정법적 권리로 이해하기도 한다.[25] 그러나 필자는 두 개념은 엄밀히 구별할 필요가 있다고 생각한다. 인권이 도덕적 성격을 가진 권리라면 인권법은 이러한 인권이 실정법으로 제도화된 것이기 때문이다.[26]

이를 구별하는 것에는 어떤 실익이 있을까? 이는 무엇보다 인권의 가변적 성격에서 그 해답을 찾을 수 있다. 인권법은 실정법의 성격상 고정되어 있다.

---

[25] J. Habermas, *Die Einbeziehung des Anderen* (Frankfurt/M., 1996), 222쪽.
[26] 도덕적 권리 개념의 가능성에 관해서는 김도균, 『권리의 문법』(박영사, 2008) 참고.

그렇지만 인권 그 자체는 가변적 성격으로 인해 지속적으로 변화한다. 과거에는 없던 인권들이 오늘날 새롭게 주장된다. 그러나 이 모든 인권이 다양한 이유로 인권법으로 실정화되지는 않는다. 예를 들어 환경인권 등은 상당수 환경법제를 통해 환경인권법으로 제도화되었지만 실정화되지 않고 여전히 도덕적 차원에서만 주장되는 인권도 있다. 물론 이러한 인권을 과연 인권 개념에 포섭할 수 있는지, 이는 단순한 인권'주장'에 불과한 것은 아닌지 의문을 제기할 수 있다. 그렇다 하더라도 법과 현실 사이에는 언제나 시간적 격차가 존재하는 것처럼 비록 이미 상당한 공감을 획득한 도덕적 인권이라 할지라도 이를 모두 인권법으로 실정화할 수는 없다고 생각한다. 아울러 모든 인권을 인권법으로 실정화하는 것은 법제화가 가진 규제의 역설 문제 때문에 그리 바람직하지 않을 수 있다. 인권이 본래 지닌 규범적 생명력을 유지하기 위해서는 경우에 따라서는 인권을 도덕적 권리로 남겨두어야 할 필요도 있다. 이와 같은 이유에서 필자는 인권과 인권법을 구별하는 것은 여전히 의미가 있다고 생각한다.

03 | 통합과학으로서 인권법학

I. 서론

지난 세기의 80년대 말 우리 사회가 민주화를 경험하고 이와 더불어 전체 사회가 정치적·경제적 측면에서 급격한 구조변동을 겪으면서 우리의 법체계 역시 다양한 방면에서 일종의 구조변동을 경험하였다.[1] 그 가운데서 '권리의 확장 현상'은 우리 법체계가 구조변동을 겪으면서 낳은 현상의 한 예가 될 수 있다.[2] 사회가 민주화되고 권리에 대한 의식이 신장되면서 우리 사회는 공적 영역과 사적 영역 모두에서 '권리의 확장 현상', 더 나아가 '새로운 권리 개념의 형성 현상'을 경험한다. 예를 들어 1988년 헌법재판소가 출범하면서 공적 영역에서 기본권이 확장·실질화되었다. 사적 영역에서도 '조망권'이나 '경관권' 등과 같은 새로운 권리가 등장하기도 하였다.[3] 이외에도 거론해야만 하는 것으로 '인권 개념의 대중화 현상'을 들 수 있다. 인권 개념은 헌법상 기본권 개념과 얽혀 이미 오래 전부터 강학상 논의되었다. 그러던 중 우리 사회가 민주화를 겪으면서 인권 개념은 국제인권규범을 통해 우리 사회에서 일종의 사회비판적 수단으로 주장되기 시작하였다. 교원·공무원에게 근로 3권을 인정할 수 있는가와 같

---

[1] 법문화의 측면에서 이 점을 분석하는 김정오, 『한국의 법문화: 인식·구조·변화』(나남출판, 2006) 참고.

[2] 이와 비슷하게 기본권의 팽창 현상을 지적하는 R. Alexy, "Zur Struktur der Grundrechte auf Schutz", Jan—R. Sieckmann (Hrsg.), *Die Prinzipientheorie der Grundrechte* (Baden—Baden, 2006), 105쪽.

[3] '경관권'에 관해서는 이상욱·배성호, "경관이익의 법적 보호에 관한 연구: 일본에서의 학설과 판례를 참조하여", 『비교사법』 제13권 제4호(2006), 403—426쪽.

은 문제 등에서 국제인권규범은 강력한 지지논거로 활용되었다. 그 후 2001년 국가인권위원회법이 제정되고 이에 근거를 두어 새롭게 국가인권위원회가 출범하면서 인권 개념은 일종의 시민권을 획득하였다. 나아가 이를 통해 '인권법'이라는 새로운 법영역이 형성되었고 이는 아직 진행 중이다.

이렇게 인권 개념이 시민권을 획득하고 인권법 영역이 등장하면서 우리 사회는 여러 혜택을 얻게 되었다. 그동안 사회적 소수자로 취급되었던 여성 등의 권리가 인권을 통해 신장된 것은 좋은 예가 된다. 그러나 이는 동시에 이론적·실천적인 면에서 문제를 낳기도 했다. 먼저 실천적인 면에서 인권이 실질화되고 확장되면서 점차 부작용 역시 출현한다. 예를 들어 근로 3권이 제도화되면서 노동조합과 노동운동이 보수화되거나 여성 인권을 강조하는 투쟁적 여성주의로 인해 여성과 남성의 관계가 투쟁적 관계로 일그러지는 현상을 거론할 수 있다.[4] 나아가 이론적인 측면에서 인권과 인권법은 복잡한 문제를 던진다. 그 가운데 하나로 인권법 영역을 체계적으로 어디에 넣을 것인가 하는 문제가 그것이다. 대륙의 판덱텐 체계에 바탕을 두어 형성된 기본 삼법 체계에서 볼 때 과연 인권법을 어디에 포섭할 것인가 하는 문제는 해결하기 쉽지 않아 보인다. 왜냐하면 인권법은 공법과 사법 및 형사법 가운데 어느 한 쪽에 넣기에는 그 외연이 넓고 종합적이기 때문이다. 가령 인권은 지금까지 주로 공법 영역에서 문제가 되었지만 이제는 사법 영역에서도 문제가 된다. 뿐만 아니라 지금까지 우리 법학에서는 헌법이 규정하는 기본권이 인권의 역할을 수행해 왔다. 우리 헌법은 상당히 포괄적으로 기본권을 규율하고 있어 사회에서 발생하는 인권 문제를 대부분 기본권 문제로 해결할 수 있는 상황이다. 그런데 이러한 상황에서 인권을 말하고 논의하게 되면 과연 인권과 기본권의 관계를 어떻게 설정할 것인지가 문제가 된다. 이러한 이론적인 문제는 실천적인 문제도 야기한다. 예컨대 인권법 영역을 독자적인 전공 영역으로 인정한다고 할 때 과연 인권법 전공자를 어떻게 양성할 것인지, 어떤 연구자를 인권법 전공자로 취급할 것인지, 과연 어떤 이들을 인권법 교수요원으로 초빙할 것인지 문제가 된다. 이러한 문제

---

4 이를 지적하는 이상돈, "여성주의와 형법: 성폭력범죄에 대한 형법정책을 중심으로", 『인권과 정의』 제255호(1997), 72−89쪽.

는 영국처럼 독자적인 인권법을 실정법으로 갖지 않고 인권법 전공영역이 아직 확립되지 않은 우리 상황에서 더욱 심화된다.[5]

　제3장은 이러한 맥락에서 인권법을 대상으로 하는 인권법학의 학문적 성격을 규정하려는 시도를 한다. 이를 통해 장차 우리가 인권법 영역을 어떻게 취급해야 하는지, 인권법 연구자는 어떻게 양성해야 하는지에 한 가지 관점을 제시하고자 한다. 여기서 결론부터 말한다면 인권법학은 통합과학적인 성격을 가지는 학문으로 보아야 한다는 것이다.

II. 인권의 일반적 성격

　인권법학의 통합과학적 성격을 규명하려면 그 전에 지금까지 인권의 성격으로 일반적으로 논의되었던 부분을 알아볼 필요가 있다.

1. 보편성·불가침성

　가장 먼저 언급할 만한 것으로 인권의 보편성·불가침성을 들 수 있다. 인권은 보편적인 성격을 가진다. 여기서 보편적이라는 말은 시간과 공간이라는 변수에 상관없이 그 의미내용과 효력이 동일하다는 점을 뜻한다. 그러므로 '인권은 보편적'이라는 말은 인권이 의미하는 규범적 내용과 효력이 시간과 공간, 역사와 지역에 상관없이 동일하다는 것을 뜻하는 상당히 '강한' 테제이다.[6] 인권의 보편성은 역사적으로 볼 때 자연법 이론과 결부되어 지금까지 자명한 테제로 인정된다. 이러한 인권의 보편성에 연결되어 인권의 '불가침성'이 언급된다. 인권의 불가침성은 그 누구도 인권을 침해할 수 없다는 것을 뜻한다. 인권의 불가침성은 '처분불가능성'의 의미도 가진다. 이에 따르면 주권자 혹은 정당한 입법자라 할지라도 인권은 자의적으로 처분될 수 없다.[7]

5　영국의 인권법에 관한 소개로는 윤진수, "영국의 1998년 인권법(Human Rights Act 1998)이 사법관계에 미치는 영향", 『서울대학교 법학』 제43권 제1호(2002), 125−158쪽.
6　이에 관한 철학적인 문제로는 양천수, "인권의 보편성에 대한 철학적 논증 가능성", 『인권이론과 실천』 제1호(2007), 23−35쪽.
7　'처분불가능성'에 관해서는 양천수, "법문화와 처분불가능성", 『중앙법학』 제8집 제3호(2006)

2. 국제성

두 번째로 인권의 국제성을 거론할 수 있다. 인권의 전개 과정을 보면 알 수 있듯이 인권이 오늘날처럼 대중성을 획득하게 된 것은 인류가 제2차 세계대전이라는 엄청난 참상을 겪은 직후부터이다. 널리 알려진 것처럼 나치 독일은 전쟁 기간 중 유대인과 슬라브인, 집시 등을 조직적으로 살해하였다. 이에 전쟁 직후 진행된 뉘른베르크 국제전범재판에서는 나치 전범들을 처벌하기 위해 보편적인 범죄로서 '반인륜범죄'를 범죄혐의로 인정하기도 하였다.[8] 이후 새롭게 출범한 국제연합(UN)은 국제연합헌장과 세계인권선언(1948년)을 통해 보편적인 인권의 규범적인 기초를 마련하고 1966년에는 이를 구체화한 국제인권규약을 제정하였다(1976년 발효). 이러한 국제적인 노력으로 인권은 점차 대중적 지지를 얻게 되었고 이러한 흐름은 우리나라에도 영향을 미쳐 2001년에 국가인권위원회법이 제정되는 데 이바지하였다.

3. 공법 관련성

마지막으로 인권의 공법 관련성을 언급할 수 있다. 일반적으로 인권은 공익과 밀접한 관련을 맺는 것으로 이해된다. 이에 연결하여 인권법을 일종의 공법으로 파악하기도 한다. 그래서 지금도 인권법은 주로 공법학자들이 담당하는 것으로 인식되고는 한다. 이러한 이해의 근저에는 아마도 인권과 기본권을 같은 맥락에서 접근해온 종전의 접근방식이 한 몫을 하지 않나 추측해 본다. 많은 견해는 헌법 제10조의 단서, 즉 "국가는 개인이 가지는 불가침의 기본적 인권을 확인하고 이를 보장할 의무를 진다."는 규정을 근거로 하여 기본권을 '기본적 인권', 즉 인권과 같은 의미로 새기곤 한다. 이러한 이해는 기본권을 자연권으로 파악한 칼 슈미트(Carl Schmitt)의 기본권 이론을 통해 이론적으로 뒷받침되기도 한다.[9] 이러한 근거에서 인권과 인권법을 헌법적인 혹은 헌법과 밀접한 관련

참고.
8 상세한 내용은 양천수, "뉘른베르크 국제전범재판의 역사적·법적 문제와 그 의미", 『軍史』 제60호(2006), 167－197쪽.
9 슈미트의 기본권 이론은 C. Schmitt, *Verfassungslehre* (Berlin, 1954), 165쪽 아래.

을 맺는 공법적인 것으로 파악한 듯싶다.

4. 문제점

그러나 이러한 종전의 이해 방식에는 문제가 없지 않다. 우선 인권은 보편적이고 불가침의 성격을 가진다고 하지만 인권의 관할영역이 지속적으로 확장되면서 보편성과 불가침성을 무작정 주장할 수 없는 인권도 속속 등장하는 것이 현실이기 때문이다. 예를 들어 국제인권규약 가운데 사회권 규약이 규정하는 경제·사회·문화적 인권에 쉽게 보편성을 인정할 수 있을지 의문이 없지 않다. 왜냐하면 사회적 인권이나 문화적 인권의 구체적인 보장수준은 그 사회가 도달한 경제적·사회적·문화적 수준을 고려해 결정할 수밖에 없기 때문이다. 또한 인권과 기본권을 같은 권리로 보는 이해에도 의문이 없지 않다. 기본권 가운데는 대한민국 국적을 가진 국민에만 인정할 수 있는 권리가 분명 있기 때문이다.[10] 더 나아가 인권에 대한 종전의 이해 방식은 인권이 지닌 다양한 특성을 제대로 반영하지 못한다. 예를 들어 인권은 공법뿐만 아니라 사법에서도 점차 의미를 얻고 있고, 전통적인 도덕철학뿐만 아니라 사회과학과도 관련을 맺는다. 따라서 인권이 가진 다양성과 복합성을 제대로 파악하려면 새로운 패러다임 위에서 인권과 인권법에 접근할 필요가 있다. 필자는 이러한 새로운 패러다임으로 '통합과학 구상'과 '전문법 구상'을 제안하고자 한다.

Ⅲ. 인권법학의 통합과학적 성격

'통합과학 구상'과 '전문법 구상'은 인권법학의 복잡성과 다양성을 적절하게 읽어내는 데 도움을 준다. 본래 이 구상은 인권이 아닌 다른 법영역을 설명하기 위해 제시된 것이다. 예를 들어 '통합과학 구상'은 새로운 헌법학 방법론을 기초 짓기 위해, '전문법 구상'은 오늘날 등장하는 새로운 법적 현상을 법사회학의 측면에서 설명하기 위해 내놓은 것이다. 그러나 이러한 구상들은 인권법학의 성

---

10 이러한 점에서 인권과 기본권을 구별하는 R. Alexy, "Diskurstheorie und Menschenrechte", in: Ders., *Recht, Vernunft, Diskurs* (Frankfurt/M., 1995), 128쪽.

격을 규명하고 정초하는 데도 유용하게 원용할 수 있다.

1. 통합과학 구상

'통합과학 구상'은 헌법학자인 정종섭 교수가 기존의 헌법 도그마틱 일변도에서 벗어나고자 새롭게 제시한 헌법학 방법론이다. 정종섭 교수는 1990년에 발표한 논문 "우리 법학의 올바른 자리매김을 위하여: 헌법학의 통합과학적 연구에로"에서 헌법학을 통합과학으로 볼 필요가 있고, 따라서 통합과학적 연구 방법을 동원하여 헌법학에 접근해야 한다고 역설한다.[11] 이러한 정종섭 교수의 시도는 실정법 해석에만 치중한 기존의 헌법 도그마틱에서 벗어나고자 한 시도로, '통합과학'이라는 새로운 헌법학 '방법론'을 통해 '헌법 도그마틱 중심주의'를 넘어서고자 한다.

헌법학을 통합과학으로 자리매김하기 위한 전제 작업으로 정종섭 교수는 헌법학 연구의 네 가지 기본 태도를 언급한다. "총체적 인식태도", "경험적·과학적 태도", "실천적 태도" 및 "역사적 태도"가 그것이다.[12] 정종섭 교수는 헌법학은 네 가지 태도를 모두 담아야 한다고 역설한다. 왜냐하면 정종섭 교수에 따를 때 헌법학은 이 모든 태도를 필요로 하는 통합과학이기 때문이다.[13]

정종섭 교수는 헌법학을 통합과학으로 규정하면 다음과 같은 특성을 갖게 된다고 말한다.[14] 먼저 헌법이론은 현실에 적합해야 한다. 이를 "헌법이론의 현실적합성"으로 지칭한다. 정종섭 교수에 따르면 헌법이론은 "헌법규범과 사회 현실에서 발생하는 헌법문제들을 정확히 인식·분석하고, 그 문제해결에 관한 올바른 방향과 처방을 제시"해야 한다. 다음으로 헌법연구는 개방적이어야 하고, 더 나아가 헌법이론은 "과학성"을 가져야 한다. 여기서 "과학성"은 "객관성"과 "잠정성"을 포함하는 개념이라고 한다.[15] 바로 이러한 이유에서 헌법이론은

---

11 정종섭, "우리 법학의 올바른 자리매김을 위하여: 헌법학의 통합과학적 연구에로", 『법과 사회』제2호(1990), 221−254쪽. 여기서는 정종섭, 『헌법연구(1)』(철학과 현실사, 1994), 제1장 "통합과학으로서의 헌법학"(11−53쪽)으로 인용한다.
12 정종섭, 위의 책, 16−25쪽.
13 정종섭, 앞의 책, 23−24쪽.
14 정종섭, 앞의 책, 25−44쪽.

"잠정성"도 포함하고 있어야 한다. 따라서 "헌법이론도 그 시대, 그 사회의 헌법문제해결에 있어서 설득력을 다하게 되면 소멸할 수밖에 없다."고 한다.[16] 마지막으로 정종섭 교수는 헌법학이 통합과학으로 작동하기 위해서는 외국 헌법이론을 무작정 수용하는 것을 경계해야 한다고 말한다. 외국 헌법이론은 단지 탐색적인 의미만을 가질 뿐이라고 한다. 이를 구체적으로 말하면 "통합과학으로서의 헌법학은 가능한 한 많은 이론적 자원들을 활용하므로 외국이론들에 대한 연구와 활용은 기존의 어떠한 경우보다도 더 활발하고 적극적이겠지만 외국의 이론틀이나 시각을 우리 문제에 그대로 대입·적용하지 않는"다고 한다.[17] 이렇게 정종섭 교수에 따르면 헌법학은 통합과학으로서 "헌법이론의 현실적합성", "헌법연구의 개방성", "헌법이론의 과학성", "헌법이론의 잠정성" 및 "외국 헌법이론연구의 탐색성"을 갖추어야 한다.

필자는 이러한 통합과학 구상은 헌법학을 넘어 인권법학에도 적용할 수 있다고 생각한다. 말하자면 인권법학도 현실에 적합해야 하고, 인권법학 연구는 개방성을 띠고 있어야 하며, 인권이론은 과학성과 잠정성을 가져야 한다. 마지막으로 외국 인권이론을 무작정 추종해서는 안 된다. 외국 인권을 참고로 하여 우리의 맥락에 적합한 인권이론을 개발해야 한다.

그러면 왜 인권법학은 통합과학이 되어야 하는 것일까? 그 이유를 두 가지로 말할 수 있다. 첫째, 인권법학은 다른 실정법학과는 달리 완결된 인권법규범을 지니고 있지 않다는 점이다. 물론 국제인권규약이 존재하기는 하지만 인권 그 자체가 계속해서 새롭게 형성되고 있다는 점을 고려하면 국제인권규약이 인권의 전부라 말할 수는 없다. 이 점에서 볼 때 인권법학은 이미 도그마틱의 울타리를 넘어선다. 둘째, 인권법학이 대상으로 삼는 인권법은 다양한 요소가 얽혀 형성된 것이라는 점이다. 인권법은 기본 삼법을 중심으로 한 기존의 법체계에서 나온 것이 아니라 이러한 법체계들이 분화되고 재통합하면서 등장한 법영역이다. 바로 이러한 근거에서 인권법학은 통합과학의 성격을 띠고 이

---

15 정종섭, 앞의 책, 33쪽.
16 정종섭, 앞의 책, 40-41쪽.
17 정종섭, 앞의 책, 43쪽.

때문에 인권법학에 적절하게 접근하려면 통합과학적 방법을 동원해야 할 필요가 있다.

2. 전문법 구상

이상돈 교수가 2002년에 발표한 논문 "전문법: 이성의 지역화된 실천"에서 제시한 '전문법 구상'은 전통적인 기본 삼법 체계를 넘어서는 새로운 법적 형태를 법사회학의 차원에서 설득력 있게 해명하기 위해 제안된 이론적 구상이다.[18] 이상돈 교수는 오늘날에 이르러 법은 홍수를 이룰 뿐만 아니라 판덱텐 체계에 입각한 기본 육법 체계로는 설명하기 어려운 법률들이 등장한다고 지적한다. 이러한 현상은 단순히 법률의 양적 팽창에 그치지 않고 법적 구조의 질적 변화, 즉 구조적 변화를 낳는다고 한다. 말하자면 새로운 법적 형태인 '전문법'이 성장하고 있다고 진단한다. 이를 이상돈 교수는 다음과 같이 말한다.[19]

"이렇게 볼 때, 육법의 구조적 변화와 개별법의 팽창은 단지 기존의 판덱텐 시스템 내부의 지엽적인 변화가 아니라 그 시스템 자체의 구조적인 변화를 가져오고 있다고 할 수 있다. 여기서 구조적인 변화라 함은 판덱텐 시스템의 통일적 '구조가 해체'되고, 각 개별법이 지속적으로 기능적으로 (세)분화되어 가는 '사회적 하부체계를 조직화화는 전문법으로 독립'되어 나가는 현상을 가리킨다. 이를테면 의료법, 정보통신법, 경제법, 교통법, 환경법, 소년법, 교육법, 언론법 등과 같은 전문법의 성장을 말할 수 있다. 전문법이란 그런 명칭의 단행법률이 있는 것이 아니라 판덱텐 시스템의 육법전과 그 특별법 그리고 행정법 형식의 개별법이 동등하게 — 우열관계나 선후관계를 고정적으로 확정함이 없이 — 함께 사안을 규율함으로써 형성된다."

---

18 이상돈, "전문법: 이성의 지역화된 실천", 『고려법학』 제39호(2002), 113-151쪽. 여기서는 이 논문을 재록하고 있는 이상돈, 『법철학』(박영사, 2003), 단락번호 [6] "전문법"(200-247쪽)에 따라 인용한다.

19 이상돈, 앞의 책, 205-206쪽.

여기서 보면 알 수 있듯이 전문법 구상은 체계이론에서 말하는 사회체계의 기능적 분화와 밀접하게 연결된다. 체계이론에 따르면 사회체계는 다양한 하부체계로 분화·전문화된다. 이를 통해 각 하부체계들은 독자성을 획득하는데 법체계 역시 기존의 삼법(혹은 육법) 체계를 넘어 사회의 기능적 분화에 걸맞게 분화되면서 전문성을 가진 전문법으로 성장하고 있다는 것이다. 요컨대 전문법이란 각 법체계가 분화되고 동시에 교차적으로 재통합하면서 형성된 법적 형태라 말할 수 있다.

한편 위 언명에서 볼 수 있듯이 이상돈 교수는 전문법의 개념에 관해 의미 있는 시사를 한다. 전문법은 전문적인 성격을 가진 단행 법률만을 지칭하는 것은 아니라는 점이다. 오히려 이상돈 교수에 따르면 전문법은 이중적인 구조를 가진다. "판덱텐 체계의 기본법전"과 "사안중심적인 규율형식"이 결합함으로써 비로소 전문법이라는 독자적인 법형태가 형성된다는 것이다.[20] 두 상이한 법적 형식은 "해석적 조정"과 "통합적 작용"을 거침으로써 독자적인 전문법이 성장하고 유지되도록 돕는다고 한다.[21]

필자는 이러한 전문법 구상을 인권법에도 적용할 수 있다고 생각한다. 왜냐하면 인권법학이 대상으로 삼는 인권법이야말로 전통적인 공법과 사법 및 형사법이라는 영역 구별을 넘어 각 법영역이 인권을 중심으로 하여 재통합되면서 형성된 법이기 때문이다. 인권법은 인권이라는 대상을 전문적으로 다루기 위해 등장한 일종의 전문법인 셈이다. 따라서 우리는 인권법을 공법이나 사법 혹은 형사법 가운데 어느 한 쪽에 포함시키려고 애쓸 필요가 없다. 인권을 중심으로 하여 각 영역이 분화되고 교착되면서 성장한 인권법 그 자체를 새로운 전문법으로 승인하면 이 문제를 쉽게 해결할 수 있기 때문이다.

3. 인권법학의 통합과학적 성격

위에서 본 것처럼 통합과학 구상 또는 전문법 구상에 따라 인권법학을 통합과학적인 성격을 띠는 전문법학의 일종으로 파악할 수 있다면 인권법학에는

---

20 이상돈, 앞의 책, 225-231쪽.
21 이상돈, 앞의 책, 229-231쪽.

구체적으로 어떤 특성들이 통합적으로 존재하는 것일까?

(1) 인권법학의 철학 의존성

첫째, 인권법학은 철학에 의존한다. 그 어느 법개념보다도 인권 개념은 철학, 그중에서도 도덕철학 이론에 밀접하게 의존한다. 이는 인권의 '보편성'에서 쉽게 찾아볼 수 있다. 인권은 보편적이며 침해할 수 없는 성격을 지닌다. 그런데 이러한 인권의 보편성을 근거 짓기 위해 인권이론은 철학에서 근거를 끌어오고는 했다. 이는 크게 세 가지 유형으로 나눌 수 있다. 자연법이론, 소유권이론 그리고 정언명령으로 인권의 보편성을 논증하는 것이 그것이다.[22] 그런데 이 세 가지 논증방식은 모두 철학에서 나온 것이다. 자연법이론은 오랜 역사를 가진 (법)철학 이론이고 소유권이론은 로크(John Locke)의 사회계약론에서 끌어온 것이다. 그리고 정언명령은 칸트의 도덕철학에서 중심을 이루는 이론이다. 이렇게 인권은 개념적·이론적으로 출발하던 때부터 철학에 많이 의존하고 있었다. 이는 지금도 마찬가지라 할 수 있다. 왜냐하면 오늘날 많은 인권이론가들은 여전히 철학에 바탕을 두어 인권이론을 전개하기 때문이다. 예를 들어 보편적인 평등주의적 자유주의를 복원하고자 했던 미국의 철학자 롤즈(John Rawls)는 칸트철학을 재해석하여 자신의 자유주의적 정의론을 근거 짓는다. 새로운 상호주관성의 틀 위에서 대화이론(Diskurstheorie)을 정립했던 하버마스(Jürgen Habermas)도 자신의 법철학 저서 『사실성과 타당성』 제3장에서 대화이론에 기반을 둔 인권이론을 새롭게 정초한다.[23]

(2) 인권법학의 사회과학 의존성

둘째, 인권법학은 정치학, 사회학 등과 같은 사회과학에 의존한다. 위에서 언급한 것처럼 인권의 전개과정을 보면 인권은 철학에 많이 의존하여 정립되었다. 그러나 오늘날 사회구조가 복잡·다양해지고 새로운 법적 문제와 인권 문제가 등장하면서 전통적인 인권 개념에서 벗어나는 새로운 형태의 인권이 출현한

---

22 양천수, "인권의 보편성에 대한 철학적 논증 가능성", 24-28쪽.

23 J. Habermas, *Faktizität und Geltung* (Frankfurt/M., 1992), 제3장 참고. 하버마스의 인권이론을 소개하는 이상돈·홍성수, "하버마스의 인권이론", 『고려법학』 제42호(2004) 참고.

다. 예를 들어 환경인권이나 정보인권은 과거에는 생각하기 쉽지 않았던 새로운 인권 유형들이다.[24] 인터넷 공간이 생활화되면서 인터넷 공간에 자유롭고 평등하게 참여할 수 있는 인터넷 참여권도 최근 문제가 되는 인권이다. 그런데 이러한 인권들은 사회과학에 밀접하게 의존할 수밖에 없다. 가령 환경인권은 환경법이라는 전문적인 성격을 가진 법뿐만 아니라 환경과 관련을 맺는 사회과학 등에 의존할 수밖에 없다. 환경인권의 구체적인 '규범영역'(Normbereich)을 확정하려면 환경법뿐만 아니라 전문적인 사회과학, 더 나아가 자연과학적 지식까지 동원해야 한다. 왜냐하면 구체적인 환경인권의 내용 및 수준을 결정하려면 환경에 관한 자연과학적 지식 및 법경제학적 지식과 같은 사회과학 지식도 필요하기 때문이다.

인권의 사회과학 의존성은 사회적 인권에서도 찾아볼 수 있다. 사회적 인권의 규범영역을 구체화하려면 사회복지학 등에 관한 지식을 갖추고 있어야 한다. 가령 아동이나 노인 또는 장애인의 인권수준을 결정하려면 아동에게 필요한 것이 무엇인지, 노인들은 무엇 때문에 고통을 받고 있는지, 어떤 기준에서 장애 개념을 판단하고 우리 사회에서 장애 요소로 작용하는 것은 무엇인지 객관적으로 파악할 수 있어야 한다. 이에 관한 지식은 법학과 같은 규범학에서 제공하기보다는 오히려 사회복지학과 같은 사회과학에서 제공한다. 이러한 근거에서 사회적 인권은 사회과학에 의존할 수밖에 없다.

여성인권 역시 인권의 사회과학 의존성을 잘 보여준다. 여성인권은 무엇보다도 여성주의가 성장하면서 이에 많은 영향과 도움을 받았다.[25] 여성주의가 영향력을 행사하면서 그만큼 여성인권도 신장될 수 있었기 때문이다. 더군다나 여성주의가 무엇을 강조하는가에 따라 여성인권의 구체적인 모습이 결정되거나 새로운 여성인권이 형성되기도 한다. 예를 들어 맥키넌(Catharine A. MacKinnon)과 같은 급진적 여성주의자들이 성폭력범죄 영역에서 여성의 성적 자기결정권을 여성인권으로 파악하고 '성희롱'과 같은 일탈행위를 여성의 인권을 침해하는

---

[24] 이에 관한 소개로는 김현준, "환경정보에 대한 접근·이용권", 『토지공법연구』 제37집 제2호 (2007), 335-358쪽.

[25] 물론 여성주의를 사회과학으로 규정할 수 있는지에는 논란의 여지가 있다.

범죄로 규정함으로써 성과 관련된 여성의 인권이 구체화되거나 새롭게 정착되기도 하였다.[26]

(3) 인권법학의 공법 관련성

셋째, 인권 및 인권법학은 공법과 관련을 맺는다. 이는 전통적인 인권 이해에서도 인정하였던 부분이어서 그리 새롭게 보이지는 않을 것이다. 다만 여기서 강조하고 싶은 것은 인권을 헌법상 기본권과 같은 것으로 파악해서는 안 된다는 점이다. 비록 역사적인 측면에서 양자는 그 태생을 같이 한다 하더라도 오늘날 인권과 기본권은 각기 독자성을 획득한 상태이다. 국제인권규범에서는 인권으로 인정한다 하더라도 한 국가나 사회가 처한 문화적 상황 때문에 기본권으로 인정할 수 없는 부분도 있는 반면, 반대로 인권이라 할 수는 없지만 기본권으로 규정한 것도 생각할 수 있다. 전자의 경우로 이슬람 여성의 히잡 착용 문제를 거론할 수 있고 후자의 경우로 선거권 등과 같은 정치적 기본권을 생각할 수 있다. 특히 전자의 경우 서구 인권의 관점에서 보면 이슬람 여성에서 흔히 볼 수 있는 히잡 착용은 여성의 인권을 침해하는 것이 될 수 있지만, 종교적으로 충실한 이슬람 여성의 눈으로 보면 이는 종교적 인권의 한 내용이 될 수 있다. 기본권 이론의 측면에서도 인권과 기본권은 구별할 필요가 있다. 칼 슈미트처럼 기본권을 자연권으로 파악하면 양자를 같은 것으로 볼 여지가 없지 않지만, 스멘트(Rudolf Smend) 학파처럼 통합이론의 관점에서 기본권을 이해하면 양자는 분명 이론적으로 성질을 달리하기 때문이다.

(4) 인권법학의 민사법 관련성

넷째, 인권법학은 민사법과도 관련을 맺는다. 왜냐하면 인권법학이 대상으로 하는 인권은 민사법과도 관련을 맺기 때문이다.[27] 종전처럼 인권을 공권의 일종으로 파악하면 인권은 사적 영역 또는 민사법과는 무관한 것이 될 수 있다. 그러나 인권은 민사법과도 밀접한 관련을 맺는다. 예를 들어 민법상의 재산관계는 국제인권규약이 정하는 시민적·정치적 권리의 한 내용인 소유권과 관련

---

26 가령 성희롱으로부터 보호받을 수 있는 여성의 인권 등을 언급할 수 있다.
27 이를 보여주는 양천수, 『민사법질서와 인권』(집문당, 2013) 참고.

을 맺는다. 또한 가족관계는 여성의 인권이나 아동·장애자의 인권과 밀접하게 연결된다. 나아가 근로관계는 국제인권규약이 정하는 경제적·사회적·문화적 권리의 한 내용인 노동권과 관련된다. 뿐만 아니라 회사법 영역에서 문제가 되었던 '소액주주운동'은 회사의 지배구조를 개선하기 위한 인권운동의 일종으로 해석할 수 있다. 이처럼 인권은 결코 민사법과 무관하지 않다. 이를 반영하듯 오늘날에는 국가에 의해 인권이 침해되는 것보다 사인(私人)에 의해 인권이 침해되는 경우가 더 많아진다.[28] 인터넷 공간에서 흔히 발생하는 개인정보 침해나 프라이버시 침해가 대표적인 예라 할 수 있다.

　인권의 민사법 관련성은 기본권 이론을 통해서도 어느 정도 논증할 수 있다. 왜냐하면 헌법학에서도 이러한 문제가 등장했기 때문이다. 전통적인 견해는 기본권을 주관적 공권이자 대국가적 권리로만 파악하였다. 그러나 사인에 의해 기본권이 침해되는 경우가 발생하면서 오늘날 기본권은 공적 관계뿐만 아니라 사적 관계에도 민사법의 일반조항 등을 통해 '방사'(Ausstrahlung)된다고 말한다.[29] 이러한 기본권의 대사인적 효력 논증을 인권이론에도 유추적용할 수 있다면 우리는 인권의 대사인적 효력을 말할 수 있는 것이다. 그렇다면 인권을 더 이상의 공법의 전유물로 파악하는 것은 그리 타당하지 않다.[30]

(5) 인권법학의 형사법 관련성

　다섯째, 인권 및 인권법학은 형사법과도 밀접한 관련을 맺는다. 인권이 형사법과 밀접한 관련을 맺는다는 점은 이미 인권의 역사에서 쉽게 확인할 수 있다. 왜냐하면 사회계약론이 시사하는 것처럼 인권은 본래 국가의 권력남용으로부터 시민의 이익을 보장하기 위해 등장한 개념이기 때문이다. 그런데 과거 국가권력은 형벌권을 행사하는 과정에서 남용되는 경우가 대부분이었다. '고문', '마녀사냥' 등으로 대변되는 국가형벌권의 남용으로부터 시민의 자유와 권리를

---

28 이를 지적하는 K. Günther, "Menschenrechte unter Bedingungen fragmentierter Staatlichkeit: Vom vertikalen zum horizontalen Verständnis der Menschenrechte", *Vortrag* (2006. 9. 27), 1−19쪽.

29 이에 관해서는 C.−W. Canaris, *Grundrechte und Privatrecht* (Tübingen, 1984).

30 물론 인권법학을 통합과학으로 규정하면 굳이 인권의 대사인적 논증을 거론할 필요가 없을 것이다. 왜냐하면 인권은 민사법과 관련을 맺기에 직접 사법관계에 효력을 미칠 수 있기 때문이다.

보호할 필요가 있었다. 그 때문에 특히 형사절차에서 피고인의 인권이 문제가 되었고 '고문금지'나 '사형폐지' 등을 통해 피고인의 인권을 보장하고자 하는 노력이 전개되었다. 이러한 상황은 우리나라에서도 마찬가지였다. 물론 21세기로 접어든 오늘날 형사법과 관련된 인권상황은 많이 나아진 편이다.[31] 그렇지만 피고인의 인권, 더 나아가 요즘 관심을 받는 피해자의 인권은 여전히 인권법 영역에서 그 비중을 잃지 않는다.[32]

(6) 인권법의 자기생산성

마지막으로 언급할 수 있는 것으로 인권법학의 대상인 인권법의 자기생산성을 들 수 있다. 인권법의 자기생산성이란 인권법의 구체적인 내용이나 새로운 인권 유형 등은 국가가 법률 등을 통해 주도적으로 형성할 수 있는 것이 아니라 시민사회 속에서, 즉 역동적인 공론영역(Öffentlichkeit) 속에서 자발적으로 생산된다는 점을 뜻한다.[33] 인권법의 자기생산성은 인권법체계가 결코 닫힌 혹은 완결된 체계가 아님을 보여준다. 인권법의 내용은 사회구조가 바뀜으로써, 사회현실이 변화함으로써 바뀔 수 있는 그 무엇이다. 그것도 국가가 주도할 수 있는 것이 아니라 시민사회 속에서 각 시민들의 자유롭고 평등한 요청과 참여를 통해 이루어진다. 요컨대 인권법 구성 메커니즘은 본래 '절차적'인 셈이다.[34] 이러한 이유에서 모든 인권을 법률로 규율하고자 하는 것은 바람직하지 않다. 만약 인권을 법률로 제도화하면 오히려 '제도화의 역설' 때문에 인권이 본래 가진 도덕적 힘이나 사회비판적 힘이 소진될 수 있다. 따라서 인권의 기본적 틀이나 인권이 사회 속에서 형성되는 데 필요한 외적 테두리는 법률 등을 통해 제정할 필요가 있지만 그 이외의 인권에 관한 세세한 사항 모두를 법으로 규율하는 것은 바람직하지 않다. 인권법이 지닌 자기생산적인 측면을 고려한다면 인

---

[31] 한인섭, "형사사법과 인권 분야에서 민주화와 법치화의 추세(1987~2007)", 『법과 사회』 제32호(2007), 31–65쪽.

[32] 피해자 인권에 관해서는 김혜정, "성폭력범죄에 있어서 피해자인권과 가해자인권", 『인권이론과 실천』 제1호(2007), 47–54쪽.

[33] 이에 관해서는 A. Fischer–Lescano/G. Teubner, *Regime–Kollisionen* (Frankfurt/M., 2006), 54–56쪽.

[34] 이를 지적하는 양천수, "인권의 보편성에 대한 철학적 논증 가능성", 31쪽 아래.

권법체계 자체는 개방된 구조로 남겨두어야 한다.

Ⅳ. 인권법 전문가의 양성체계

이상으로 인권법학이 어떤 측면에서 통합과학적 성격을 갖는지 살펴보았다. 이러한 인권법학의 통합과학적 성격에서 우리는 어떻게 인권법 전문가를 양성해야 하는지에 어느 정도 시사점을 얻을 수 있다. 결론을 대신하여 어떻게 인권법 전문가를 양성해야 하는지 간단하게 언급하겠다.

지금까지 살펴본 것처럼 인권법은 전통적인 기본 삼법 체계를 넘어서는 것으로 통합과학의 대상이 된다. 그러므로 인권법을 반드시 공법 영역으로 획정할 필요가 없고 또 그럴 수도 없다. 오히려 인권법은 공법, 민사법, 형사법 등 모든 법영역에 걸치는 법 분과라 할 수 있다. 그러므로 공법 전공자뿐만 아니라 민사법 전공자, 형사법 전공자 및 기초법 전공자, 그 밖에 법학을 전공하지 않은 사회과학 전공자도 인권법 전문가로 성장할 수 있다. 특히 2009년부터 출범한 법학전문대학원 체제는 비법학 전공자가 인권법 전문가로 성장하는 데 제도적인 뒷받침을 할 수 있다. 물론 인권법 그 자체는 통합과학의 대상이 되는 전문법의 일종이므로 조만간 인권법 자체가 독자적인 전공 영역으로 정착될 것이고, 그렇게 되면 인권법 전공자가 인권법 전문가로 성장하는 데 필요한 제도적인 코스가 마련될 것이다. 그러나 우리 법체계는 기본적으로 대륙에서 성장한 판덱텐 체계이고 이러한 구조는 법학전문대학원 체제에서도 기본적으로 유지될 것이다. 따라서 기본 삼법에 기반을 둔 판덱텐 법학을 어느 정도 익힌 사람이 인권법 전문가가 되는 것이 바람직하다고 생각한다. 그러므로 인권법 전공 그 자체를 제도적으로 확립하여 폐쇄적으로 운영하기보다는 기본 삼법 체계에 기반을 두면서도 이를 넘어설 수 있는 이른바 '열린 전공제' 형식으로 인권법 전공을 운영하고 인권법 전문가를 양성하는 것이 바람직하다.

04 | 인권법체계의 자기생산적 구조

I. 서론

2001년 국가인권위원회법이 제정되고 이에 근거를 두어 새롭게 국가인권 위원회가 출범하면서 인권이 새로운 화두로 우리 사회에 자리매김하였다. 이와 더불어 '인권법'이라는 새로운 법영역이 법학에서 독립 분화되었고 과거에는 의 식하지 못했던 새로운 인권 현상이나 인권 문제를 경험하게 되었다. 이를 통해 개인정보 자기결정권과 같은 새로운 인권이 형성되었다. 그리고 이는 아직도 진행 중이다.

물론 엄격하게 보면 인권 개념 그 자체는 아주 새로운 것은 아니다. 왜냐 하면 많은 헌법학자가 동의하는 것처럼 우리 헌법이 규정하는 각종 기본권은 인권과 거의 같은 의미로 새길 수 있기 때문이다.[1] 이를 증명하듯이 우리 헌법 제10조 단서는 "국가는 개인이 가지는 불가침의 기본적 인권을 확인하고 이를 보장할 의무를 진다."고 규정한다. 이 문언 자체만을 놓고 보면 우리 헌법은 기 본권을 '기본적 인권'으로 파악한다고 해석할 수 있다.[2] 또한 국제법의 시각에서 볼 때 인권은 오래전부터 실정법 개념으로 정착되어 있었다. 예를 들어 국제연

---

[1] 예를 들어 계희열 교수는 "기본권보장의 역사"를 설명하는 과정에서 우선적으로 "각국의 인권보 장역사"를 검토한다. 이는 인권과 기본권이 동일한 맥락에 서 있음을 전제로 한 것으로 이해할 수 있다. 계희열, 『헌법학(중)』(박영사, 2000), 5쪽.

[2] 이는 기본권을 자연권의 맥락에서 이해한 칼 슈미트의 기본권 이론과 무관하지 않다. 칼 슈미트 의 기본권 이론에 관해서는 C. Schmitt, *Verfassungslehre* (Berlin, 1954), 165쪽 아래; 계희열, 위의 책, 31-34쪽 등 참고.

합(UN)은 「국제연합헌장」(Charter of the United Nations)(1945)과 「세계인권선언」 (Universal Declaration of Human Rights)(1948)을 통해 인권의 규범적 기초를 마련 하였고 1966년에는 이를 구체화한 국제인권규약인 「경제적·사회적·문화적 권 리에 관한 국제규약」(International Covenant on Economic, Social and Cultural Rights) 과 「시민적·정치적 권리에 관한 국제규약」(International Covenant on Civil and Political Rights)을 제정하였다(1976년 발효). 이처럼 인권은 한편으로는 헌법상 권 리로, 다른 한편으로는 국제인권규범의 실정법상 권리로 존재해 왔다. 다만 국 제인권규범은 오랫동안 국내법과 동일한 효력을 지니지 못했고 단지 해석의 지 침으로서 영향력을 행사해 왔을 뿐이었다.[3] 이 때문에 국제인권규범이 대변하 는 인권 개념은 우리에게 다소 생소한 것으로 다가왔다. 그렇지만 국가인권위 원회가 출범하면서 인권은 이제 우리 사회에서 법적인 생명력을 얻게 되었다.

그런데 인권 개념 그리고 이를 통해 형성되는 인권법 영역을 면밀하게 들 여다보면 다음과 같은 흐름을 읽을 수 있다. 인권의 내용이 고정되어 있지 않고 지속적으로 변화하면서 과거에는 볼 수 없었던 새로운 인권이 형성·정착되고 있다는 것이다. '제3세대 인권'이나 '환경권', 더 나아가 제4차 산업혁명과 관련 을 맺는 인권 등을 예로 언급할 수 있다.[4] 이러한 인권은 18−19세기에는 경험 할 수 없었다. 이들 인권은 20세기에 접어들면서 그 필요성 때문에 새롭게 등장 및 자리매김하였다. 이처럼 과거 계몽주의 시대에 등장한 인권은 사회구조가 변화하면서 그 사회구조에 적합하게 형성 및 변모한다.[5] 요컨대 인권은 고정된 것이 아니라 가변적이며 진화한다. 이러한 상황에서 필자는 '인권법학의 통합과 학적 성격'을 규명하면서 인권법이 '자기생산성'을 띤다고 주장한 바 있다. 그때 필자는 인권법의 '자기생산성'을 다음과 같이 정리하였다.[6]

---

3 이에 관해서는 길수현, 『국제인권규범의 헌법적 의미와 기능에 관한 연구』(고려대 법학석사 학 위논문, 2001) 참고.
4 제3세대 인권에 관해서는 홍성방, "인권과 기본권의 역사적 전개", 『한림법학 FORUM』 제7권 (1998), 59−90쪽; 홍성방, "제3세대 인권", 『법정고시』(1996), 32쪽 아래 참고.
5 그러나 인권이 계몽주의, 구체적으로는 시민혁명의 영향을 받아 등장한 것인지 아니면 종교개혁 의 영향을 받은 것인지에는 논란이 없지 않다. 예를 들어 독일의 공법학자 옐리네크(Georg Jellinek)는 후자의 견해를 대변한다. 이 논쟁에 관해서는 R. Schnur (Hrsg.), *Zur Geschichte der Erklärung der Menschenrechte* (Darmstadt, 1964) 참고.

"인권법의 자기생산성이란 인권법의 구체적인 내용이나 새로운 인권 유형 등은 국가가 법률 등을 통해 주도적으로 형성할 수 있는 것이 아니라 시민사회 속에서, 즉 역동적인 공론영역(Öffentlichkeit) 속에서 자발적으로 생산된다는 점을 뜻한다. 인권법의 자기생산성은 인권법체계가 결코 닫힌 혹은 완결된 체계가 아님을 보여 준다. 인권법의 내용은 사회구조가 바뀜으로써 사회현실이 변화함으로써 바뀔 수 있는 그 무엇이다."

인권법 혹은 인권법체계가 자기생산적 성격을 가진다는 주장은 흥미로운 것일 수 있다. 하지만 필자는 과연 어떤 근거에서 인권법체계가 자기생산적 성격을 가지는지, 만약 그렇다면 자기생산적 성격이란 구체적으로 무엇을 뜻하는지를 구체적으로 근거 짓지 않았다. 제4장은 이러한 필자의 착안점을 구체적으로 논증하는 데 목표를 둔다. 인권법체계가 과연 자기생산적 구조를 가지는지, 만약 그렇다면 그 구체적인 특징은 무엇인지 논증하고자 한다. 그러나 '인권법체계가 자기생산적 성격을 가진다.'는 주장은 상당히 강한 주장이다. 따라서 이 주장을 설득력 있게 하려면 다양한 측면에서 충실하고 섬세하게 논증해야 한다. 그러나 필자가 지닌 역량을 고려할 때 제4장에서 이러한 목표를 완전하게 수행하는 것은 무리이다. 이에 이 책은 일종의 '시론'으로서 위의 주장을 논증하는 데 만족하고자 한다. 이에 따른 비판은 기꺼이 감수하겠다.

II. 방법론적 기초

본격적인 논의를 전개하기에 앞서 제4장이 어떤 방법론적 기초를 바탕으로 삼는지, 구체적으로 어떤 논의 전개방식을 통해 인권법체계의 자기생산성을 근거 짓고자 하는지 해명하겠다.

1. 방법론적 기초로서 체계이론

필자는 체계이론(Systemtheorie)을 이 논의에 대한 방법론적 기초로 삼는다.

---

6 양천수, "인권법의 통합과학적 성격", 『인권이론과 실천』 제2호(2007), 127-128쪽 및 이 책 제3장 참고.

물론 필자가 전적으로 체계이론에만 의존하는 것은 아니다. 이미 수행한 몇몇 연구에서 볼 수 있듯이 필자는 독일의 철학자 가다머(Hans-Georg Gadamer)가 정립한 '철학적 해석학'(philosophische Hermeneutik) 그리고 역시 독일의 사회철학자인 하버마스(Jürgen Habermas)와 귄터(Klaus Günther)가 근거 지은 '법의 대화이론'(Diskurstheorie des Rechts)을 필자의 주된 방법론적 기초로 원용한다.[7] 그러나 다른 한편으로 필자는 체계이론이 현대사회의 구조적 측면을 분석하는 데 유용한 관점을 제공할 수 있다고 이해한다. 이러한 맥락에서 필자는 체계이론을 원용한 몇몇 연구를 수행하였다.[8] 제4장 역시 이의 연장선상에 있다고 볼 수 있다. 다만 필자는 인권법체계의 자기생산적 구조를 해명하는 과정에서 인권법체계의 자기생산성이 실천적 힘을 발휘할 수 있도록 부분적으로 '참여자 관점'을 끌어들이고자 한다.

물론 이에는 다음과 같은 비판을 던질 수 있다. 첫째, 체계이론이 주장하는 것처럼 전체 사회 및 법체계가 과연 자기생산적 구조를 가지는가 하는 점이다. 둘째, 법의 자기생산적 구조를 주장하면서 '정체성 충돌'에 대한 '해결방안'을 모색하는 것은 논리적으로 일관되지 못하다는 것이다.[9] 첫 번째 비판은 이 책이 바탕으로 삼는 방법론적 기초 자체에 대한 비판이다. 이러한 비판은 체계이론에 반대하는 진영에서 충분히 제시할 수 있는 비판이다. 그러나 이러한 비판에 해명을 하는 것은 지면의 한계를 가진 이 책에서는 가능하지 않다. 따라서 이 비판에 대해 필자의 방법론적 기초를 방어하는 것은 여기서는 유보하겠다. 한편 두 번째 비판도 타당한 비판이다. 인권법체계의 자기생산적 구조를 말하면서 모종의 해결책을 구하는 것은 논리가 일관되지 않다고 평가할 수 있다. 그렇지만 필자는 다음과 같은 반론을 던질 수 있다고 생각한다. 인권법체계의 자기생산적 구조를 언급하는 것은 '관찰자 관점'에서 이루어지는 것인 데 반해 이와

---

7 이를 예증하는 대표적인 경우로 양천수, 『법해석학』(한국문화사, 2017); 양천수, "법해석학을 통해 다시 바라본 사회적 행위론", 『안암법학』 제25호(2007), 481-504쪽; 양천수, "형법상 법익 개념의 새로운 근거설정 필요성과 가능성", 『고려법학』 제47호(2006), 265-290쪽 등 참고.

8 이를 보여주는 양천수, "개념법학과 이익법학을 넘어선 법도그마틱 구상: 루만의 법도그마틱 구상을 중심으로 하여", 『성균관법학』 제18권 제1호(2006), 575-601쪽; 양천수, "합리성 개념의 분화와 충돌: 독일의 논의를 중심으로 하여", 『법과 사회』 제31호(2006), 211-234쪽 등 참고.

9 이 문제에 관해서는 아래 제4장 Ⅳ. 6. 참고.

관련된 모종의 해결책을 구하는 것은 '참여자 관점'에서 이루어진다는 것이다.[10]
요컨대 양자는 논의 층위가 다르고 그런 점에서 양자는 서로를 보완할 수 있다
는 것이다. 다시 말해 인권법체계가 자기생산적 구조를 지닌 이상 인권법체계
는 주어진 환경에 스스로 적응하면서 자기생산을 해나가겠지만, 자기생산을 해
나가는 과정에서 이 책에서 언급하는 모종의 '실천방안'이 나름의 역할을 수행
할 수 있다고 본다.

2. 논의의 전개방식

앞에서 언급한 것처럼 제4장은 인권법체계가 과연 자기생산적 구조를 가
지는지, 만약 그렇다면 그 구체적인 특징은 무엇인지 논증하는 것을 목표로 한
다. 이 목표를 달성하기 위해 제4장은 경험적 접근이 아닌 이론적 접근을 취한
다. 우선 체계이론의 이론적 타당성을 전제하면서 이러한 체계이론에서 자기생
산적 구조가 지닌 특징을 이끌어낸다(Ⅲ). 다음으로 인권법체계가 과연 이러한
자기생산적 구조의 특징을 가지는지 검토한다(Ⅳ). 이러한 이론적·연역적 논의
방식을 통해 인권법체계가 자기생산적 구조를 지니는지 논증한다. 그러나 인권
법체계가 과연 경험적으로도 자기생산적 구조를 가지는가에 관해 제4장은 만족
스럽게 다루지는 못한다. 이는 앞으로 수행해야 할 과제로 미루기로 한다.

Ⅲ. 자기생산적 구조

'인권법체계는 자기생산적 구조를 가진다.'는 주장을 근거 짓기 위해 제4장
은 먼저 '자기생산적 구조'란 무엇인지 밝힌다.

1. 자기생산

자기생산적 구조는 자기생산 개념에서 따온 것이다. '자기생산'(Autopoiesis)

---

10 '참여자 관점'과 '관찰자 관점'에 관해서는 양천수, "법영역에서 바라본 참여자 관점과 관찰자 관
점", 『안암법학』 제23호(2006), 89–120쪽.

은 생물학에서 등장한 개념이다. 생물, 특히 세포가 어떻게 환경을 관찰하고 작동하는가를 밝히는 과정에서 제시된 이 개념은 크게 두 가지 의미를 함의한다. 첫째, 관찰하는 주체 또는 체계는 오직 자신을 근거로 해서만 환경을 관찰하고 작동한다는 점이다. 자기 자신이 관찰의 근거가 된다. 이 점에서 자기생산은 자기중심성 또는 자기편향을 정면에서 받아들인다. 이는 이해자의 선이해가 이해의 출발점이 된다는 철학적 해석학의 주장과 유사하다. 둘째, 자기생산은 주체 또는 체계가 작동(Operation)의 측면에서 원인이 되는 동시에 결과가 된다는 것이다. 말하자면 전통적인 논리학에서 피해야 한다고 강조하는 역설을 작동 과정에서 인정한다. 자기생산 개념은 모든 생물체가 자신 안에 순환적·역설적인 측면을 가진다고 주장한다. 자기생산 개념을 정립한 생물학자 마투라나(Humberto Maturana)는 자기생산 개념을 다음과 같이 정의한다.[11]

"자기생산적 조직화는 일정한 구성요소들의 네트워크를 통해 구성되는 통일체로 정의내릴 수 있다. 여기서 통일체를 구성하는 요소들이란 1. 이 구성요소들의 네트워크로서 이 구성요소들 자체를 생산하는 네트워크에 재귀적으로 협력하고, 2. 이 구성요소들이 자리 잡은 공간 속에서 이 생산의 네트워크를 일정한 통일체로 실현하는 것을 말한다."

사회가 사회적 체계와 환경으로 구성된다고 이해하는 체계이론가들은 이러한 자기생산 개념을 끌어들여 사회체계를 이해한다. 이들에 따르면 사회체계는 자기생산체계일 뿐만 아니라 사회의 부분체계인 법 역시 자기생산체계이다. 이를 독일의 법사회학자 토이브너(Gunther Teubner)의 언명을 빌려 살펴보자.[12] 먼저 토이브너는 어떤 근거에서 사회가 자기생산체계가 되는지를 다음과 같이 말한다.[13]

---

11 G. Teubner, *Recht als autopoietisches System* (Frankfurt/M., 1989), 32쪽.
12 토이브너의 법사회학을 소개하는 연구로는 양천수, "1980년대 이후 전개된 독일 법사회학의 현황: 토이브너의 이론을 중심으로 하여", 『법과 사회』 제30호(2006), 117-140쪽.
13 G. Teubner, 앞의 책, 87-88쪽.

"사회는 자기생산적 소통체계로 이해할 수 있다. 사회는 다른 소통들을 생산하는 속성을 가진 소통으로 구성된다. 사회에서 진행되는 일반적인 소통의 순환과정에서 전문화된 소통의 순환과정이 분화되는데, 이러한 전문화된 소통의 순환과정은 제2단계의 자기생산적 사회체계로 인정됨으로써 독자성을 획득한다. 이러한 제2단계의 자기생산적 사회체계는 사회에서 진행되는 소통에 대해 독자적인 소통 통일체를 자기 자신의 요소로서 생산한다. 이때 소통 통일체는 그 자체가 종류와 재화 면에서 동일한 소통 통일체를 생산하는 자기생산적인 것이다. 이러한 소통 통일체의 전체 체계구성부분들은 자기생산을 통해 생산된다. 요소가 되는 개별 소통, 구조로서 스스로 작동하는 기대, 독자적인 절차, 주제별로 정의되는 한계, 스스로 구성되는 체계의 환경, 자기규정적인 정체성 등이 자기생산을 통해 생산된다. 이렇게 자기준거적으로 만들어지는 체계의 구성부분들은 그 자체 재귀적 순환과정을 통해 서로 연결된다. 이러한 사회의 하부체계들은 작동 면에서는 닫혀있지만 정보 면에서는 각자의 환경에 열려있다."

나아가 토이브너는 어떤 근거에서 법체계 역시 자기생산체계라 할 수 있는지 다음과 같이 말한다.[14]

"법은 자기생산체계인가? 그러니까 체계의 요소들을 이 요소들의 네트워크에서 생산하는 그런 체계인가? '그렇다'가 이에 대한 대답인데 이 대답은 근거를 가진다. 법은 자기생산적 사회체계의 제2단계 질서이다. 다음과 같은 이유에서 제2단계의 질서이다. 왜냐하면 법은 자신의 체계구성요소들을 자기준거적으로 구성하고 이러한 요소들은 재귀적 순환과정(Hyperzyklus) 속에서 서로 연결되는데 이러한 한에서 법은 제1단계 질서이자 자기생산체계인 사회에 대해 독자적인 작동적 폐쇄성을 획득하기 때문이다."(강조는 원문)

이처럼 체계이론의 관점을 수용하면, 물론 논란이 없지 않지만, 생물학에서 등장한 자기생산 개념을 사회체계와 법체계에 원용할 수 있다. 이에 따르면

---

14 G. Teubner, 앞의 책, 36쪽.

사회체계와 법체계는 모두 자기생산체계로 바라볼 수 있다. 이러한 체계이론의 성과를 받아들이면 인권법 역시 자연스럽게 자기생산체계라고 말할 수 있을 것이다. 왜냐하면 인권이 실정화된 인권법 역시 법체계의 한 부분 영역에 해당하기에 법체계가 자기생산체계인 이상 인권법체계 또한 자기생산체계라고 말할 수 있기 때문이다. 그러나 이러한 논증방식은 너무 단순하여 인권법체계가 과연 어떤 근거에서 자기생산적 구조를 가지는지를 구체적이고 설득력 있게 밝혀주지 못한다. 이 문제들을 풀어내려면 자기생산 개념이 어떤 구조적 특징을 지니는지 면밀하게 따져볼 필요가 있다.

2. 자기생산 개념의 구조적 특징

위에서 토이브너가 자기생산체계의 근거로 제시한 것들을 면밀하게 살펴보면 자기생산 개념을 구성하는 핵심 표지를 다음과 같이 이끌어낼 수 있다.

(1) 동적 구조

첫째, 자기생산 개념은 동적 구조를 지닌다. 달리 말해 자기생산은 동적 개념이다. 여기에서 세 가지 의미를 찾을 수 있다. 우선 자기생산은 시간적 개념이다. 자기생산은 시간의 존재와 함께 한다. 다음으로 이에 따라 자기생산은 작동주의적 개념이다. 체계가 작동하는 과정에서 자기생산은 존속한다. 나아가 자기생산은 체계가 작동을 통해 끊임없이 변한다는 점을 보여준다. 그 점에서 자기생산은 가변적이다. 이는 자기생산이 생물학에서 등장한 개념이라는 점에서 볼 때 자연스러운 결과이다. 왜냐하면 생명체는 끊임없이 변화하는 과정 속에서 존재하기 때문이다. 이러한 근거에서 자기생산 개념을 사회에 적용한 체계이론은 사회를 구성하는 사회적 체계 역시 정적인 체계가 아니라 동적인 체계라고 말한다.[15] 사회적 체계를 작동주의적 사고 및 개념과 연결하는 것이다.

(2) 소통적 구조

둘째, 사회적 체계를 기준으로 보면 자기생산은 소통을 핵심 요소로 삼는

---

15 이러한 맥락에서 법체계의 진화를 말하는 G. Teubner, 앞의 책, 61쪽 아래.

다. 자기생산은 소통으로 연결되는 네트워크 속에서 작동하기 때문이다. 이 점
은 "사회는 자기생산적 소통체계로 이해할 수 있다."는 토이브너의 언명에서 분
명하게 확인할 수 있다. 물론 소통을 자기생산 개념의 핵심요소로 파악하는 이
러한 이해는 생물학이 아닌 체계이론에서 끌어온 것이다. 달리 말해 생명체계
가 아닌 사회적 체계를 기준으로 하여 자기생산을 개념화한 것이다. 그 이유는
자기생산체계로 작동하는 세포, 더 나아가 생명체가 그 자체 안에서 소통을 한
다고 말하기는 어렵기 때문이다. 이러한 이유에서 모두 체계에 속하면서도 생
명과 심리, 사회는 구별된다. 왜냐하면 이들은 각각 생명현상, 사고, 소통이라는
서로 구별되는 방식으로 작동하기 때문이다. 그에 따라 자기생산이 작동하는
방식도 구별된다.

(3) 인지적 개방성과 작동적 폐쇄성

셋째, 자기생산은 '인지적 개방성'(kognitive Offenheit)과 '작동적 폐쇄성'(op-
erative Geschlossenheit)이라는 서로 모순되는 성격을 가진다.[16] 인지적 개방성이
란 생명체와 같은 체계가 인지적 측면에서는 환경에 개방되어 있음을 뜻한다.
이와 달리 작동적 폐쇄성은 체계가 작동이라는 측면에서는 환경에 닫혀있음을
뜻한다. 환경에 대한 관계에서 볼 때 체계는 한편으로는 열려 있으면서도 다른
한편으로는 닫혀 있는 것이다. 이렇게 서로 모순되는 속성은 구체적으로 다음
과 같이 이해할 수 있다. 우선 인지적 측면에서 볼 때 생명체와 같은 체계는 환
경과 소통과 같은 상호작용을 할 수 있다. 이를 통해 체계는 환경에서 발생하는
현상을 인지 또는 관찰할 수 있다. 그러나 이때 주의해야 할 점은 체계는 오직
자신 스스로가 마련한 관점이나 기준을 통해서만, 비유적으로 말하면 자신이
만든 '색안경'을 쓴 상태에서만, 환경에서 발생하는 현상을 인지 또는 관찰할 수
있다는 것이다. 따라서 체계는 세계가 아직 구별 및 지시되지 않은 있는 그대로
의 모습, 즉 '물자체'(Ding an sich)를 인지할 수는 없다.[17]

---

[16] 이에 관해서는 N. Luhmann, *Einführung in die Systemtheorie*, 2. Aufl. (Heidelberg, 2004), 91쪽 아
래 참고.
[17] 인식론의 관점에서 이 문제를 다루는 경우로는 헬가 그립-하겔슈탕에, 이철 (옮김), 『니클라스
루만: 인식론적 입문』(이론출판, 2019) 참고.

이러한 이유에서 필연적으로 작동적 폐쇄성이라는 결과가 도출된다. '내부/외부'라는 구별을 활용하면 작동적 폐쇄성은 두 가지 의미를 가진다. 먼저 작동적 폐쇄성은 체계가 자신이 설정한 기준이나 근거를 통해서만 작동한다는 점을 뜻한다. 예를 들어 체계는 자신에게 필요한 요소나 구조를 스스로 설정한 기준에 힘입어 생산한다. 환경이 설정한 관점이나 기준이 체계에 직접 영향을 미치지 못한다. 나아가 작동적 폐쇄성은 체계가 환경에 직접 영향을 미칠 수 없다는 점을 뜻한다. '투입(input)/산출(output)' 구별을 활용해 말하면 체계는 자신이 설정한 목적이나 기준에 따라 환경에 직접 산출할 수 없다. 말을 바꾸면 체계는 환경을 직접 '조종'할 수 없다. 오직 '간접적'으로만, 더욱 과격하게 말하면 오직 우연적으로만 환경에 영향을 미칠 수 있을 뿐이다. 그 이유는 위에서 언급한 것처럼 자기생산 개념에 따르면 체계는 자신이 만든 '색안경'을 통해서만 환경의 현상이나 문제를 인지할 수 있을 뿐이고 이로 인해 '해법' 역시 자기 방식대로 마련할 수밖에 없기 때문이다. 이로 인해 체계는 자신의 환경과 정확한 함수관계를 형성할 수 없다. 자기생산 개념에 따르면 이러한 현상은 우리가 극복해야 할 문제가 아니라 오히려 우리가 수용해야 할 필연적인 과정이다.

(4) 자기준거적·순환적 구조

넷째, 자기생산은 자기준거적·순환적 구조를 보인다. '자기준거'(Selbstreferenz)란 자기 스스로가 근거가 됨을 뜻한다.[18] 이는 위에서 설명한 인지적 개방성 및 작동적 폐쇄성에서 자연스럽게 이끌어낼 수 있다. 인지적 개방성에 따르면 체계는 오직 자신이 설정한 기준이나 관점을 통해서만 환경을 인지할 수 있을 뿐이다. 인지적 측면에서 체계 스스로가 근거가 된다. 또한 작동적 폐쇄성에 따르면 체계는 자신이 설정한 근거나 기준에 따라서만 '산출' 혹은 '작동'을 할 수 있을 뿐이다. 이러한 자기준거적 구조에서 자연스럽게 순환적 구조가 도출된다. 자신이 원인이 되는 동시에 결과가 되고 이러한 결과가 다시 원인으로 작용한다. 이러한 순환적 구조는 전통적인 논리학의 시각에서 보면 '역설'에 해당하는 것으로 일종의 '오류'로 평가된다. 그렇지만 자기생산을 수용하는 생물학

---

18 이는 '자기지시'로도 번역된다.

이나 체계이론에서는 이러한 순환적 구조를 오히려 자연스러운 것으로 그래서 우리가 받아들여야 하는 것으로 이해한다.[19] 이러한 평가는 그 자체 독자적인 연구주제가 되기에 이 책에서는 상세하게 다루지 않기로 한다.[20]

(5) 스스로 규정하는 정체성

다섯째, 자기생산에 따르면 체계는 자신의 정체성을 스스로 규정한다. 타자 혹은 환경에 의해 자신의 정체성이 규정되는 것은 아니라고 한다. 물론 그렇다고 해서 자기생산 개념이 전통적인 주체철학의 명제를 받아들이는 것은 아니다. 주체철학은 선험적인 자아를 긍정하지만, 자기생산은 선험적인 자아가 주체를 규정한다고 파악하지 않는다.[21] 자기생산에 따르면 체계는 환경과 상호작용을 함으로써 자신의 정체성을 형성한다. 특정한 체계와 환경 사이에 네트워크가 형성될 수 있음을 긍정한다. 그렇지만 환경이 체계에 관해 행하는 '서술'(Beschreibung)을 체계가 있는 그대로 수용하지는 않는다고 본다.

물론 자기생산적으로 작동하는 체계 역시 '자기/타자'라는 구별을 받아들인다. 그러나 이때 주의해야 할 점은 '자기/타자'라는 구별은 체계 스스로가 설정하고 지시하는 구별이라는 점이다. 체계 스스로가 자신의 기준에 따라 '자기/타자'를 구별한 후 이러한 구별을 자신에 재투입(re-entry)함으로써 자기와 타자를 구별한다.[22] 이러한 '자기/타자' 구별에 따라 자기서술(Selbstbeschreibung)과 타자서술(Fremdbeschreibung)을 구별한다. 따라서 이때 말하는 타자서술은 체계 자신에 기반을 둔 것이다. 따라서 체계는 자기준거라는 구조적 속성으로 인해 타자가 행한 서술을 자신의 관점에서 재해석한다. 이렇게 환경과 상호작용하고 자기서술을 수행하는 과정에서 체계는 자기 자신에 대한 '기대'(Erwartung)를 형

19 G. Teubner, 앞의 책, 7쪽 아래. '철학적 해석학'(philosophische Hermeneutik) 역시 이러한 순환구조를 '해석학적 순환구조'로 보아 이해자가 받아들여야 할 것으로 파악한다. 이에 관해서는 M. Heidegger, *Sein und Zeit* (Tübingen, 1953), 153쪽.

20 이 논쟁에 관해서는 K. Günther, "Kopf oder Füße? Das Projekt der Moderne und seine vermeintlichen Paradoxien", in: R. M. Kiesow/R. Ogorek/S. Simitis (Hrsg.), *Summa: Festschrift für Dieter Simon zum 70. Geburtstag* (Frankfurt/M., 2005), 255쪽 아래.

21 M. Frank, *Die Unhintergehbarkeit von Individualität* (Frankfurt/M., 1986).

22 이는 법체계에서 단적으로 경험할 수 있다. 법체계는 독자적으로 무엇이 합법이고 무엇이 불법인지 구별한 후 이러한 구별을 자신에 재투입하여 특정한 사안이 합법인지 불법인지 판단한다.

성하고 이를 통해 자기정체성을 만들어간다. 결국 한편으로 체계는 환경과 상호작용을 하면서도 다른 한편으로는 자기준거와 자기생산이라는 과정을 통해 자신의 정체성을 스스로 규정한다.

Ⅳ. 인권법체계의 자기생산적 구조

위에서 우리는 자기생산의 개념과 구조적 특징 가운데 중요한 몇 가지를 살펴보았다. 그렇다면 이러한 개념과 구조적 특징에서 보았을 때 인권법체계는 자기생산적 구조를 가진다고 말할 수 있을까? 이를 아래에서 살펴본다.

1. 인권법체계의 형성

인권법체계의 자기생산적 구조를 말하기 위해서는 우선 '인권법체계'라는 독자적인 영역이 법체계 안에서 형성되어 있어야 한다. 이때 주의해야 할 점은 인권법체계는 실정법체계의 부분으로 아직 도덕 영역에 머문 인권 또는 인권체계와는 구별된다는 것이다.[23] 그런데 기본 삼법을 주축으로 하는 대륙의 판덱텐 법체계 및 법학을 수용한 우리 법체계와 법학은 오랫동안 인권법이라는 독자적인 영역을 구축하지 않았다. 물론 인권을 언급하고는 했지만 많은 경우 인권은 헌법학 또는 형사법 영역에서 논의되었다. 또한 오랫동안 기본권이 인권의 역할을 수행해 왔기에 굳이 인권법을 말해야 할 필요도 크지 않았다. 영국처럼 독자적인 인권법을 갖추지 않았다는 법적 상황도 독자적인 인권법체계를 논의하거나 형성하는 데 장애가 되었다.[24] 그렇지만 2001년 국가인권위원회법이 제정되고 국가인권위원회가 출범하면서 인권법이라는 독자적인 영역이 형성되고 있다. 체계이론적으로 말하면 인권법체계가 법체계 안에서 분화되고 있는 것이다. 물론 인권법은 공법이나 사법 또는 형사법과는 다른 속성을 띤다. 인권법은 공

---

[23] 도덕적 성격을 지닌 인권이 독자적인 사회적 체계가 될 수 있는지에는 논란이 없지 않다. 따라서 여기서 말하는 인권'체계'는 사회적 체계를 지칭하는 것은 아니다. 전통적인 의미의 체계로 이해하는 게 적절하다.

[24] 영국의 경우에 관해서는 윤진수, "영국의 1998년 인권법(Human Rights Act 1998)이 사법관계에 미치는 영향", 『서울대학교 법학』 제43권 제1호(2002), 125–158쪽.

법이나 사법 및 형사법이 분화되고 재통합하면서 자신의 정체성을 형성하는 성격을 띠기 때문이다.[25] 여하튼 그동안 인권법체계는 독자적인 법영역으로 성장하였고 이는 아직도 진행 중이다.

2. 인권법체계의 가변성

다음으로 인권법체계가 자기생산적 구조를 갖기 위해서는 인권법체계가 가변성을 지녀야 한다. 변화 가능한 것이어야 한다. 인권법체계가 가변적이라는 점, 즉 시간과 공간이라는 축에 고정되지 않고 변화한다는 점은 손쉽게 증명할 수 있다. 인권의 역사에서 알 수 있듯이 시간이 흐르면서 점차 다양한 인권이 출현하였다는 점을 발견할 수 있기 때문이다. 예를 들어 18세기에 시민혁명이 발발하면서 본격적으로 등장한 인권 영역에서는 '시민적·정치적 권리'가 주축을 이루었다.[26] 그러나 당시 성장하던 자본주의의 모순이 심화되면서 19세기에는 '시민적·정치적 권리'와 충돌할 수 있는 '경제적·사회적·문화적 권리'가 인권 개념에 포섭되기 시작하였다.[27] 이를 통해 인권 개념의 외연이 지속적으로 확장되었다. 이는 20세기 이후에도 계속되어 '환경권'이나 '개인정보 자기결정권'과 같이 과거에는 존재하지 않았던 새로운 인권이 출현한다. '시민적·정치적 권리'와 '경제적·사회적·문화적 권리'를 넘어 새롭게 자리매김한 '제3세대 인권'도 인권이 가변적인 것임을 예증한다.

물론 이렇게 인권법체계가 가변적인 것이라고 파악하면 이론적으로 다음과 같은 문제에 부딪힌다. 인권법체계가 가변적인 것이라면 인권의 고유한 속성으로 인정했던 '인권의 보편성'이나 '인권의 처분불가능성'은 오늘날 더 이상 유지할 수 없는 게 아닐까의 문제가 그것이다. 이는 복잡성이 엄청나게 증대하는 현대 다원주의 사회에서 인권의 보편성을 어떻게 유지할 수 있을지의 문제와 연결된다. 이 문제는 이 책 제5장에서 상세하게 다루기에 이 자리에서는 자

---

[25] 이에 관해서는 이 책 제3장 참고.
[26] 임재홍, "근대 인권의 확립", 인권법교재발간위원회 (편저), 『인권법』(아카넷, 2006), 27쪽 아래.
[27] 이에 관해서는 박병섭, "현대 인권의 발전", 인권법교재발간위원회 (편저), 『인권법』(아카넷, 2006), 38쪽 아래.

세히 논하지 않겠다. 다만 이를 간략하게 요약하면 다음과 같다.

우선 비록 인권법체계가 가변적인 것이라 할지라도 '약한 의미'에서나마 인권의 보편성을 여전히 주장할 수 있다.[28] 마치 '변화하는 자연법', '가변적 자연법'이라는 형용모순적인 개념이 여러 법철학자에 의해 주장된 것처럼 '가변적인 보편성'도 인정할 수 있다고 생각한다.[29] 다음으로 비록 인권법체계가 가변적이라 할지라도 그 가운데는 여전히 변하지 않는 핵심인권이 존재할 수 있다. 예를 들어 인권 형성에 관해 진행되는 '합리적 대화'(rationaler Diskurs)에 자유롭고 평등하게 참여하는 데 기초가 되는 '참여적 인권' 등은 시간과 공간이라는 축에 상관없이 꼭 필요한, 달리 말해 강한 보편성을 가진 인권이라 할 수 있다.[30] 이러한 인권은 처분할 수 없는 핵심인권에 해당한다.[31]

3. 인권법체계의 소통적 성격

나아가 인권법체계가 자기생산적 구조를 갖기 위해서는 인권법체계가 소통적 성격을 지녀야 한다. 이는 위에서 언급한 인권의 가변성과 불가분하게 맞물린다. 이때 인권법체계가 소통적 성격을 가진다는 것은 무엇을 뜻할까? 이는 인권법체계가 사회에서 이루어지는 소통을 통해 구성된다는 점을 뜻한다. 달리 말해 인권이 마치 자연권처럼 실체존재론적으로 선재하는 것이 아니라 사회에서 진행되는 규범적 소통을 통해 구성되는 개념임을 의미한다. 이는 인권을 절차주의적으로 재구성한다는 점을 뜻하기도 한다.

---

[28] 여기서 인권이 '약한 의미'에서나마 보편성을 가진다는 점은 다음과 같이 이해할 수 있다. 한편으로 인권은 종전의 '자연권적 인권이해'처럼 시간과 공간에 상관없이 동일한 내용과 효력을 가진 것은 아니지만 다른 한편으로 특정한 인권 주장이 각각의 시간과 공간에 속해 있는 모든 구성원으로부터 동의를 얻을 수 있다면 이러한 인권 주장은 '잠정적으로나마' 인권으로서 보편성을 획득할 수 있다는 것이다. 이에 관한 상세한 논증은 양천수, "인권의 보편성에 대한 철학적 논증가능성", 『인권이론과 실천』 제1호(2007), 23−35쪽 및 이 책 제5장 참고.

[29] W. Hassemer, "헌법 속의 자연법", W. Hassemer, 이상돈·주현경 (역), 『정치와 헌법: 입헌민주주의의 기초』(세창출판사, 2005), 14−16쪽.

[30] '합리적 대화'에 관해서는 J. Habermas, *Faktizität und Geltung*, 2. Aufl. (Frankfurt/M., 1994), 138쪽.

[31] 이에 관한 자세한 논증은 양천수, "법문화와 처분불가능성", 『중앙법학』 제8집 제3호(2006), 433−454쪽.

　전통적으로 인권은 자연법이론에 연결된 자연권이론에 바탕을 두었다.[32] 자연권이론에 기반을 두어 인권을 논증하면 인권의 보편성과 처분불가능성을 손쉽게 근거 지을 수 있다는 장점이 있었다.[33] 그러나 이러한 논증방식은 오늘날 자연법이론을 근거 짓기 어렵다는 점에서 문제가 있다.[34] 인권을 절차주의적으로 재구성하는 것은 이러한 문제를 넘어 인권 및 인권의 보편성을 새롭게 근거 짓는 것을 목표로 한다. 이를 수행한 대표적 흐름으로 크게 두 가지를 거론할 수 있다. '체계이론적 인권이해'와 '대화이론적 인권이해'가 그것이다. 전자는 '체계이론'에 바탕을 두어 인권 또는 기본권을 이해한다.[35] 이에 반해 후자는 '대화이론'에 바탕을 두어 인권에 접근한다. 두 이해 방식은 이론적 기초 면에서는 중대한 차이를 보이지만 결론 면에서는 서로 유사한 길을 걷는다. 인권을 소통 또는 의사소통에 대한 조건으로 이해하는 것이다.[36] 여기서 인권을 의사소통에 대한 조건으로 이해한다는 것은 인권 자체가 소통의 결과라는 점을 전제로 한다. 이에 따르면 인권은 소통적 순환과정에서 형성되고 변화한다. 이를 도식으로 표현하면 다음과 같다.

도식-2　인권의 소통적 순환과정

소통조건으로서 인권 → 인권을 행사하여 규범적 소통 진행 →

규범적 소통을 통해 새로운 인권-① 형성 →

이렇게 형성된 인권이 새로운 소통조건으로 작용 → 새로운 인권-② 형성

---

32 이를 보여주는 양천수, 『민사법질서와 인권』(집문당, 2013) 참고.

33 양천수, "인권의 보편성에 대한 철학적 논증가능성", 『인권이론과 실천』 제1호(2007), 24-25쪽.

34 자연법론이 처한 문제점에 관해서는 한스 벨첼, 박은정 (옮김), 『자연법과 실질적 정의』(삼영사, 2002), 332-354쪽.

35 전자에 관해서는 N. Luhmann, *Grundrechte als Institution* (Berlin, 1965) 참고. 후자에 관해서는 J. Habermas, 앞의 책, 제3장 참고.

36 독일어 'Kommunikation'(영어: communication)은 루만과 하버마스에서는 서로 다른 의미를 가진다. 하버마스는 합리적 대화와 토론을 통해 상호이해가 가능하다고 보기에 이는 '의사소통'으로 파악된다. 소통을 통해 각자가 가진 의사가 이해되고 합의될 수 있다는 것이다. 이와 달리 루만에서는 심리적 체계를 반영하는 의사와 사회적 체계를 반영하는 소통은 서로 분리된다. 주체가 가진 의사가 소통으로 전달되고 이해되는 게 아니라 소통이 소통을 할 뿐이다. 이 점에서 이는 의사가 사라진 '소통'으로 이해된다. 이에 따라 독일어 Kommunikation은 루만적 맥락에서는 '소통'으로, 하버마스적 맥락에서는 '의사소통'으로 번역된다.

인권을 소통적 현상 및 조건으로 이해하는 견해는 국내에서도 찾아볼 수 있다. 이상돈 교수의 견해가 대표적인 예라 할 수 있다. 2005년에 출간한 연구서 『인권법』에서 이상돈 교수는 절차주의로 재구성된 인권이해를 제안한다. 여기서 이상돈 교수는 다음과 같은 테제를 제시한다. "인권은 단지 인권을 말함 속에 존재한다."는 것이다.[37] 이러한 테제는 하버마스가 정립한 대화이론을 인권에 적용해 얻은 결론이다. 이상돈 교수는 인권을 자연권으로 이해하는 견해와 실정법상 권리로 축소하는 견해 사이를 넘어서는 제3의 방식으로 인권을 논증하기 위해 대화이론을 끌어들여 인권을 절차주의적으로 재해석한다. 이상돈 교수는 다음과 같이 말한다.[38]

"인권이 '자연법적 존재'로 회귀하지 않지만 그렇다고 단순히 국가가 법으로 보장해주는 경우에만 존재하는 '실정법적인 권리'로 남지 않을 제3의 가능성은 언어 속에, 우리들의 '말함'(speech act) 속에 있다. 먼저 인권 개념은 존재론적 실체의 형태가 아니면서도 우리의 삶에 실재한다. 삶의 세계를 열어주는 매체로서 언어 속에서 이를 확인할 수 있다. (…) 인권 개념을 내용적으로 어떻게 구성하는 것과는 상관없이 지구촌 어디에서나 이미 인권이라는 말의 사용 자체가 어떤 문제에 대한 규범적 상호이해나 이데올로기 비판의 사회적 역량을 응집시키는 힘을 발휘하는 현실은 인권이 사회적 실재임을 말해준다. (…) 그러니까 절대적인 내용의 인권은 존재하지 않는다고 하여도, 인권을 말하는 행위가 있고, 그 행위가 어떤 사태의 규범적 의미에 대해 사람들을 강하게 설득시키는 힘을 실제로 발휘한다면 인권은 엄연하게 존재한다고 볼 수 있다. 그처럼 인권을 말하고, 듣고, 다시 말하는 행위, 즉 인권에 관한 대화는 역사적으로는 인권에 관한 거시적인 대화, 즉 인권담론을 구성하고, 그런 인권담론은—사회마다 다소 차이가 있긴 하지만 오늘날에는 세계 어떤 사회에서도 이미—사회적 통합을 위해 필요한 최소한의 기제가 된다."

---

37 이상돈, 『인권법』(세창출판사, 2005), iv 참고.
38 이상돈, 위의 책, 112–113쪽.

위의 언명에서 분명하게 알 수 있듯이 이상돈 교수는 인권이 사회에 실재하는 언어 속에 존재한다고 이해한다. 이상돈 교수에 따를 때 인권은 소통적 현상인 것이다. 우리가 이러한 이상돈 교수의 견해를 받아들이면 인권법체계의 자기생산적 구조를 위한 세 번째 표지, 즉 인권의 소통적 현상 표지를 충족할 수 있다.

4. 인권법체계의 자기준거적·순환적 성격

인권법체계가 자기생산적 구조를 지닌다고 평가되기 위해서는 인권법체계가 자기준거적·순환적 성격을 지녀야 한다. 인권법체계가 자기준거적 성격을 가진다는 점은 인권법체계가 지닌 개념적·체계적 성격에서 비교적 손쉽게 찾아볼 수 있다. 인권법체계도 법체계에 속하는 이상 개념과 체계 및 각종 원칙을 자신의 구성요소로 삼아야 한다. 사회의 부분체계에 속하는 법체계는 '합법/불법'이라는 이항코드와 독자적인 프로그램을 사용한다. 이때 법체계가 사용하는 프로그램은 크게 다음과 같은 특징을 지닌다. 우선 프로그램은 보통 조건 프로그램이라는 형식으로 구성된다. 나아가 법체계의 프로그램은 정교하고 섬세한 개념과 논리, 달리 말해 치밀하고 복잡한 구별과 지시로 구성된다. 이를 잘 보여주는 예가 바로 19세기 독일의 개념법학이다.[39] 이에 따라 심지어 논리적으로 완결된 '개념의 피라미드'를 추구하기도 한다.[40] 민법총칙이 대표적인 경우라 할 수 있다.

이러한 속성은 불완전하기는 하지만 인권법체계에서도 찾아볼 수 있다. 각종 '인권법' 교과서에서 볼 수 있듯이 인권법 역시 ≪인권 개념 → 인권의 역사 → 인권의 성격 → 시민적·정치적 권리 → 경제적·사회적·문화적 권리 → 제3세대 인권 → 인권 침해에 대한 구제 → 개별 인권 영역≫이라는 논리적·체계적 형태를 갖춘다.[41] 구별과 지시를 통해 인권의 개념을 설정한 후 이를 토대로

39 개념법학에 관해서는 양천수, "개념법학: 형성, 철학적·정치적 기초, 영향", 『법철학연구』 제10권 제1호(2007), 233–258쪽.
40 '개념의 피라미드'에 관해서는 H. Schlosser, *Grundzüge der Neueren Privatrechtsgeschichte*, 10. Aufl. (Heidelberg, 2005), 153쪽.
41 이를 보여주는 예로 인권법교재발간위원회 (편저), 『인권법』(아카넷, 2006) 참고.

하여 치밀한 개념의 논리적 연결고리를 쌓아나간다. 이는 새로운 인권에도 마찬가지로 적용된다. 예를 들어 경관이익이나 조망이익이 새로운 인권의 범주에 포섭되기 위해서는 이러한 현상이 기존에 구축된 인권의 개념과 논리에 합치할 수 있어야 한다.[42] 요컨대 새로운 규범적 요청이나 이익 등이 인권이라는 개념의 옷을 입기 위해서는 기존에 존재하는 인권법체계와 상응할 수 있어야 한다. 여기서 우리는 인권법체계의 자기준거적 성격을 읽을 수 있다. 인권법체계는 오직 자신을 근거로 해서만 새롭게 변화하거나 형성될 수 있다.

이러한 자기준거적 성격에 기초를 두어 인권법체계 역시 재생산된다. 예를 들어 경관이익이나 개인정보 자기결정권 등이 인권 개념에 새롭게 편입되면 인권법체계 자체가 새롭게 분화되거나 구축된다. 아직도 논의대상이 되는 제3세대 인권이 인권 개념으로 자리 잡게 되면 '시민적·정치적 권리'와 '경제적·사회적·문화적 권리'로 이분화되는 국제인권법체계도 새롭게 재편되어야 한다. 여성이 자유롭게 히잡을 착용할 수 있어야 한다는 요청을 여성인권의 규범영역에 넣게 되면 여성인권체계도 다문화주의에 합치하게 재구축되어야 한다. 요컨대 다문화적 인권을 구축해야 한다.[43] 이렇게 인권법체계는 환경에서 제기되는 새로운 인권적 요청을 자기준거적으로 자신의 언어로 편입한 후 이를 통해 자신의 체계 자체를 재생산한다. 이러한 과정에서 우리는 인권법체계의 순환적 구조를 찾아볼 수 있다.

5. 인권법체계의 인지적 개방성과 작동적 폐쇄성

위에서 언급한 것처럼 인권법체계가 자기준거적 성격과 순환적 성격을 모두 가진다면 이로부터 자연스럽게 인권법체계의 인지적 개방성과 작동적 폐쇄성을 도출할 수 있다. 우선 인권법체계는 환경에서 제기되는 인권적 요청이나 욕구를 인지한다. 예를 들어 인터넷에서 개인정보에 대한 침해가 빈번하게 발

---

42 이 문제에 관해서는 이상욱·배성호, "경관이익의 법적 보호에 관한 연구: 일본에서의 학설과 판례를 참조하여", 『비교사법』 제13권 제4호(2006), 403–426쪽.

43 이러한 다문화적인 인권 구상에 관해서는 Boaventura de Sousa Santos, "Towards a Multicultural Conception of Human Rights", in: *Zeitschrift für Rechtssoziologie* 18 (1997) 참고.

생하면서 개인정보를 일종의 인권으로서 보장받고자 하는 요청이 인터넷 공간에서 등장하고 이러한 요청을 인권법체계가 '인지'함으로써 이를 새롭게 정보인권으로 개념화하는 것을 예로 거론할 수 있다.[44] 이렇게 인권법체계는 인지적으로 환경에 열려 있다. 그렇지만 여기서 주의해야 할 점은 인권법체계는 환경에서 제기되는 요청을 있는 그대로 수용하지는 않는다는 것이다. 자기준거적 성격이 시사하는 것처럼 인권법체계는 자신이 설정한 개념과 논리 및 원칙 등에 따라 환경의 요청을 선별적으로 걸러 인지하기 때문이다. 나아가 환경의 요청에 대응하기 위해 인권법체계가 내놓는 해결책도 작동적 폐쇄성이라는 속성으로 인해 환경에 직접 영향을 미치지 못하는 경우가 많다. 인권법체계가 본래 의도한 대로 환경에 결과가 산출되는 것은 아니다. 예를 들어 비정규직 근로자의 노동인권 문제를 해결하고자 정부는 비정규직 보호법을 제정하여 비정규직 근로자의 노동인권을 인권에 새롭게 포함시켰지만, 이러한 노동인권법체계의 대응은 비정규직 문제를 해결하지 못하고 오히려 역효과를 낳기도 했다.[45] 환경의 요청에 대응하고자 새로운 인권 개념을 설정하여 이를 제도화하지만 이러한 대응방식은 많은 경우 '제도화의 역설' 때문에 환경에서 제기되는 문제를 실제로 해결하지 못하곤 한다.[46] 하여튼 이러한 현상에서 우리는 인권법체계가 인지적 개방성과 작동적 폐쇄성이라는 서로 모순되는 속성을 지니고 있음을 어느 정도 추론할 수 있다.

6. 인권법체계의 자기정체성 규정방식과 문제점

마지막으로 인권법체계의 자기생산적 구조를 밝히기 위한 표지로서 인권법체계의 자기정체성 규정방식을 검토할 필요가 있다. 앞에서 언급한 것처럼 자기생산 개념에 따르면 체계는 자신의 정체성을 스스로 규정한다.[47] 이러한 자

---

44 개인정보 문제에 관해서는 이상돈·전현욱, "정보이용동의: 정보적 자기결정의 새로운 차원", 『고려법학』 제47호(2006), 87쪽 아래; 서이종, "정보격차 해소정책과 정보인권/정보복지 개념"(한국법사회학회 발표문, 2007. 10. 20) 참고.
45 남우근, "누구를 위한 비정규법인가?: 허점투성이 법 우려, 시행 앞두고 현실로", 『월간 말』 제252호(2007. 6), 86−91쪽.
46 김영평·최병선·신도철 (편저), 『규제의 역설』(삼성경제연구소, 2006).
47 위의 제4장 Ⅲ. 2. (5) 참고.

기생산 개념에 충실하려면 인권법체계 역시 스스로 정체성을 의식하고 규정해야 한다. 이 테제는 다음과 같이 이해할 수 있다. 환경에서 제기된 인권적 요청이 인권 개념에 포섭되려면 이러한 요청이 기존에 인권법체계가 마련한 인권 개념과 논리, 즉 인권법체계가 스스로 설정한 구별 및 지시에 합치해야 한다. 이때 환경의 요청이 과연 인권법체계에 상응하는지를 관찰하고 결정할 주체, 더욱 정확하게 말해 관찰자가 필요하다. 자기생산 개념에 충실하려면 환경의 인권 요청이 인권법체계에 상응하는지를 관찰하는 관찰자는 인권법체계 외부에 있어서는 안 된다. 관찰자는 인권법체계 내부에 자리 잡아야 한다. 그래야만 인권법의 자기정체성을 인권법체계 스스로가 규정한다고 말할 수 있기 때문이다. 만약 우리가 통상적인 법체계를 염두에 둔다면 이러한 문제에 우리는 비교적 쉽게 대답을 할 수 있다. 왜냐하면 통상 법체계에서는 법원이 이러한 역할을 수행하기 때문이다. 일반적인 법체계에서는 오직 법원만이 최종적으로 무엇이 '법'인지를 유권적으로 말할 수 있을 뿐이다.[48]

그러나 우리가 인권법체계를 염두에 두면 약간 복잡한 문제를 만난다. 그 이유는 우선 인권법체계가 지닌 독특한 성격에서 찾을 수 있다. 인권법체계는 기존의 공법이나 민사법과는 이질적인 성격을 가진다. 판덱텐 체계의 영향을 직접 받지 않았고 그 결과 다른 전통적인 법영역에 비해 전문법적인 성격과 통합과학적인 성격을 뚜렷하게 보인다. 이와 동시에 무엇이 인권인지 결정하는 관찰자도 다원적으로 존재한다. 가장 먼저 법원을 생각할 수 있지만 법원 못지않게 중요한 역할을 수행하는 기관으로 국가인권위원회가 있다. 오히려 인권 영역에서는 국가인권위원회가 무엇이 인권인지, 과연 인권침해가 있는지를 말하는 데 더욱 비중 있는 역할을 한다. 이외에도 시민사회를 대변하는 공론장(Öffentlichkeit) 그리고 인권법학자로 구성된 인권법학 공동체도 인권의 정체성을 규정하는 데 참여한다. 공론장을 인권법의 정체성을 규정하는 관찰자에 포함시키는 이유는 인권 자체가 시민운동과 더불어 성장해온 것이기 때문이다.[49]

---

48 P. Häberle, "헌법해석자들의 개방사회", 계희열 (편역), 『헌법의 해석』(고려대학교 출판부, 1992), 217쪽 아래.
49 이로 인해 인권법과는 구별되는 인권은 정치체계의 부분영역인 시민운동체계에 속하는 것으로 볼 수도 있다.

이처럼 인권법체계는 그 관찰자의 면에서도 통합적인 속성을 보인다. 법원과 국가인권위원회 이외에 공론장 및 인권법학 공동체를 정체성 관찰자로 포함한다. 이는 인권법체계의 인지적 개방성을 촉진하는 데 긍정적인 이바지를 한다. 그러나 동시에 '인권법체계의 정체성 충돌'이라는 문제를 야기한다. 가령 공론장과 국가인권위원회는 양심적 병역거부를 인권의 한 내용으로 규정하는 데 반해 법원은 이에 소극적인 경우를 생각할 수 있다.[50] 한 사회적 현상에 관해 인권법체계의 자기정체성을 규정하는 관찰자가 각기 다른 판단을 내릴 수 있는 것이다. 이로 인해 한편으로는 인권이라고 말하면서도 다른 한편으로는 인권이라고 말하지 않는 '정체성 충돌' 문제가 발생할 수 있는 것이다.

이 문제는 어떻게 해결하는 것이 좋을까? 가장 먼저 생각할 수 있는 방안은 다원적으로 흩어져 있는 정체성 규정권한을 통합하는 것이다. 일반 법체계에서 수행하는 것처럼 법원에 최종적인 규정권한을 부여하는 것이 그것이다. '제도적 통일방안'을 마련함으로써 '정체성 충돌' 문제를 해결하는 것이다. 그러나 이러한 방안은 그리 바람직하지 않다고 생각한다. 이렇게 '제도적 통일방안'을 마련한다고 해서 문제를 완전하게 해결할 수 있는 것은 아니기 때문이다. 이를 위해서는 무엇을 인권으로 볼 것인지에 관해서도 최종적인 기준을 마련해야 한다. 그렇지만 이러한 기준을 과연 어떻게 설정할 수 있을지 문제가 된다. 과연 법원이 제시하는 인권 개념만이 최종적인 기준이 될 수 있을까? 만약 이를 인정하면 이는 실증주의적 인권 개념을 유발할 수 있다. 동시에 법원이 지닌 보수성으로 인해 인권법체계의 가변성을 억제하는 문제를 낳을 수도 있다. 더군다나 어떤 기준을 최종적인 기준으로 제시하면 다시 과연 어떤 근거에서 이 기준을 최종적인 기준으로 설정할 수 있는지 문제를 제기할 수 있다. '기준의 기준'에 관한 문제를 제기할 수 있는 것이다. 이렇게 문제를 제기하면 '무한연쇄'의 늪으로 빠질 위험성이 있다.[51]

이러한 이유에서 필자는 다음과 같은 방안이 더욱 바람직하다고 생각한다.

---

50 물론 최근 우리 대법원은 오랜 논란 끝에 양심적 병역거부를 정당한 것으로 판단하였다.

51 A. Fischer−Lescano/G. Teubner, "Prozedurale Rechtstheorie: Wiethölter", in: Buckel/Christensen/Fischer−Lescano (Hrsg.), *Neue Theorien des Rechts* (Stuttgart, 2006), 79쪽 아래.

이는 '정체성 충돌' 문제를 '인권법체계 진화의 가능성'으로 적극적·긍정적으로 이해하면서 이 문제에 가능한 한 소극적으로 대처하는 것이다. 바꿔 말해 '정체성 충돌' 문제를 해결할 수 있는 '통일된 기준'을 마련하지 않는 것이다. 오히려 다원적으로 존재하는 정체성 규정 관찰자가 서로 경쟁할 수 있도록 함으로써 더욱 바람직한 인권법 개념 등을 모색하도록 하는 것이다. 이 경우 각 관찰자는 "다른 이의 말에 귀를 기울여야"(Altera Pars Audiatur) 한다.[52] 서로 인권법체계의 정체성 규정에 대한 '논증 경쟁'을 하도록 함으로써 더욱 나은 논증을 내놓은 관찰자가 최종적인 권한을 갖도록 해야 한다. 물론 누가 최종적인 권한을 획득할 수 있는가는 그때그때의 논증 경쟁에 따라 결과가 달라질 수 있다. 한 번 결정권한을 획득하였다 하더라도 계속해서 그 권한을 유지할 수 있는 것도 아니다. 이렇게 함으로써 우리는 인권법체계의 진화를 더욱 촉진할 수 있을 것이다.

V. 맺음말

지금까지 자기생산 개념의 핵심 표지를 살펴본 후 이러한 표지에 따를 때 인권법체계는 과연 자기생산적 구조를 지니는지 논증하였다. 위에서 행한 논증에 따르면 이미 독자적인 인권법체계가 형성되고 있고 이러한 인권법체계는 가변적이며 소통적 성격을 가진다. 또한 인권법체계는 자기준거적·순환적 성격을 지니고 인지적인 면에서는 개방적이면서도 작동적인 면에서는 폐쇄적인 상호모순적인 성격도 갖고 있음을 살펴보았다. 마지막으로 인권법체계는 스스로 자기 정체성을 규정한다는 점도 확인하였다.

인권법체계가 자기생산적인 구조를 가진다는 점은 우리가 우리 시대에 적합한 인권법체계를 형성할 가능성이 있음을 시사한다. 인권법체계가 자기생산적 구조를 지닌다고 해서 결코 자동적으로 인권법체계가 형성되는 것은 아니기 때문이다. 자기생산적 구조가 작동하는 과정에는 법원, 국가인권위원회뿐만 아니라 자발적인 시민과 인권법학 공동체가 함께 참여해야 한다. 특히 인권은 역사적

---

52 G. Teubner, 이상돈 (옮김), 『법제화 이론』(한국법제연구원, 2004), 103쪽.

으로 볼 때 '상향식'으로 성장해왔다는 점에서 볼 때 '자발적 인격성'(deliberative
Person)을 지닌 '시민' 그리고 인권법을 교육하고 연구하는 인권법 연구자가 인권
법체계를 형성하는 과정에 적극적으로 참여해야 할 필요가 있다.[53]

---

53 '자발적 인격성'에 관해서는 K. Günther, "Welchen Personenbegriff braucht die Diskurstheorie des
Rechts?", in: H. Brunkhort/P. Niesen (Hrsg.), *Das Recht der Republik* (Frankfurt/M., 1999), 83쪽 아
래 참고.

Part 05

인권의 보편성에 관한 이론적 문제

I. 서론

'인권'은 흔히 '인간이면 그 누구나 평등하게 가질 수 있고 주장할 수 있는 권리'로 이해된다. 이러한 통상적인 인권이해에서 볼 수 있듯이 인권은 '보편성'을 핵심적인 특성이자 요소로 삼는다.[1] 여기서 보편성이란 시간과 공간에 상관없이 그리고 권리의 주체나 상대방이 그 누구인지 상관없이 언제나 동일한 내용이나 주장을 담고 있는 것을 뜻한다. 그렇다면 '인권은 보편적'이라는 명제는 인권이 중세이든 근세이든 아니면 현대이든 상관없이 그리고 서양이든 동양이든 상관없이, 마지막으로 남성이 주장하든 여성이 주장하든 상관없이 언제나 동일한 내용을 가진다는 것을 뜻한다. 그런데 이러한 인권의 보편성 명제는 아주 '강한' 명제이다. 왜냐하면 이 명제는 시간과 공간에 상관없이 언제나 내용이 동일하며 타당한 그 무엇이 존재한다는 것을 전제로 하기 때문이다. 역사적으로 보면 이렇게 '강한' 성격을 가진 인권의 보편성 명제는 바로 이러한 '강한' 성격 덕분에 오늘날까지 많은 역할을 수행해 왔다. 예를 들어 인권의 보편성에 힘입어 근대 시민혁명이 가능할 수 있었고 각종 억압과 차별을 철폐하려는 사회변혁 운동에 인권은 큰 힘을 보태기도 했다.[2]

그러나 철학적 측면에서 볼 때 "인권은 보편적이다."는 명제는 아주 어려

---

[1] 김도균, "인권의 개념과 원리", 인권법교재발간위원회 (편저), 『인권법』(아카넷, 2006), 86쪽.
[2] 이에 관해서는 임재홍, "근대 인권의 확립", 인권법교재발간위원회 (편저), 『인권법』(아카넷, 2006), 27쪽 아래.

운 문제를 던진다. 어떻게 인권의 '보편성'을 철학적으로 근거 지을 수 있는가 하는 문제가 그것이다. 더군다나 현대사회와 같이 서로 이질적이면서 때로는 모순적인 가치나 신념들이 양립하는 다원적인 사회에서 과연 보편적인 그 무엇을 인정할 수 있는가 하는 문제는 해결하기 쉽지 않다.[3] 이러한 맥락에서 최근 들어 인권의 보편성에 의문을 표하면서 인권의 보편성은 서구 중심적인 사고가 낳은 산물이라고 규정하고 그 대신 아시아에 고유한 '아시아적 가치'를 정초하려는 이론적 움직임이 전개되기도 하였다.[4]

이러한 문제 상황에서 제5장은 인권의 보편성을 근거 짓고자 했던 종전의 철학적 논의에 어떤 문제점이 있는지 살펴보려 한다. 그리고 오늘날 인권의 보편성을 주장하는 것은 더 이상 가능하지 않은지, 만약 가능하다면 인권의 보편성은 어떻게 철학적으로 정당화할 수 있는지 간략하게 다루고자 한다.

II. 인권의 보편성과 도전

1. 인권의 보편성

일반적으로 인권은 '인간이면 그 누구나 평등하게 당연히 누릴 수 있는 권리'로 정의된다. 이러한 인권이기에 인권은 그 어떤 권리보다 강력한 힘, 즉 보편적 힘을 가진다고 언급된다. 다시 말해 인권은 보편적 권리라는 것이다. 이는 인권의 철학적 기초가 된 자연권 자체가 보편적 권리라는 점과 맥을 같이한다.[5]

인권이 보편적 권리라는 점은 크게 세 가지 측면에서 바라볼 수 있다. 주체와 효력 그리고 내용이 그것이다. 우선 인권은 주체의 측면에서 보편성을 획득한다. 이는 인권이 인간이면 그 누구에게나 평등하게 인정될 수 있다는 점을 시사한다. 나아가 인권은 효력의 측면에서 보편성을 획득한다. 이는 인권이 특

---

3 '처분불가능성'과 관련하여 이 문제를 다루는 양천수, "법문화와 처분불가능성", 『중앙법학』 제8 집 제3호(2006) 참고.

4 이에 관해서는 우선 이근관, "아시아적 가치와 인권: 인권의 보편성 명제에 대한 비판적 검토", 성공회대 인권평화연구소 (엮음), 『동아시아 인권의 새로운 탐색』(2002) 참고.

5 이에 관해서는 최현, 『인권』(책세상, 2009), 50쪽 아래 참고.

정한 지역이나 시점에서만 효력을 발휘하는 것이 아니라 시간과 공간에 상관없이 효력을 가진다는 점을 의미한다. 마지막으로 인권은 내용의 측면에서도 보편성을 획득한다. 이는 인권의 내용이 시간과 지역이라는 변수에 상관없이 언제나 동일한 내용을 확보한다는 점을 보여준다.

2. 인권의 보편성에 대한 도전

이렇게 인권은 주체, 효력, 내용의 측면에서 보편성을 가진다. 그러나 인권이 보편성을 가진다는 점은 어찌 보면 상당히 '이상적인' 주장이다. 왜냐하면 이 같은 주장과는 달리 이미 현실에서는 보편적인 인권의 모습과는 배치되는 다양한 현상을 경험할 수 있기 때문이다.[6] 다음과 같은 예를 언급할 수 있다.

(1) 인권주체의 보편성에 대한 도전

우선 주체 면에서 보면 모든 사람에게 인정할 수는 없는 인권이 등장한다. 가령 독일의 공법학자 알렉시(Robert Alexy)는 이를 '절대적 인권'과 '상대적 인권'이라는 개념으로 구별한다. 여기서 절대적 인권은 모든 사람에 인정되는 인권을 뜻하는 반면 상대적 인권은 일부 사람에만 인정되는 인권을 말한다.[7] 예를 들어 인간의 존엄이나 생명권 등과 같은 권리는 모든 사람에 평등하게 인정할 수 있는 권리로 절대적 인권이라고 말할 수 있지만, 특정한 정치적 공동체를 구성하는 과정에 참여할 수 있는 권리, 이를테면 선거권과 같은 정치적 인권은 그 공동체의 구성원에만 인정되는 권리로서 상대적 인권이라 말할 수 있다.

(2) 인권효력의 보편성에 대한 도전

나아가 효력 면에서도 오늘날 인권은 보편적 힘을 발휘하지 못한다. 왜냐하면 제도적 측면에서 볼 때 오늘날 인권은 많은 경우 일부 지역에만 그리고 일부의 수범자를 대상으로 해서만 효력을 발휘하기 때문이다. 예를 들어 가장 대표적인 국제인권규범이라 할 수 있는 국제인권규약도 자동적으로 모든 국가

---

6 이에 관한 이론적 분석으로는 이근관, 앞의 논문, 60쪽 아래.

7 이에 관해서는 R. Alexy, "Diskurstheorie und Menschenrechte", in: ders., *Recht, Vernunft, Diskurs: Studien zur Rechtsphilosophie* (Frankfurt/M., 1995), 128쪽 참고.

에 효력을 가지는 것이 아니라 이 규약에 가입한 국가에만 효력을 발휘할 수 있을 뿐이다. 이는 다른 국제인권규범에도 마찬가지이다. 이렇게 오늘날 인권은 모든 지역에서 규범적 힘을 가지는 것이 아니라 제한된 지역에서만 규범적 힘을 가질 뿐이다.

(3) 인권 내용의 보편성에 대한 도전

그러나 주체나 효력 면에서 인권의 보편성이 도전받는 것보다 이론적 측면에서 더욱 복잡하고 어려운 도전은 바로 인권의 내용 면에 제기되는 도전이다. 오늘날 인권의 규범적 내용은 시간과 지역에 상관없이 동일한 것이 아니라 가변적이고 상대적이라는 것이다. 이를 전형적으로 보여주는 예로 2003년 독일 연방헌법재판소가 내린 히잡(Kopftuch) 판결을 거론할 수 있다.[8]

이 판결의 사실관계는 다음과 같다. 독일 연방공화국의 한 주(Land)인 바덴-뷔르템베르크(Baden-Würtemberg)의 슈투트가르트(Stuttgart) 학교 관청은 수업 시간에 히잡 착용을 주장하던 예비교사가 제기한 임용신청에 거부처분을 내렸다. 이에 해당 예비교사는 이러한 조치가 독일 기본법 제4조가 보장하는 종교의 자유 및 같은 법 제33조 제2항 및 제3항이 규정하는 공직·인종 등을 이유로 하는 공직 취임 제한 금지를 침해하였다는 이유로 독일 연방헌법재판소에 헌법소원을 제기하였다. 당시 바덴-뷔르템베르크주는 이러한 금지 조치를 뒷받침할 만한 법적 근거를 마련하지는 않았다.[9] 그런데 이 문제에 연방헌법재판소는 다음과 같은 근거로 수업 시간에 히잡 착용을 이유로 한 임용신청 거부처분이 헌법에 위반된다고 판시하면서 원 거부처분 및 이를 인용한 연방행정법원의 판결을 파기하였다.

우선 헌법재판소는 국공립학교 교사가 수업 시간에 히잡을 착용하고 수업

---

8 이에 관한 상세한 분석은 강태수, "독일 무슬림의 종교의 자유", 『세계헌법연구』 제15권 제2호 (2009), 19쪽 아래. 이와 관련된 종교의 자유 문제 및 종교와 국가의 관계에 관해서는 이부하, "종교의 법적 개념과 국가의 종교적 중립성: 독일의 법이론을 중심으로", 『헌법학연구』 제14권 제2호(2008), 197-223쪽 참고.
9 물론 그 이전의 유명한 '십자가 판결'에서 연방헌법재판소는 바이에른주의 국공립학교가 교실 안에 설치한 '십자가'가 학생이 지닌 종교의 자유를 침해한다고 판시한 바 있다. 이에 관해서는 강태수, 위의 논문, 16-18쪽.

에 임하는 것 자체가 헌법에 위반되는지는 판단하지 않았다. 그 대신 이것은 입법자에 부여된 입법형성의 자유에 포함되는 문제로 보았다. 그러므로 독일 연방의 각 주는 각기 자율적으로 이를 허용할 것인지 아니면 금지할 것인지를 각 주의 법률로 결정해야 한다고 하였다. 각 주가 자율적·절차주의적으로 이 문제를 해결하도록 한 것이다. 그런데 당시 바덴-뷔르템베르크주는 금지 조치를 정당화할 법률을 갖지 않은 상황이어서 이러한 조치가 헌법에 위반된다고 본 것이다.

이 판결은 오늘날 인권이 어떤 어려움에 처했는지 예시적으로 보여준다. 만약 종교의 자유라는 인권이 보편적 내용을 지닌다면 이와 같은 문제는 발생하지 않을 것이다. 그런데 이 판결에서 알 수 있듯이 한쪽에서는 히잡을 착용하지 못하게 하는 것이 종교의 자유를 보장하는 것이라고 이해하는 반면, 다른 한쪽에서는 히잡을 착용할 수 있도록 하는 것이 오히려 종교의 자유를 보장하는 것이라고 파악한다.

물론 이러한 주장에는 이 판결은 종교의 자유라는 인권의 보편성을 문제삼은 것이 아니라 종교의 자유를 구체적으로 어떻게 적용할 것인가 하는 인권의 적용 문제를 보여준 것에 불과하다는 반론을 제기할 수 있다. 이 반론은 '인권' 그 자체와 '인권의 적용'을 개념적으로 구별함으로써 인권 내용의 보편성에 관한 문제를 넘어서려 한 시도라고 이해할 수 있다. 이 사안의 경우에는 종교의 자유에 관한 인권은 여전히 보편적 권리로 작동하고 있지만 이를 구체적으로 적용하는 과정에서 시각 혹은 견해 차이가 발생해 그 결론이 달라지는 것에 불과하다는 것이다.

그러나 필자는 과연 '인권'과 '인권의 적용'을 개념적으로 구별할 수 있을지 의문이 든다. 독일의 공법학자 뮐러(Friedrich Müller)가 적절하게 지적한 것처럼 인권이라는 규범은 오히려 인권을 규정한 텍스트를 구체적인 사안에 적용함으로써 비로소 확정되는 것이라고 말할 수 있지 않을까?[10] 다시 말해 사안에 적용됨으로써 구체화된 인권의 모습이 인권의 진정한 내용이라고 말할 수

---

10 '규범텍스트'(Normtext)와 '규범'(Norm)을 구별하는 뮐러의 시도에 관해서는 F. Müller, *Juristische Methodik* (Berlin, 1997), 131쪽 아래 참고.

있지 않을까? 이러한 시각에서 본다면 오늘날 인권 내용의 보편성이 도전에 직면하고 있다는 점을 손쉽게 부정하기는 어렵다. 왜냐하면 가령 위 히잡 판결에서 볼 수 있는 것처럼 종교의 자유라는 인권이 구체적으로 어떤 모습을 가져야 하는지에 관해 기독교 문화권과 이슬람 문화권이 서로 팽팽하게 대립하기 때문이다.

3. 인권의 보편성 위기의 원인

이렇게 인권의 보편성이 여러 측면에서 위기를 맞이하는 것은 무엇 때문일까? 왜 오늘날 인권은 점점 불확실성의 늪으로 빠져들까? 이에 필자는 크게 두 가지 이유를 들 수 있다고 생각한다. 첫째는 이론적 이유이고 둘째는 경험적 이유이다.

(1) 인권의 보편성이 지닌 이상성

우선 이론적 이유로 인권의 보편성이라는 개념이 본래 지닌 의미가 너무 이상적이라는 점을 거론할 수 있다. 주체, 효력, 내용 면에서 인권이 보편적이라는 주장은 원래부터 존재하지 않은 것으로 너무 이상적이라는 것이다. 사실 인권이 이렇게 강력한 보편성을 획득한 것은 어쩌면 이론에서나 가능한 것일지 모른다. 그게 아니면 절대왕정이 지배하던 서구의 모순을 극복하고자 등장했던 계몽주의에서나 가능할 법한 것인지 모른다. 물론 그렇다고 해서 이러한 인권의 이상적 보편성을 섣불리 폄훼해서는 안 된다. 바로 이렇게 강력한 보편성을 지녔기에 인권은 규범적 권리로서 실제 사회를 개혁하는 데 기여할 수 있었던 것이다. 그러나 절대왕정이 해체되고 전체 사회가 상당 부분 민주화를 경험한 오늘날 이렇게 강력한 보편성을 고수하는 것은 오히려 이론의 설득력을 떨어뜨릴 수 있다.

(2) 사회의 다원화

나아가 경험적 이유로 사회의 다원화를 들 수 있다. 사회의 다원화는 현대 사회를 지배하는 다원주의와 무관하지 않다. 여기서 다원주의는 각기 상이한 견해, 가치, 도덕적·윤리적 주장, 문화 등이 동등한 지위를 누리면서 양립할 수 있다고 주장하는 이념을 뜻한다.[11] 다원주의에 따르면 심지어 서로 대립하고 모순되는 주장이나 가치도 양립할 수 있다. 이러한 다원주의는 오늘날 현대사회를 이론적으로 지탱하는 중요한 근거가 된다.

오늘날의 사회에서 다원주의가 지배적 이념으로 등장하는 것은 무엇 때문일까? 이에는 여러 가지 설명이 가능하겠지만 여기서 필자는 우선적으로 루만이 제시한 '사회의 기능적 분화' 테제를 언급하고자 한다. 루만은 전체 사회를 체계와 환경의 구별로 관찰한다. 동시에 전체 사회가 내적 분화를 거쳐 다양한 기능체계로 분화된다고 말한다.[12] 이를테면 과거에는 전체 사회가 계급 또는 계층을 중심으로 하여 수직적으로 분화되었다면(계층적 분화), 오늘날에는 정치체계, 경제체계, 법체계 등과 같은 다양한 기능체계들이 독립분화되면서 전체 사회가 수평적·기능적으로 분화된다고 한다(기능적 분화).[13]

한편 사회가 기능적으로 분화되면서 사회를 지탱하던 핵심적인 판단기준 등도 다원적으로 분화된다. 대표적인 예로 합리성의 분화를 언급할 수 있다.[14] 한때 인류는 보편적이고 단일한 거대이성과 합리성을 추구하였다. '기독교적 합리성'에 따라 세계를 해석하고 체계화하고자 했던 중세의 시도를 예로 들 수 있다. 그러나 가령 칸트를 통해 전체 이성이 '순수이성', '실천이성' 및 '판단력'으로 각기 구별되면서 단일한 합리성에 대한 믿음은 서서히 도전을 받게 되었다. 이는 무엇보다도 베버(Max Weber)와 하버마스를 거치면서 확고한 것으로 승인되었다.[15]

합리성 등과 같이 사회를 지탱하는 기본 척도들이 분화되고 이에 따라 사

---

11 이러한 다원주의에 관한 간략한 설명은 우선 서보건, "다문화가족통합을 위한 법제 연구: 한일비교", 『공법학연구』 제11권 제1호(2010), 82쪽 참고.

12 N. Luhmann, *Soziale Systeme: Grundriß einer allgemeine Theorie* (Frankfurt/M., 1984), 242쪽 아래.

13 이를 소개하는 정성훈, 『루만의 다차원적 체계이론과 현대 사회의 진단에 관한 연구』(서울대 철학박사 학위논문, 2009), 171쪽 아래 참고.

14 이 가운데 합리성의 분화에 관해서는 양천수, "합리성 개념의 분화와 충돌: 독일의 논의를 중심으로 하여", 『법과 사회』 제31호(2006), 211-234쪽 참고.

15 이러한 과정을 잘 분석하는 G. Teubner, 이상돈 (옮김), 『법제화 이론』(한국법제연구원, 2004), 69쪽 아래.

회 자체도 다양한 사회적 영역으로 분화되면서 인간의 규범적 행위를 평가하는 가치 기준도 상대화된다. 이에 따라 가치상대주의가 다원주의와 더불어 규범적 세계를 지배한다. 가치상대주의는 보편적이고 통일된 가치는 존재하지 않고 오직 상대적이면서 서로에 동등한 지위를 주장할 수 있는 가치만이 존재한다고 말한다. 이러한 가치상대주의에 따르면 각 개인이나 공동체는 다원적으로 병존하는 가치 기준 중에서 각기 자신에 적합한 가치 기준을 선택할 수 있다. 왜냐하면 다원적으로 병존하는 가치 기준 사이에 어떤 우열 관계가 존재하는 것은 아니기 때문이다. 그러므로 이러한 가치상대주의를 극단적으로 밀고 나가면 가령 자유주의와 반자유주의도 서로의 영역을 침해하지 않는 한 동시에 양립할 수 있다.[16]

이렇게 사회가 다원화되고 사회의 핵심 가치가 다원화되면서 인권 역시 이러한 다원화의 물결에서 자유로울 수 없게 되었다. 인권도 넓은 의미에서 보면 가치에 속하기 때문이다. 그러므로 인권의 내용 자체가 다원화되는 것도 어찌 보면 필연적 현상이라 말할 수 있다. 이른바 '동아시아적 가치'에 관한 논의나 '다문화적 인권'에 관한 논의가 이를 예시적으로 보여준다.[17]

Ⅲ. 인권의 보편성에 관한 기존의 논증방식

인권은 근대가 태동하면서 등장한 개념이다. 따라서 인권은 근대가 태동하는 데 큰 기여를 한 사상적 조류와 깊은 연관을 맺는다. 그 가운데서 근대의 자연법사상, 사회계약론 그리고 독일 관념론의 이성법 전통은 인권 개념이 성립하고 섬세하게 발전하는 데 큰 이론적 자양분을 제공하였다. 아래에서는 인권의 보편성과 깊은 관련을 맺는 자연법사상, 로크의 소유적 인권이론 및 칸트의

---

16 예를 들어 다원주의의 기반 위에서 언론의 자유를 최대한 보장하는 미국에서는 자유주의뿐만 아니라 이에 상치되는 파시즘 역시 언론의 자유를 통해 보장된다. 이에 관해서는 양창수, "언론자유의 보장근거에 대한 미국에서의 논의 소묘", 『민법연구』 제7권(박영사, 2003), 39쪽 아래 참고.

17 '다문화적 인권'에 관해서는 양천수, "다문화적 인권의 가능성: 기초법학의 관점에서", 『법과 정책연구』 제11집 제2호(2011), 369-393쪽 및 이 책 제7장 참고.

정언명령과 이성법 개념을 다룬다.

1. 자연법을 통한 논증

인권의 보편성을 논증하던 종전의 논증방식으로 '자연법을 통한 논증'을 언급할 수 있다.[18] 변화하는 현상계 저 너머에는 시간과 공간을 초월하여 변하지 않는 정당한 법, 즉 자연법이 있다는 주장은 고대 그리스의 철학자 소크라테스 이래 서구의 많은 사상가들을 사로잡았다.[19] 소크라테스나 플라톤 그리고 그의 후예인 아리스토텔레스나 스토아학파의 철학자들은 변화하는 현상계와 변화하지 않는 본성계, 즉 실정법과 자연법을 대비시키면서 자연법을 본질적이며 더욱 우월한 것으로 인정하였다. 이러한 자연법사상은 서구가 중세시대로 접어들면서 기독교와 결합하여 신학적 자연법으로 변모한다. 자연법을 신이 내린 명령과 동일하게 봄으로써 자연법에 신학적인 색채를 덧붙였다. 중세가 끝나가는 즈음 종교개혁이 시작하면서 기독교와 자연법사상이 분리되었고 이를 통해 인간의 '이성'이 신의 자리를 대신하게 되었지만, 여전히 자연법사상은 이제 막 태동하기 시작하던 근세를 지탱하는 철학적 기반이었다. 이러한 자연법사상을 주장한 근세의 자연법론자들, 대표적으로 네덜란드의 국제법학자 후고 그로티우스(Hugo Grotius) 등에 의해 이제 인권사상이 서구에 등장하기 시작하였다.[20]

자연법사상은 인권의 보편성을 논증하는 데 중대한 기여를 하였다. 왜냐하면 인권을 자연법의 핵심내용으로 인정하면 자연법사상의 보편적 성격에 힘입어 인권의 보편성도 쉽게 긍정할 수 있기 때문이다. 그 때문에 자연법사상은 오늘날에도 여전히 인권을 근거 짓는 데 큰 힘을 발휘한다. 예를 들어 다수의 신학자나 기독교 단체는 '신학적 자연법사상'을 원용하여 인권의 보편성이나 처분불가능성을 주장한다.[21] 또한 오늘날 헌법의 기본권 이론에 많은 영향을 끼친

---

18 백봉흠, "자연법과 인간의 존엄성: 국제법상 인권보장의 유래", 『가톨릭사회과학연구』 제2권 (1983), 17-34쪽; 양준모, "자연법과 국제법", 『국제법학회논총』 제51호(1982), 430쪽 아래.

19 자연법사상의 전개 과정에 관해서는 박은정, 『자연법사상』(민음사, 1987) 참고.

20 이에 관해서는 이문조·양삼석, "근대 초기 자연법사상의 전개: Ockham에서 Pufendorf까지", 『사회과학연구』(영남대) 제13집 제2권 (1993) 참고.

21 가령 손규태, "인권문제에 대한 신학적 고찰", 『기독교사상』 제379호(1990), 178쪽 아래; 김찬국,

독일의 공법학자 칼 슈미트(Carl Schmitt)가 로마가톨릭의 자연법사상에 기반을 두어 기본권을 자연법적 인권으로 파악하였다는 점은 주지의 사실이다.[22] 나아가 많은 인권선언에서 볼 수 있듯이 아직도 자연법사상은 인권의 보편성이나 불가침성을 근거 짓는 데 중요한 논증도구로 원용된다.

2. 소유권에 기한 논증

인권의 보편성을 논증하는 두 번째 방식으로 '소유권에 기한 논증'을 거론할 수 있다. 이는 영국의 경험론자이자 사회계약론자인 존 로크(John Locke)에서 찾아볼 수 있다.[23] 넓게 보면 이 논증 역시 위에서 언급한 '자연법을 통한 논증'에 포함시킬 수 있다. 왜냐하면 로크 역시 인권을 '자연권'이라는 이름 아래 근거 지었기 때문이다. 그러나 로크가 사용한 논증은 한편으로는 자연법사상의 전통을 따르기도 하지만 다른 한편으로는 자연법사상과는 차이가 있는 자유주의적 사회계약론에 서 있다는 점에서 '자연법을 통한 논증'과 차이가 있다. 또한 임재홍 교수가 적절하게 지적한 것처럼 전통적인 자연법사상과는 달리 로크의 사회계약론적 자연권사상은 사회비판적인 측면을 가진다는 점에서도 차이가 있다.[24]

로크는 어떻게 인권의 보편성을 근거 짓는가? '안전국가'를 정립한 홉스 (Thomas Hobbes)와 마찬가지로 로크 역시 '자연상태'를 상정한다. 그러나 이 자연상태는 홉스가 말한 "만인에 대한 만인의 투쟁상태"와는 다소 차이가 있다.[25] 로크가 예정하는 자연상태는 "인간의 이성의 법칙인 자연법에 따라 생활하는 상태"를 말한다.[26] 이러한 자연상태에서 모든 인간은 기본적으로 자신에게 부여된 자연권을 조화롭게 주장하고 누릴 수 있다. 이때 로크가 강조한 자연권은 생

"인권의 성서적 근거", 『기독교사상』 제189호(1974), 29쪽 아래.
[22] 이에 관해서는 칼 슈미트, 김효전 (역), 『로마 가톨릭주의와 정치형태』(교육과학사, 1992).
[23] 이에 관해서는 이상돈, "근대적 인권 개념의 한계", 『고려법학』 제44호(2005), 115쪽 아래; 임재홍, "근대 인권의 확립", 20쪽 아래.
[24] 임재홍, "근대 인권의 확립", 19쪽.
[25] 이에 대해서는 심재우, "Thomas Hobbes의 법사상", 『법사상과 민사법』(국민서관, 1979), 61쪽 아래.
[26] 임재홍, "근대 인권의 확립", 23쪽.

명(life), 자유(liberty), 재산(property)이다. 이러한 권리를 통틀어 로크는 '소유권'(the right of property)이라고 한다. 로크에 따르면 인간이라면 그 누구나 상관없이 자연상태에서 조화롭게 주장하고 누릴 수 있는 권리가 바로 이 소유권이다. 말하자면 자연권인 소유권은 국가 이전의 자연상태에서 누릴 수 있는 권리이므로 이 권리는 보편성을 가질 수밖에 없다. 여기서 로크가 말하는 소유권은 오늘날의 인권으로 바꿔 말할 수 있기에 이를 통해 우리는 인권의 보편성을 논증할 수 있다. 이러한 로크의 논증방식은 인권을 소유권의 성격을 가진 자연권으로 파악한다는 점에서 '소유권에 기한 논증방식'으로 규정할 수 있다.

3. 정언명령을 통한 논증

마지막으로 독일의 철학자 칸트가 사용한 논증을 다룰 필요가 있다. 칸트는 단순히 인권을 넘어 '보편성'이라는 철학적 속성에 관해 많은 공헌을 한 철학자이다. 칸트가 실천이성에 바탕을 둔 도덕철학을 전개하면서 제시한 '정언명령'(kategorischer Imperativ)은 종전의 자연법사상이나 소유권 중심의 사회계약론과는 다른 새로운 방식으로 (도덕의) 보편성을 근거 짓는 것을 가능케 한다. 이뿐만 아니라 칸트가 정립한 법개념은 근대 '자유주의 법모델'이 자리 잡는 데 결정적인 역할을 한다.[27]

칸트는 어떻게 인권의 보편성을 정당화하는가? 칸트는 종전의 자연법사상이 원용한 초월적인 자연법으로 인권의 보편성을 정당화하지 않는다. 그렇다고 로크가 행한 것처럼 소유권이라는 측면에서 인권의 보편성을 논증하지도 않는다. 칸트는 기존의 논증방식이 간과하던 '관계', 즉 '사람과 사람의 관계'를 염두에 두어 인권의 보편성을 논증한다. 이러한 칸트의 논증을 알아보기 위해서는 그 전에 칸트의 도덕이론, 특히 '정언명령'을 검토할 필요가 있다.

잘 알려진 것처럼 칸트는 인간이 지닌 실천이성에 바탕을 두어 도덕이론을 전개한다.[28] 칸트에 따르면 인간은 실천이성을 가진 이성적 존재이다. 인간

---

27 "자유주의 법모델"에 관해서는 이상돈, 『법학입문』(법문사, 2006), 41쪽 아래.
28 칸트의 도덕이론을 명확하게 설명하는 경우로는 심재우, "인간의 존엄과 법질서", 『법률행정논집』 제12집(1974), 103쪽 아래.

이 이성적 존재라는 것은 인간이 '자율적인 선의지'를 갖고 있다는 점에서 드러난다. 칸트에 따르면 인간은 자율적인 존재이다. 인간이 존엄한 이유도 이렇게 인간이 실천이성을 가진 자율적인 존재이기 때문이다. 이런 칸트의 주장에서 확인할 수 있는 것은 인간의 '자율'이 전면에 선다는 점이다. 여기서 우리는 인간의 자율, 즉 자유가 칸트의 도덕이론 및 인권이론의 핵심임을 알아차릴 수 있다.[29]

그런데 칸트는 인간의 자율성이 자연법사상이 주장하는 것처럼 일종의 자연법으로서 당연히 보편화된다고 파악하지는 않는다. 그렇다고 로크처럼 인간의 자율성을 소유권의 일종으로 파악하여 보편화하지도 않는다. 그 대신 칸트는 나와 타인의 관계 속에서 인간의 주관적 자율성을 보편화하고자 한다. 이는 무엇보다도 정언명령을 통해 성취된다. 정언명령은 가언명령 혹은 조건명령에 대비되는 개념으로, 인간이 존엄한 존재로서 당연히 준수해야 하는 명령을 뜻한다. 칸트는 정언명령을 다음과 같이 표현한다.[30]

"마치 네 행위의 준칙이 네 의지에 의해 보편적인 자연법칙이 되어야 할 것처럼 그렇게 행위하라."

이 정언명령을 면밀하게 읽어보면 칸트가 어떻게 주관적 자율성을 보편화하는지 파악할 수 있다. 이에 따르면 한 사람의 주관적 준칙(자율성)은 "보편적인 자연법칙"에 합치할 때 보편성을 획득할 수 있다.[31] 그런데 이때 말하는 "보편적인 자연법칙"은 종래의 자연법과는 다른 그 무엇이다. 이것은 다른 모든 이가 옳다고 생각하는 법칙을 말한다. 바꿔 말해 칸트가 말한 "보편적인 자연법칙"은 사람과 사람의 관계에서 볼 때 타당한, 즉 '상호주관적인' 법칙을 뜻한다.

---

29 물론 엄격하게 말하면 칸트 자신이 특정한 '인권이론'을 본격적으로 제시한 것은 아니다. 그렇지만 칸트의 도덕철학을 현대의 인권이론에 대입해 보면 일정한 모습을 가진 '칸트의 인권이론'을 그려볼 수 있을 것이다.
30 임마누엘 칸트, 이원봉 (옮김), 『도덕 형이상학을 위한 기초 놓기』(책세상, 2002), 72쪽.
31 칸트의 정언명령을 '보편화원칙'으로 이해하는 경우로서 J. Habermas, *Erläuterungen zur Diskursethik* (Frankfurt/M., 1991), 12쪽.

바로 이런 점에서 칸트는 사람과 사람의 관계를 고려해서 인간의 주관적 자율성, 즉 인권을 보편화한다고 말할 수 있다.[32]

이렇게 칸트는 인권을 종전의 논증방식과는 달리 상호주관적인 속성을 담고 있는 정언명령을 통해 근거 짓는다. 이런 칸트의 논증방식은 그의 법개념에서도 마찬가지로 찾아볼 수 있다. 칸트는 한편으로는 도덕과 법을 구별하면서도 다른 한편으로는 자신의 도덕철학에서 강조한 자율성을 법에서도 마찬가지로 강조한다. 이는 다음과 같은 칸트의 법개념에서 분명하게 드러난다.[33]

"법이란 한 사람의 자의가 다른 사람의 자의와 자유의 일반법칙에 따라 서로 양립할 수 있는 조건의 총체이다."

위의 법개념에서 우리는 크게 두 가지 측면을 읽을 수 있다. 첫째, 칸트의 법개념에서는 "자의"(Willkür), 즉 "자연적 자유"가 전면에 등장한다는 것이다. 이는 칸트의 법개념이 자유주의 법모델을 지향하고 있음을 보여준다. 둘째, 칸트의 법개념에서 강조하는 자유는 나만의 자유가 아니라 타인의 자유까지 고려한 '상호적인 자유'라는 점이다. 말하자면 법은 나의 자유가 타인의 자유와 양립할 수 있도록 도와주는 조건의 총체이며, 이 점에서 나의 자유는 타인의 자유와 양립할 수 있는 한에서만 의미를 가질 수 있다. 내가 가진 자유의 보편성은 타인이 가진 자유와 양립할 수 있는 한에서만 인정받을 수 있다는 것이다.

이처럼 칸트는 사람과 사람의 관계, 즉 '상호성 원칙'을 반영하는 정언명령을 통해 인권의 보편성을 근거 짓는다. 나아가 이러한 인권을 보장하는 것이 곧 법이라는 점을 법의 개념 정의에서 보여준다. 이를 통해 인권의 보편성은 형이상학적인 자연법이나 개인의 소유가 아닌 상호적인 차원에서 논증될 가능성을

---

32 물론 칸트의 정언명령이 종전의 자연법사상과는 확연하게 다른 무엇인가에 관해서는 논란이 없지 않다. 예를 들어 독일의 법철학자 베르너 마이호퍼(Werner Maihofer)는 칸트의 정언명령을 "공존질서"의 측면에서 검토함으로써 정언명령이 내포하는 상호주관적인 면을 드러낸다. 베르너 마이호퍼, 윤재왕 (옮김), 『인간질서의 의미에 관하여』(지산, 2003), 13쪽 아래 참고. 이에 반해 독일의 법철학자이자 형법학자인 젤만(Kurt Seelmann)은 칸트의 법개념을 '자연법적'이라고 평가한다. K. Seelmann, 윤재왕 (옮김), 『법철학』(지산, 2000), 86쪽.

33 I. Kant, *Metaphysik der Sitten* (1797), *Einleitung in die Rechtslehre*, § B, 337쪽.

확보하게 된다.

Ⅳ. 기존의 논증방식이 지닌 문제점

그러나 인권의 보편성을 논증하던 종전의 방식은 오늘날 여러 철학적 문제에 부딪힌다. 종전에 원용했던 논증방식이 서 있던 철학적 지반이 흔들리게 되었고 이에 따라 그 설득력도 퇴색하게 되었다.

1. 자연법의 확실성 상실

먼저 오늘날 시간과 공간을 초월하는 자연법을 언급하는 것이 더 이상 시대에 맞지 않는 일이 되어버렸다는 것을 언급할 필요가 있다. 자연법사상에는 두 가지 인식론적 문제를 거론할 수 있다. 첫째, 자연법사상이 상정하는 전제, 즉 시간과 공간을 초월하는 유일한 실체적 가치가 존재한다는 전제는 가치상대주의와 다원주의가 득세하는 오늘날의 시대적·이념적 상황과 맞지 않는다. 가치상대주의는 오직 유일하게 타당한 가치는 존재하지 않으며 각각의 가치는 모두 동등한 중요성을 가진다고 주장한다. 이와 같은 맥락에서 다원주의는 각기 다른, 심지어는 서로 모순되는 가치나 이념, 주장 등이 한 사회 공동체 안에서 양립할 수 있다고 말한다. 이러한 가치상대주의나 다원주의에서 보면 시간과 공간을 초월하는 유일한 정당성 체계가 있다고 말하는 자연법사상은 이미 시대착오적인 셈이다. 둘째, 설사 자연법이 존재한다 하더라도 과연 누가 자연법을 발견하고 승인할 권한을 가지는지 문제된다. 플라톤이 강조한 것처럼 오직 철학자인 왕만이 자연법을 알아볼 수 있고 승인할 수 있는 것일까? 그러나 독재를 배격하고 민주주의 체제를 택한 오늘날의 정치체계에서 이 같은 철학자인 왕을 인정할 수는 없다.

이러한 인식론적 문제 때문에 자연법사상에 기반을 두어 인권의 보편성을 주장하는 것은 오늘날 그리 설득력 있게 보이지 않는다. 같은 맥락에서 일부 학자들은 서구에서 성장한 인권이 보편성을 지니며 따라서 우리 역시 그대로 수용해야 한다는 주장에 이것은 '서구 중심적 사고'라고 반발한다. 오히려 서구 중심적인 인권과는 구별되는 '아시아적 가치'를 독자적으로 긍정할 수 있다고 주장한다. 이런 견지에서 보면 인권은 보편적인 것이 아니라 서구 중심적이며 따라서 '문화상대적인 것'에 지나지 않는다.

2. 소유권에 기한 논증의 문제점

　　로크에서 연원하는 소유권에 기한 논증방식에는 다음과 같은 문제를 제기할 수 있다. 우선 인권의 보편성을 소유권에 근거를 두어 논증하는 것은 생명·자유·재산 등과 같은 소유적 인권에만 초점을 둠으로써 정치적 참여권과 같은 정치적 권리를 간과한다.[34] 그러나 인권이 제대로 작동하기 위해서는 소유적 인권을 넘어 정치적 인권 역시 인권 개념 안에 포함하고 있어야 한다. 하버마스가 지적하는 것처럼 인권과 정치적 권리, 즉 인권과 주권 사이에는 긴밀한 내적 관계가 존재하기 때문이다.[35] 그런데도 만약 소유적 인권만을 자연권으로 인정하면서 이에 대해서만 보편성을 인정하려 한다면 인권은 절름발이가 될 가능성이 있다. 뿐만 아니라 인권의 보편성을 소유권에 기해 논증하면 사회경제적인 인권의 필요성을 놓칠 가능성도 있다. 그 이유는 로크가 사용한 논증방식은 '자유주의적'이기 때문이다. '개인'의 소유에 초점을 둠으로써 '연대성'에 기반을 둔 사회경제적 인권을 시야에 넣지 못할 위험이 있다.

　　이렇게 로크가 사용한 논증방식은 정치적 인권과 사회경제적 인권을 간과할 수 있음이 지적될 수 있다. 그런데 이러한 문제는 현대 영미 철학에서 전개된 '자유주의와 공동체주의 논쟁'에서 보면 로크가 원용한 논증방식이 궁극적으로는 자유주의에 서 있었기 때문에 등장한다고 말할 수 있다. 사실이 그렇다면 자유주의에 근거를 두어 인권의 보편성을 근거 지으려는 태도에는 공동체주의가 자유주의에 던진 문제를 그대로 제기할 수 있다. 그렇다면 자유주의에 공동체주의가 던진 문제는 무엇인가? 자유주의는 개인의 자유 및 이와 관련한 권리

---

34 이를 이상돈 교수는 "주권적 정치참여"가 "결핍"되어 있는 "정치적 소외"라고 말한다. 이상돈, "근대적 인권 개념의 한계", 122쪽 아래.

35 이상돈·홍성수, "하버마스의 인권이론", 『고려법학』 제42호(2004), 77쪽 아래.

를 보편적인 것으로 여긴다. 이러한 자유주의에 의하면 보편적인 도덕, 보편적인 법체계를 인정할 수 있다. 개인의 자유는 그 어떤 개인이나 공동체라도 존중해야 할 보편적인 핵심도덕을 이루고, 이 자유를 법으로 보장하는 것이 보편적인 법문화의 내용을 구성한다. 이러한 자유주의에 따르면 자유를 핵심 가치로 하는 인권은 당연히 보편성을 획득할 수 있다. 이에 반해 공동체주의에 따르면 보편적인 도덕을 인정할 수 없다. 오히려 모든 도덕 또는 윤리는 각기 다른 공동체가 추구하는 가치에 따라 그 내용이나 중요성이 결정된다. 바꿔 말해 보편적인 도덕 대신 상대적인 윤리가 전면에 등장한다.³⁶ 이런 공동체주의에 따르면 보편적이고 통일된 법체계를 인정하는 것도 쉽지 않다. 대신 공동체주의에 따르면 다원적인 법체계만을 인정할 수 있을 뿐이다. 자유주의적인 법체계는 이러한 공동체주의의 시각에서 볼 때 '서구 중심적인 법체계'에 지나지 않는다고 말할 수 있다. 그런데 이러한 문제 제기는 자유주의에 바탕을 둔 인권이론에도 그대로 적용할 수 있다. 공동체주의의 시선에서 보면 보편적 인권이라는 관념은 그야말로 '서구 중심적 관념'에 지나지 않는다.

3. 정언명령을 통한 논증의 문제점

칸트로 거슬러 올라가는 정언명령에 힘입은 논증에는 다음과 같은 문제를 제기할 수 있다. 우선 칸트 역시 자유주의가 지닌 문제점을 완전히 넘어서지 못한다. 왜냐하면 칸트의 도덕철학이나 정언명령에서는 비록 상호주관적인 측면을 끌어들이기는 하지만 개인의 주관적 자율성이 핵심적 지위를 차지하기 때문이다. 가령 정언명령이 보여주는 것처럼 "네 행위의 준칙"과 같은 주관적 자율성이 중심이 된다. 또한 법개념에서도 볼 수 있듯이 한 주체가 가진 "자의"가 중심에 선다. 그렇다면 인권의 보편성을 논증하기 위해 칸트의 정언명령을 끌어들이는 것은 자유주의가 가진 문제를 넘어설 수 없다. 나아가 칸트가 사용한 정언명령은 '형식적'이다.³⁷ 주관적 행위의 준칙을 "보편적인 자연법칙"에 맞출

---

36 보편적인 도덕과 상대적인 윤리라는 등식은 도덕과 윤리를 개념적으로 구별할 때 성립할 수 있다. 이렇게 도덕과 윤리를 구별하는 시도에 관해서는 J. Habermas, *Erläuterungen zur Diskursethik*, 100쪽 아래.

것을 요청하지만 이때 "보편적인 자연법칙"은 어떤 내용을 담아야 하는지 분명히 말하지는 않는다. 물론 "보편적인 자연법칙"을 '사람들이 타당하게 여기는 것'이라고 달리 말할 수는 있다. 그렇지만 다시 여기서는 과연 어떤 기준에 의해 '사람들이 타당하게 여기는 것'을 찾을 수 있는지 의문이 등장한다. 마지막으로 칸트의 정언명령은 인권을 어떻게 보편화할 수 있을지에 의미 있는 시사점을 주지만, 이러한 정언명령이 오늘날과 같은 다원주의 사회에서도 여전히 통용될 수 있는지, 만약 가능하다면 구체적으로 어떻게 개인의 주관적 자율성, 즉 인권을 보편화할 수 있는지에 분명한 해답을 주지는 못한다.

V. 인권의 보편성을 근거 짓기 위한 새로운 시도

위에서 인권의 보편성을 근거 짓던 종전의 논증방식에 어떤 문제점이 있는지 살펴보았다. 이렇게 해서 얻은 결과를 보면 현대 민주적 다원주의 사회에서 인권의 보편성을 근거 짓는 것은 철학적으로 더 이상 가능하지 않은 것처럼 보인다. 만약 사실이 그렇다면 인권은 보편성을 상실해야 할까? 인권은 이제 있으나 마나 한 것으로, 인권이 필요한지는 각 공동체에서 결정할 수 있는 '처분가능한 것'일까? 그러나 이러한 결론은 실천적으로 그리 바람직해 보이지 않는다. 인류가 지금까지 걸어온 역사에서 알 수 있듯이 인권은 여러 부분에서 긍정적인 역할을 수행하였다. 특히 인권이 지닌 '사회비판적 힘'은 오늘날에도 여전히 우리에게 소중하다. 또한 우리 사회 곳곳에는 아직 인권이 필요한 사회적 약자가 다수 존재한다.[38] 요컨대 현대 다원주의 사회에서도 인권은 아직 필요한 그 무엇이다. 그렇다면 문제는 예전과는 달리 다원화된, 즉 각기 다양한 사회의 기능체계로 분화되는 오늘날의 사회에서도 여전히 인권의 보편성을 논증할 수 있는지, 만약 가능하다면 어떻게 이를 논증할 수 있는지 하는 점이다.

---

[37] 바로 이런 '형식적인' 문제 때문에 헤겔은 칸트를 넘어 '실질적인 윤리이론'을 제시하고자 한다. 이 문제에 관해서는 J. Habermas, *Erläuterungen zur Diskursethik*, 9쪽 아래.

[38] 가령 한인섭·양현아 (편), 『성적 소수자의 인권』(사람생각, 2002) 참고.

1. 이상돈 교수의 보편성 논증

인권의 보편성을 새롭게 구성하고자 하는 시도는 이미 기초법학자인 이상돈 교수의 연구에서 찾아볼 수 있다. 이상돈 교수는 2005년에 공간한 연구서 『인권법』에서 독일의 사회철학자 하버마스(Jürgen Habermas)와 포르투갈 출신의 법사회학자 산토스(Boaventura De Sousa Santos)의 구상을 수용하여 인권의 보편성을 새롭게 정초한다. 이는 크게 다음 세 지점에서 찾아볼 수 있다.

먼저 이상돈 교수는 인권이 문화와 무관하지 않다는 점을 긍정함으로써 인권의 보편성을 새롭게 정립한다. 만약 인권이 보편적 권리라면 각 공동체에 따라 상이한 문화에 의존하지 않으면서 언제나 동일한 내용을 주장할 수 있어야 한다. 그러나 오늘날 다문화주의가 확산되면서 이렇게 각 공동체가 고유하게 지닌 문화와 무관한 인권을 말하는 것이 점점 어려워진다.[39] 오히려 다문화적 인권을 말하는 것이 이론적·실천적으로 더욱 유리해진다. 이와 같은 맥락에서 이상돈 교수는 다음과 같이 말한다.[40]

"이로써 인권개념에 내재된 문화적 소외, 즉 어떤 문화적 가치를 선택하고 다른 어떤 가치를 배제하는 선별은 한 문화가 다른 문화와의 융합과정을 통해 그 문화권의 사람들에게도 보편적인 것으로 되어가는 기제임을 알 수 있다. 그러므로 인권개념은 문화적으로 '상대적인 것'(kulturrelativ)이 아니라 문화적으로 '특수한 것'(kulturspezifisch)이라고 보아야 한다."

이 언명에서 알 수 있듯이 이상돈 교수는 인권과 문화를 결합함으로써 인권의 보편성을 문화에 개방적인 개념으로 재해석한다. 이를 통해 보편성을 개방적이고 가변적인 개념으로 새롭게 정립한다.

나아가 이상돈 교수는 하버마스의 인권이론에 힘입어 인권을 절차주의적으로 재해석한다. 이상돈 교수가 이해한 하버마스의 인권 개념에 따르면 "인권

---

39 '다문화주의'에 관해서는 양천수, "다문화시대의 인권법정책: 대구경북지역의 인권조례정책을 예로 하여", 『영남법학』 제31호(2010), 1–26쪽 및 이 책 제6장 참고.
40 이상돈, 『인권법』(세창출판사, 2005), 58쪽.

은 항상 다른 사람과의 관계에 의해 재정의될 수밖에 없으며, 따라서 공론적 의
사결정을 통해 끊임없이 그 내용과 한계가 재해석되어야 하는 규범으로 설정하
고, 그 인권의 내용과 한계를 정하는 공동의 의사결정절차를 짜는 것이 중요"하
다.[41] 이러한 맥락에서 이상돈 교수는 인권의 보편성을 '절차'로 이해한다. 우리
는 "인권의 실체적인 내용이 무엇인지 확정할 수는 없지만, 그 인권이 해석되고
구체화되는 절차의 보편적 정당성을 이야기"할 수 있다는 것이다.[42] 그런데 이
렇게 인권의 보편성을 절차적으로 파악한다는 것은 인권의 보편성을 실체 개념
으로 파악했던 전통적인 이해 방식과는 거리를 두는 것이다.

　　마지막으로 이상돈 교수는 오늘날 특히 초국가적 영역에서 인권의 보편성
이 새롭게 구성된다고 말한다. 초국가적 영역에서 인권의 보편성은 가변적 보
편성으로 재구성될 수 있다는 것이다. 이를 위해 이상돈 교수는 산토스의 '상호
합법성'(interlegality) 개념을 끌어들인다.[43] 상호합법성 개념에 따라 초국가적 영
역에서 인권은 서로가 서로를 승인하는 과정에서만 보편성을 획득할 수 있다고
한다. 이러한 연유에서 이상돈 교수는 "상호합법성이 인정되는 권리의 보편성,
즉 초국가적 인권은 언제나 '다투어질 수 있는 보편성'(contested universals)일 수
밖에 없다"고 말한다.[44] 여기서 보편성이 다투어질 수 있다는 것 자체가 보편성
개념이 가변적이면서 잠정적임을 시사한다.

2. 가변적 · 절차주의적 보편성 논증

　　이렇게 이상돈 교수는 문화의 측면, 절차주의적 측면, 상호합법성의 측면
에서 인권의 보편성을 새롭게 정초한다. 필자는 이러한 시도가 기본적으로 타
당하다고 생각한다. 따라서 필자 역시 기본적으로 이와 같은 맥락에서 인권의
보편성을 파악하고자 한다. 필자도 하버마스의 이론적 틀에서 인권의 보편성을
가변적이고 절차주의적인 개념으로 이해한다. 이에 따르면 한편으로 인권은 보

---

[41] 이상돈, 위의 책, 94쪽.
[42] 이상돈, 앞의 책, 94쪽.
[43] 이 개념에 관해서는 Boaventura De Sousa Santos, *Toward a New Legal Common Sense: Law, Globalization, And Emancipation*, 2nd ed. (Butterworths, 2002) 참고.
[44] 이상돈, 앞의 책, 141쪽.

편적 권리이지만 다른 한편으로 인권은 이 인권과 관련을 맺는 모든 이가 자유롭고 평등하게 참여한 가운데서 진행되는 인권에 관한 합리적 대화를 통해 각 시대에 적합하게 가변적으로 재구성되는 절차주의적 권리이다. 이를 아래에서 논증하겠다.

(1) 출발점으로서 정언명령

오늘날에도 인권의 보편성은 여전히 근거 지을 수 있다. 그러나 인권의 보편성을 근거 짓는 방식은 과거의 방식과는 차이가 있다. 예전의 방식과는 다른 '인식론적 지평' 위에서 인권의 보편성을 논증할 필요가 있다.

다만 한 가지 지적할 점은 인권의 보편성을 새롭게 근거 짓는다고 해서 과거의 논증방식과 완전히 절연해야 하는 것은 아니라는 점이다. 새로운 논증방식과 예전의 논증방식, 그중에서도 정언명령을 통한 논증방식 사이에는 일정한 내적 연관관계가 존재한다. 달리 말해 새로운 논증방식은 칸트에서 연원하는 정언명령을 통한 논증방식을 출발점으로 삼는다. 그 이유를 다음과 같이 말할 수 있다. 먼저 인권의 보편성을 새롭게 논증하고자 하는 시도는 칸트의 정언명령이 담고 있는 '보편화가능성'을 수용한다. 새로운 논증방식은 정언명령이 추구하는 보편화 가능성, 즉 "객관적 법칙"에 "주관적 준칙"을 합치시켜 보편화를 실현하려는 관점을 수용한다. 다음으로 새로운 논증방식은 정언명령에서 읽을 수 있는 '상호주관적 측면'을 받아들인다. 종전의 자연법사상이 기반을 두었던 '주체/객체 인식모델'에서 탈피하여 '상호주관적 인식모델'을 근거로 하여 인권의 보편성을 논증한다. 마지막으로 새로운 논증방식은 정언명령이 취하는 '형식성'을 원용하여 인권의 보편성을 근거 짓고자 한다. 새로운 논증방식은 정언명령에서 볼 수 있는 형식성을 단점으로 이해하지 않는다. 오히려 이러한 형식성이야말로 새로운 근거설정을 가능하게 하는 장점으로 파악한다. 쉽게 말해 새로운 논증방식은 인권의 보편성을 논증하는 데 필요한 일정한 형식적 조건만을 제공하고자 한다. 따라서 인권의 내용은 각 시대나 공동체가 처한 상황에 따라 각기 다양하게 채울 수 있다.

(2) 하버마스의 대화원칙과 보편화원칙

위에서 칸트의 정언명령이 가진 '보편화 가능성', '형식성', '상호주관성'을 출발점으로 삼아 인권의 보편성을 새롭게 근거 지을 수 있다고 하였다. 그렇다면 과연 어떤 철학이론이 이 세 가지 요건을 가장 잘 충족할 수 있을까? 필자는 현대 철학이론 가운데 독일의 사회철학자 하버마스(Jürgen Habermas)가 제시한 '대화원칙'(Diskursprinzip)과 '보편화원칙'(Universalisierungsgrundsatz)이 위 세 요건을 잘 충족하고 있다고 생각한다. 그 이유를 다음과 같이 말할 수 있다.

1) 대화원칙

우선 하버마스가 제시한 '대화원칙'은 다음과 같이 말한다.[45]

"행위규범은 그것이 합리적 대화에 참여하는 모든 가능한 관련자들로부터 동의를 받을 수 있는 한에서만 타당하다."

위 언명에서 잘 알 수 있듯이 대화원칙은 도덕적인 행위규범을 어떻게 정당화할 수 있는가의 문제와 관련을 맺는다. 여기서 하버마스는 도덕적인 행위규범을 정당화할 때 합리적 대화를 통해 얻게 되는 동의가 가장 핵심적인 표지라고 말한다. 이때 합리적 대화란 모든 가능한 참여자가 자유롭고 평등하게 일체의 외적 장애 없이 논증적 대화 과정에 참여하여 자신의 주장을 펼치고 이에 관해 논증하거나 근거를 제시하는 과정을 지칭한다. 합리적 대화에서는 '자유롭고 평등한 참여'가 가장 전면에 등장한다.

이러한 대화원칙은 '형식성'과 '상호주관성'을 잘 충족한다. 첫째, 대화원칙은 어떤 실질적인 기준을 제시하지는 않는다. 대신 '합리적 대화'와 '동의'라는 절차적이면서 형식적인 기준을 핵심 요소로 내놓는다. 둘째, 대화원칙은 합리적 대화에 참여하는 '모든 가능한 관련자'로부터 동의를 얻을 것을 요청한다. 이는 대화원칙이 주체를 중심으로 하여 작동하는 것이 아니라 관련자들 사이에서, 다시 말해 상호주관적으로 작동하는 원칙임을 보여준다.

---

45 J. Habermas, *Faktizität und Geltung*, 2. Aufl. (Frankfurt/M., 1994), 138쪽.

2) 보편화원칙

나아가 하버마스는 '보편화원칙'을 다음과 같이 말한다.[46]

"모든 타당한 규범은 이 규범을 준수함으로써 모든 개인의 이해관계 충족에 미칠 수 있는 결과와 부작용들이 모든 관련자에 의해 비강제적으로 수용될 수 있는 조건을 충족해야 한다."

이와 같은 보편화원칙은 어떻게 하면 한편으로는 '형식성'과 '상호주관성'을 추구하면서도 다른 한편으로는 보편성을 추구할 수 있는지에 좋은 해답을 제공한다. 역시 이 경우에도 핵심적인 표지는 "모든 관련자에 의해 비강제적으로", 다시 말해 '자발적으로' "수용될 수 있는 것"이 된다. 특정한 규범이 '모든 관련자가 자발적으로 받아들일 수 있는 것'이라면 그 내용이 어떻든 간에 보편적인 것이 될 수 있다는 것이다. 이 점에서 보편화원칙은 정언명령이 의도하는 '보편화 가능성'을 상호주관성 모델로 구체화한다.

(3) 대화원칙과 보편화원칙을 통한 인권의 보편성 논증

그렇다면 대화원칙과 보편화원칙은 어떻게 여러 철학적 문제에 봉착한 인권의 보편성 문제를 해결할 수 있을까? 우선 대화원칙에 따르면 인권은 다음과 같은 절차를 통해 '정당성'을 획득할 수 있다.

– 인권규범의 정당성 조건

"인권규범은 그것이 합리적 대화에 참여할 수 있는 모든 관련자로부터 동의를 받음으로써 정당성을 획득할 수 있다."

나아가 이렇게 정당성을 획득한 인권규범은 다음과 같은 보편화 과정을 통해 보편성을 획득할 수 있다.[47]

---

46 J. Habermas, *Erläuterungen zur Diskursethik*, 10쪽.
47 그런데 하버마스 자신은 이러한 과정을 별도로 거치지 않고도 인권 그 자체는 법적 대화를 가능

– 인권규범의 보편성 조건

"인권규범은 이 규범을 준수함으로써 모든 개인의 이해관계 충족에 미칠 수 있는 결과와 부작용들이 모든 관련자에 의해 비강제적으로 수용될 수 있는 조건을 충족함으로써 보편화된다."

이렇게 대화원칙과 보편화원칙을 통해 정당성과 보편성을 획득하는 인권규범은 인권의 보편성을 논증하고자 했던 종전의 논증방식이 마주하는 문제를 쉽사리 해결할 수 있다. 첫째, 이러한 방식은 전통적인 자연법사상을 원용하지 않는다. 자연법 대신 '합리적 대화'와 '동의'를 원용한다. 둘째, 이러한 방식은 형식적인 절차적 조건만을 제시할 뿐 구체적인 내용에 관해서는 침묵함으로써 현대의 다원주의와 양립할 수 있다. 왜냐하면 여기서 강조하는 절차적 조건만을 충족하는 한 각 사회 공동체나 문화 공동체는 자율적으로 그 내용을 다원적으로 채울 수 있기 때문이다. 달리 말해 인권규범의 구체적인 모습을 다원적으로 구체화할 수 있게 된다. 셋째, 이러한 방식은 상호주관성 모델에 바탕을 둠으로써 소유권에 기한 논증방식이 지닌 문제점, 즉 자유주의의 한계를 넘어설 수 있다. 그 이유는 상호주관성 모델이 추구하는 정치적 방향은 자유주의와 공동체주의를 모두 포용하는 것이기 때문이다.[48] 이는 곧 인권이 자유주의의 틀 안에만 머무는 것이 아니라 정치적 참여권이나 사회경제적 권리 역시, 그것이 합리적 대화를 통해 각 관련자로부터 동의와 승인을 받는 한에서, 인권의 개념 안에 포섭될 수 있음을 시사한다. 이처럼 하버마스가 제시한 대화원칙과 보편화원칙을 원용함으로써 현대 다원주의 사회에서도 여전히 인권이 보편적일 수 있음을 논증할 수 있다.

(4) 비판과 반론

물론 이렇게 인권의 보편성을 가변적인 것으로 파악하면 다음과 같은 반론을 제기할 수 있다. 인권의 보편성을 가변적인 것으로 이해하면 이를 통해 인권

케 하는 핵심 조건이라는 이유에서 인권의 보편성과 처분불가능성을 인정한다. J. Habermas, *Faktizität und Geltung*, 155쪽.

[48] 이상돈·홍성수, "하버마스의 인권이론", 78쪽 아래.

은 보편성이 가지는 규범적 힘을 잃을 것이라는 반론이 그것이다. 그러나 이 반론은 다음과 같이 반박할 수 있다. 이미 법철학 영역에서 '변화하는 자연법', '시대에 적합한 자연법' 또는 '실존적 자연법'이라는 구상이 이론적으로 제시된 것처럼 '가변적인 보편성' 구상 역시 이론적으로 가능하다는 것이다.[49] 왜냐하면 '변화하는 자연법'이라는 구상 역시 그 자체 모순적인 개념이기 때문이다. 인권과 마찬가지로 자연법 역시 보편적인 법으로서 시간과 공간에 상관없이 동일한 내용을 가져야 한다. 그런 자연법이 변화한다는 것은 자연법의 보편성 자체를 부정하는 것일 수 있다. 그런데도 '변화하는 자연법 구상'은 다수의 법철학자에 의해 지지를 받는다.[50] 이렇게 볼 때 인권의 보편성을 가변적이면서 절차적인 것으로 재구성하는 것이 전혀 불가능하다고 말할 수는 없다.

VI. 맺음말

지금까지 우리는 많은 경우 인권은 그 자체로 침해될 수 없는 따라서 보편적인 그 무엇으로 생각해 왔다. 밤하늘에 빛나는 별빛처럼 인권의 보편성은 자명한 것으로 보였다. 그러나 문명과 가치의 상대성이 더욱 부각되는 현대 다원주의 사회에서 인권의 보편성을 무작정 긍정하는 것은 철학적으로 논증하기 쉽지 않다. 만약 철학적인 문제들을 해결하지 않은 채 인권의 보편성을 고집하려 한다면 그것은 설득력 있는 주장이라기보다는 일종의 독단과 교만에 빠진 교조주의가 될 가능성이 없지 않다. 이러한 위험에 빠지지 않으려면 인권의 보편성을 비판하는 쪽의 목소리에 귀를 기울이며 섬세하게 인권의 보편성을 새롭게

---

49 예를 들어 베르너 마이호퍼, 윤재왕 (옮김), 『실존법으로서의 자연법』(세창출판사, 2011) 참고.
50 자연법을 실존법으로 파악한 마이호퍼는 이를 다음과 같이 시사한다. "이렇게 볼 때, 자연법이라는 명칭은 모든 시대에 걸쳐 언제나 다음과 같은 단 하나의 과제를 늘 새롭게 제기한 것이었다. 그것은 바로 미래의 인간규정과 그에 상응하는 인간세계의 질서를 위한 기획들에게 법이라는 수단을 동원하여 길을 열어 놓아야 한다는 과제이다. 따라서 오늘날 우리에게 자연법은 인간이 자신의 미래와 인간을 진정 인간으로 만들려는 노력을 포기하지 않는 한, 결코 포기할 수 없는 이러한 과제를 뜻하는 개념이다. 그리고 인간을 진정 인간으로 만드는 것은 다름 아닌 실존이다. 인간의 실존은 이미 주어져 있는 그 무엇으로 확정되어 있는 것이 아니라, 인간에게 이를 완수하라는 과제로 부여되어 있는 것으로서 역사과정 속에서 비로소 밝혀지는 것이다." 베르너 마이호퍼, 위의 책, 70-71쪽(강조는 원문).

근거 지으려는 노력을 해야만 한다. 제5장은 이러한 문제의식에서 인권의 보편성을 새로운 철학이론에 바탕을 두어 논증하고자 했다. 그러나 이 기획은 일종의 프로그램으로서 해결하고 구체화해야 할 많은 문제를 던진다. 이 문제를 해결하는 것은 앞으로 필자가 수행해야 하는 과제로 남겨두기로 한다.

Part 06

다문화시대의 인권법정책

Ⅰ. 서론

바야흐로 '다문화시대'다. 지난 2010년을 전후로 하여 '다문화시대'는 우리 사회를 규정하는 특징으로 자리 잡았다. 이로 인해 다수의 사회과학자뿐만 아니라 시민운동가들, 정부 등이 다문화시대에 관한 담론에 참여한다. 국가 역시 다문화시대에 대비하는 각종 법령 등을 마련하여 이에 대응한다. 그러나 다문화시대를 규정하는 다문화 또는 다문화주의가 정확하게 무엇을 지칭하는지에는 여전히 합의에 이르지 못하고 있다. 다문화 개념 그 자체에 관해서도 여전히 논란이 진행된다.[1] 다문화시대에 대응하는 다문화정책을 어떻게 추진해야 하는지에도 아직 체계적인 정책 방안이 완성되지 않은 것으로 보인다.[2] 이러한 상황에서 제6장은 다문화시대의 바탕이 되는 다문화주의란 무엇인지, 다문화시대에 필요한 인권법정책이란 무엇인지 살펴보고자 한다. 이의 연장선상에서 다문화 인권조례정책을 어떻게 추진하는 게 바람직한지 개관하고자 한다.

---

1 이에 관해서는 이철우, "다문화주의, 민족주의, 소속의 법제화", 『지식의 지평』 제8호(2010), 73쪽 아래.

2 이를 지적하는 설동훈, "한국의 다문화 사회 정책의 문제점과 대안", 『지식의 지평』 제8호(2010), 62쪽 아래.

Ⅱ. 다문화주의

1. 이론적 기초로서 다원주의

'다문화주의'(multiculturalism)는 이론적으로 '다원주의'(pluralism)에 기반을 둔다. 여기서 다원주의는 각기 다른 견해, 가치, 도덕적·윤리적 주장, 문화 등이 동등한 지위를 누리면서 양립할 수 있다고 주장하는 이념으로 정의할 수 있다.[3] 다원주의에 따르면 심지어 서로 대립하고 모순되는 주장이나 가치도 양립할 수 있다. 이러한 다원주의는 오늘날 현대사회를 이론적으로 지탱하는 중요한 근거가 된다.

오늘날의 사회에서 다원주의가 지배적인 이념으로 등장하는 이유는 무엇 때문일까? 이에는 여러 가지 설명방식이 가능하겠지만, 여기서 필자는 사회가 지속적으로 전문화되고 복잡해지면서 전체 사회를 지탱하는 핵심적인 판단기준이 다원화된다는 점, 이에 따라 사회 자체도 다양한 영역으로 분화된다는 점을 지적하고 싶다. 그 대표적인 경우로 합리성 개념의 분화를 거론할 수 있다.[4] 한때 인류는 보편적이고 단일한 거대이성과 합리성을 추구하였다. '기독교적 합리성'에 따라 세계를 해석하고 체계화하였던 중세시대의 시도를 예로 들 수 있다. 그러나 가령 칸트에 의해 이성이 '순수이성'(reine Vernunft), '실천이성'(praktische Vernunft) 및 '판단력'(Urteilskraft)으로 구별되면서 단일한 합리성에 대한 믿음은 도전을 받게 되었다. 이는 무엇보다도 막스 베버(Max Weber)와 하버마스, 루만(Niklas Luhmann)을 거치면서 명확해졌다.[5]

이렇게 합리성 개념이 분화되고 다원주의가 오늘날 사회를 지탱하는 지배적인 이념으로 작동하면서 인간의 규범적 행위를 평가하는 가치 기준도 상대화된다. 이에 따라 '가치상대주의'가 다원주의와 더불어 규범적인 세계를 지배하게 되었다. 가치상대주의는 보편적이고 통일적인 가치는 존재하지 않고, 오직

---

3 다원주의에 관한 간략한 설명은 서보건, "다문화가족통합을 위한 법제 연구: 한일비교", 『공법학연구』 제11권 제1호(2010), 82쪽 참고.

4 이에 관해서는 양천수, "합리성 개념의 분화와 충돌: 독일의 논의를 중심으로 하여", 『법과 사회』 제31호(2006), 211-234쪽.

5 이를 잘 보여주는 N. Luhmann, *Recht und Automation in der öffentlichen Verwaltung* (Berlin, 1966), 134쪽 아래 참고.

상대적이면서 서로에게 동등한 지위를 주장할 수 있는 가치만이 존재한다고 말한다. 이러한 가치상대주의에 따르면 각 개인이나 공동체는 다원적으로 병존하는 가치 기준 가운데 각기 자신들에게 적합한 가치 기준을 선택할 수 있다. 왜냐하면 다원적으로 병존하는 가치 기준들 사이에 어떤 우열관계가 존재하는 것은 아니기 때문이다. 그러므로 이러한 가치상대주의를 극단적으로 밀고 나가면 가령 자유주의와 반자유주의도 서로의 영역을 침해하지 않는 한 동시에 양립할 수 있다.[6] 이러한 점에서 볼 때 가치상대주의는 보편적인 가치 기준을 거부하는 서구의 공동체주의와 연결되기도 한다. 그러나 주의해야 할 점은 가치상대주의에 따르면 한 공동체 안에서도 각기 다양한 가치 기준이 병존할 수 있다는 것이다. 그렇게 보면 가치상대주의는 보편적인 가치 기준을 거부한다는 점에서 공동체주의와 연결되기도 하지만, 공동체가 획일적으로 설정한 가치 기준 역시 거부한다는 점에서 개인의 자유를 강조하는 자유주의와 같은 선상에 선다고도 말할 수 있다.

2. 문화다원주의로서 다문화주의

(1) 의의

현대사회를 이념적으로 지탱하는 다원주의는 우리 사회의 각 영역에서 다양한 형태로 구체화되어 등장한다. 가령 위에서 언급한 것처럼 합리성과 결합하여 다원적 합리성으로 등장하기도 하고, 가치 기준과 결합하여 가치다원주의로 나타나기도 한다. 또한 현대사회에서 일종의 면역체계로서 중요한 기능을 수행하는 법체계 안에서는 법과 결합하여 법다원주의로 출현하기도 한다.[7] 특히 법다원주의는 오늘날 전개되는 '초국가주의'와 결부되어 '초국가적 법다원주의'(transnationaler Rechtspluralismus)로 등장하기도 한다.[8]

---

6 예를 들어 다원주의에 근거를 둔 언론의 자유를 최대한 보장하는 미국에서는 자유주의뿐만 아니라 이와 상치되는 파시즘 역시 언론의 자유를 통해 보장된다. 이에 관해서는 양창수, "언론자유의 보장근거에 대한 미국에서의 논의 소묘", 『민법연구』 제7권(박영사, 2003), 39쪽 아래 참고.
7 법체계를 현대사회의 면역체계로 파악하는 견해로는 정성훈, "법의 침식과 현대성의 위기: 루만(N. Luhmann)의 체계이론을 통한 진단", 『법철학연구』 제12권 제2호(2009), 335쪽 아래.
8 초국가적 법다원주의에 관해서는 양천수, "초국가적 법다원주의: 개념적 차원과 규범적 차원을

다문화주의 역시 이와 마찬가지이다. 다문화주의는 문화와 다원주의가 결합하여 등장한 것이다. 이 점에서 다문화주의는 '문화적 다원주의'를 뜻한다. 더불어 다문화주의와 함께 언급되는 '다문화사회'(multi-cultural society)는 "문화적 다원주의로 특징지어지는 사회"로 정의하기도 한다.[9]

(2) 한국 사회와 다문화주의

다문화주의는 그 개념에서 추측할 수 있듯이 문화단일주의에 대비되는 개념이다. 여기서 문화단일주의는 다원적이고 서로 이질적인 문화가 병존하는 것보다는 단일하고 통합을 지향하는 문화를 추구하는 이념을 말한다. 이와 같은 문화단일주의는 보통 19세기 서구에서 근대 국민국가를 이루는 데 중추적인 역할을 수행한 '민족주의'가 추구한 문화적 지향점이기도 하였다. 우리나라 역시 민족주의에 기반을 두어 세계에서 몇 안 되는 '단일민족국가'라는 점을 자랑스럽게 내세우기도 하였다.[10] 그러나 여러 연구가 보여주는 것처럼 민족주의의 근간을 구성하는 '민족'(nation) 개념은 우리의 경험 이전에 존재하는 개념이 아니라 우리의 사회적 필요에 의해 만들어진 일종의 '구성 개념'이다.[11] 역사적으로 보면 민족이 먼저 존재해서 민족주의가 등장한 것이 아니라 민족주의가 필요해서 민족 개념이 만들어진 것이다. 이렇게 보면 민족주의나 문화단일주의는 보편적이고 영원한 것이 아니라 사회가 필요로 해서 구성된 개념이고, 따라서 사회구조가 바뀌면 민족주의나 문화단일주의 모두 필요하지 않을 수 있다. 이는 결국 문화단일주의가 문화다원주의보다 더욱 우월한 가치를 가진 것은 아님을 시사한다. 그렇다면 남는 문제는 지금 우리 한국 사회에서는 무엇이 더욱 적합한가 하는 점이다. 다만 다문화주의가 우리 시대의 유행 개념이 되고 있음이 보여주는 것처럼 오늘날의 한국 사회가 계속해서 문화단일주의에 집착하는 것은 더 이상 시대적합적인 것이라고 말하기는 쉽지 않아 보인다.

중심으로 하여", 『법철학연구』 제11권 제2호(2008), 391-426쪽 참고.

9 설동훈, 앞의 논문, 48쪽.

10 그러나 오늘날 국제연합(UN)은 우리나라가 단일민족국가를 내세우는 것을 지양할 것을 권고한다.

11 이에 관해서는 박상섭, "'다문화'의 시대적 추세와 새로운 '민족' 개념의 가능성과 당위성", 『지식의 지평』 제8호(2010), 37-38쪽.

(3) 다문화주의에 대한 상이한 이해

그러나 오늘날의 한국 사회가 구조적으로 직면하는 다문화주의가 정확하게 무엇을 뜻하는지에 관해 견해가 일치하는 것만은 아니다. 예를 들어 법사회학자인 이철우 교수의 분석에 따르면 다문화주의에 관한 이해 방식은 크게 두 가지로 나눌 수 있다.[12] '민족주의적 다문화주의'와 '비판적 다문화주의'가 그것이다.

먼저 민족주의적 다문화주의는 문화적 다원주의를 표방하면서도 그 배후에는 민족주의적 또는 순혈주의적 기반을 가진 이해 방식을 뜻한다.[13] 우리의 「다문화가족지원법」이 대표적으로 민족주의적 다문화주의를 선언하는 경우로 말할 수 있다. 왜냐하면 「다문화가족지원법」은 표면적으로는 '다문화'라는 개념을 쓰고는 있지만 실상은 '한국인'이라는 민족적 동일체를 그 기반으로 삼기 때문이다.[14] 이에 대해 비판적 다문화주의는 민족주의적 다문화주의가 그 배후에 두는 '민족적 순혈주의'를 거부하면서 완전한 문화적 다원주의를 추구하는 이해 방식을 말한다. 이러한 맥락에서 비판적 다문화주의는 문화적 통합을 거부한다. 그렇다면 여기서 우리는 어떤 방향의 다문화주의를 추구해야 할까?

3. 바람직한 다문화주의 이해를 위한 접근방식

(1) 테제

다문화주의가 이념적 바탕으로 삼는 문화적 다원주의를 최대한 실현하기 위해서는 기본적으로 민족적 다문화주의가 아닌 비판적 다문화주의를 추구해야 한다고 생각한다. 비판적 다문화주의가 지향하는 '문화적 통합이 아닌 문화적 경쟁'을 다문화정책의 목표 및 방향으로 삼아야 한다. 이와 같은 구상에 따르면 서로 다르면서도 동시에 동등한 가치를 지닐 수 있는 문화들이 최대한

---

12 이철우, 앞의 논문, 73쪽 아래 참고. 이외에도 다문화주의는 '협동적 다문화주의'와 '차별적 다문화주의' 등 다양한 유형으로 구별된다. 이에 관해서는 서보건, 앞의 논문, 83-84쪽 참고.

13 이에 기반이 되는 연구로는 W. Kymlicka, *Multicultural Citizenship: A Liberal Theory of Minority Rights* (Clarendon Press, 1995) 참고.

14 이는 「다문화가족지원법」 제2조가 규정하는 '다문화가족'에 관한 정의에서 극명하게 확인할 수 있다. 한편 이러한 다문화가족 관련 법제에 관한 분석으로는 서보건, 앞의 논문, 77-105쪽 참고.

병존할 수 있게끔 보장해야 한다. 여기서 언뜻 보면 이러한 비판적 다문화주의는 각기 다양한 문화적 환경에서 성장한 인격체의 다양한 욕구를 충족할 수 있는 다문화주의 이해 방식으로서 우리가 당연히 지향해야 하는 바람직한 것으로 보인다.

그러나 비판적 다문화주의 역시 문제를 가진다. 물론 비판적 다문화주의가 지향하는 바대로 각기 상이한 문화가 서로 조화를 이루면서 공존할 수 있다면 큰 문제는 없을 것이다. 그렇지만 서로 다른 문화가 병존하면 현실적으로는 각기 이질적인 문화들이 서로 충돌할 가능성이 높다. 미국의 정치학자 헌팅턴(Samuel P. Huntington)이 강조한 것처럼 문화적 충돌 현상이 발생할 여지가 높다.[15] 이러한 이유에서 비판적 다문화주의는 언뜻 보면 다문화시대를 위해 바람직해 보이기도 하지만 이는 '문화적 경쟁'이 유발하는 '문화적 충돌'을 해결하거나 예방하는 데 한계를 가질 수밖에 없다. 그러므로 가능한 한 문화적 다원주의를 최대한 실현하면서도 문화적 충돌을 예방하거나 해결하기 위해 최소한의 통합기준은 마련해야 할 필요가 있다. 이러한 한에서 민족주의적 다문화주의를 부분적으로 수용해야 할 필요가 있다. 다만 이때 말하는 민족주의는 폐쇄적 민족주의가 아닌 '개방적 민족주의'가 되어야 한다.[16]

(2) 문화적 충돌에 대비한 최소한의 기준

문화적 충돌에 대비하기 위해 비판적 다문화주의가 수용해야 하는 최소한의 기준은 무엇일까? 이에 크게 두 가지를 제시하고자 한다. 첫째는 '상호문화성'이고 둘째는 '언어'이다.

1) 상호문화성

우선 우리는 상호문화성을 통해 문화적 충돌을 어느 정도는 예방할 수 있다고 생각한다. 여기서 상호문화성이란 각기 상이한 문화 사이에 어떤 서열이 있는 것이 아니라 이들이 기본적으로 동등하고, 따라서 이들 문화는 서로를 상호적으로 존중하고 인정할 필요가 있다는 것을 말한다. 바꿔 말해 상호문화성

---

15 새뮤얼 헌팅턴, 이희재 (역), 『문명의 충돌』(김영사, 1997) 참고.
16 '개방적 민족주의'에 관해서는 박상섭, 앞의 논문, 42-46쪽; 양천수, "국가보훈이념 내실화를 위한 새로운 이념적 기초", 『보훈학술논문집』 제7집(2005), 117-149쪽 등 참고.

은 각기 이질적인 문화들이 서로 상대 문화를 인정하면서 동시에 상대 문화에 대한 관점을 상호적으로 교환할 것을 요청한다. 이러한 상호문화성은 오늘날과 같은 문화다원주의 시대에 각기 이질적인 문화들이 서로 충돌하지 않도록 예방 하는 데 또는 충돌이 발생하였을 때 이를 조정하는 데 어느 정도 역할을 수행 할 수 있다. 그 때문에 상호문화성은 이미 세계화에 관심을 기울인 다수의 법학 자에 의해 유용한 구상으로 활용되기도 하였다. 예를 들어 독일의 법철학자인 회페(Otfried Höffe)는 상호문화성과 형법을 결합하여 '상호문화적 형법'(inter-kulturelles Strafrecht) 구상을, 포르투갈 출신의 법사회학자인 산토스(Boaventura De Sousa Santos)는 상호문화성과 인권을 결합하여 '다문화적 인권 구상'(multi-cultural conception of human rights)을 제안하였다.[17] 산토스는 그 이전에도 상호 문화성과 유사한 '상호합법성'(interlegality)을 세계화와 다원주의가 지배하는 오 늘날 필요한 법적 개념으로 제안하기도 하였다.[18]

2) 핵심적인 통합기준으로서 언어

그러나 상호문화성만으로 문화적 충돌에 대비하는 데는 한계가 있다. 왜냐 하면 상호문화성은 각기 이질적인 문화들이 서로를 상호적으로 인정(inter-subjektive Anerkennung)할 것을 전제로 하기 때문이다. 만약 상호적 인정이 전제 가 되지 않으면 상호문화성은 제대로 작동할 수 없다. 그러므로 상호문화성을 보완할 수 있는 또 다른 기준이 필요하다. 말하자면 문화적 충돌을 해소할 수 있는 핵심적인 통합기준이 요청된다. 이에 필자는 '언어', 즉 '한국어'를 비판적 다문화주의에서도 요청해야 하는 최소한의 통합기준으로 제시할 수 있다고 생 각한다. 서로 다른 문화적 배경을 지니고 있지만 한국 사회에서 함께 살아가고 자 한다면, 이들은 최소한 '한국어'를 공유함으로써 서로가 서로를 이해하고 승

---

17 O. Höffe, *Gibt es ein interkulturelles Strafrecht?: Ein philosophischer Versuch* (Frankfurt/M., 1999); Boaventura De Sousa Santos, "Toward a Multicultural Conception of Human Rights", in: *Zeitschrift für Rechtssoziologie* 18 (1997), 1-15쪽.

18 상호합법성 개념에 관해서는 Boaventura De Sousa Santos, *Toward a New Legal Common Sense: Law, Globalization, And Emancipation*, 2nd ed. (Butterworths, 2002), 427쪽. 이를 요약해서 소개 하는 양천수, "상호합법성의 측면에서 접근한 북한 인권 문제: 북한 인권에 대한 법정책의 방향", 『공법학연구』제8권 제2호(2007), 211-234쪽 참고. 이러한 상호합법성을 인권 영역에 적용하는 경우로서 이상돈, 『인권법』(세창출판사, 2005), 128쪽 아래.

인할 수 있는 상호문화성을 실현할 수 있을 것이다.

　이와 같은 주장은 현대의 대표적 사회이론인 하버마스의 의사소통행위 이론이나 루만의 체계이론에서 볼 때도 어느 정도 설득력을 지닌다. 왜냐하면 하버마스의 의사소통행위 이론에서는 '의사소통적 합리성'(kommunikative Rationalität)이 전체 사회를 지탱하는 핵심적 기준으로 작동하는데, 의사소통적 합리성은 의사소통 관련자들이 서로에 대해 상호이해를 할 수 있을 것을 전제하기 때문이다. 이때 의사소통 관련자들이 상호이해를 할 수 있으려면 상호이해의 매체인 언어를 관련자들이 공유할 수 있어야 한다. 또한 현대 체계이론에서는 현대 사회가 다양한 사회적 체계와 환경으로 구별되고 이때 사회적 체계는 '소통'(Kommunikation)을 통해 존속한다고 말한다.[19] 그래서 사회적 체계는 달리 '소통체계'로 지칭되기도 한다. 이때 소통이 이루어지려면 소통을 가능하게 하는 소통매체가 필요하다. 이러한 소통매체 중에서 가장 대표적인 것이 바로 언어이다. 말하자면 우리 전체 사회는 언어를 매체로 하여 진행되는 소통을 통해 작동하고 지탱하는 셈이다. 이렇게 보면 한 사회가 갈등을 최소화하면서 유지되기 위해서는 최소한 언어만이라도 통일될 수 있어야 한다. 이렇게 언어를 통일함으로써 각기 이질적인 문화가 병존함으로 인해 발생하는 문화적 충돌을 최소화할 수 있을 것이다.

Ⅲ. 다문화시대의 인권법정책

　위에서 필자는 한편으로는 다문화주의에 관한 이해 방식으로서 비판적 다문화주의를 수용하면서도, 다른 한편으로는 비판적 다문화주의로 인해 발생할 수 있는 문화적 충돌을 예방하고 해결하기 위해 상호문화성의 기본 전제 위에

---

[19] 독일어 'Kommunikation' 또는 영어 'communication'은 하버마스와 루만의 이론에서 각기 다른 의미를 갖고 바로 그 때문에 각각 '의사소통'과 '소통 또는 커뮤니케이션'으로 번역된다. 하버마스는 'Kommunikation'을 통해 각자의 '의사'가 서로 이해될 수 있다고 보는 반면, 루만은 '의사'가 귀속되는 '심리적 체계'와 '소통'이 귀속되는 '사회적 체계'는 각기 독립된 자기생산적 체계이기에 한 인격의 '의사'가 '소통'을 통해 다른 인격에 그대로 전달될 수는 없다고 본다. 바로 이 때문에 루만의 체계이론에서 볼 때 '의사소통'이라는 개념은 성립할 수 없다.

서 최소한이나마 언어를 통일해야 할 필요가 있다고 지적하였다. 그렇다면 이
와 같은 비판적 다문화주의는 어떻게 정책적으로 구현할 수 있을까? 특히 지방
자치단체가 주도하는 인권조례정책은 비판적 다문화주의에 어떤 의미를 지닐
수 있을까?

1. 다문화정책의 기본원칙

다문화주의를 실현하기 위한 다문화정책의 기본원칙은 어떻게 설정해야
할까? 이에 필자는 크게 두 가지 원칙을 제안하고자 한다. 첫 번째는 '글로컬리
즘'이고 두 번째는 '절차주의화'이다.

(1) 글로컬리즘

'글로컬리즘'(Glocalism)은 '글로벌리즘'(Globalism)과 '로컬리즘'(Localism)을
합성한 말이다.[20] 이것이 보여주는 것처럼 글로컬리즘은 '세계화'와 '지역화'를
결합한 개념으로, 세계화와 지역화를 동시에 추구하고자 한다. 글로컬리즘은 지
난 2000년대를 전후로 하여 일종의 시대적 유행 개념으로 사용되었는데 지금도
여전히 그 생명력을 잃지 않은 편이다. 가령 최근에도 상당수의 대학들이 글로
컬리즘을 자신들의 비전이나 핵심전략 등으로 사용하였다.

필자가 볼 때 글로컬리즘은 크게 세 가지 의미를 담는다. 세계화와 지역화
그리고 자율화가 그것이다. 우선 글로컬리즘은 '글로벌리즘'이 시사하는 것처럼
세계화를 지향한다. 이렇게 세계화를 지향한다는 것은 '글로벌 스탠더드'를 지
향한다는 것으로 새길 수 있다. 이러한 세계화를 다문화정책에 적용하면 세계
적 기준에 적합한 다문화정책을 추구해야 한다는 것으로 이해할 수 있다. 나아
가 글로컬리즘은 '로컬리즘'이 시사하는 것처럼 지역화를 지향한다. 이는 세계
화를 통해 자칫 간과될 수 있는 각 지역만의 고유한 상황이나 조건 등을 고려
해야 한다는 것을 뜻한다. 이러한 지역화를 다문화정책에 투영하면 다문화정책
을 펼 때 무작정 글로벌 스탠더드만 지향할 것이 아니라 각 지역이 가진 고유

---

20 글로컬리즘에 관한 인문학적 분석으로는 이승렬, "글로컬리제이션, 세계화의 지역적 구현인가
세계화의 대안인가", 『인문연구』 제57호(2009), 33쪽 아래.

한 지역적·문화적 조건이나 상황을 고려해야 한다는 것으로 새길 수 있다. 마지막으로 글로컬리즘은 자율화를 지향한다. 이때 자율화는 글로컬리즘의 두 번째 의미인 지역화와 연결된다. 자율화는 다문화 문제를 해결할 때 일방적인 '하향식'(top down) 방식의 해법이 아닌 자율적인 '상향식'(bottom up) 방식의 해법을 추구할 것을 요청한다. 바로 이 점에서 자율화는 지역화와 연결된다. 왜냐하면 지역화야말로 각 지역에 기반을 둔 자율적이고 상향식의 정책운용을 통해서만 실현할 수 있는 원칙이자 목표이기 때문이다. 다른 한편 자율화는 아래에서 살펴볼 '절차주의화'하고도 연결된다.

(2) 절차주의화

1) 의의

'절차주의' 또는 '절차주의화'(Prozeduralisierung)는 '절차적 정의론' 또는 '절차적 합리성'과 관련을 맺는다. 이는 자유주의와 사회국가 사이에 존재하는 '딜레마' 또는 '패러독스'를 해소하기 위한 대안으로 등장하였다.[21] 절차주의는 법 영역에서는 '절차주의 법모델' 또는 '법의 절차주의화'로 구현되었다. 이는 크게 다음 세 가지 방향으로 전개되었다.[22]

'법의 절차주의화'에 따르면 먼저 법은 개인들에게 어떤 행위를 해야 하는지, 개인들 사이의 권리와 의무를 어떻게 배분해야 하는지 등과 같은 규범적 내용에 관해 어떤 '실체적 기준'을 제시하지 않는다. 나아가 법은 개인이나 단체가 질서를 형성하는 데 필요한 규율, 즉 합의가능한 내용의 권리와 의무의 분배를 정하는 규범을 자율적으로 정립하도록 한다. 마지막으로 법은 개인 또는 단체 사이에서 발생하는 분쟁을 예컨대 협상, 조정, 중재 등을 통해 스스로 해결하는 민주적 과정의 절차를 규율하는 기능만을 수행한다. 필자는 이와 같은 절차주의를 비판적 다문화주의를 실현하고 문화적 충돌을 예방하고 해결하는 과정에도 적용할 수 있다고 생각한다. 바로 이 점에서 절차주의화는 다문화정책의 기본원칙으로도 자리 잡을 수 있다.

---

21 절차주의에 관한 상세한 분석은 이상돈, 『로스쿨을 위한 법학입문』(법문사, 2009), 단락번호 [13] "절차주의적 법" 참고.
22 아래의 내용은 이상돈, 위의 책, 267−268쪽을 다시 정리한 것이다.

2) 독일 연방헌법재판소의 히잡 판결

그러면 과연 어떻게 절차주의화가 다문화정책의 기본원칙으로 작동할 수 있을까? 이에는 절차주의화의 한 가지 적용 예로 2003년 독일 연방헌법재판소가 내린 히잡(Kopftuch) 판결을 거론할 수 있다.[23] 이 판결의 사실관계는 다음과 같다. 독일 연방공화국의 한 주(Land)인 바덴-뷔르템베르크(Baden-Würtemberg)주의 슈투트가르트(Stuttgart) 학교 관청은 수업 시간에 히잡 착용을 주장하는 예비교사가 제기한 임용신청에 거부처분을 내렸다. 이에 해당 예비교사는 이러한 조치가 독일 기본법 제4조가 보장하는 종교의 자유 및 같은 법 제33조 제2항 및 제3항이 규정하는 종교 등을 이유로 하는 공직 취임 제한 금지를 침해하였다는 이유에서 독일 연방헌법재판소에 헌법소원을 제기하였다. 당시 바덴-뷔르템베르크주는 이러한 금지조치를 뒷받침할 만한 법적 근거를 마련하고 있지는 않았다.[24]

이 문제에 연방헌법재판소는 다음과 같은 근거로 수업 시간에 히잡 착용을 이유로 한 임용신청 거부처분이 헌법에 위반된다고 판시하면서, 원 거부처분 및 이를 인용한 연방행정법원의 판결을 파기하였다. 우선 헌법재판소는 국공립학교 교사가 수업 시간에 히잡을 착용하고 수업에 임하는 것 자체가 헌법에 위반되는지는 판단하지 않았다. 그 대신 이것은 입법자에게 부여된 입법형성의 자유에 포함되는 문제라고 보았다. 그러므로 독일 연방의 각 주는 각자 자율적으로 이를 허용할 것인지 아니면 금지할 것인지를 각 주의 법률로 결정해야 한다고 하였다. 개별 주들이 자율적·절차주의적으로 이 문제를 해결하도록 한 것이다. 그런데 당시 바덴-뷔르템베르크주는 금지 조치를 정당화할 법률을 갖지 않은 상황이어서 이러한 조치가 헌법에 위반된다고 본 것이다.

독일 연방헌법재판소 판결에서 우리는 크게 두 가지 시사점을 읽어낼 수

---

23 이에 관한 상세한 분석은 강태수, "독일 무슬림의 종교의 자유", 『세계헌법연구』 제15권 제2호 (2009), 19쪽 아래 참고. 이와 관련된 종교의 자유문제 및 종교와 국가의 관계에 관해서는 이부하, "종교의 법적 개념과 국가의 종교적 중립성: 독일의 법이론을 중심으로", 『헌법학연구』 제14권 제2호(2008), 197-223쪽 참고.

24 물론 그 이전의 유명한 '십자가 판결'에서 연방헌법재판소는 바이에른 주의 국공립학교가 교실 안에 설치한 '십자가'가 학생들이 지닌 종교의 자유를 침해한다고 판시한 바 있다. 이에 관해서는 강태수, 위의 논문, 16-18쪽 참고.

있다. 우선 히잡 사건처럼 이슬람 문화와 기독교 문화가 충돌하는 문화적 충돌 사건에서는 연방헌법재판소로 대변되는 연방국가가 일률적으로 이 문제를 해결하기보다는 주(Land)로 대표되는 각 지역이 자율적으로 문제를 해결하는 것이 바람직하다는 자율화의 시각이다. 나아가 히잡 사건처럼 어느 쪽이 정답인지를 일률적으로 판단하기 어려운 사안에서는 모든 관련자가 자유롭게 토론하고 논쟁하는 과정을 거쳐 문제에 관한 해법을 찾아가는 것이 바람직하다는 절차주의화의 시각이다. 이를 통해 우리는 어떻게 절차주의화가 다문화정책의 기본원칙으로 작동할 수 있는지 확인할 수 있다. 왜냐하면 다문화정책이야말로 어느 쪽이 정답인지 판단하기 어려운 문화적 충돌 문제와 씨름해야 하기 때문이다.

2. 다문화정책수단으로서 인권조례정책

오늘날 우리가 정책적으로 지향해야 하는 다문화시대에서 인권조례정책은 어떤 의미를 가질까? 이에 필자는 인권조례정책이야말로 비판적 다문화주의를 실현하는 가장 대표적인 다문화정책 수단이 될 수 있다고 생각한다. 그 이유를 세 가지로 제시할 수 있다. 첫째는 다문화정책 자체가 인권과 밀접한 관련을 맺는다는 점이다. 둘째는 인권조례정책이 글로컬리즘을 구현하는 대표적인 방식이 된다는 점이다. 셋째는 인권조례정책이 자율적·절차주의적 해결방안이 될 수 있다는 점이다.

우선 인권조례정책은 다문화정책 자체가 인권과 떼려야 뗄 수 없는 관계를 맺는다는 점에서 다문화정책을 실현하는 수단이 될 수 있다.[25] 비판적 다문화주의를 추구하는 다문화정책은 기본적으로 한국 국적을 취득하고자 하는 이주민이나 일정 기간 한국에 거주하고자 하는 외국인을 대상으로 한다. 그런데 이들 이주민이나 외국인이 보유하는 문화적 자원 또는 배후근거를 보장하기 위해서는 아무래도 인권의 관점에서 이에 접근하는 것이 바람직하다. 왜냐하면 이주민이나 외국인들의 문화적 자원이나 그 배후근거 등은 대부분 국제인권규약 가운데 사회권 규약이 정하는 '문화적 인권'의 스펙트럼에 포함시킬 수 있기 때문

---

25 이를 시사하는 조상균, "국내 인권 관련 조례의 현황과 평가", 『인권조례제정·인권친화적인 대구 만들기 토론회 자료집』(2009. 10. 22), 37쪽.

이다. 그러므로 각 지방자치단체에서 주도하는 인권조례정책은 각 지방에 적합한 '인권'을 목표로 한다는 점에서 비판적 다문화주의를 실현할 수 있는 적절한 다문화정책 수단이 된다고 생각한다.

나아가 인권조례정책은 다문화정책의 기본원칙인 글로컬리즘을 구현하는 정책수단이 될 수 있다는 점에서 다문화정책의 실현수단이 될 수 있다. 위에서 살펴본 것처럼 글로컬리즘은 크게 세 가지 의미맥락을 담는다. 세계화, 지역화, 자율화가 그것이다. 그런데 인권조례정책은 이 가운데 지역화와 자율화의 모습을 고스란히 가진다. 무엇보다도 인권'조례'정책이라는 명칭이 지칭하는 것처럼 인권조례정책은 글로컬리즘이 지향하는 지역화를 명확하게 보여준다. 왜냐하면 조례란 말 그대로 지방자치단체가 자율적으로 정립하는 법규범이기 때문이다. 바로 그 점에서 인권조례정책은 비판적 다문화정책을 실현하는 유용한 수단이 될 수 있다.

마지막으로 인권조례정책은 다문화정책의 또다른 기본원칙인 절차주의를 실현할 수 있는 정책수단이라는 점에서 다문화정책의 실현수단이 될 수 있다. 인권'조례'정책은 그 명칭이 시사하는 것처럼 국가와는 무관하게 각 지방자치단체가 자율적으로 제정하고 추진하는 것을 목표로 한다. 그런데 전국을 대상으로 하는 '법률'과는 달리, 각 지역을 대상으로 하는 '조례'를 제정하는 과정에서 상대적으로 절차주의화의 기획을 더 잘 실현할 수 있다. 왜냐하면 조례의 경우에는 지역을 효력 범위로 삼는다는 점에서 조례와 관련을 맺는 참여자들이 조례를 제정하는 과정에 자유롭고 평등하게 최대한 참여할 수 있는 가능성이 법률을 제정하는 과정보다 더욱 높기 때문이다.

3. 인권조례정책의 정책방향 시론

비판적 다문화주의를 실현하기 위한 인권조례는 어떤 모습을 갖추어야 하는가? 아래에서는 필자가 생각하는 다문화주의 인권조례의 기본원칙을 간략하게 다루겠다. 필자는 인권조례정책을 실현하기 위한 정책방향의 기본원칙으로 크게 네 가지를 제안한다. 세계화, 지역화, 전문화, 절차주의화가 그것이다.

(1) 세계화

우선 인권조례는 세계화에 발맞춰 세계적 수준의 인권규범 기준을 충족할 수 있어야 한다. 가령 현재 UN이 마련해 놓은 국제인권규범이 제시한 수준을 가능한 한 충족할 수 있어야 한다. 아울러 독일이나 일본 등이 제정한 각종 인권조례 등도 참고할 필요가 있다.

(2) 지역화

나아가 인권조례는 지역화를 충족할 수 있어야 한다. 예를 들어 대구경북 지역에서 제정하는 인권조례는 대구경북 지역이 고유하게 가진 지역적 특성을 반영할 수 있어야 한다. 그런데 이에 관해 한 가지 생각해야 할 점이 없지 않다. 대구경북 지역은 다른 지역에 비해 유교문화 전통을 색깔 짙게 지니고 있다. 유네스코 세계문화유산으로 선정된 안동 하회마을이나 경주 양동마을이 상징적으로 보여주는 것처럼 대구경북 지역은 아직도 다수의 유교문화 자원을 보유하고 있고 유교적 전통도 강하게 고수한다. 그런데 문제는 이러한 유교전통이 경우에 따라서는 서구에서 형성된 인권규범과 충돌할 수 있다는 것이다.[26] 따라서 얼핏 보기에 인권조례정책의 세계화와 지역화는 서로 양립할 수 없는 원칙으로 보이기도 한다.

그러나 사실 이와 같은 문제는 인권조례정책에서만 찾아볼 수 있는 것은 아니다. 필자는 세계화와 지역화를 동시에 추구하고자 하는 글로컬리즘이 태생적으로 이러한 모순을 내재적으로 가진다고 생각한다. 이른바 '글로벌 스탠더드'는 언제나 각 지역이 가진 고유한 특성과 충돌할 수 있는 것이다. 그렇지만 이 점을 알면서도 세계화와 지역화라는 서로 모순되는 두 가지 원칙적 방향이 지닌 장점을 동시에 살리고자 하는 것이 바로 글로컬리즘이 추구하는 방향이라 말할 수 있다. 이렇게 글로컬리즘 자체가 서로 모순되는 두 방향을 동시에 추구한다는 점에서 인권조례정책 역시 세계화와 지역화라는 서로 모순되는 두 원칙

---

[26] 바로 이 때문에 '아시아적 가치와 인권'이라는 독자적인 문제 영역이 등장한다. 이에 관해서는 이근관, "아시아적 가치와 인권: 인권의 보편성 명제에 대한 비판적 검토", 성공회대 인권평화연구소 (엮음), 『동아시아 인권의 새로운 탐색』(2002) 참고.

을 수용할 수 있다.

그렇다면 예를 들어 대구경북 지역이 보존하는 유교전통을 어떻게 세계적 수준의 인권규범과 조화롭게 할 수 있을까? 이에 가능한 대답을 '상호문화성'에서 발견할 수 있다고 생각한다. 세계적 수준의 인권규범이 요청하는 기준과 대구경북 지역의 유교전통이 요청하는 기준이 서로를 문화적으로 승인하면서 양립할 수 있도록 인권조례를 제정하는 것이다. 법사회학자 산토스가 제안한 '다문화주의적 인권 구상'이나 이상돈 교수가 상호합법성에 기반을 두어 제안한 인권 구상도 이러한 맥락에서 이해할 수 있을 것이다. 이에 가능한 예로 유교문화에서 강조하는 집단주의적 전통을 국제인권규범인 '경제·사회·문화적 권리'에서 강조하는 연대성으로 재해석하는 방안을 고려할 수 있을 것이다.

(3) 전문화

다음으로 인권조례정책의 전문화를 기본원칙으로 제안할 수 있다. 여기서 전문화로 여러 가지 의미맥락을 고려할 수 있겠지만, 필자는 다문화정책을 전문적으로 실현할 수 있는 독자적인 다문화 인권조례를 제정하는 것을 인권조례정책의 전문화로 이해하려 한다. 비판적 다문화정책은 다른 일반적 인권조례를 통해서도 달성할 수 있겠지만 필자는 비판적 다문화정책을 전문적이고 효과적으로 실현하기 위해서는 아무래도 독자적인 다문화 인권조례를 제정할 필요가 있다고 생각한다.

(4) 절차주의화

마지막으로 인권조례정책의 절차주의화를 제시할 수 있다. 이때 인권조례정책의 절차주의화는 인권조례정책의 자율화를 내용적으로 포함한다. 다문화 인권조례를 제정하는 작업은 지방자치단체 주도로, 요컨대 하향식으로 이루어지기보다는 각 지역주민들이 인권조례를 제정하는 데 자율적·주도적으로 참여할 수 있어야 한다. 이와 같은 자율화는 필연적으로 절차주의화와 연결된다. 인권조례정책의 절차주의화에 따르면 인권조례를 제정하는 작업은 모든 지역 이해관계자가 인권조례제정 작업에 자유롭고 평등하게 참여할 것을 전제로 한다. 또한 이러한 전제 위에서 진행되는 합리적 대화를 통해 인권조례가 제정될 것을 요청한다.

(5) 인권조례의 보충성과 재정 상황 고려

마지막으로 인권조례의 보충성과 재정 상황 고려를 언급할 수 있다. 첫째, 다문화 인권조례는 조례의 보충성을 고려하여 규율내용을 구체화해야 한다. 다문화 관련 법령이 존재하는 경우 다문화 인권조례는 이러한 다문화 관련 법령이 간과하는 내용을 규율하는 것이 바람직하다. 또한 다문화 인권조례가 지역 주민의 기본권을 제한하는 내용을 규율하는 경우에는 당연히 법령의 위임을 받아야 한다(지방자치법 제28조).[27]

둘째, 현실적으로 지방자치단체는 재정 상황을 고려하여 다문화 인권조례를 규율할 수밖에 없을 것이다. 이는 특히 다문화 인권조례에 경제·사회·문화적 인권에 관한 내용을 규율하고자 할 때 문제된다. 왜냐하면 이들 인권은 국가적 작용을 '제한'하기보다는 일정한 국가적 '급부'를 수행할 것을 내용으로 한다는 점에서 현실적으로 재정적 지원을 필요로 하기 때문이다. 그러므로 설사 다문화 인권조례가 특정한 급부를 내용으로 하는 다문화지원 관련 인권을 규율하고 있다 하더라도 해당 지방자치단체의 재정 상황을 고려할 때 이러한 규율을 현실화하는 것이 힘든 경우에는 이들 규율은 실효성을 갖기 어렵다. 따라서 현실적으로 실효성 있는 다문화 인권조례로 작동하기 위해서는 해당 지방자치단체의 재정 상황 역시 고려해야 할 필요가 있다.

Ⅳ. 맺음말

지금까지 다문화시대란 무엇인지, 이러한 다문화시대에서 우리는 어떤 다문화주의를 추구해야 하는지, 인권조례정책은 다문화시대에서 어떤 역할을 할 수 있는지 살펴보았다. 그러나 대부분의 사회적 쟁점이 그렇듯이 인권조례만으로 다문화주의를 완전하게 실현하는 데는 한계가 있다. 어떤 문제를 제도만으

---

27 이 문제에 관해서는 문상덕, "조례와 법률유보 재론: 지방자치법 제22조 단서를 중심으로", 『행정법연구』 제19호(2007), 1–16쪽 참고.

로 해결하려는 것은 한계에 부딪힐 수밖에 없기 때문이다. 따라서 다문화주의
를 완전하게 실현하기 위해서는 한국 문화의 주축인 우리가 다른 문화적 배경
을 가진 외국인들에 개방적인 태도를 지녀야 한다. 우리의 자발적인 노력만이
비판적 다문화주의를 실현할 수 있다. 그러나 현실적으로 우리와는 다른 이질
적인 존재들에 열린 마음을 보이는 것은 생각보다 쉽지 않다. 하지만 바로 그
때문에 독일의 법철학자 카우프만(Arthur Kaufmann)이 강조한 '관용의 원칙'이
오늘날 특히 빛을 발할 수밖에 없다.[28] 칸트가 강조한 것처럼 우리는 우리의 비
이성적 본능을 자율적으로 통제할 수 있는 이성적 존재이고, 바로 이성 덕택에
우리와는 문화적으로 다른 이질적인 존재들을 인정하고 이들에 관용을 베풀 수
있는 것이다. 그러므로 오늘날의 다문화시대에서 우리가 문화적으로 이질적인
존재들에 인정과 관용을 베푸는 것은 다문화주의를 실현하는 데 꼭 필요한 이
성적 정언명령이라 말할 수 있다.

---

[28] 아르투어 카우프만, 김영환 (옮김), 『법철학』(나남, 2007), 674쪽 아래.

Part 07

다문화적 인권의 가능성

I. 서론

지난 20세기 후반부터 이른바 '세계화'(Globalisierung)가 진행되면서 서로 모순되는 두 가지 현상이 우리 세계를 지배한다. '통일화'와 '다원화'가 그것이다. 전자는 무엇보다도 경제영역에서 그리고 후자는 문화영역에서 확인할 수 있다. 가령 세계화가 진척되면서 각국의 경제체계는 점점 단일한 경제체계로 통합된다. 진정한 의미의 '세계적 경제체계'(Weltwirtschaftssystem)가 형성되고 있는 것이다. 이를 예시적으로 보여주는 사건이 바로 2008년 전 세계를 경제위기로 몰아넣은 '서브프라임 금융위기'이다.[1] 서브프라임 금융위기는 애초에 미국의 부동산 및 금융시장에서 발생한 지역적 사건이었지만 이는 미국을 넘어 전 세계적인 경제위기로 확산되었다. 우리 경제도 예외가 아니었다. 이것이 가능했던 이유는 전 세계의 경제가 '글로벌 스탠더드'라는 기준 아래 단일하게 연결되었기 때문이다. 여기서 우리는 세계화가 빚어낸 통일화 경향을 발견할 수 있다. 그러나 이와 달리 문화영역에서는 세계화가 진척되면서 오히려 다원화가 심화된다. 미국의 정치학자 헌팅턴이 제시한 '문명의 충돌' 테제는 문화영역에서 어떻게 다원화가 진행되고 있으며 이 다원화가 어떤 결과를 초래하는지를 상징적으로 보여준다.[2] 다원화는 많은 경우 공존보다는 충돌을 야기하기 때문이다.

---

1 이에 관해서는 양천수, 『서브프라임 금융위기와 법』(한국학술정보, 2011) 참고.
2 새뮤얼 헌팅턴, 이희재 (역), 『문명의 충돌』(김영사, 1997) 참고.

　'다문화' 역시 문화영역에서 진척되는 다원화 경향을 적절하게 예증한다. 현재 우리 사회가 처한 현실을 보면 그동안 '단일민족국가', '단일문화사회'라는 점을 자랑스럽게 생각해 오던 우리에게도 다문화, 즉 문화다원주의가 더 이상 이론적 논의로만 그치는 것이 아니라 직접적인 현실이라는 점을 확인할 수 있다. 이러한 맥락에서 제7장은 다문화시대에 대응하기 위한 인권법정책을 살펴본다는 맥락에서 '다문화 인권'이 가능할 수 있는지를 다룬다. 제7장은 크게 두 가지 측면에 초점을 맞추고자 한다. 첫째는 과연 다문화적 인권이 의미하는 바가 무엇인가 하는 점이다. 특히 다문화적 인권이 가능한지를 법철학적 견지에서 논증하고자 한다.[3] 둘째는 만약 다문화적 인권이 가능하다면 여기에서는 무엇을 핵심적 인권으로 설정할 수 있는지 살펴보는 것이다.

Ⅱ. 다문화적 인권의 개념

1. 두 가지 의미

　먼저 논의의 출발점으로 다문화적 인권이 구체적으로 무엇을 뜻하는지 살펴보겠다. 그런데 그전에 짚고 넘어가야 할 점이 없지 않다. 다문화적 인권 개념에는 두 가지 의미가 담겨 있다는 점이다. 필자는 이를 편의상 '거시적 의미의 다문화적 인권'과 '미시적 의미의 다문화적 인권'으로 부르겠다.

2. 거시적 의미의 다문화적 인권

　거시적 의미의 다문화적 인권은 좀 더 추상적이면서 철학적인 성격을 띤다. 미시적 의미의 다문화적 인권과 비교해 보면 이는 '메타적 인권'이라는 의미를 가진다. 이러한 맥락에서 거시적 의미의 다문화적 인권을 일단 정의하면 이는 다문화에 토대를 둔 인권이라고 말할 수 있다. 다시 말해 문화다원주의에 상응하게 각각의 다양한 문화적 토대에 뿌리를 두고 각기 다원적으로 형성된 인권이라고 개념화할 수 있다. 그러나 인권법철학의 측면에서 볼 때 이와 같은 개념

---

3 필자와는 다른 방향에서 다문화시대의 인권을 논하는 연구로는 장은주, "다문화주의와 인권의 보편주의", 『인권의 철학』(새물결, 2010), 213쪽 아래 참고.

정의는 다소 곤혹스러운 점이 없지 않다. 왜냐하면 이 같은 거시적 의미의 다문화적 인권 개념은 종래 인권을 바라보던 이해 방식과 차이가 있기 때문이다. 인권법학자 대부분은 인권을 다음과 같이 정의한다. 인권은 인간이면 그 누구나 당연히 누려야 할 권리로서 이는 시간과 공간이라는 변수에 상관없이 동일한 내용과 효력을 가진 보편적 권리라는 것이다.[4] 이와 같은 전통적인 인권 개념에서 볼 때 거시적 의미의 다문화적 인권 개념은 상당히 이질적이다. 왜냐하면 거시적 의미의 다문화적 인권 개념은 인권의 내용 자체가 각각의 다원적인 문화에 의존한다는 의미맥락을 깔고 있기 때문이다. 예를 들어 다문화적 인권 개념에 따르면 서구 문화적 인권에 대비되는 동아시아 문화적 인권이나 이슬람 문화적 인권을 생각할 수 있다. 이는 인권의 보편성을 강조하는 진영에서 볼 때 상당히 곤혹스러운 것이다. 바로 이 점에서 거시적 의미의 다문화적 인권이 과연 가능한지에는 논란이 전개될 수 있다. 이는 아래 Ⅲ.에서 상세하게 다룬다.

3. 미시적 의미의 다문화적 인권

거시적 의미의 다문화적 인권 개념과는 달리 미시적 의미의 다문화적 인권 개념은 구체적이면서 실정적인 성격을 띤다. 일단 미시적 의미의 다문화적 인권은 다문화시대에 각자가 가진 다문화적 정체성을 확보하기 위해 요청되는 구체적인 인권이라고 정의할 수 있다. 이와 같은 개념 정의를 좀 더 분명히 하기 위해 거시적 의미의 다문화적 인권과 미시적 의미의 다문화적 인권을 예를 통해 비교해 보겠다.

위에서 말한 것처럼 거시적 의미의 다문화적 인권은 일정한 문화적 공동체가 각기 다원적인 문화적 정체성에 토대를 두어 자신에게 적합하게 형성해낸 인권이다. 예를 들어 기독교 문화권은 기독교 문화적 인권을, 유교 문화권은 유교 문화적 인권을 그리고 이슬람 문화권은 이슬람 문화적 인권을 형성할 수 있다. 이와 달리 미시적 의미의 다문화적 인권은 이렇게 각기 다른 문화들이 뒤섞여 공존하는 다문화적 상황에서 요청된다. 예를 들어 기독교 문화권과 유교 문

---

4 이에 관해서는 김도균, "인권의 개념과 원리", 인권법교재발간위원회 (편), 『인권법』(아카넷, 2006), 68쪽 아래 참고.

화권 그리고 이슬람 문화권이 다원적으로 공존하는 다문화적 사회에서 각각의 문화적 정체성을 보존하기 위해 필요한 인권이 바로 미시적 의미의 다문화적 인권인 것이다. 이 가운데 우리가 흔히 생각하는 다문화적 인권은 이러한 미시적 의미의 다문화적 인권 개념에 더 가깝다고 말할 수 있다. 그러나 미시적 의미의 다문화적 인권을 인정하기 위해서는 그 전제로서 거시적 의미의 다문화적 인권 개념을 인정해야 할 필요가 있다. 왜냐하면 거시적 의미의 다문화적 인권 개념을 인정할 수 있어야만 비로소 왜 문화적 정체성을 보장할 필요가 있는지에 대한 근거를 확보할 수 있기 때문이다.

Ⅲ. 거시적 의미의 다문화적 인권에 대한 정당화

1. 문제점

미시적 의미의 다문화적 인권이 가능해지려면 그전에 거시적 의미의 다문화적 인권 자체가 이론적으로 정당화될 수 있어야 한다. 그러면 이는 어떻게 가능할까? 그러나 법철학적으로 볼 때 이는 쉽지 않아 보인다. 그 이유는 전통적인 이해 방식에 따르면 인권은 내용과 효력 면에서 보편적인 성격을 지니기 때문이다. 이러한 이해 방식에 따르면 인권은 시간과 공간에 상관없이 그리고 각각의 문화적 정체성에 상관없이 동일한 의미와 효력을 가져야 한다. 사실이 그렇다면 각각의 문화적 정체성과 인권의 내용을 연결하는 다문화적 인권은 성립할 수 없다.[5] 그러므로 다문화적 인권을 법철학적으로 논증하기 위해서는 인권을 바라보는 종전의 이해 방식과는 다른 이론적 토대가 필요하다. 이 같은 이유에서 아래에서는 새로운 이론적 토대 위에서 다문화적 인권이 개념적으로 가능할 수 있음을 논증하겠다.[6]

---

5 이러한 맥락에서 보면 일정한 상황에서 구체화 과정을 거쳐야 하는 헌법상 기본권 역시 보편성을 가진 절대적 권리라고 말하기 쉽지 않다. 그 때문에 가령 독일의 공법학자 알렉시(Robert Alexy)는 헌법상 기본권을 '원칙규범'으로 보면서 이러한 원칙규범은 절대적인 것이 아니라 형량의 대상이 된다고 이해한다. 이에 관해서는 로베르트 알렉시, 이준일 (옮김), 『기본권이론』(한길사, 2007), 140쪽 아래 참고.

6 이와 관련하여 인권의 보편성을 새로운 이론적 지평 위에서 설계하는 경우로서 양천수, "인권의 보편성에 대한 철학적 논증 가능성", 『인권이론과 실천』 제1호(2007), 23-35쪽 및 이 책 제5장

2. 다문화적 인권의 개념 요소 분석

우선 다문화적 인권을 구성하는 개념 요소를 분석함으로써 다문화적 인권 개념을 정당화하는 데 필요한 이론적 실마리를 찾도록 한다.

(1) 문화

다문화적 인권은 문화에 기반을 둔다. 여기서 문화란 일반적으로 "사회 구성원에 의해 공유되는 지식·신념·행위의 총체"라고 정의된다. 이는 달리 '우리 삶을 구성하는 양식의 총체' 또는 '공동체의 정체성을 확정하는 데 기반이 되는 생활형식의 총체'로 정의할 수 있다. 독일의 신칸트주의 철학자 리케르트 (Heinrich Rickert)는 이러한 문화를 '가치 관련적인 것'으로 정의하기도 하였다. 리케르트에 따르면 문화란 "가치 있는 목적에 따라 행동하는 인간이 직접 생산한 것이거나 그것이 이미 존재하고 있는 경우에는 적어도 그것에 담겨 있는 가치 때문에 의식적으로 **가꾸어 보존한** 것이다."[7] 이러한 문화를 구성하는 것으로는 예술, 종교, 학문, 규범, 미디어 등을 거론할 수 있다.

문화는 우리 삶에서 본질적인 역할을 한다. 그래서 가령 독일의 사회철학자 하버마스는 전체 사회를 '체계'(System)와 '생활세계'(Lebenswelt)로 이원화하면서 문화를 언어, 인격과 더불어 생활세계를 구성하는 근본요소로 파악한다.[8] 또한 미국의 사회학자이자 구조기능주의 체계이론을 정립한 파슨스(Talcott Parsons)는 문화체계를 독자적인 사회적 체계로 파악하면서 다른 사회적 기능체계들이 통합되는 데 기반이 되는 공통가치, 즉 문화를 생산하는 기능을 수행한다고 본다.[9]

그런데 이러한 문화 개념은 이론사의 견지에서 볼 때 규범, 더 나아가 법

참고. 또한 R. Forst, "Das grundlegende Recht auf Rechtfertigung: Zu einer konstruktivistischen Konzeption von Menschenrechten", in: H. Brunkhort (u.a.), *Recht auf Menschenrechte* (Frankfurt/ M., 1999), 66쪽 아래 참고.

7 하인리히 리케르트, 이상엽 (옮김), 『문화과학과 자연과학』(책세상, 2004), 55쪽. 강조는 원문에 의한 것이다.

8 이에 관한 상세한 설명은 양천수, "절차주의적 인권구상의 이론적 기초: 하버마스와 토이브너의 이론을 중심으로 하여", 『인권이론과 실천』 제7호(2010), 37-73쪽 참고.

9 이에 관한 소개는 위르겐 하버마스, 장춘익 (옮김), 『의사소통행위이론 2: 기능주의적 이성비판을 위하여』(나남출판, 2006), 374쪽 아래.

체계 및 법학과 결코 무관하지 않았다. 이를테면 전체 과학을 자연과학과 문화과학으로 이분화한 리케르트에 따르면 법학은 가치 관련적인 학문으로서 문화과학에 속한다. 리케르트와 마찬가지로 신칸트주의를 수용한 독일의 형법학자 마이어(Max Ernst Mayer)는 이러한 사고를 수용하여 법규범을 문화규범으로 파악하였다.[10] 이렇게 볼 때 역시 가치 관련적인 개념이라 할 수 있는 인권 역시 문화와 무관하다고 말할 수는 없을 것이다. 현대 공동체주의자들이 강조하는 것처럼 권리는 무엇이 선한 것인가 하는 가치문제와 결코 무관할 수 없고, 따라서 가치 관련적인 것의 총체인 문화와도 무관할 수 없다.[11] 그러므로 권리의 한 형태인 인권 역시 문화적 토대를 떠나서는 생각하기 어렵다. 인권은 근대 서구에서 본격적으로 등장한 개념인데, 당시 서구의 지성계를 지배하던 계몽주의라는 문화적 운동이 인권을 태동시키는 데 중요한 역할을 했다는 점을 기억할 필요가 있다.

(2) 문화다원주의

나아가 다문화적 인권은 다문화주의, 즉 문화다원주의와 관련을 맺는다. 문화다원주의는 말 그대로 문화와 다원주의를 합친 개념이다. 그러므로 이 개념을 해명하려면 먼저 다원주의부터 간략하게 짚어볼 필요가 있다. 다원주의는 각기 다른 견해, 가치, 도덕적·윤리적 주장, 문화 등이 동등한 지위를 누리면서 양립할 수 있다고 주장하는 이념이라 정의할 수 있다. 다원주의에 따르면 심지어 서로 대립하고 모순되는 주장이나 가치도 양립할 수 있다. 이러한 다원주의는 오늘날 현대사회를 이론적으로 지탱하는 중요한 근거가 된다.

오늘날의 사회에서 다원주의가 지배적인 이념으로 등장하는 것은 무엇 때문일까? 이에는 여러 가지 설명방식이 가능하겠지만 여기서 필자는 사회가 지속적으로 전문화되고 복잡해지면서 전체 사회를 지탱하는 핵심적인 판단기준이 다원화되고 있다는 점 그리고 이에 따라 사회 자체도 다양한 영역으로 다원화

---

10 S. Ziemann, "Max Ernst Mayer (1875-1923): Materialien zu einer Biographie", in: Thomas Vormbaum (Hrsg.), *Jahrbuch der Juristischen Zeitgeschichte*, Bd. 4 (2002/2003) (Berlin, 2003), 395-425쪽 참고.
11 이를 보여주는 마이클 샌델, 안진환·이수경 (옮김), 『왜 도덕인가?』(한국경제신문, 2010), 176쪽 아래.

되고 있다는 점을 지적하고 싶다. 이를 이론적으로 가장 정교하게 정초한 사람
이 바로 독일의 사회학자 루만이다. 루만은 전체 사회를 체계와 환경의 구별로
파악한다. 동시에 사회가 다양한 기능적 하부체계들로 분화된다고 말한다.[12] 이
를테면 과거에는 전체 사회가 계급 또는 계층을 중심으로 하여 수직적으로 분
화되었다면(계층적 분화), 오늘날에는 정치체계, 경제체계, 법체계 등과 같은 다
양한 기능체계들이 독립 분화되면서 전체 사회가 수평적·기능적으로 분화되고
있다고 한다(기능적 분화).[13] 이렇게 사회가 기능적으로 분화되면서 사회를 지탱
하는 합리성이나 문화, 가치 등도 다원적으로 분화된다.[14] 문화다원주의는 바로
다원화, 즉 기능적 분화가 문화영역에서 진행되어 등장한 것이라고 말할 수 있다.
　　그런데 이렇게 문화영역에서도 다원화가 진척되면서 다음과 같은 문제가
등장한다. 문화다원주의가 진행되면서 전체 사회를 문화적으로 통합해주는 공
통된 문화적 기반이 이제는 점점 사라지고 있다는 점이다. 이를 막기 위해, 같
은 체계이론가이면서 루만의 이론적 스승이기도 했던 파슨스는 문화를 독자적
인 기능체계로 파악함으로써 사회적 통합을 달성하려 하였다.[15] 그러나 이와
달리 루만은 문화를 독자적인 기능체계로 인정하지 않는다.[16] 왜냐하면 루만의
시각에서 볼 때 기능적 분화가 진행되는 오늘날에는 더 이상 통일된 문화적
가치를 인정할 수 없기 때문이다. 그래서 루만에 따르면 문화는 일종의 '의미
론'(Semantik)에 지나지 않는다. 이는 곧 각각의 사회적 기능체계들이 각자 독자
적으로 문화라는 의미론을 생산할 수 있다는 점을 시사한다. 예를 들어 정치체
계는 정치문화를, 경제체계는 경제문화를, 법체계는 법문화를 각기 독자적으로
생산할 수 있다는 것이다. 이를 통해 문화다원주의는 점점 더 가속화된다.[17]

---

12 N. Luhmann, *Soziale Systeme: Grundriß einer allgemeine Theorie* (Frankfurt/M., 1984), 242쪽 아래.
13 이를 소개하는 문헌으로 정성훈, 『루만의 다차원적 체계이론과 현대 사회의 진단에 관한 연구』 (서울대 철학박사 학위논문, 2009), 171쪽 아래 참고.
14 이 가운데서 합리성의 분화에 관해서는 양천수, "합리성 개념의 분화와 충돌: 독일의 논의를 중심으로 하여", 『법과 사회』 제31호(2006), 211-234쪽 참고.
15 파슨스와 루만의 관계에 관해서는 A. Kluge/N. Bolz/D. Baecker/W. Hagen (Hrsg.), *Warum haben Sie keinen Fernseher, Herr Luhmann?* (Berlin, 2005), 32쪽 아래.
16 이에 관해서는 G. Burkhart, "Niklas Luhmann: Ein Theoretiker der Kultur?", in: G. Burkhart/G. Runkel (Hrsg.), *Luhmann und die Kulturtheorie* (Frankfurt/M., 2004), 26쪽 아래.
17 이러한 문제 이외에도 한 문화와 다른 문화의 경계를 어떻게 설정할 수 있는가 하는 문제가 있

(3) 문화다원주의적 인권

다문화적 인권은 바로 이 같은 문화 및 다원주의라는 개념 요소 위에서 등장한다. 다문화적 인권은 문화다원주의적 인권을 뜻하기 때문이다. 그러나 이미 언급한 것처럼 과연 이와 같은 인권 개념이 가능한지 의문이 있을 수 있다. 왜냐하면 인권의 보편성에 관한 전통적인 이해 방식에서 보면 문화다원주의적 인권이란 상대적이면서 가변적인 인권을 전제로 한 것으로, 인권 개념 자체를 부정하는 것으로 보일 수 있기 때문이다. 그러나 필자는 이를 이론적으로 논증하는 것이 가능하다고 생각한다.

3. 다문화적 인권의 정당화 가능성

(1) 인권의 가변적 성격

어떻게 다문화적 인권을 정당화할 수 있을까? 이에 대한 첫 번째 근거로는 인권의 가변적 성격을 들 수 있다. 만약 인권이 보편적인 권리라면, 시간과 공간이라는 변수에 상관없이 동일한 내용과 효력을 지닌다면 인권의 내용 자체가 변해서는 안 될 것이다. 그러나 인권법의 역사가 증명하듯이 인권의 내용은 고정되지 않고 끊임없이 변화해 왔다. 더욱 핵심적으로 말하면 인권의 규범적 내용은 근대 이후 시간이 흘러가면서 더욱 확장되어 왔다. 예를 들어 18세기에 시민혁명이 발발하면서 본격적으로 등장한 인권에서는 '시민적·정치적 권리'가 주축을 이루었다.[18] 그러나 당시 급속하게 성장하던 자본주의의 모순이 심화되면서 19세기에는 '시민적·정치적 권리'와 모순될 수 있는 '경제·사회·문화적 권리'가 인권 개념에 포섭되기 시작하였다.[19] 이를 통해 인권 개념의 규범적 외연이 지속적으로 확장되었다. 이는 20세기 이후에도 계속되었다. 예를 들어 '환경권'과 같이 과거에는 인식되지 않았던 새로운 인권이 오늘날 계속 성장하고

다. 그러나 이 문제를 다루려면 본격적인 이론적 논의가 필요하기에 이 책에서는 다루지 않기로 한다.

18 임재홍, "근대 인권의 확립", 인권법교재발간위원회 (편), 『인권법』(아카넷, 2006), 27쪽 아래.

19 이에 관해서는 박병섭, "현대 인권의 발전", 인권법교재발간위원회 (편), 『인권법』(아카넷, 2006), 38쪽 아래.

있다. '시민적·정치적 권리'와 '경제·사회·문화적 권리'를 넘어 새롭게 등장한 '제3세대 인권'도 인권 개념이 가변적인 것임을 보여준다.

물론 인권을 가변적인 권리로 파악하면 다음과 같은 반론이 제기될 수 있다. 인권 자체가 가변적인 것이라면 인권의 자격, 즉 인권은 보편성을 가진 인간의 권리라는 의미를 상실할 수밖에 없다는 반론이 그것이다. 그러나 이 반론은 다음과 같이 두 가지 측면에서 반박할 수 있다. 첫째, 법철학 영역에서 '변화하는 자연법', '시대에 적합한 자연법' 또는 '실존적 자연법'이라는 구상이 이론적으로 제시된 것처럼 가변적인 인권 구상 역시 이론적으로 가능하다.[20] 왜냐하면 '변화하는 자연법'이라는 구상 역시 그 자체 모순적인 개념이기 때문이다. 인권과 마찬가지로 자연법 역시 시간과 공간에 상관없이 동일한 내용을 가져야한다. 그런 자연법이 변화한다는 것은 자연법의 개념 자체를 정면에서 부정하는 것일 수 있다. 그런데도 '변화하는 자연법 구상'은 다수의 법철학자에 의해 지지를 받는다.[21] 둘째, 보편성 개념을 전통적인 방식과는 달리 새롭게 근거 지음으로써 한편으로는 인권의 가변성을 인정하면서도 다른 한편으로는 인권의 보편성을 여전히 유지할 수 있다.[22] 이는 특히 '절차주의적 인권 구상'을 통해 가능할 수 있다.[23]

(2) 산토스의 다문화적 인권 구상

두 번째 근거로 다문화적 인권의 가능성을 이미 이론적으로 모색한 경우가 있다는 점을 들 수 있다. 일종의 이론적·비교법적 논증인 셈이다. 포르투갈 출

---

20 예를 들어 베르너 마이호퍼, 윤재왕 (옮김), 『실존법으로서의 자연법』(세창출판사, 2011) 참고.
21 자연법을 '실존법'으로 파악한 독일의 법철학자 마이호퍼(Werner Maihofer)는 이를 다음과 같이 시사한다. "이렇게 볼 때, 자연법이라는 명칭은 모든 시대에 걸쳐 언제나 다음과 같은 단 하나의 과제를 늘 새롭게 제기한 것이었다. 그것은 바로 미래의 인간규정과 그에 상응하는 인간세계의 질서를 위한 기획들에게 법이라는 수단을 동원하여 길을 열어 놓아야 한다는 과제이다. 따라서 오늘날 우리에게 자연법은 인간이 자신의 미래와 인간을 진정 인간으로 만들려는 노력을 포기하지 않는 한, 결코 포기할 수 없는 이러한 과제를 뜻하는 개념이다. 그리고 인간을 진정 인간으로 만드는 것은 다름 아닌 실존이다. 인간의 실존은 이미 주어져 있는 그 무엇으로 확정되어 있는 것이 아니라, 인간에게 이를 완수하라는 과제로 부여되어 있는 것으로서 역사과정 속에서 비로소 밝혀지는 것이다." 베르너 마이호퍼, 위의 책, 70-71쪽(강조는 원문에 따름).
22 이에 관한 상세한 내용은 양천수, 이 책 제5장 참고. 또한 이상돈, 『인권법』(세창출판사, 2005) 참고.
23 '절차주의적 인권 구상'에 관해서는 양천수, "절차주의적 인권구상의 이론적 기초: 하버마스와 토이브너의 이론을 중심으로 하여", 37쪽 아래 참고.

신의 법사회학자 산토스가 전개한 이론적 작업이 바로 여기에 해당한다. 산토스는 이른바 '상호문화성'과 인권을 연결하여 '다문화적 인권 구상'(multicultural conception of human rights)을 모색한다.[24]

먼저 다문화적 인권 구상의 기반이 되는 상호문화성이란 무엇을 뜻하는가? 상호문화성이란 각기 상이한 문화 사이에 어떤 서열이 있는 것이 아니라 이들이 기본적으로 동등하고, 따라서 이들 문화는 서로를 상호적으로 존중하고 인정할 필요가 있다는 것을 말한다.[25] 상호문화성은 이질적인 문화들이 서로 상대 문화를 인정하면서 동시에 상대 문화에 대한 관점을 상호적으로 교류할 것을 요청한다. 이러한 상호문화성은 오늘날과 같은 문화다원주의 시대에 이질적인 문화들이 서로 충돌하지 않도록 예방하는 데 또는 충돌이 발생하였을 때 이를 조정하는 데 중요한 역할을 수행한다. 또한 상호문화성은 이 세계에서 절대적으로 우월한 문화가 존재하는 것은 아니라는 점도 시사한다.

산토스는 바로 이 같은 상호문화성에 기반을 두어 다문화적 인권 구상을 전개한다. 이 구상에 따르면 인권 역시 다원화와 상호문화성의 적용 대상에서 예외가 될 수 없다. 이러한 주장은 인권 역시 가치 관련적인 것으로서 문화 개념에 속한다는 점에서 볼 때 당연한 결론이라 할 수 있다. 사실 이와 같은 산토스의 구상은 합법성의 체계 역시 서구 중심적으로 단일한 것이 아니라 다원적인 것이며, 따라서 합법성은 서로가 서로를 존중하는 과정에서만 존재할 수 있다는 '상호합법성'(interlegality) 구상과 맥락을 같이 한다.[26]

(3) 중간결론

이와 같은 두 가지 근거에서 볼 때 다문화적 인권을 논증할 수 있는 가능성은 충분히 존재한다. 물론 이 두 가지 근거만으로 다문화적 인권이 가능하다

---

24 Boaventura De Sousa Santos, "Toward a Multicultural Conception of Human Rights", in: *Zeitschrift für Rechtssoziologie* 18 (1997), 1−15쪽.
25 상호문화성에 관한 설명은 이 책 제6장 참고.
26 상호합법성에 관해서는 Boaventura De Sousa Santos, *Toward a New Legal Common Sense: Law, Globalization, And Emancipation*, 2nd ed. (Butterworths, 2002), 427쪽. 이를 요약해서 소개하는 양천수, "상호합법성의 측면에서 접근한 북한 인권 문제: 북한 인권에 대한 법정책의 방향", 『공법학연구』 제8권 제2호(2007), 211−234쪽 및 이 책 제9장 참고. 이러한 상호합법성을 인권 영역에 적용하는 경우로서 이상돈, 『인권법』, 128쪽 아래 참고.

고 확언할 수는 없을 것이다. 이외에도 다문화적 인권 구상에서 말하는 보편성
은 무엇인지, 다문화적 인권은 어떤 구조를 가지는지, 다문화적 인권을 어떤 측
면에서 인권이라고 말할 수 있는지를 더욱 논증해야 한다. 그러나 이 문제를 모
두 다루는 것은 이 책에서는 유보하겠다.

Ⅳ. 미시적 의미의 다문화적 인권

1. 논의 필요성

지금까지 필자는 어떤 근거에서 거시적 의미의 다문화적 인권이 가능한지
를 논증하였다. 이를 통해 인권 개념 자체가 문화적 정체성과 불가분의 관계를
맺고 있다는 점을 보여주었다. 이를 기반으로 하여 아래에서는 미시적 의미의
다문화적 인권에 관해 살펴보고자 한다. 그러면 이렇게 미시적 의미의 다문화
적 인권을 논의할 필요는 어디에 있는가? 그 이유는 다음과 같이 말할 수 있다.
이미 언급한 것처럼 오늘날 우리 사회는 곳곳에서 다문화 현상을 경험한다. '다
문화가족'은 이미 법적 개념으로 정착한 상황이다.[27] 그런데 이렇게 다문화 현
상이 가속화되면 될수록 서로 다른 정체성을 지닌 문화들이 충돌할 가능성도
높아진다. 달리 말해 서로 다른 정체성을 가진 문화가 경합하면서 이로 인해 서
로 다른 문화적 가치, 문화적 규범, 문화적 인권이 충돌하는 경향이 증대하는
것이다. 서구 유럽을 시끄럽게 했던 히잡 사건도 종교적 자유라는 인권 아래 기
독교 문화와 이슬람 문화가 충돌한 사건이라고 말할 수 있다.[28] 그런데 이렇게
충돌이 발생하는데도 이를 방치하면 궁극적으로는 모든 문화가 공멸하는 문제
가 등장할 수도 있다. 그러므로 이러한 상황에서 각각의 문화들이 서로를 존중
하면서 공존할 수 있도록, 다시 말해 상호문화성을 실현할 수 있도록 할 필요가
있다. 필자는 이렇게 상호문화성을 실현하는 데 기여할 수 있는 것이 바로 미시

---

27 「다문화가족지원법」이 바로 한 예에 해당한다.
28 이에 관해서는 우선 강태수, "독일 무슬림의 종교의 자유", 『세계헌법연구』 제15권 제2호(2009),
   19쪽 아래 참고. 이와 관련된 종교의 자유문제 및 종교와 국가의 관계에 관해서는 이부하, "종교
   의 법적 개념과 국가의 종교적 중립성: 독일의 법이론을 중심으로", 『헌법학연구』 제14권 제2호
   (2008), 197-223쪽 참고.

적 의미의 다문화적 인권이라고 생각한다. 필자는 이러한 맥락에서, 즉 진정한 의미의 다문화적 인권을 실현한다는 맥락에서 미시적 의미의 다문화적 인권을 검토할 필요가 있다고 생각한다.

2. 인권과 인권법

한편 미시적 의미의 다문화적 인권을 검토하기 전에 구별해야 할 개념이 있다. 인권과 인권법이 그것이다. 물론 대부분의 인권이 인권법으로 실정화되어 있는 오늘날의 상황에서는 인권과 인권법을 굳이 구별할 필요가 있을지 의문을 던질 수 있다. 이 때문에 심지어 독일의 사회철학자 하버마스는 인권을 실정법적 권리로 이해하기도 한다. 그러나 필자는 이 두 개념은 엄밀히 구별할 필요가 있다고 생각한다. 인권이 도덕적 성격을 가진 권리라면 인권법은 이러한 인권이 실정법으로 제도화된 것이라고 볼 수 있기 때문이다.[29]

이를 구별하는 것은 어떤 실익이 있을까? 이는 무엇보다도 인권의 가변적 성격에서 그 해답을 찾을 수 있다. 인권법은 실정법의 성격상 고정되어 있다. 그렇지만 인권 그 자체는 가변적 성격으로 인해 지속적으로 변한다. 과거에는 없던 인권들이 오늘날 새롭게 주장된다. 그러나 이 모든 인권이 다양한 이유 때문에 인권법으로 실정화되지는 않는다. 예를 들어 환경인권은 환경법제를 통해 환경인권법으로 제도화되었지만, 실정화되지 않고 여전히 도덕적 차원에서만 주장되는 인권도 있다. 물론 이러한 인권을 과연 모두 인권 개념에 포섭할 수 있는지, 이는 단순한 인권'주장'에 불과한 것은 아닌지 문제를 제기할 수도 있다. 그렇다 하더라도 법과 현실 사이에는 언제나 시간적 격차가 존재하는 것처럼 이미 상당한 공감을 획득한 도덕적 인권이라도 모두 인권법으로 실정화할 수는 없다고 생각한다. 아울러 모든 인권을 인권법으로 실정화하는 것은 법제화가 가진 규제의 역설 문제 때문에 그리 바람직하지 않을 수 있다. 인권 본연이 가진 생명력을 유지하기 위해서는 경우에 따라서는 인권을 도덕적 권리로 남겨두어야 할 필요도 있다. 이와 같은 이유에서 필자는 인권과 인권법을 구별

---

[29] 도덕적 권리 개념의 가능성에 관해서는 김도균, 『권리의 문법』(박영사, 2008) 참고.

하는 것은 여전히 의미가 있다고 생각한다.[30]

3. 다문화적 인권의 방향

다음으로 짚고 넘어가야 할 문제가 있다. 미시적 의미의 다문화적 인권은 다문화에 관해 어떤 방향을 추구해야 하는가의 문제가 그것이다. 이 문제가 중요한 이유는 다문화에 관해 어떤 시각과 방향을 선택하는가에 따라 다문화적 인권의 구체적인 내용이 달라질 수 있기 때문이다. 이 문제를 풀기 위해서는 먼저 다문화에 관해 어떤 이론적 흐름이 존재하는지 파악해야 할 필요가 있다. 다시 말해 다문화주의에 관한 이론적 흐름을 검토할 필요가 있다.

법사회학자인 이철우 교수의 분석에 따르면 다문화주의에 관한 이해 방식은 크게 두 가지로 나눌 수 있다.[31] '민족주의적 다문화주의'와 '비판적 다문화주의'가 그것이다. 민족주의적 다문화주의는 문화적 다원주의를 표방하면서도 그 배후에 민족주의적 또는 순혈주의적 기반을 가진 이해 방식을 뜻한다.[32] 우리의 「다문화가족지원법」이 대표적으로 민족주의적 다문화주의를 선언하는 경우라고 말할 수 있다. 왜냐하면 「다문화가족지원법」은 표면적으로는 '다문화'라는 개념을 쓰고는 있지만 실상은 '한국인'이라는 민족적 동일체를 그 기반으로 삼기 때문이다.[33] 이에 반해 비판적 다문화주의는 민족주의적 다문화주의가 배후에 깔고 있는 '민족적 순혈주의'를 거부하면서 완전한 문화적 다원주의를 추구하려는 이해 방식을 말한다. 이러한 맥락에서 비판적 다문화주의는 문화적

---

30 이외에도 인권과 기본권 역시 구별해야 할 필요가 있다. 인권이 아직 실정화되지 않은 도덕적 권리라면 기본권은 헌법이 실정화한 권리라고 말할 수 있다. 또한 인권이 모든 인간을 주체로 염두에 둔다면 기본권은 원칙적으로 해당 국가의 국민을 염두에 둔다. 양자의 구별에 관해서는 R. Alexy, "Diskurstheorie und Menschenrechte", in: ders., *Recht, Vernunft, Diskurs: Studien zur Rechtsphilosophie* (Frankfurt/M., 1995), 128쪽 참고.

31 이철우, "다문화주의, 민족주의, 소속의 법제화", 『지식의 지평』 제8호(2010), 73쪽 아래 참고. 이외에도 다문화주의는 '협동적 다문화주의'와 '차별적 다문화주의' 등 다양한 유형으로 구별할 수 있다. 이에 관해서는 서보건, "다문화가족통합을 위한 법제 연구: 한일비교", 『공법학연구』 제11권 제1호(2010), 83–84쪽 참고.

32 이에 기반이 되는 연구로는 W. Kymlicka, *Multicultural Citizenship: A Liberal Theory of Minority Rights* (Clarendon Press, 1995) 참고.

33 이는 「다문화가족지원법」 제2조가 규정하는 '다문화가족'에 관한 정의에서 극명하게 확인할 수 있다.

통합을 거부한다. 그렇다면 여기서 우리는 어떤 방향의 다문화주의를 추구해야
할까?

필자는 다문화주의가 이념적 바탕으로 삼는 문화적 다원주의를 최대한 실
현하기 위해서는 기본적으로는 민족적 다문화주의가 아닌 비판적 다문화주의를
추구해야 한다고 생각한다. 비판적 다문화주의가 지향하는 '문화적 통합이 아닌
문화적 경쟁'을 다문화정책의 목표 및 방향으로 삼아야 한다. 이는 미시적 의미
의 다문화적 인권을 모색하는 데도 타당하다. 이와 같은 구상에 따르면 다문화
적 인권은 서로 다르면서도 동시에 동등한 가치를 지닐 수 있는 문화들이 최대
한 병존할 수 있도록 보장해야 한다.

다만 여기서 주의해야 할 점이 없지 않다. 비록 미시적 의미의 다문화적
인권이 비판적 다문화주의에 따라 문화적 경쟁을 추구한다고 해서 문화적 통합
기준을 전적으로 부정하는 것은 아니라는 점이다. 필자는 비판적 다문화주의의
경우에도 문화적 충돌을 막기 위해서는 최소한의 문화적 통합기준을 마련해야
한다고 생각한다. 그것은 바로 상호문화성과 언어, 즉 한국어이다.

4. 주체

미시적 의미의 다문화적 인권은 누가 향유할 수 있을까? 누구를 주체로 설
정할 수 있을까? 이에는 원칙적으로 해당 사회 또는 공동체 안에서 살고 있는
사람이라면 그 사람의 문화적 정체성과는 상관없이 모두 다문화적 인권의 주체
가 된다고 말할 수 있다. 따라서 한국문화와는 다른 문화적 배경에서 성장한 외
국인 역시 다문화적 인권의 주체가 될 수 있다. 그런데 이러한 외국인은 크게
두 집단으로 구별할 수 있다. 한국 이주를 목표로 하는 '장기적 이주자 집단'과
한국 이주를 원하지 않거나 할 수 없는 '단기적 거주자 집단'이다. 전자로는 결
혼이민자, 북한 이탈 주민, 주한미군 관련 혼혈인, 영주자, 전문 기술직 이주 노
동자를 들 수 있다. 후자로는 생산직 이주 노동자, 미등록 체류자, 외국인 유학
생, 기타 외국인 등을 들 수 있다.[34] 이 가운데서 그동안 한국의 다문화정책이

---

[34] 이에 관해서는 설동훈, "한국의 다문화 사회 정책의 문제점과 대안", 『지식의 지평』 제8호(2010),
53쪽 아래.

초점을 둔 규율대상은 결혼이민자들이었다. 이는 현행 「다문화가족지원법」이 잘 보여준다. 사회학자인 설동훈 교수가 정확하게 지적하듯이 「다문화가족지원법」은 '결혼이민자지원법'을 에둘러 표현한 것이다.[35] 그렇지만 우리 사회가 진정한 다문화사회로 이행하기 위해서는 다문화적 인권이 결혼이민자뿐만 아니라 주한미군 관련 혼혈인, 영주자 등을 모두 인권의 귀속주체로 포함할 수 있어야 한다.[36] 뿐만 아니라 비록 한국에 이주하는 것을 목표로 하지 않는다 하더라도 다문화적 인권은 생산직 이주 노동자, 미등록 체류자, 외국인 유학생, 기타 외국인 역시 규율대상에 포함할 수 있어야 한다.

5. 내용

(1) 출발점

미시적 의미의 다문화적 인권은 구체적으로 어떤 내용을 담아야 할까? 다시 말해 다문화적 인권으로 구체적으로 어떤 권리를 생각할 수 있을까? 이에 관해 다문화 연구로 유명한 캐나다 출신의 정치학자 킴리카(Will Kymlicka)는 1995년에 출간한 『다문화 시민권: 자유주의적 소수자 권리이론』에서 다문화 시민권으로 다음과 같은 권리를 제안한 바 있다.[37] 다문화 시민권은 자치권과 집단대표권, 다문화권, 차별보상권으로 구성된다는 것이다.[38] 여기서 자치권과 집단대표권은 소수인종이 일정한 영역에 거주하면서 자치할 수 있는 권리를, 다문화권은 이들 소수인종이 문화적 정체성을 확보할 수 있는 권리를, 마지막으로 차별보상권은 이들 소수인종에게 자행된 차별대우에 관해 보상할 것을 요청할 수 있는 권리를 뜻한다.

이러한 킴리카의 제안은 우리에게도 설득력 있을까? 그러나 필자는 킴리카

---

35 설동훈, 위의 논문, 67쪽.

36 북한 이탈 주민은 「북한 이탈 주민의 보호 및 정착 지원에 관한 법률」이 규율하고 있고, 우리와 같은 민족적 공감대를 형성하고 있다는 점에서 다문화 관련 인권조례에서 특별히 규율해야 할 필요는 없다. 「북한 이탈 주민의 보호 및 정착 지원에 관한 법률」에 관해서는 양천수, "법이론과 법정책의 관점에서 접근한 새터민 이혼소송", 『통일정책연구』 제17권 제1호(2008), 293−314쪽 참고.

37 W. Kymlicka, 앞의 책, 26쪽 아래.

38 이에 관한 소개는 최현, 『인권』(책세상, 2009), 113쪽 아래 참고.

의 제안 중에는 우리에게 다소 적합하지 않은 권리가 있다고 생각한다. 자치권과 집단대표권이 바로 그것이다. 자치권과 집단대표권은 미국처럼 넓은 영토를 가지고, 또 원래부터 그 지역에 거주하고 있던 소수인종이 있는 경우에 적합한 권리라고 생각한다. 그러나 미국과는 달리 우리는 아주 협소한 영토를 갖고 있고, 또 우리에게 이슈가 되는 다문화 관련 주민들은 결혼과 노동을 위해 이주해 온 이들이 대부분이다. 그러므로 이러한 상황에서 자치권과 집단대표권을 인정하는 것은 다소 성급하다. 이에 비해 다문화권이나 차별보상권은 우리의 다문화적 인권으로 발전적으로 수용할 수 있다고 생각한다. 다만 다문화권은 그 자체가 매우 넓은 개념이고, 또 다문화권은 여기에서 논의하는 다문화적 인권과 사실상 큰 차이가 없다. 그러므로 킴리카의 제안 가운데 우리에게 유용한 것은 바로 차별보상권이라 말할 수 있다. 필자는 이를 일반적 차별금지에 관한 권리로 수용할 수 있다고 생각한다.

그러면 미시적 의미의 다문화적 인권으로 우리는 무엇을 생각할 수 있을까? 여기서 필자는 크게 네 가지 권리를 제안하고자 한다. 첫째는 문화적 정체성을 적극적으로 존중받을 권리이고, 둘째는 일반적 차별금지에 관한 권리이며, 셋째는 의사소통적 권리이고, 넷째는 최소한의 문화적 통합을 위해 지원받을 수 있는 권리이다.

(2) 문화적 정체성을 적극적으로 존중받을 권리

첫째, 미시적 의미의 다문화적 인권으로 문화적 정체성을 적극적으로 존중받을 권리를 언급할 수 있다. 이는 특히 주류문화가 아닌 소수문화에 속하는 사람에게 중요하다. 서로 다른 문화가 공존할 수 있으려면 무엇보다도 다수문화에 속하는 사람들이 소수문화에 속하는 사람들의 문화적 정체성을 존중할 수 있어야 한다. 그런데 이때 중요한 점은 이러한 존중은 소극적 의미의 존중, 즉 관용에 그쳐서는 안 된다는 점이다. 우리는 경우에 따라서는 다른 문화를 마음속으로는 경멸하면서도 겉으로는 관용을 베풀 수 있다. 그러나 이 같은 태도는 서로 다른 문화가 공존하도록 하는 데 도움이 되지 못한다. 그러므로 우리는 서로 다른 문화적 정체성을 적극적으로 이해하고 존중할 수 있도록 노력해야 한다.[39] 반대로 소수문화에 속하는 사람들은 자신들의 문화적 정체성을 적극적으로 존중해줄 것을 요청할 수 있어야 한다. 그 점에서 이 권리는 매우 중요한 의미가 있다. 다만 이와 같은 권리를 법적인 권리로, 즉 인권법상의 권리로 제도화하는 것은 적절하지 않다. 이 같은 권리를 법적인 권리로 강제하면 이는 수범자에게 과도한 요청이 될 수 있고 이로 인해 진정한 의미의 존중행위가 이루어지지 않을 수 있다.[40] 그러므로 이 권리는 인권법이 아닌 인권상의 권리로, 다시 말해 도덕적 의미의 권리로 머물도록 하는 것이 더욱 낫다.

(3) 일반적 차별금지에 대한 권리

둘째, 일반적 차별금지에 대한 권리를 다문화적 인권으로 말할 수 있다. 각각 다른 문화적 정체성을 유지할 수 있으려면 각각의 문화적 정체성이 주류문화와 다르다는 이유로 차별받지 않도록 해야 한다. 만약 차별적 행위가 이루어진다면 소수문화에 속하는 사람들은 주류문화에 속하는 사람들과 함께 살아갈 수 없을 것이며, 이로 인해 소수문화의 정체성 역시 유지할 수 없게 될 것이다. 그 점에서 이 권리는 '문화적 정체성을 적극적으로 인정받을 권리'를 법적으로 실현할 수 있는 인권법상 권리로 파악해야 한다. 문화적 정체성을 적극적으로 인정받을 권리가 도덕적 인권의 권리라면, 일반적인 차별금지에 대한 권리는 전자의 권리를 법적 제도로 실현하게 해주는 인권법상 권리로 이해할 수 있다. 이에 따라 모든 외국인은 원칙적으로 모든 인권 영역에서 주류문화와 다른 문화적 배경에서 성장했다는 이유에서 차별을 받아서는 안 된다. 만약 차별행위가 자행된 경우에는 이에 상응하는 법적 제재와 보상이 이루어져야 한다. 다만 현실적으로 모든 인권 영역에서 차별금지를 완벽하게 실현하는 것은 불가능하기에 '합리적 이유'가 있는 경우에는 합리적 차별 역시 가능할 수는 있을 것이다.[41]

---

[39] 이를 강조하는 마이클 샌델, 앞의 책, 91쪽 아래 참고.
[40] 이는 자칫 양심의 자유를 침해하는 것이 될 수도 있다.
[41] 이러한 일반적 차별금지에 관한 법철학적 문제에 관해서는 양천수, "차별금지법과 사적자치: 일반적 차별금지법에 대한 법철학적·국가철학적 고찰",『인권이론과 실천』제8호(2010), 35-44쪽 참고.

(4) 의사소통적 권리

셋째, 미시적 의미의 다문화적 인권으로서 의사소통적 권리를 인정할 수 있다. 여기서 말하는 의사소통적 권리는 각종 공동체나 공론장에 자유롭고 평등하게 참여할 수 있는 권리를 뜻한다.[42] 의사소통적 권리는 '문화적 정체성을 적극적으로 존중받을 권리'를 공적 영역에서 실현하는 데 기여를 할 수 있다. 각각의 문화적 정체성에 속하는 사람들은 이 의사소통적 권리를 통해 공적인 영역에 참여하여 자신의 문화적 정체성이 어떤 측면에서 존중받을 만한 자격과 의미를 지니는지 적극적으로 논증할 수 있는 것이다. 바로 이 점에서 의사소통적 권리가 다문화적 인권으로 필요하다.

(5) 최소한의 문화적 통합을 위해 지원받을 수 있는 권리

마지막으로 필자는 최소한의 문화적 통합을 위해 지원받을 수 있는 권리를 미시적 의미의 다문화적 인권으로 거론하고자 한다. 여기서 먼저 최소한의 문화적 통합이란 무엇을 뜻하는지 밝힐 필요가 있다.

필자는 기본적으로 문화적 다원주의를 긍정적으로 바라본다. 서로 다른 문화를 단일한 문화로 통합하는 것보다는 가급적 서로 다른 문화가 공존하도록 하는 것이, 달리 말해 문화적 다양성을 보장하는 것이 우리 사회의 진화를 위해서도 바람직하다고 생각한다.[43] 그런데 문화적 다원주의는 자칫하면 문화적 충돌을 유발할 위험이 아주 높다. 그러므로 한편으로는 문화적 다원주의를 유지하면서 다른 한편으로는 각각의 문화가 서로 충돌하지 않도록 할 필요가 있다. 바로 이 때문에 가장 최소한의 한도에서나마 문화적 통합을 위한 방안이 필요한 것이다. 여기서 말하는 문화적 통합은 문화적 다원주의를 유지하기 위한 최소한의 통합인 셈이다. 필자를 이를 위한 방안으로 크게 두 가지를 고려한다. 첫째는 상호문화성이다. 둘째는 언어적 통합이다. 그러나 상호문화성만으로 문

---

[42] 이에 관해서는 K. Günther, "Die Freiheit der Stellungnahme als politisches Grundrecht", in: P. Koller/G. Varga/O. Weinberger (Hrsg.), *Theoretische Grundlage der Rechtspolitik* (Stuttgart, 1992) 참고.

[43] 이와 유사한 관점을 대학 입학 정책에서 찾는 경우로는 마이클 샌델, 이창신 (옮김), 『정의란 무엇인가?』(김영사, 2010), 233쪽 아래 참고.

화적 충돌에 대비하는 것은 한계가 있다. 왜냐하면 상호문화성은 각기 이질적인 문화들이 서로를 상호적으로 인정할 것을 전제로 하기 때문이다. 만약 이와 같은 상호적 인정이 전제되지 않으면 상호문화성은 제대로 작동할 수 없다. 그러므로 상호문화성을 보완할 수 있는 또 다른 기준이 필요하다. 말하자면 문화적 충돌을 해소할 수 있는 핵심적인 최소한의 통합기준이 요청된다. 이에 필자는 '언어', 즉 '한국어'를 문화적 공존을 위한 최소한의 통합기준으로 제시할 수 있다고 생각한다. 서로 다른 문화적 배경을 지니고는 하지만 한국 사회에서 함께 살아가고자 한다면 이들은 최소한 '한국어'를 공유함으로써 서로가 상호적으로 이해하고 승인할 수 있는 상호문화성을 실현할 수 있을 것이다. 아울러 이렇게 한국어를 공유해야만, 앞에서 언급한 의사소통적 권리도 실제로 작동할 수 있다.

이 같은 맥락에서 볼 때 최소한의 문화적 공존을 위해 지원받을 수 있는 권리로는 우선적으로 한국어를 교육받을 수 있는 권리를 언급할 수 있다. 한국의 주류문화와는 다른 문화적 정체성에 소속되어 있으면서 한국에 거주하는 외국인들은 한국 정부에 한국어를 교육받을 수 있도록 지원해줄 것을 요청할 수 있는 것이다.

6. 다문화적 인권의 실현수단으로서 인권조례

위에서 제시한 다문화적 인권은 기본적으로는 인권법을 통해 보장되고 실현될 수 있을 것이다. 헌법이 규정하는 기본권 역시 다문화적 인권을 실현하는 데 도움을 줄 수 있다.[44] 이에 더하여 필자는 인권조례가 다문화적 인권을 실현하는 데 유용한 수단이 될 수 있다고 생각한다. 그 이유를 세 가지로 제시할 수 있다. 첫째는 다문화정책 자체가 인권과 밀접한 관련을 맺는다는 점이다. 둘째는 인권조례정책이 글로컬리즘을 구현하는 대표적인 방식이 된다는 점이다. 셋째는 인권조례정책이 자율적·절차주의적 해결방안이 될 수 있다는 점이다. 다

---

[44] 이에 관해서는 류시조, "다문화사회와 자유권적 기본권", 『헌법학연구』 제16권 제2호(2010), 71쪽 아래; 전광석, "다문화사회와 사회적 기본권: 헌법적 접근을 위한 시론", 『헌법학연구』 제16권 제2호(2010), 105쪽 아래 등 참고.

만 이에 대한 상세한 이유는 이 책 제6장에서 제시하였기에 제7장에서는 생략하겠다.

V. 맺음말

지금까지 필자가 생각하는 다문화적 인권에 관해 미약하게나마 개진해 보았다. 그러나 필자의 구상은 아직 진행 중인 상태에 있기에 이론적인 면에서 부족한 점이 많이 남아 있다. 이는 앞으로 보완해 나갈 생각이다.

현재 우리 사회는 급격하게 다문화사회로 이행하고 있다. 필자가 공부하기 위해 독일에 머물던 2000년대 초반 유럽에서는 여러 지점에서 문화적 충돌이 발생하고 있었다. '9·11 테러' 역시 서구 기독교 문화와 이슬람 문화가 충돌한 결과 발생한 대표적인 사건이라 말할 수 있다. 독일의 형법학자 귄터 야콥스(Günther Jakobs)가 제안한 '적대형법'(Feindstrafrecht) 구상 역시 문화적 충돌에 대비하기 위한 '문화투쟁'(Kulturkampf)의 맥락에서 이해할 수도 있다.[45] 그때 필자는 독일의 프랑크푸르트(Frankfurt am Main)를 오가는 'S−Bahn'을 가득 채운 다양한 외국인들을 보면서, 한편으로는 '독일적인 것'이 도대체 무엇인지, 다른 한편으로는 독일적인 것과 다른 이질적인 문화가 공존할 수 있도록 하는 방안은 무엇인지 고민하기도 하였다. 그런데 이와 같은 문제의식이 이제는 우리 사회에서 절실하게 요청된다. 미국이나 서구 유럽이 경험했던 시행착오를 우리 사회가 되풀이하지 않기 위해서는 서둘러서 그러나 성급하지는 않게 다문화현상에 대응할 필요가 있다. 이때 법체계를 중요한 수단으로 삼는 법정책은 결코 무시할 수 없는 역할을 수행할 수 있다고 생각한다.

---

45 '적대형법'에 관해서는 G. Jakobs, 신양균 (역), "시민형법과 적대형법", 『법학연구』(전북대) 제29집(2009), 361−378쪽 참고.

08 동아시아적 인권 구상의 가능성

I. 서론

제8장은 '동아시아적 인권 구상'이 이론적으로 가능한지 탐구하는 것을 목표로 한다. '동아시아적 인권 구상'은 어찌 보면 모순적인 개념일 수 있다. 왜냐하면 동아시아적 인권 구상은 서구적 인권이 대변하는 '서구적 가치'(western value)와 동아시아가 대변하는 '아시아적 가치'(asian value)가 서로 공존하는 개념일 수 있기 때문이다. 그러나 그동안 이에 관해 축적된 연구성과를 보면 인권과 아시아적 가치는 서로 모순되는 개념으로 양립하기 어려워 보인다.[1] 따라서 서로 모순되는 의미를 한데 담는 '동아시아적 인권' 구상을 말하는 것은 쉽지 않아 보일 수 있다. 그러나 필자는 문화적 다원주의 또는 다문화주의가 지배하는 오늘날의 시대 상황에서 서구적 보편성과 동아시아적 상대성이 서로 결합한 듯한 '동아시아적 인권 구상'이 가능하다고 생각한다. 제8장에서는 어떻게 동아시아적 인권 구상이 이론적으로 가능한지, 만약 가능하다면 동아시아적 인권

---

1 이 문제에 관해서는 많은 문헌을 대신하여 우선 장은주, 『인권의 철학: 자유주의를 넘어, 동서양 이분법을 넘어』(새물결, 2010), 특히 93쪽 아래; 이근관, "아시아적 가치와 인권: 인권의 보편성 명제에 대한 비판적 검토", 성공회대 인권평화연구소 (엮음), 『동아시아 인권의 새로운 탐색』(삼인, 2002), 56쪽 아래 등 참고. 외국 문헌으로는 Wm. Theodore de Barry, *Asian Values and Human Rights: A Confucian Communitarian Perspective* (Harvard University Press, 1998); Wm. Theodore de Barry/Tu Weiming (eds.), *Confucianism and Human Rights* (Columbia University Press, 1998); Joanne R. Bauer/Daniel A. Bell (eds.), *The East Asian Challenge for Human Rights* (Cambridge University Press, 1999) 등 참고.

구상은 어떤 내용을 담는지를 법철학적 측면에서 논증하고자 한다.

Ⅱ. 인권의 보편성에 대한 도전

1. 인권의 보편성

일반적으로 인권은 '인간이면 그 누구나 평등하게 당연히 누릴 수 있는 권리'로 정의된다. 이러한 인권이기에 인권은 그 어떤 권리보다 강력한 힘, 즉 보편적인 힘을 가진다고 언급된다. 다시 말해 인권은 보편적인 권리라는 것이다. 이는 인권의 철학적 기초가 된 자연권 자체가 보편적인 권리라는 점과 맥을 같이한다.[2]

인권이 보편적인 권리라는 점은 크게 세 가지 측면에서 바라볼 수 있다. 주체와 효력 그리고 내용이 그것이다. 우선 인권은 주체의 측면에서 보편성을 획득한다. 이는 인권이 인간이면 그 누구에게나 평등하게 인정될 수 있다는 점을 시사한다. 나아가 인권은 효력의 측면에서 보편성을 획득한다. 이는 인권이 특정한 지역이나 시점에서만 효력을 발휘하는 것이 아니라 시간과 공간에 상관없이 효력을 가진다는 점을 의미한다. 마지막으로 인권은 내용의 측면에서 보편성을 획득한다. 이는 인권의 내용이 시간과 지역이라는 변수에 상관없이 언제나 동일한 내용을 확보한다는 점을 보여준다.

2. 인권의 보편성에 대한 도전

그러나 인권이 과연 보편적인 권리인가에 관해서는 다양한 측면에서 비판이 제기될 수 있다. 필자는 이를 단순화해서 정리하면 크게 다음 세 가지로 유형화할 수 있다고 생각한다. 첫째는 포스트모더니즘에 기반을 둔 비판이다. 둘째는 문화상대주의에 바탕을 둔 비판이다. 셋째는 인권 개념이 안고 있는 내용적 이질성에 근거를 둔 비판이다.[3]

---

2 이에 관해서는 최현, 『인권』(책세상, 2009), 50쪽 아래 참고.
3 물론 이외에도 전통적으로 보편적인 자연법의 대척점에 있었던 법실증주의에 기반을 둔 비판 역시 생각할 수 있다. 법실증주의에 따르면 인권이 실정인권법을 통해 전 세계 국가에 의해 보편적

(1) 포스트모더니즘에 기반을 둔 비판

먼저 포스트모더니즘의 시각에서 인권의 보편성을 비판할 수 있다.[4] 이는 '인권의 보편성'에 대한 비판이라기보다는 '보편성' 그 자체에 대한 철학적이고 근본적인 비판이라 할 수 있다. 이때 보편성은 달리 '진리'로 바꿔 말할 수 있다. 보편적인 그 무엇이 존재함을 인정하는 것은 진리가 존재함을 긍정하는 것이라고 말할 수 있기 때문이다. 이는 근대성을 대변하는 근대철학의 기본 전제이기도 하다. 그러나 포스트모더니즘 계열의 철학자들은 보편적이면서 가치중립적인 진리 개념이 존재한다는 것에 회의적인 태도를 보인다. 가령 포스트모더니즘의 사상적 기원을 이루는 19세기 독일의 철학자 니체(Friedrich Wilhelm Nietzsche)는 진리는 이를 바라보는 각 관점에 의해 좌우되고(관점주의), 이러한 관점의 배후에는 바로 '힘을 향한 의지'가 놓여 있다고 말한다.[5] 이와 비슷한 맥락에서 프랑스의 철학자 푸코(Michel Foucault)는 진리는 가치중립적으로 발견되는 것이 아니라 미시적 권력이 개입하여 생산되는 것이라고 말한다.[6] 이 같은 시선에서 보면 모든 것에 중립을 지키면서 보편적으로 적용될 수 있는 진리를 인정하는 것은 불가능하다.[7] 모든 진리는 특정한 관점이나 권력을 지향하고 있을 뿐이다. 그러므로 이러한 주장을 인권까지 확장하여 적용하면 보편적인 인권이라는 개념은 성립할 수 없다는 결론을 이끌어낼 수 있다.

으로 수용되지 않는 한 보편적인 권리로 인정될 수 없다.

4 포스트모더니즘에 관해서는 우선 이소영, 『포스트모던적 사유의 법학적 수용: 법사회사와 법문학의 영역을 중심으로』(고려대 법학박사 학위논문, 2010) 등 참고.

5 이에 관해서는 백승영, "해석적 지식과 해석적 진리: 관점주의적 인식론", 『니체, 디오니소스적 긍정의 철학』(책세상, 2005), 417-540쪽; 이상엽, "니체의 관점주의", 『니체연구』 제16집(2009), 99쪽 아래 등 참고.

6 푸코에 관해서는 양운덕, 『미셸 푸코』(살림, 2003); 최정운, "푸코를 위하여: 지식과 권력의 관계에 대한 재고찰", 『철학사상』 제10집(2000), 63쪽 아래 등 참고.

7 보편적인 것으로 주장되는 옳음(the right)이나 권리(rights) 역시 해당 공동체의 특정한 선(the good) 또는 미덕(virtue)을 반영한 것이라는 샌델(Michael Sandel)의 주장 역시, 꼭 같은 것은 아니지만, 비슷한 선상에 있다고 말할 수 있다. 이에 관해서는 M. Sandel, *Liberalism and the Limits of Justice*, second edition (Cambridge University Press, 1998) 참고. 그런데 흥미롭게도 샌델 자신은 보편적인 것이 존재할 수 있음을 긍정한다. M. Sandel, 같은 책, ix-x쪽 (Preface to Second Edition) 참고.

(2) 문화상대주의에 기반을 둔 비판

문화상대주의에 기반을 둔 비판은 바로 이러한 포스트모더니즘의 철학적 비판을 문화적으로 구체화한 것이라고 말할 수 있다. 오늘날 문화다원주의로 대변되는 문화상대주의는 다원주의가 지배하는 현대사회에서 보편적인 문화적 가치를 인정할 수 없다고 말한다.[8] 이들에 따르면 인권 역시 일정한 가치를 반영한 것이고 이러한 가치는 문화에 기반을 두는데, 오늘날 전 세계가 보편적으로 공유할 수 있는 문화는 없다고 말한다. 오히려 각기 다른 문화가 다원적으로 공존하면서 경우에 따라서는 '문화적 충돌'을 빚기도 한다고 지적한다.[9] 따라서 이러한 시각에서 보면 인권 역시 특정한 문화의 산물로서 보편성을 긍정하기 어렵다. 무엇보다도 '아시아적 가치'를 주창하는 문화상대주의자들은 인권을 개인적 자유주의를 강조하는 서구적 문화의 산물로 이해한다. 이렇게 아시아적 가치를 강조하는 문화상대주의 관점은 필자가 구상하는 동아시아적 인권 구상이 정면에서 다루어야 할 문제이기에 아래 Ⅲ.에서 본격적으로 다루겠다.

(3) 인권 개념의 내용적 이질성에 기반을 둔 비판

이외에 인권 개념의 내용적 이질성에 기반을 둔 비판을 언급할 수 있다. 이 비판의 핵심은 인권으로 불리는 권리 가운데는 보편성을 인정하기 어려운 것도 있다는 점이다. 이른바 사회권으로 불리는 경제적·사회적·문화적 권리 중에서 이 같은 권리를 발견할 수 있다.[10] 오늘날 문제가 되는 이주에 관한 권리도 보편적인 권리라고 말하기 어렵다.[11] 이 비판은 이러한 근거에서 인권이 과연 보편적인 권리라고 말할 수 있는지에 의문을 제기한다. 이 같은 비판이 한편으로 타당할 수 있는 이유는 그동안 인권 개념이 발전하면서 성격이 서로 다른 권리들을 지속적으로 인권의 범주에 확장적으로 포섭했기 때문이다. 인권의 역사적 발전과정을 살펴보면 자유주의에 바탕을 둔 시민적·정치적 권리와 사회국가원리

---

8 이 문제에 관해서는 우선 조효제, 『인권의 문법』(후마니타스, 2007), 제6장 참고.

9 새뮤얼 헌팅턴, 이희재 (역), 『문명의 충돌』(김영사, 1997).

10 이 문제에 관해서는 장은주, 앞의 책, 293쪽 아래; William J. Talbott, *Human Rights and Human Well-Being* (Oxford University Press, 2010) 등 참고.

11 이에 관해서는 조효제, 앞의 책, 제7장 참고.

를 배후근거로 하는 경제적·사회적·문화적 권리 그리고 공동체주의와 깊은 관련을 맺는 연대적·집단적 권리가 단계적으로 인권 개념에 포함되어 왔음을 확인할 수 있다.[12] 그런데 여기서 알 수 있듯이 시민적·정치적 권리와 경제적·사회적·문화적 권리 그리고 연대적·집단적 권리는 서로 이론적 맥락과 결이 다르다. 어찌 보면 이들 권리는 서로 조화를 이루기 어려운, 경우에 따라서는 서로 충돌하는 권리라고 말할 수 있다. 그런데도 이들 권리가 모두 뭉뚱그려져 인권이라는 개념으로 명명되는 것이다. 하지만 이들 권리 가운데는 특정한 사회적·경제적·역사적 조건에 의존하는 권리도 있고, 따라서 이들 권리에 보편성을 인정하기는 어렵기 때문에 인권 자체의 보편성도 비판에 직면하는 것이다.

Ⅲ. 인권의 보편성과 아시아적 가치

아래에서는 위에서 언급한 세 가지 비판 가운데 문화상대주의에 기반을 둔 비판을 집중적으로 살펴보겠다. 우리가 속한 동아시아의 맥락에서는 이 비판이 '인권과 아시아적 가치의 대립'이라는 문제로 등장하였다. 이른바 '아시아적 가치'를 지지하는 일련의 학자들은 인권은 보편적인 권리가 아니라 개인적 자유주의를 대변하는 서구적 가치를 반영한 것에 지나지 않는다고 비판한다.[13] 인권의 보편성을 지지하는 측과 아시아적 가치를 지지하는 측 사이의 논쟁은 지난 2000년을 전후로 하여 활발하게 진행되었다. 지금 와서는 이 논쟁이 다소 소강 상태로 접어든 편이지만, 이 논쟁에서 쟁점이 되었던 부분은 지금도 여전히 심도 있게 음미할 필요가 있다.

1. 아시아적 가치

이 논쟁을 검토하려면 먼저 아시아적 가치가 무엇인지 살펴볼 필요가 있

---

12 이는 흥미롭게도 정의론을 자유지상주의적 정의론, 자유주의적(사회국가적) 정의론, 공동체주의적 정의론으로 유형화할 수 있는 것과 상당 부분 상응한다. 이러한 정의론의 유형에 관해서는 마이클 샌델, 이창신 (옮김), 『정의란 무엇인가』(김영사, 2010) 참고.

13 이 문제에 관한 접근으로는 William J. Talbott, *Which Rights Should Be Universal?* (New York: Oxford University Press, 2005), 39쪽 아래.

다.14 간단하게 말하면 아시아적 가치는 서구적 가치에 대응하여 아시아, 특히 유교문화에 기반을 둔 동아시아 문화권이 독자적으로 공유하는 가치체계라고 정의할 수 있다. 아시아적 가치 개념은 이미 1970년대부터 등장하기 시작하였다.15 그 당시 아시아적 가치는 한국, 일본, 싱가포르, 대만, 홍콩 등과 같은 동아시아 국가들이 급속한 경제성장을 이룩하는 데 기여했던 중요한 이유로 제시되었다. 이들 국가의 성공 요인을 밝히고자 했던 서구 학자들은 공교롭게도 이들 국가가 유교문화에 기반을 두고 있다는 점에 초점을 맞추었다. 여기에 착안하여 서구 학자들은 이들 동아시아 국가가 급속한 경제성장을 이룩하는 데 이들 국가가 문화적으로 공유하는 아시아적 가치가 중요한 역할을 했다고 진단하였다.16 이 점에서 아시아적 가치는 서구적 가치보다 더욱 긍정적인 의미로 자리매김하였다. 그러나 1998년을 전후로 한국을 비롯한 동아시아 국가 전반에 걸쳐 외환위기가 불어 닥치면서 아시아적 가치는 새롭게 부정적인 가치로 전락하게 되었다. 서구 학자들은 동아시아 국가들의 경제위기를 지켜보면서 이번에는 아시아적 가치가 이러한 경제위기의 주범이라고 지목하였다. 아시아적 가치가 담고 있는 "모호함·혈연자본주의·이중규범·부정부패"가 동아시아의 경제위기를 야기했다는 것이다.17 이렇게 아시아적 가치는 처음에는 긍정적인 가치로, 그다음에는 정반대로 부정적인 가치로 인식되었다. 그리고 동아시아의 경제위기가 지나고 2000년을 전후로 하여 중국이 매년 급속한 경제성장을 이룩하면서 아시아적 가치는 다시금 긍정적인 의미로 자리 잡는 것으로 보인다. 중국의 성장을 견제하기 위해 중국의 인권상황을 외교적 무기로 활용하는 미국의 인권정책에 맞서 중국이 아시아적 가치에 기반을 둔 '중국적 인권' 개념을 내세우는 것이 이를 시사한다.18

---

14 아시아적 가치에 관해서는 우선 이승환 외, 『아시아적 가치』(전통과현대, 1999) 참고.
15 이승환, "'아시아적 가치'의 담론학적 분석", 이승환 외, 『아시아적 가치』(전통과현대, 1999), 314 쪽; 김석근, "IMF, 아시아적 가치 그리고 지식인", 이승환 외, 『아시아적 가치』(전통과현대, 1999), 258쪽 아래 등.
16 예를 들어 Herman Kahn, *World Economic Development: 1979 and Beyond* (Croom Helm, 1979); Ezra Vogel, *Japan as Number One* (Harvard University Press, 1979) 등 참고.
17 김석근, 앞의 논문, 265쪽.
18 '중국적 인권' 개념에 관해서는 조경란, "'중국적' 인권의 개념화에 대한 사상적 시론", 성공회대

그러면 과연 어떤 점에서 아시아적 가치가 인권의 보편성 논의에서 문제가 될까? 앞에서 시사한 것처럼 문제는 아시아적 가치가 인권의 보편성과 충돌한 다는 점이다. 아시아적 가치를 적극 수용하는 정치가나 학자들은, 물론 모든 학 자가 그런 것은 아니지만, 서구의 인권은 개인적 자유주의에 바탕을 둔 것으로 이는 서구적 가치를 대변하는 것이지 보편적 가치를 반영하는 것은 아니라고 말한다. 이는 무엇보다도 아시아적 가치를 적극적으로 옹호하는 전 싱가포르의 수상 리콴유의 여러 발언에서 찾아볼 수 있다. 리콴유는 아시아적 가치를 옹 호하는 주장을 여러 지면을 통해 펼쳤는데 이에 대한 원형은 리콴유가 1994년 『Foreign Affairs』의 편집장이었던 파뤼드 쟈카리아(Fareed Zakaria)와 행한 대담 에서 찾아볼 수 있다.[19] 물론 여기서 리콴유는 아시아적 가치가 서구적 인권과 충돌한다는 점을 직접 언급하지는 않는다. 그러나 이 대담의 배후맥락을 면밀 하게 독해하면 리콴유가 의도하는 아시아적 가치가 서구적 인권, 더 나아가 서 구의 자유주의적 민주주의와 양립할 수 없다는 점을 확인할 수 있다.[20] 예를 들 어 리콴유는 미국의 시스템을 동아시아에 이식하고자 하는 것을 다음과 같이 비판한다.[21]

"사람들에게 미국의 시스템의 문제점이 뭔지를 말하는 것은 나의 임무가 아닙 니다. 오히려 미국에게 자신의 시스템을 제대로 작동하지도 않을 다른 사회에 무 분별하게 강요하지 말라고 말하는 것이 나의 임무이죠."

리콴유는 미국 시스템에 어떤 문제가 있어서 이를 다른 사회, 즉 싱가포르

인권평화연구소 (엮음), 『동아시아 인권의 새로운 탐색』(삼인, 2002), 113쪽 아래 참고.

19 Fareed Zakaria, "Culture is Destiny: A Conversation with Lee Kuan Yew", *Foreign Affairs* 73(2) (1994, March/April); 이 대담의 번역문은 이승환 외, 앞의 책, 15-50쪽에 실려 있다. 이 책에서는 이 번역문으로 인용한다.

20 이는 무엇보다도 리콴유의 주장을 정면에서 반박한 고 김대중 전 대통령의 반론에서도 확인할 수 있다. Dae-Jung Kim, "Is Culture Destiny?: The Myth of Asia's Anti-Democratic Values", *Foreign Affairs* 73(6)(1994, November/December). 이의 번역문은 이승환 외, 앞의 책, 51-64쪽 참고.

21 리콴유·쟈카리아, "문화는 숙명이다", 이승환 외, 앞의 책, 18쪽.

와 같은 동아시아 사회에 적용할 수 없다고 본 것일까? 이에 리콴유는 다음과
같이 말한다.[22]

"그러나 전체 시스템을 보면 절대로 수용할 수 없는 측면도 있습니다. 총기, 마
약, 폭력, 부랑인들, 공공에서의 무례한 행위 등 (…). 시민사회의 붕괴라고 할 수
있을 것입니다. 원하는 대로 행동하고 함부로 처신할 수 있는 개인적 권리가 확장
되면서 질서정연한 사회를 대가로 지불했던 것이죠. 동양에서는 잘 정비된 사회
를 건설하여 모든 사람이 자신의 자유를 최대한 누릴 수 있도록 만드는 것이 주
요한 목표였습니다. 자유는 정연한 질서를 갖춘 국가에서만 존재할 수 있습니다.
투쟁과 아나키의 자연 상태에서 자유란 없습니다."(강조는 인용자)

위 인용문에서 알 수 있듯이 리콴유는 사람을 자유롭게 하는 개인적 권리
가 전체 사회, 즉 시민사회를 붕괴시킨다고 지적한다. 이때 리콴유가 인권을 직
접 지목한 것은 아니지만 여기서 말하는 개인적 권리가 가장 기본적인 인권에
속하는 시민적 권리에 해당한다는 점은 인정할 수 있다. 이 점에서 리콴유는 개
인적 자유주의에 기반을 둔 인권이 오히려 시민사회를 붕괴시킬 수 있는 것으
로서 부정적으로 보고 있다고 말할 수 있다. 이 같은 해석은 동아시아적 개념에
대한 리콴유의 발언에서도 확인할 수 있다.[23]

"난 아시아적 모델 그 자체는 없다고 봅니다. 그러나 아시아적 사회들은 서구
적 사회들과는 다릅니다. 사회와 국가에 대한 서구적 개념과 동아시아적 개념의
근본적 차이점은 바로 동아시아 사회들에선 개인이 가족 속에 존재한다고 믿고 있
는 것입니다. (…) 가족은 친족집단의 일부이며, 나아가선 친구집단과 보다 큰 사
회의 일부입니다. 정부의 통치자는 별도로 개인에게 필요한 것을 마련하려 노력
하지 않습니다. 한 사람에게 필요한 것은 그의 가족이 가장 잘 제공할 수 있기 때
문입니다."(강조는 인용자)

---

22 리콴유·자카리아, 위의 글, 19쪽.
23 리콴유·자카리아, 앞의 글, 22쪽.

여기서 리콴유는 동아시아적 개념에서는 가족이 개인보다 우선한다고 말한다. 이는 달리 말하면 인권의 주체인 개인보다 가족으로 대변되는 공동체가 더욱 우선한다는 것으로 새길 수 있다. 이는 공동체보다 개인을 우선시하는 서구적 개인주의 그리고 여기서 출발하는 인권사상과 분명 배치된다. 그뿐만 아니라 리콴유는 서구의 민주주의에서 가장 근간이 되는 '일인일표'의 보통선거제도도 비판적으로 바라본다.[24]

"한 사람이 한 표만 행사할 것인지, 아니면 어떤 사람은 한 표, 또 어떤 사람은 두 표를 행사할 것인지, 이런 형태를 모두 결정해야 합니다. 난 도무지 일인일표(一人一票)가 최선이라는 것을 지적으로 납득할 수가 없어요. 우리는 단지 영국인들이 우리에게 물려주었고, 우리가 반발할 만한 필요를 느끼지 못했기 때문에 일인일표(一人一票)를 실시하고 있는 것입니다. 하지만 저는 개인적으로 만약에 가정을 가진 40대 이후의 남자에게 2표를 준다면, 그는 자식을 위해서 투표할 것이기 때문에 더욱 조심스럽게 투표할 가능성이 높으므로, 우리는 보다 좋은 시스템을 갖게 될 것이라 믿고 있습니다."

이 같은 주장을 보면 리콴유가 민주주의의 기본전제 그리고 이와 결부된 정치적 인권에도 회의적이라는 점을 발견할 수 있다. 사실이 그렇다면 리콴유가 강조하는 "동아시아적 개념" 또는 '아시아적 가치'는 서구에서 성장한 인권 및 민주주의와 그리 친화적이지는 않다고 추론할 수 있다. 바로 이 점 때문에고 김대중 전 대통령은 아시아적 가치에 대항하여 동아시아의 민주주의를 실현하기 위해 리콴유의 주장을 비판한 것이다.[25]

2. 아시아적 가치의 수용으로서 유교민주주의론

이렇게 리콴유 싱가포르 전 수상을 통해 유명해진 아시아적 가치는 그간 국내 학자들에 의해 긍정적으로 수용되기도 하였다. 이들 학자는 아시아적 가

---

24 리콴유·자카리아, 앞의 글, 35쪽.
25 김대중, "문화는 숙명인가", 이승환 외, 앞의 책, 51-64쪽.

치의 문화적 기반을 이루는 유교가 현대 자유주의적 민주주의가 처한 위기를 극복할 수 있는 대안이 될 수 있다는 점에 주목한다. 아시아적 가치를 긍정적으로 수용하고자 하는 태도는 크게 두 가지 방향으로 전개되었다.[26] 첫째는 아시아적 가치를 적극적으로 수용하여 이른바 '유교민주주의'를 실현하고자 하는 것이다.[27] 둘째는 오늘날 헌정질서의 기본축이 되는 민주주의와 법치주의는 유지하면서도 이의 한계를 보완하기 위해 소극적으로 아시아적 가치 또는 유교문화를 수용하는 것이다.[28] 이러한 두 가지 방안 중에서 우리의 문제와 관련하여 중요한 의미가 있는 것은 첫 번째 방안이므로 아래에서는 이를 집중적으로 소개한다.

아시아적 가치 혹은 유교적 가치를 그 누구보다도 적극적으로 수용한 학자는 함재봉 교수이다. 함재봉 교수는 일련의 저작을 통해 아시아적 가치를 적극 지지하면서 독자적인 유교민주주의를 제시하였다. 여기에서는 1999년에 공간된

---

26 이에 관해서는 장은주, 앞의 책, 96쪽 아래; 이계일, "동아시아 공동체의 형성이 법철학에 주는 도전: 유교적 헌정질서론과 법문화론에 대한 비판적 고찰을 중심으로", 13쪽 아래(이 논문은 원래 이계일, "동아시아 공동체의 형성이 법철학에 주는 도전: 유교적 헌정질서론에 대한 비판적 고찰을 중심으로", 『법학연구』(전북대) 제31집(2010), 133-181쪽으로 공간되었다. 필자가 갖고 있는 초고는 발표문인데, 공간된 논문은 이 발표문을 다소 축약한 것이므로 이 책에서는 이계일 교수의 의도가 잘 드러난 초고로 인용한다).

27 함재봉, "근대사상의 해체와 통일한국의 정치이상", 김용옥 (편), 『삼국통일과 한국통일(하)』(통나무, 1994), 407쪽 아래; 함재봉, 『탈근대와 유교: 한국정치담론의 모색』(나남, 1998); 함재봉, "아시아적 가치논쟁의 정치학과 인식론", 이승환 외, 앞의 책, 183쪽 아래; 함재봉 외 (편), 『유교민주주의: 왜 & 어떻게』(전통과현대, 2000); 이상익, "유교와 자유민주주의", 『정치사상연구』 제3집(2000), 21쪽 아래 등.

28 이승환, 『유가사상의 사회철학적 재조명』(고려대학교 출판부, 1998); 문병도, "유교와 민주주의", 『동양철학연구』 제43집(2005), 319쪽 아래 등 참고. 한편 이계일 교수는 이 두 가지를 넘어서는 제3의 방안으로 사회경제적 측면에서는 자유주의적 헌정체제를 유지하면서도, 문화적 측면에서는 유교를 수용함으로써 유교문화가 간접적으로 법규범에 투영되도록 하는 방안을 제시한다. 즉 "법문화의 유교사상적 형성이라는 과정을 매개로 하여 현재의 민주헌정질서와 조화되게 해당 법문화를 구체화하는 법원칙을 추출하고 체계화해 가는 방식"을 제안한다. 이계일, 앞의 논문, 35쪽. 이 견해는 현대 중국의 철학자 리쩌허우의 사상을 응용한 것으로 이론적으로 설득력이 강하다. 다만 필자는 이 견해가 기존의 방안과 질적으로 차이가 있는지 의문이 없지 않다. 어찌 보면 이 견해는 유교를 소극적으로 수용하고자 하는 두 번째 견해와 유사하다. 또한 이 견해에 의하더라도 다음과 같은 문제를 어떻게 해결해야 할지 문제가 된다. 구체적인 법적 문제에서 유교적 문화에 기반을 둔 판단과 자유주의적 헌정질서에 근거를 둔 판단이 갈등을 빚을 때 이를 어떻게 판단해야 하는지의 문제가 그것이다. 이에 대한 예로 우리나라에서 격렬한 논쟁의 대상이 되는 동성결혼(same sex marriage) 문제를 거론할 수 있다.

논문으로서 이러한 함재봉 교수의 주장이 본격적으로 제시된 "아시아적 가치와 민주주의: 유교민주주의는 가능한가?"를 분석함으로써 함재봉 교수가 어떤 논증 과정을 거쳐 아시아적 가치와 유교민주주의를 근거 짓는지 살펴본다.[29] 함재봉 교수는 이 논문에서 서구적 가치에 대응하는 아시아적 가치가 어떻게 민주주의 와 결합할 수 있는지 논증한다. 함재봉 교수는 무엇보다도 '유교민주주의'를 통 해 아시아적 가치와 민주주의가 어떻게 결합할 수 있는지 보여준다. 물론 이 논 문에서 함재봉 교수가 인권의 보편성 문제를 정면에서 다루는 것은 아니다. 그 러나 함재봉 교수가 이 논문에서 서구의 자유주의적 민주주의에 던진 비판은 서구의 자유주의적 인권에도 그대로 유효하다고 생각한다. 그러면 함재봉 교수 는 어떤 논거로써 서구의 자유주의적 민주주의를 비판할까? 함재봉 교수는 크 게 인간관, 가족관, 정치와 도덕의 분리 문제, 이해와 욕구의 해결 문제 등을 통 해 서구의 자유주의적 민주주의를 비판한다.

우선 함재봉 교수는 서구 자유주의적 민주주의는 계산적이면서 이기적인 인간관을 전제로 한다고 말한다. 서구에서 바라본 인간은 이성적인 인간이지만 이때 말하는 이성은 계산적인 이성이라는 것이다. 또한 서구에서 전제로 하는 인간은 철저하게 고립된 인간으로 굳이 타인을 필요로 하지 않는다. 오직 자기 에게 이익이 될 때만 타인을 필요로 할 뿐이다.[30] 이와 달리 동아시아에서 전제 로 하는 인간은 "도덕적으로 완성될 수 있는 존재"이다. 특히 동아시아 문화의 토대가 되는 유교는 "인간이 이성을 통하여 객관적이고 도덕적인 것을 알고 실 천할 수 있다."는 전제에서 출발한다.[31] 함재봉 교수에 따르면 유교에서 전제로 하는 인간 역시 이성적 존재이다. 그렇지만 여기서 말하는 이성은 서구적 인간 이 전제로 하는 계산적 이성보다 더욱 넓은 개념이다. 동아시아적 인간이 소유 하는 이성은 계산적 이성을 넘어 도덕적인 실천이성까지 모두 포괄하는 개념이 다. 이뿐만 아니라 함재봉 교수는 유교에서 말하는 인간은 상호주관적 존재라 고 말한다. 그러므로 동아시아에서 전제로 하는 인간은 타인과 고립되어 살 수

---

29 함재봉, "아시아적 가치와 민주주의: 유교민주주의는 가능한가?", 『철학연구』 제44집(1999), 17쪽 아래 참고.
30 함재봉, 위의 논문, 19–22쪽.
31 함재봉, 앞의 논문, 22쪽.

없다. 오직 타인과 형성하는 관계를 통해서만 존재할 수 있다고 한다.[32]

다음으로 함재봉 교수에 따르면 서구 자유주의적 민주주의에서는 전근대적인 가족을 해체해야 할 대상으로 파악한다. 서구 자유주의적 민주주의에서 바라보는 이상적인 가족은 계약관계로 맺어진 핵가족이다. 이러한 핵가족은 가족 구성원에게 쉼터 이상의 역할을 수행하지 못한다.[33] 이와 달리 유교에서 말하는 가족은 유교에서 추구하는 도덕적 가치를 터득하고 실천할 수 있는 공간이다.[34] '修身齊家治國平天下'라는 말이 보여주듯이 유교에서 말하는 인간 주체는 장차 국가 공동체를 다스리는 데 필요한 덕목을 가족 공동체 안에서 배우고 실천할 수 있다. 이 점에서 가족은 계약 관계로 짜인 쉼터 이상의 공간으로 도덕적 가치로 맺어진 실천철학의 습득 공간이다. 바로 이 같은 이유에서 서구적 가족과 동아시아적 가족은 구별된다.

나아가 함재봉 교수에 따르면 정치와 도덕의 관계에 관해서도 서구와 동아시아는 구별된다.[35] 서구 자유주의적 민주주의에서는 기본적으로 정치와 도덕을 구별한다. 정치적 문제를 판단하고 결정하는 데 도덕적 가치를 개입시켜서는 안 된다고 보는 것이 서구 자유주의적 민주주의이다. 이와 달리 동아시아 공동체의 문화적 토대가 되는 유교에서는 정치적 문제와 도덕적 문제를 구별하지 않는다. 도덕적 판단이 결부되지 않는 정치적 판단은 가능할 수 없다고 본다. 이에 따르면 정치는 곧 덕치인 셈이다. 그러므로 훌륭한 정치가는 깊이 있는 도덕적 덕성을 갖추어야 한다.

마지막으로 이해와 욕구를 해결하는 문제에서도 서구 자유주의적 민주주의와 유교에서는 차이를 보인다.[36] 서구 자유주의적 민주주의에서는 자신들의 이해와 욕구 문제를 해결하기 위해 경쟁하고 투쟁하는 것을 자연스러운 것으로 이해한다. 이와 달리 유교문화에서는 자신들의 이해와 욕구를 해결하기 위해 경쟁하고 투쟁하는 것을 불편한 것으로 이해한다. 유교에서는 경쟁과 투쟁보다

---

32 함재봉, 앞의 논문, 22-23쪽.
33 함재봉, 앞의 논문, 24-25쪽.
34 함재봉, 앞의 논문, 26-27쪽.
35 함재봉, 앞의 논문, 27-28쪽.
36 함재봉, 앞의 논문, 28-30쪽.

는 조화에 더욱 익숙하다.

함재봉 교수는 이러한 근거에서 서구 자유주의적 민주주의를 유교문화가 지배하는 동아시아적 공동체에 직접 적용하는 것은 바람직하지 않다고 말한다. 그러면서 함재봉 교수는 그 대안으로 유교와 민주주의를 결합한 유교민주주의를 제안한다. 유교민주주의는 민주주의의 기본가치를 존중하면서도 자유주의적 민주주의가 안고 있는 자유주의적 폐단을 극복하고자 하는 것으로 파악할 수 있다. 함재봉 교수는 이러한 유교민주주의에 관해 다음과 같이 말한다.[37]

"아시아적 가치론과 유교민주주의론은 결코 보수적이거나 복고적인 얘기가 아니다. 민주적인 절차가 이미 정착된 한국에서 이러한 문제들을 논하는 것은 비민주적인 국가에서 이러한 주장을 펴는 것과는 근본적으로 다르다. 한국이나 대만, 일본 등의 국가에서의 이러한 논의는 민주주의를 공고화시키는 과정에서 자유주의적인 전통이 부재한 것을 인식하고 인정하는 과정이다. 비록 미국 등 선진국가들이 채택한 사상이지만 자유주의가 수반하는 여러 가지 철학적, 사상적 문제들은 앞에서 살펴본 바와 같다. **자유주의가 요구하는 가치관과 제도들은 수용하지 않는 가운데서도 민주주의를 정착시키고자 하는 것이 곧 아시아적 가치론과 유교민주주의론의 핵심이다.**"(강조는 인용자)

3. 아시아적 가치와 인권의 갈등

이러한 함재봉 교수의 주장은 자유주의적 민주주의의 한계를 염두에 둔 것이지 서구적 인권을 정면에서 다룬 것은 아니다. 그렇지만 필자는 위에서 소개한 함재봉 교수의 주장은 인권 개념에도 그대로 적용할 수 있다고 생각한다. 현대 자유주의자들이 주장하는 것처럼 자유주의적 민주주의와 인권은 서로 불가분의 관계를 맺기 때문이다. 사실이 그렇다면 함재봉 교수의 이해에 따르면 오늘날 강조하는 인권 개념 역시 서구 자유주의적 민주주의의 토대 위에서 등장한 것이기에, 계산적이고 이기적인 인간을 전제로 하는 서구특수적인 것이

---

37 함재봉, 앞의 논문, 31쪽.

라고 말할 수 있다. 인권은 개인주의적 자유주의 문화에 기반을 둔 것이다. 그러므로 공동체적 연대성을 강조하는 동아시아적 가치와는 맞지 않을 수 있다. 공동체적 연대성을 강조하는 아시아적 가치는 개인적 자유주의를 강조하는 인권과 서로 갈등을 빚을 수 있는 것이다. 그리고 이렇게 아시아적 가치와 인권이 갈등을 빚는 경우, 함재봉 교수에 따르면 유교민주주의는 "자유주의가 요구하는 가치관과 제도들은 수용하지 않는" 민주주의이므로 인권보다 아시아적 가치가 우선순위를 누릴 수 있다.[38] 사실이 그렇다면 이는 다음과 같은 결론을 낳는다. 서구에서 등장한 인권은 철저하게 서구적인 권리이기에 보편성을 주장할 수 없다는 것이다. 달리 말해 인권은 서구적 권리로서 동아시아적 공동체와는 어울리지 않는다는 것이다. 만약 이 주장이 타당하다면 '동아시아적 인권'이라는 개념은 성립할 수 없을지 모른다. 서로 양립할 수 없는 개념의 조합이기 때문이다.[39]

Ⅳ. 동아시아적 인권 구상의 이론적 기초

동아시아적 인권 구상은 아시아적 가치를 적극 옹호하는 진영에서 말하는 것처럼 성립하기 어려운 구상일까? 그러나 이미 주장한 것처럼 필자는 동아시아적 인권 구상이 이론적으로 가능하다고 생각한다. 이를 아래에서 논증하겠다.

1. 문화적 자기주장으로서 다문화주의

논증의 출발점으로서 먼저 오늘날의 시대는 현실적으로 다문화주의가 지배하는 시대라는 점을 인정할 필요가 있다. 다원주의가 문화적으로 구현된 다

---

[38] 그러나 필자는 자유주의가 요구하는 가치관과 제도들을 수용하지 않는 민주주의가 어떤 민주주의인지 궁금하다.
[39] 이와 비슷한 맥락에서 미국의 정치학자 헌팅턴(Samuel P. Huntington)은 '유교민주주의' 역시 모순적인 개념이라고 지적한다. Samuel P. Huntington, *The Third Wave: Democratization in the Late Twentieth Century* (University of Oklahoma Press, 1991), 303-304쪽. 이를 소개하면서도 이와 달리 유교민주주의가 가능하다고 보는 문병도, 앞의 논문, 325쪽 아래.

문화주의는 각기 상이한 문화가 다원적으로 병존하는 현상을 적극 지지한다.[40] 심지어 국가가 자신의 관할영역 안에서 이러한 다문화주의가 관철될 수 있도록 정책을 펼칠 것을 요청하기도 한다.[41] 다문화주의를 지지하는 이들은 이를 인권적인 문제로 바라보기도 한다.[42] 이 같은 다문화주의는 각각의 문화권, 예를 들어 기독교 문화권이나 이슬람 문화권, 유교문화권 등이 자신들의 문화적 정체성, 즉 '문화적 자기주장'을 할 수 있다는 점을 긍정한다.[43]

그런데 문화적 자기주장을 인정하기 위해서는 그 전제로서 모두가 수용할 수 있고 또 수용해야 하는 보편적인 문화가 없다는 것을 받아들여야 할지 모른다. 문화적 자기주장을 지지하는 이들의 눈으로 보면 보편적인 문화라는 것은 일종의 환상에 불과할 수 있기 때문이다. 체계이론적인 언어로 말하면 이는 보편적인 문화를 생산할 수 있는 문화체계(Kultursystem)를 오늘날 인정할 수 없다는 것으로 이해할 수 있다. 이를 증명하듯 문화체계를 긍정한 파슨스와 달리 루만은 문화가 독자적인 사회적 체계가 될 수 없다고 말한다.[44] 왜냐하면 루만의 시각에서 볼 때 기능적 분화가 진행되는 오늘날에는 더 이상 통일된 문화적 가치를 인정할 수 없기 때문이다. 그래서 루만에 따르면 문화는 일종의 의미론(Semantik)에 지나지 않는다. 이는 곧 사회적 기능체계들이 각자 독자적으로 문화라는 의미론을 생산할 수 있음을 시사한다. 예를 들어 정치체계는 정치문화를, 경제체계는 경제문화를, 법체계는 법문화를 각기 독자적으로 생산할 수 있다는 것이다. 사실이 그렇다면 오늘날 인권의 보편성이라는 이름으로 문화적 자기주장을 거부하는 것은 이론적인 측면에서나 현실적인 측면에서 타당하지

---

40 다문화주의에 관해서는 이철우, "다문화주의, 민족주의, 소속의 법제화", 『지식의 지평』 제8호(2010), 73쪽 아래.

41 설동훈, "한국의 다문화 사회 정책의 문제점과 대안", 『지식의 지평』 제8호(2010), 62쪽 아래.

42 양천수, "다문화시대의 인권법정책: 대구경북지역의 인권조례정책을 예로 하여", 『영남법학』 제31호(2010), 1–26쪽; 양천수, "다문화적 인권의 가능성: 기초법학의 관점에서", 『법과 정책연구』 제11집 제2호(2011), 369–393쪽 등 참고.

43 문화적 자기주장에 관해서는 장은주, 앞의 책, 95쪽 참고. 장은주 교수가 밝히는 것처럼 이 개념은 미시마 켄이치에서 빌려온 것이다. Kenichi Mishima, "Kultureller Rassismus – ausgeplünderte Tradition: Über die 'raffinierten' Formen der Selbstbehauptung", in: *Frankfurter Rundschau* (1998. 12. 19).

44 G. Burkhart, "Niklas Luhmann: Ein Theoretiker der Kultur?", in: G. Burkhart/G. Runkel (Hrsg.), *Luhmann und die Kulturtheorie* (Frankfurt/M., 2004), 26쪽 아래.

않다. 한편으로는 오늘날 이미 현실이 되고 있고 또 다른 한편으로는 이론적으로 탄탄한 근거도 가진 다문화주의의 문화적 자기주장을 있는 그대로 받아들일 필요가 있다.

2. 인권의 구성적·자유주의적 성격

이는 인권을 말할 때도 마찬가지이다. 필자는 인권은 일종의 문화적 산물이라는 아시아적 가치 지지자들의 주장을 신중하면서도 긍정적으로 받아들일 필요가 있다고 생각한다. 물론 과연 문화가 어떻게 인권 개념에 영향을 미치는지는 좀 더 치밀하게 검토할 필요가 있다.[45] 그렇지만 인권 개념 자체가 애초에 서구 문화권에서 성장한 것이고 이를 뒷받침하듯 인권은 기본적으로 개인적 자유주의와 밀접하게 연관되어 있다는 점은 받아들일 수 있다고 생각한다. 인권은 개별화된 권리주체에서 출발하기 때문이다. 이 점에서 필자는 인권의 자유주의적 성격을 긍정할 수 있다고 생각한다. 더불어 과거에는 존재하지 않았던 새로운 권리주장들이 오늘날 인권이라는 이름으로 등장하고 있고 또 이들 가운데 상당수는 인권으로 안착하고 있다는 점에 주목할 때 인권은 고정된 권리가 아니라 오히려 역동적으로 형성되고 변화하는 구성적 권리라는 점 역시 긍정할 수 있다.[46] 이 같은 주장이 타당하다면 신의 권위(천부인권설)나 자연법적 확실성에 힘입어 인권을 일종의 실체 개념으로 파악하고 이로부터 인권의 보편성을 이끌어내려는 이론적 시도는 오늘날 더 이상 설득력을 주장할 수 없다. 바로 이러한 까닭에서 우리는 한편으로는 인권에 대한 아시아적 가치론의 비판을 긍정적으로 바라보면서도 다른 한편으로는 새로운 이론적 지평에서 인권의 보편성

---

45 이에 관해 이계일 교수의 작업이 한 모범이 될 수 있다. 이계일, 앞의 논문, 32–35쪽 참고. 한편 법문화 연구에 대한 비판적 제언으로는 이철우, "법문화의 담론적 생산: 방법론적 비판", 『법철학연구』 제4권 제1호(2001), 203쪽 아래 참고.

46 이를 철학적으로 정당화하는 R. Forst, "Das grundlegende Recht auf Rechtfertigung: Zu einer konstruktivistischen Konzeption von Menschenrechten", in: H. Brunkhorst u.a. (Hrsg.), *Recht auf Menschenrechte* (Frankfurt/M., 1999), 66쪽 아래 참고. 이 논문은 포르스트의 다른 논문들과 함께 묶여 2007년 단행본으로 출간되었다. R. Forst, *Das Recht auf Rechtfertigung: Elemente einer konstruktivistischen Theorie der Gerechtigkeit* (Frankfurt/M., 2007). 이 책에서는 앞의 논문으로 인용한다.

을 근거 지어야 하는 이론적 필요성에 대응해야 한다.

3. 보편적인 구성주의적 인권의 논증 가능성

위에서 지적한 것처럼 동아시아적 인권 구상을 이론적으로 근거 짓기 위해
서는 한편으로는 문화적 자기주장을 수용하면서도 다른 한편으로는 여전히 보
편성을 긍정할 수 있는 인권 개념을 모색해야 한다. 필자는 이러한 인권 개념을
'보편적인 구성주의적 인권 개념'이라고 말할 수 있다고 생각한다. 그러면 어떻
게 이러한 인권 개념을 논증할 수 있을까? 이를 위해서는 먼저 인권의 보편성
개념부터 새롭게 정립할 필요가 있다.

(1) 가변적 보편성 개념

어떻게 인권의 보편성 개념을 재구성해야 한편으로는 인권의 보편성을 유
지하면서도 다른 한편으로는 인권이 문화적 자기주장을 자기 테두리 안에 담을
수 있을까? 이에 대한 첫 번째 단계로 보편성 개념을 변할 수 있는 것으로, 다
시 말해 가변적이고 구성적인 보편성 개념을 생각해 보는 것이다.

물론 이렇게 인권의 보편성을 가변적인 것으로 파악하면 다음과 같은 반론
을 던질 수 있다. 이로 인해 인권은 보편성이 상징하는 규범적 힘을 잃을 것이
라는 반론이 그것이다. 그러나 이 반론은 다음과 같이 반박할 수 있다. 이미 법
철학 영역에서 '변화하는 자연법', '시대에 적합한 자연법' 또는 '실존적 자연법'
이라는 구상이 이론적으로 제시된 것처럼 '가변적 보편성' 구상 역시 이론적
으로 가능하다는 것이다.[47] 왜냐하면 '변화하는 자연법'이라는 구상 역시 그 자
체 모순적인 개념이기 때문이다. 인권과 마찬가지로 자연법 역시 보편적인 법
으로서 시간과 공간에 상관없이 동일한 내용을 갖고 있어야 한다. 그런 자연법
이 변화한다는 것은 자연법의 보편성 자체를 부정하는 것일 수 있다. 그런데도
'변화하는 자연법 구상'은 다수의 법철학자에 의해 지지를 얻고 있다.[48] 이렇게

---

47 예를 들어 베르너 마이호퍼, 윤재왕 (옮김), 『실존법으로서의 자연법』(세창출판사, 2011) 참고.
48 자연법을 실존법으로 파악한 독일의 법철학자 마이호퍼(Werner Maihofer)는 이를 다음과 같이
   시사한다. "이렇게 볼 때, 자연법이라는 명칭은 모든 시대에 걸쳐 언제나 다음과 같은 단 하나의
   과제를 늘 새롭게 제기한 것이었다. 그것은 바로 미래의 인간규정과 그에 상응하는 인간세계의

볼 때 인권의 보편성을 가변적이면서 구성적인 것으로 재구성하는 작업이 전혀 불가능하다고 말할 수는 없다.

(2) 절차주의적 보편성 개념

가변적인 보편성 개념은 어떻게 구체적으로 실현될 수 있을까? 이처럼 그 스스로 모순적인 개념이 이론적으로 정착하기 위해서는 이를 정당화하는 이론적 논증이 필요하다. 필자는 가변적인 보편성 개념을 이론적으로 지지할 수 있는 이론 틀로서 '절차주의적 구상'을 거론할 수 있다고 생각한다. 보편성 개념을 절차주의의 이론 위에서 재해석하면 시대 상황에 적합하게 변화하는 보편성 개념을 이론적으로 논증할 수 있다. 이러한 시도가 가능하다는 점은 이미 기초법학자인 이상돈 교수가 설득력 있게 보여주었다. 이상돈 교수는 2005년에 공간한 연구서 『인권법』에서 하버마스와 산토스의 구상을 수용하여 인권의 보편성을 새롭게 정초하였다.[49] 이는 크게 다음 세 지점에서 찾아볼 수 있다.

먼저 이상돈 교수는 인권 개념이 문화와 무관하지 않다는 점을 긍정함으로써 인권의 보편성을 새롭게 정립한다. 만약 인권이 보편적인 권리라면 각 공동체에 따라 상이한 문화에 의존하지 않으면서 언제나 같은 규범적 내용을 주장할 수 있어야 한다. 그러나 오늘날 다문화주의가 확산되면서 이렇게 각 공동체가 고유하게 지닌 문화와 무관한 인권을 말하는 것이 점점 어려워진다. 오히려 다문화적 인권을 말하는 것이 이론적·실천적으로 더욱 유리해진다. 이와 같은 맥락에서 이상돈 교수는 다음과 같이 말한다.[50]

"이로써 인권개념에 내재된 문화적 소외, 즉 어떤 문화적 가치를 선택하고 다

질서를 위한 기획들에게 법이라는 수단을 동원하여 길을 열어 놓아야 한다는 과제이다. 따라서 오늘날 우리에게 자연법은 인간이 자신의 미래와 인간을 진정 인간으로 만들려는 노력을 포기하지 않는 한, 결코 포기할 수 없는 이러한 과제를 뜻하는 개념이다. 그리고 인간을 진정 인간으로 만드는 것은 다름 아닌 실존이다. 인간의 실존은 이미 주어져 있는 그 무엇으로 확정되어 있는 것이 아니라, 인간에게 이를 완수하라는 과제로 부여되어 있는 것으로서 역사과정 속에서 비로소 밝혀지는 것이다." 베르너 마이호퍼, 위의 책, 70–71쪽(강조는 인용자).

49 이상돈, 『인권법』(세창출판사, 2005).

50 이상돈, 위의 책, 58쪽.

른 어떤 가치를 배제하는 선별은 한 문화가 다른 문화와의 융합과정을 통해 그 문화권의 사람들에게도 보편적인 것으로 되어가는 기제임을 알 수 있다. 그러므로 인권개념은 문화적으로 '상대적인 것'(kulturrelativ)이 아니라 문화적으로 '특수한 것'(kulturspezifisch)이라고 보아야 한다."

이 언명에서 알 수 있듯이 이상돈 교수는 인권 개념과 문화를 결합함으로써 인권의 보편성 개념을 문화에 개방적인 개념으로 재해석한다. 이를 통해 보편성 개념을 일종의 개방적이고 가변적인 개념으로 새롭게 정립한다.

나아가 이상돈 교수는 하버마스의 인권이론에 힘입어 인권을 절차주의적으로 재해석한다. 이상돈 교수가 이해한 하버마스의 인권 개념에 따르면 "인권은 항상 다른 사람과의 관계에 의해 재정의될 수밖에 없으며, 따라서 공론적 의사결정을 통해 끊임없이 그 내용과 한계가 재해석되어야 하는 규범으로 설정하고, 그 인권의 내용과 한계를 정하는 공동의 의사결정절차를 짜는 것이 중요"하다.[51] 이러한 맥락에서 이상돈 교수는 인권의 보편성을 '절차'로 이해한다. 우리는 "인권의 실체적인 내용이 무엇인지 확정할 수는 없지만, 그 인권이 해석되고 구체화되는 절차의 보편적 정당성을 이야기"할 수는 있다는 것이다.[52] 그런데 이렇게 인권의 보편성을 절차적으로 파악한다는 것은 인권의 보편성을 실체 개념으로 파악했던 전통적인 이해 방식과는 거리를 두는 것이다.

마지막으로 이상돈 교수는 오늘날 특히 초국가적 영역에서 인권의 보편성이 새롭게 구성된다고 말한다. 초국가적인 영역에서 인권의 보편성은 가변적인 보편성으로 재구성될 수 있다고 한다. 이를 위해 이상돈 교수는 산토스의 '상호합법성'(interlegality) 개념을 끌어들인다.[53] 상호합법성 개념에 따라 초국가적 영역에서 인권은 서로서로 승인하는 과정에서만 보편성을 획득할 수 있다. 이러한 연유에서 이상돈 교수는 "상호합법성이 인정되는 권리의 보편성, 즉 초국가적 인권은 언제나 '다투어질 수 있는 보편성'(contested universals)일 수밖에 없

---

51 이상돈, 앞의 책, 94쪽.
52 이상돈, 앞의 책, 94쪽.
53 이 개념에 관해서는 Boaventura De Sousa Santos, *Toward a New Legal Common Sense: Law, Globalization, And Emancipation*, 2nd ed. (Butterworths, 2002) 참고.

다.”고 말한다.[54] 여기서 보편성 개념이 다투어질 수 있다는 것 자체가 보편성
개념이 가변적이면서 잠정적인 것임을 시사한다.

이렇게 이상돈 교수는 문화의 측면, 절차주의적 측면, 상호합법성의 측면
에서 인권의 보편성을 새롭게 정초한다. 필자 역시 기본적으로 이와 같은 맥락
에서 인권의 보편성 개념을 파악한다. 하버마스의 대화이론적 틀 위에서 인권
의 보편성을 가변적이고 절차적인 개념으로 이해한다.[55] 이에 따르면 한편으로
인권은 보편적인 권리이지만 다른 한편으로는 인권과 관련을 맺는 모든 이들이
자유롭고 평등하게 참여한 가운데서 진행되는 인권 개념에 관한 합리적 대화를
통해 각 시대에 적합하게 가변적으로 재구성되는 절차주의적 권리인 것이다.

(3) 인권 개념의 이원화

그러나 사실 이처럼 한편으로는 인권을 보편적인 권리로 보면서도 다른 한
편으로는 합리적 대화를 통해 각 시대에 적합하게 재구성되는 절차주의적 권리
로 파악하는 구상에는 여전히 이론적으로 허점이 남아 있다. 과연 어떤 점에서
가변적이면서 절차주의적인 권리를 보편적인 권리로 볼 수 있을까? 물론 특정
한 권리주장을 이와 관련된 모든 이들이 합의하여 수용하면 이러한 권리주장은
상호주관적으로 보편적인 권리가 될 수 있다. 그렇지만 이에는 다시 두 가지 반
론을 던질 수 있다. 첫째는 현실적으로 모든 관련자가 합의할 수 있는 권리가
과연 얼마나 있을까 하는 반론이다. 둘째는 만약 그런 권리가 존재한다면 그런
권리로서 무엇을 꼽을 수 있을까 하는 반론이다. 만약 모든 관련자가 합의할 수
있는 권리가 현실적으로 존재할 수 없다면 가변적이면서 보편적인 인권이라는
구상은 이상적인 세계에서나 존재할 법한 것이 될 수 있을 뿐이다.

필자는 이 문제를 다음과 같이 풀어갈 수 있다고 생각한다. 인권을 개념적으
로 이원화하는 것이다. 인권을 역사적 상황과는 무관하게 보편적인 근원적 인권
과 역사적 상황에 적합하게 변화하는 가변적 인권으로 나누는 것이 그것이다.[56]

54 이상돈, 앞의 책, 141쪽.
55 이에 관해서는 양천수, “인권의 보편성에 대한 철학적 논증 가능성”, 『인권이론과 실천』 제1호
   (2007), 23–35쪽 및 이 책 제5장 참고.
56 이러한 인권의 이원적 구상은 영국의 법철학자 하트(Herbert Hart)가 정립한 규범이론과 유사한
   측면이 있다. 잘 알려진 것처럼 하트는 규범을 일차적 규범과 이차적 규범으로 구별한다. 여기서

1) 보편적·근원적 인권

보편적이면서 근원적인 인권이란 무엇을 말할까? 이는 시대에 맞게 변화하는 가변적 인권을 형성하는 데 기초 또는 근원이 되는 인권을 말한다. 필자는 이상돈 교수처럼 합리적 대화(rationaler Diskurs)를 통해 상호주관적으로 보편적인 인권을 각 시대 상황에 맞게 만들어낼 수 있다고 생각한다. 그런데 이렇게 인권을 '구성적으로'(konstruktiv) 만들어낼 수 있으려면 이에 전제가 되는 합리적 대화가 제대로 작동할 수 있어야 한다. 다시 말해 인권을 형성하는 합리적 대화에 모든 관련자가 자유롭고 평등하게 참여하여 자신의 권리주장이 인권이 될 수 있다는 점을 근거를 제시하면서 논증할 수 있도록 보장해야 한다. 이때 필자는 합리적 대화가 제대로 작동할 수 있도록 보장하려면, 합리적 대화의 전제가 되는 조건들을 권리화할 수 있어야 한다고 생각한다. 더불어 이러한 권리는 특정한 시간적·공간적 변수와는 상관없이 보편적으로 보장되어야 한다. 여기서 다음과 같은 중간결론을 이끌어낼 수 있다. 합리적 대화가 제대로 작동하는 데 필요한 권리는 시간과 공간에 상관없이 보편적으로 인정되어야 하는 근원적 인권이 된다는 것이다. 이러한 근원적 인권은 모든 인권의 기초가 되는 인권으로서 그 어떤 권리보다도 강한 보편성을 가진다.

2) 가변적·구체적 인권

다음으로 가변적인 구체적 인권을 생각할 수 있다. 가변적·구체적 인권은 각 공동체의 구성원들이 위에서 언급한 근원적 인권의 토대 위에서 합리적 대화를 거쳐 각 시대 상황에 맞게 구체화한 인권을 말한다. 필자는 각 문화공동체는 보편적인 근원적 인권에 힘입어 자신들의 문화적 색깔 및 주장에 걸맞은 인권을 다원적으로 구체화할 수 있다고 생각한다. 이를테면 서구 기독교 문화권이나 이슬람 문화권 또는 유교문화권은 자신들의 문화적 색깔에 적합한 인권을 구체적으로 생산할 수 있다. 이때 주목해야 할 점은 이러한 인권은 근원적 인권

이차적 규범은 '규범에 대한 규범'이라 할 수 있다. 이와 유사하게 보편적·근원적 인권은 가변적·구체적 인권에 대한 인권, 즉 '인권에 대한 인권'이라 말할 수 있다. 하트의 규범이론에 관해서는 허버트 하트, 오병선 (옮김), 『법의 개념』(아카넷, 2001), 105쪽 아래 참고. 한편 이와 유사하게 형법의 법익 개념을 일차적 법익과 이차적 법익으로 구별하는 경우로는 Chun-Soo Yang, *Konzeption einer intersubjektiven Rechtsgutslehre* (Diss. Uni. Frankfurt/M., 2006) 참고.

과는 달리 시대적 상황에 따라 변할 수 있는 가변적인 인권인 동시에 바로 이
때문에 보편성의 정도가 그만큼 약하다는 것이다. 근원적 인권의 경우 보편성
의 정도가 강하여 상호주관적으로 이 권리의 보편적인 성격을 거부하기 어려운
데 반해, 가변적 인권은 상호주관적인 논증 과정에서 그 보편성에 더욱 쉽게 의
문을 제기할 수 있다. 필자는 이러한 가변적·구체적 인권은, 아래에서 소개할
포르스트의 주장을 응용하여, 일반적·도덕적 성격을 가진 가변적·구체적 인권
과 정치적·법적 성격을 가진 가변적·구체적 인권으로 다시 유형화할 수 있다
고 생각한다.

3) 라이너 포르스트의 인권 구상

이렇게 인권을 이원적으로 유형화하는 구상은 독일의 정치철학자 라이너
포르스트(Rainer Forst)의 인권 구상에서 이론적 근거를 찾을 수 있다.[57] 하버마
스의 제자로서 기본적으로 대화이론적 구상을 수용하는 포르스트는 다문화적
상황에 대응할 수 있는 인권 구상으로 '정당화를 요청할 수 있는 권리'(Recht auf
Rechtfertigung)를 제안한다. 이때 '정당화를 요청할 수 있는 권리'는 쉽게 말해
다음 두 가지 의미로 새길 수 있다. 우선 특정한 문화적 공동체에 소속된 구성
원들이 해당 공동체에 존재하는 각종 권리나 의무, 이를 규율하는 법률이나 규
제, 제도 등에 의문이 있을 때 해당 공동체나 다른 구성원들에 대해 이에 관한
근거를 요청할 수 있는 권리로 새길 수 있다. 나아가 자신이 올바르다고 생각하
는 권리주장을 근거를 제시하면서 정당화할 수 있는 권리로도 새길 수 있다.[58]
전자가 소극적 의미의 권리라면 후자는 적극적 의미의 권리로 볼 수 있다. 포르
스트는 이러한 '정당화를 요청할 수 있는 권리'를 통해 오늘날 다원적으로 병존
하는 '문화적 통합성'(kulturelle Integrität)을 유지하면서, 동시에 이러한 문화적
통합성이 문화적 강제로 전락하는 것을 막고자 한다. 특정한 문화적 공동체가
문화적 자기주장을 펼칠 수 있으려면 그 문화적 자기주장이 해당 공동체 구성
원들에 의해 대화적으로 승인될 수 있어야 한다. 이때 '정당화를 요청할 수 있
는 권리'가 핵심적인 역할을 한다. '정당화를 요청할 수 있는 권리'가 전제가 되

---

57 R. Forst, 앞의 논문, 66쪽 아래.
58 R. Forst, 앞의 논문, 74-76쪽.

어야만 각각의 문화적 통합성이 문화적 독재로 전락하는 것을 막을 수 있다. 이는 '정당화를 요청할 수 있는 권리'가 모든 인간이 도덕적 인격체(moralische Person)로, 다시 말해 적절한 근거를 제공하는 방식을 통해서만 일정한 대우나 취급을 받을 수 있다는 의미를 가진 자율적인 인격체로 존중받아야 할 것을 요청한다는 점을 보여준다.[59] 이러한 근거에서 포르스트는 '정당화를 요청할 수 있는 권리'는 모든 사람이나 국가, 공동체가 거부할 수 없는 도덕적이면서 근본적인 권리로서 구체적인 인권의 기초가 되는 권리라고 말한다.[60] 포르스트에 따르면 이 권리는 상호주관적으로 거부할 수 없는 절대적인 권리이다.[61]

한편 포르스트는 이러한 '정당화를 요청할 수 있는 권리'를 바탕으로 해서 비로소 구체적인 인권이 상호주관적으로 각 문화 또는 사회적 맥락에 맞게 형성된다고 말한다.[62] 이 점에서 포르스트는 인권을 구성적인 권리로 파악한다. 이를 포르스트는 '인권의 구성주의적 구상'(konstruktivistische Konzeption der Menschenrechte)이라고 말한다.[63] 포르스트에 따르면 인권의 구성주의적 구상은 다시 두 가지 차원으로 구별할 수 있다. 도덕적 구성주의(moralischer Konstruktivismus)의 차원과 정치적 구성주의(politischer Konstruktivismus)의 차원이 그것이다. 포르스트에 따르면 도덕적 구성주의의 차원에서는 모든 개인이나 국가가 정당하게 박탈할 수 없는 일반적·도덕적 의미의 권리가 문제되는 반면, 정치적 구성주의의 측면에서는 이러한 일반적·도덕적 의미의 권리가 법적·정치적·사회적 맥락과 구조 속에서 구체화된 권리가 문제가 된다. 요컨대 도덕적 구성주의의 측면에서는 일반적이면서 도덕적인 인권이, 정치적 구성주의의 측면에서는 정치적이면서 법적인 인권이 형성되는 것이다.

지금까지 살펴본 포르스트의 인권 구상을 정리하면 다음과 같다. 먼저 모든 인권의 근본이 되는 권리로서 '정당화를 요청할 수 있는 권리'를 전제할 수 있다. 이 권리에 힘입어 비로소 구체적인 인권이 상호주관적 과정을 통해 형성

---

59 R. Forst, 앞의 논문, 75쪽.
60 R. Forst, 앞의 논문, 76쪽.
61 R. Forst, 앞의 논문, 76쪽.
62 R. Forst, 앞의 논문, 79쪽.
63 R. Forst, 앞의 논문, 81쪽.

된다. 이때 먼저 도덕적이면서 일반적인 인권이 형성되고 이를 토대로 하여 다시금 각 공동체의 정치적·법적·사회적 구조 및 상황에 적합한 정치적·법적 인권이 형성된다. 이를 도식화하면 아래와 같다.

도식-3 포르스트의 구성주의적 인권 구상
정당화를 요청할 수 있는 권리 → 도덕적·일반적 인권 → 정치적·법적 인권

4) 보편적·근원적 인권에 대한 가능한 반론과 재반론

포르스트의 인권 구상을 참고해 볼 때 인권을 이원적으로 개념화하는 시도는 이론적 설득력을 지닌다. 물론 이 같은 구상에는 다시 다음과 같은 반론을 제기할 수 있다. 근원적 인권의 강한 보편성을 어떻게 긍정할 수 있는가 하는 점이다. 오히려 이 같은 권리는 공동체 구성원들이 '소극적으로' 자유롭고 싶은 권리를 침해하는 것은 아닌지 의문을 제기할 수 있다.[64]

이와 같은 반론에는 다음과 같이 재반박할 수 있다. 오늘날 전 세계를 지배하는 사상적 흐름으로 다원주의를 언급할 수 있다. 다원주의는 정치, 법, 문화 등에서 정치적 다원주의, 법다원주의, 다문화주의로 구체화되어 등장한다. 그런데 이미 시사를 한 것처럼 다원주의가 제대로 작동하려면 그 전제로서 서로가 서로에 대해 상대방의 정치적 의견, 가치, 법규범, 문화 등을 존중할 수 있어야 한다. 달리 말해 관용을 베풀 수 있어야 한다.[65] 그런데 이때 관용은 소극적 관용으로 그쳐서는 안 된다. 만약 그렇게 되면 서로는 서로에 대해 자칫 존중이 아닌 경멸을 할 수 있고 이는 서로에 대한 파괴로 쉽게 치달을 수 있기 때문이다.[66] 따라서 다원주의가 유지되기 위해서는 서로가 서로를 적극적으로 인

---

[64] 무엇보다도 자유를 '소극적·방어적 자유'로 이해하는 진영에서 이와 같은 반론을 제기할 수 있을 것이다.

[65] 관용에 관한 종합적인 연구로는 R. Forst, *Toleranz im Konflikt: Geschichte, Gehalt und Gegenwart eines umstrittenen Begriffs* (Frankfurt/M., 2003) 참고.

[66] 소극적 관용은 상대방의 태도 등을 진정 승인하지 않으면서 용인하는 것을 말한다. 동성애를 예로 언급할 수 있다. 자신은 이성애자로서 동성애를 마음속으로는 경멸하지만, 다원주의 사회에서는 각자가 누구를 어떻게 사랑할 것인가 하는 문제는 각자의 판단에 맡길 수밖에 없다는 생각에서 타인의 동성애를 어쩔 수 없이 용인하는 것이 소극적 관용의 자세라고 말할 수 있다. 이에

정하고 관용할 수 있어야 한다. 이를 위해서는 서로가 서로에 대해 합리적 근거를 제시하면서 자신의 의견이나 가치, 법규범, 문화 등이 어떤 이유에서 존중받을 만한지 논증하고 설득할 수 있어야 한다. 그렇지 않고 강압적으로 자신의 의견 등을 관철하고자 한다면 이 역시 다원주의를 파괴하는 길이 될 수 있다. 이처럼 다원주의가 제대로 작동하기 위해서는 서로가 서로에 대해 합리적 논증대화로 자신의 의견 등이 존중받을 수 있는 것임을 논증해야 하고, 반대로 이 경우 상대방은 이를 적극적으로 존중하는 자세, 즉 일종의 '발화수반적 의무'(illokutionäre Verpflichtung)를 갖추어야 한다.[67] 바로 이러한 이유에서 합리적 대화의 전제가 되는 근원적 인권이 강한 보편적 권리로 자리 잡을 수밖에 없다.[68] 이는 마치 다원주의의 핵심가치를 지탱하기 위해 '방어적 민주주의'(streitbare Demokratie)가 작동하는 것과 유사하다.[69]

이는 보편적인 정의의 원칙을 추출하고자 했던 롤즈(John Rawls)의 이론적 작업에 비추어 보아도 타당하다. 롤즈는 '원초적 지위'(original position)라는 가상적 상황을 전제로 하여 정의의 두 원칙인 '자유원칙'과 '차등원칙'의 보편성을 근거 짓는다.[70] 롤즈에 따르면 우리는 원초적 지위에서는 필연적으로 이 두 가지 원칙을 선택할 수밖에 없다. 그러나 자유주의(liberalism)에 대한 비판자의 시각에서 볼 때는 이 같은 롤즈의 논증은 중립적이고 보편적인 논증이 아니라 오히려 선험적으로 자유주의에 기운 논증으로 보일 수 있다. 경우에 따라서는 원초적 지위에서도 이와는 다른 선택을 할 수 있다는 것이다. 여기서 필자는 두 주장 가운데 어느 한쪽이 더 타당하다는 것을 말하려는 것이 아니다. 오히려 필

관해서는 M. Sandel, *Public Philosophy: Essays on Morality in Politics* (Harvard University Press, 2005), 122쪽 아래 참고.
67 '발화수반적 의무'에 관해서는 K. Günther, "Die Freiheit der Stellungnahme als politisches Grundrecht", in: P. Koller/G. Varga/O. Weinberger (Hrsg.), *Theoretische Grundlage der Rechtspolitik* (Stuttgart, 1992), 60쪽 참고.
68 이와 비슷한 맥락에서 '처분불가능성'을 논증하는 경우로서 양천수, "법문화와 처분불가능성: 법문화를 통한 처분불가능성의 논증가능성", 『중앙법학』 제8집 제3호(2006), 433-454쪽.
69 '방어적 민주주의'에 관해서는 Young-Soo Chang, *Streitbare Demokratie: Begriff und Bedeutung im Grundgesetz der Bundesrepublik Deutschland und Möglichkeiten und Grenzen einer Übertragung auf das Verfassungsrecht der Republik Korea* (Diss. Uni. Frankfurt/M., 1990) 참고.
70 이에 관한 간략한 소개는 마이클 샌델, 앞의 책, 제6장 참고. 이에 대한 비판으로는 M. Sandel, 앞의 책, 104쪽 아래 참고.

자가 주목하고 싶은 것은 이렇게 서로 다른 주장이 제기되고 또 이 가운데 어느 한쪽을 선택할 수 있으려면, 그 전에 먼저 어느 한쪽을 선택할 수 있는 자유가 전제가 되어야 하고 더불어 왜 이 선택이 타당한지를 논증할 수 있는 자유가 요청되어야 한다는 점이다. 이 자유는 바로 필자가 위에서 주장한 근원적 인권과 다르지 않다. 이 점에서 볼 때 롤즈의 정의론이나 이에 반대하는 정의론이 작동하기 위해서는 필연적으로 합리적 대화를 진행하는 데 필요한 인권이 보편적이면서 근원적인 권리로 전제되어야 한다.

5) 중간결론

이상의 논증에서 볼 때 인권을 개념적으로 이원화하는 구상은 타당해 보인다. 이에 따르면 인권은 다음과 같이 유형화할 수 있다. 먼저 보편적·근원적 인권으로서 합리적 대화에 관한 인권, 포르스트의 구상으로 말하면 '정당화를 요청할 수 있는 권리'가 도덕적인 권리로서 요청된다. 이를 토대로 하여 가변적·구체적 인권이 합리적 대화과정을 통해 형성된다. 중립적이고 색깔이 없는 보편적·근원적 인권에 비해 가변적·구체적 인권은 각각 고유한 색깔을 지닌다. 이 점에서 문화적 자기주장은 가변적·구체적 인권과 양립할 수 있다. 한편 포르스트의 구상을 원용하면 가변적·구체적 인권은 도덕적·일반적 인권과 정치적·법적 인권으로 다시 구체화된다. 이를 달리 '제도화되지 않은 인권'과 '제도화된 인권'으로 부를 수 있을 것이다.

'원칙/규칙' 모델을 빌려 말하면 전자는 원칙(principle)의 성격이 강한 반면 후자는 규칙(rule)의 성격이 강하다.[71] 왜냐하면 가변적·구체적 인권 중에서 도덕적·일반적 인권은 말 그대로 도덕적 성격이 강해 이를 요건/효과의 형식으로, 달리 말해 조건 프로그램으로 정형화하기 어렵기 때문이다. 이에 반해 정치적·법적 인권은 법적 형식으로 제도화된 인권, 즉 인권법의 모습을 취하므로 요건/효과의 형식으로 정형화된 모습을 갖기 쉽다. 물론 헌법이 규정하는 기본권이 보여주듯이 법적 형식을 취한다고 해서 모든 인권이 규칙의 성격을 띠는 것은 아니다. 그렇다 하더라도 법으로 제도화된 이상 인권은 구체적인 인권법

---

71 이에 관해서는 로베르트 알렉시, 이준일 (옮김), 『기본권 이론』(한길사, 2007) 참고.

적 분쟁에 적용되어야 하는데 이를 위해서는 결국 요건/효과라는 규칙의 형식으로 구체화될 수밖에 없다. 이 점에서 정치적·법적 인권은 도덕적·일반적 인권에 비해 상대적으로 규칙의 성격을 가지게 된다.

작동영역의 측면에서 보면 보편적·근원적 인권은 사회 전체를 작동영역으로 삼는다. 왜냐하면 보편적·근원적 인권은 인권에 대한 인권으로서 인권을 형성하고 구체화하는 곳이라면 그 어디에서나 필요할 수밖에 없기 때문이다. 이를테면 하버마스가 도덕원칙과 민주주의원칙의 상위 원칙인 대화원칙이 사회의 모든 영역에서 공통적으로 적용된다고 말한 것처럼 인권에 대한 합리적 대화를 가능케 하는 보편적·근원적 인권 역시 사회 전체에서 요청된다. 이와 달리 가변적·구체적 인권 중에서 도덕적·일반적 인권은 그 성격상 주로 생활세계에서 작동한다. 물론 도덕적·일반적 인권은 인권단체에 의해 공론장에서도 주장될 수 있다. 그 점에서 공론장 역시 작동영역이 될 수 있다. 이에 대해 정치적·법적 인권은 정치적 공론장에서 구체화되거나 법체계 안에서 제도화된 인권을 말하므로 공론장이나 체계에서 작동한다.

이를 동성결혼에 관한 인권을 예로 들어 설명해 보겠다. 생활세계를 살아가는 동성애자가 자신 역시 이성애자처럼 결혼할 수 있다고 생각하여 동성결혼에 대한 요청 역시 일종의 인권이 될 수 있다고 주장한다. 이때 동성애자는 왜 자신의 주장이 타당한지를 보편적·근원적 인권을 활용해 합리적으로 논증한다. 이에 다른 동성애자들도 참여하여 합리적 대화를 거쳐 동성결혼에 관한 권리 역시 인권이 될 수 있다는 점에 동의한다. 이에 관한 논의는 더욱 확장되어 이제 공론장에서 동성결혼을 지지하는 인권단체에 의해 정치적 인권으로 주장되기 시작한다. 이 경우에도 인권단체는 자신의 주장을 정당화하기 위해 근원적·보편적 인권을 사용한다. 결국 인권단체는 자신의 주장을 입법적으로 관철하는 데 성공하여 이를 독자적인 인권법으로 제도화한다. 이렇게 해서 동성결혼에 관한 인권은 독자적인 법적 인권으로 작동하기 시작한다.

이상의 논의를 보면 보편적·근원적 인권은 사회의 모든 영역에 적용되는 인권으로서 가변적·구체적 인권을 도덕적 영역이나 정치적·법적 영역에서 형성되도록 하는 데 이바지한다. 이 점에서 보편적·근원적 인권은 가변적·구체적 인권에 대한 인권으로, 하트 식으로 바꿔 말하면 '이차적 인권'으로 지칭할 수 있다. '일차적 인권'에 해당하는 가변적·구체적 인권은 바로 이러한 보편적·근원적 인권의 토대 위에서만 형성될 수 있다. 이를 표로 정리하면 다음과 같다.

표-1 인권 개념의 이원적 구상

유 형		하트적 분류	제도적 성격	원칙/규칙 모델	작동영역
가변적·구체적 인권	정치적·법적 인권	일차적 인권	제도화된 인권	원칙적·규칙적 성격	공론장 및 체계
	도덕적·일반적 인권		제도화되지 않은 인권	원칙적 성격	생활세계 및 공론장
보편적-근원적 인권		이차적 인권	제도화되지 않은 인권	원칙적 성격	사회 전체

V. 동아시아적 인권 구상 시론

필자는 위에서 제안한 인권 개념의 이원적 구상에 따라 한편으로는 인권의 보편성을 유지하면서도 다른 한편으로는 다원적으로 제시되는 문화적 자기주장을 수용할 수 있는 인권 구상을 모색할 수 있다고 생각한다. 나아가 이러한 구상은 동아시아적 인권 구상에 그대로 적용할 수 있다. 이미 살펴본 것처럼 동아시아적 인권 구상이야말로 이렇게 서로 모순되는 요청을 담아낼 수 있는 인권 구상이 되어야 하기 때문이다. 아래에서는 앞에서 제안한 인권 개념의 이원적 구상에 바탕을 두어 동아시아적 인권 구상의 윤곽을 시론적으로 그려보고자 한다.

1. 유교문화의 인권친화성(?)

그전에 동아시아적 인권 구상의 문화적 토대가 되는 유교문화에 관해 검토해야 할 문제가 두 가지 있다. 첫째는 유교문화가 현대를 살아가는 우리들에게 규범적 측면에서 어떤 유산을 남기고 있는지를 따져보는 것이다. 둘째는 유교문화가 서구에서 성장한 인권 개념과 과연 어울리지 않는 것인지 검토해 보는 것이다. 유교문화는 인권에 비친화적인 문화일까?

(1) 유교문화의 현대적·규범적 의미

먼저 규범적 측면에서 볼 때 유교문화는 오늘날을 살아가는 우리에게 어떤 의미가 있을까? 유교문화가 우리에게 남긴 긍정적인 유산은 무엇일까?[72] 그러나 이 문제는 한정된 능력을 갖춘 필자가 이 책에서 정면에서 다룰 수 있는 문제는 아니다. 이 문제는 유교란 무엇인지,[73] 더 나아가 유교문화의 기반이 되는 '동양적이란 것'은 무엇인지라는 궁극적인 문제로 거슬러가기 때문이다.[74] 유교문화가 무엇인지를 다룰 때는 유교 자체가 역사적으로 ≪훈고학 → 성리학 → 양명학 → 고증학≫ 순으로 발전해 왔다는 것도 염두에 두어야 한다.[75] 그런데도 필자는 단순화의 오류를 감수하면서 동아시아적 인권 구상의 관련성이라는 측면에서 이를 간략하게 정리해 보겠다.

필자는 유교문화의 핵심사상을 크게 존재론, 세계론, 개인윤리, 국가철학의 측면에서 정리할 수 있다고 생각한다. 우선 존재론의 측면에서 보면 유교문화는 유기체적 사고를 그 특징으로 한다. 현상(Eidos)과 본질(Idea)을 구별하고 존재의 진정한 모습은 실체로서 존재하는 본질에 있다고 보는 서양적 존재론과는 달리,[76] 유교문화, 더 나아가 이를 포괄하는 동양적 존재론에서는 현상과 본질이 엄격하게 분리되지 않고 모든 존재는 전체적으로 서로 연결되는 유기체로 존재한다.[77]

---

72 이에 관해서는 이승환, 앞의 책 참고.
73 이에 관한 유용한 개관으로는 이계일, 앞의 논문, 8–13쪽.
74 '동양적인 것'의 의미에 관해서는 많은 문헌을 대신하여 김용옥,『동양학 어떻게 할 것인가』(통나무, 1986) 참고.
75 이를 지적하는 김석근, 앞의 논문, 251쪽.
76 서양 법학자의 시선에서 이를 비판적으로 분석하는 Louis E. Wolcher, *Beyond Transcendence in Law and Philosophy* (Birkbeck Law Press, 2005), 65쪽 아래 참고.
77 김용옥 교수는『동양학 어떻게 할 것인가』(통나무, 1986);『여자란 무엇인가』(통나무, 1985);『중고생을 위한 철학강의』(통나무, 1987) 등과 같은 초기저작에서 서양적 존재론과 구별되는 동양적 존재론의 특성을 강조하였다.

이러한 존재론은 세계론에도 연결된다. 천지론(天地論) 혹은 '천지코스몰로지'로 지칭되는 세계론에서도 세계를 구성하는 요소들은 실체로서 서로 고립되어 있는 것이 아니라 서로가 유기적으로 연결된다.[78] '천지감응론'(天地感應論)은 이를 상징적으로 보여준다. 이러한 세계론에서는 자연적 질서와 규범적 질서가 엄격하게 분리되지 않는다.

이는 개인윤리에서 잘 드러난다. 유교문화에 따르면 전체적으로 조화와 중용을 추구하는 자연질서가 사람과 사람의 관계를 규율하는 윤리에도 반영된다. 이에 따라 개인윤리에서도 조화와 중용이 강조된다. 자신의 주체성을 드러내는 것보다 가족으로 대변되는 공동체 속에서 조화와 균형을 이룰 수 있도록 행위해야 한다. 전통적인 삼강오륜(三綱五倫)은 공동체적 관계 속에서 어떻게 행위하는 것이 조화와 균형을 유지할 수 있는지를 보여준다. 이로 인해 유교문화에서는 정명론(正名論)이 개인윤리에서 중요한 지위를 차지한다.[79] 임금은 임금답게, 신하는 신하답게, 부모는 부모답게, 자식은 자식답게 처신해야 하는 것이다. 고 심재우 교수는 이를 '직분적 정의론'으로 명명하기도 하였다.[80]

이와 같은 개인윤리는 논리일관 되게 국가철학으로 연결된다. "修身齊家治國平天下"라는 『大學』의 유명한 구절은 개인윤리가 어떻게 국가철학으로 발전하는지를 예시적으로 보여준다. 국가는 윤리적 덕을 갖춘 자만이 통치할 수 있고 반대로 국가는 각 개인이 윤리적 덕을 성취할 수 있도록 도모해야 한다. 이는 국가가 자기목적적인 존재가 아니라 백성을 위해 존재하는 것임을 시사한다. 여기서 유교문화의 민본주의 사상을 읽을 수 있다.[81] 더불어 유교문화에 따르면 국가는 우선적으로 법이 아닌 예로써 통치해야 한다(예치주의).[82] 이는 국가가 백성의 윤리적 성취를 도모해야 한다는 점과 상응한다. 법으로 통치를 하게 되면

---

[78] '천지코스몰로지'에 관해서는 김용옥, 『기철학산조』(통나무, 1992) 참고.
[79] 이외에 문병도 교수는 '서(恕)의 원리'를 공자 사상의 핵심적 원리로 꼽으면서 이를 칸트가 정립한 정언명령 가운데 '보편화 원리'와 유사한 것으로 이해한다. 이러한 문병도 교수의 이해에 따르면 유학사상은 오히려 자유주의 사상이라고 말할 수 있을 것이다. 문병도, 앞의 논문, 327쪽 아래 참고.
[80] 이에 관해서는 심재우, "동양의 자연법사상", 『법학논집』(고려대) 제33집(1997), 392쪽 아래.
[81] 심재우, 위의 논문, 377쪽 아래.
[82] 심재우, 앞의 논문, 388쪽 아래.

백성이 윤리적 덕을 실현하는 데 오히려 장애가 될 수 있기 때문이다. 이렇게 유교문화에서는 가장 철학적인 존재론과 가장 세속적인 국가철학이 유기적으로 연결된다. 각각은 분리될 수 없다. 서양철학에서는 '자연주의적 추론의 오류'로 보일 수 있는 것이 유교문화에서는 오히려 자연스러운 것으로 수용된다.

이러한 유교문화에서 오늘날의 우리에게 여전히 의미 있는 것은 무엇일까? 필자는 규범적 측면에서 볼 때 유교문화에서 읽어낼 수 있는 것은 공동체적 덕의 강조, 연대적 집단주의, 관계의 문법, 정명론, 예치주의 정도가 되지 않을까 생각한다. 이를 전체적으로 보면 현대 공동체주의자들이 주장하는 내용과 크게 다르지 않다. 그런데 공동체주의적 정의론이 지금 시점에서 상반되는 이중적 의미를 가지는 것처럼 유교문화가 남긴 유산 역시 부정적 의미와 긍정적 의미를 동시에 담는다고 말할 수 있다.[83] 공동체의 덕과 예를 강조하는 것은, 만약 이것이 자율적으로 이루어진다면, 현대사회에서 자유주의가 겪는 폐해를 극복할 수 있는 훌륭한 대안이 될 수 있다. 그러나 1999년 『공자가 죽어야 나라가 산다』라는 도발적인 제목의 책이 베스트셀러가 된 점이 시사하는 것처럼 이는 자칫 공동체의 구성원들에게 원치 않는 윤리적 억압이 될 수도 있다.[84] 특히 유교적 공동체에서 강조하는 '관계의 문법'은 '인권의 문법'이나 '권리의 문법'과는 달리 근대의 형식적 합리성이 강조했던 행위의 예측가능성을 파괴할 수 있다. 정명론 역시 마찬가지이다. 임금과 신하의 정명을 강조하다 보면 자칫 무조건적인 충성과 복종을 강조하는 윤리를 낳을 수 있고, 남편과 아내의 정명을 강조하면 남녀불평등을 정당화하는 윤리를 유발할 수도 있다. 우리 가족법에서 많이 경험하는 전통과 여성인권의 대립은 바로 남녀관계에 대한 유교적 정명과 자유주의적 여성인권 사이의 대립이라고도 말할 수 있다. 이 점에서 보면 유교문화는 서구적 인권과는 양립할 수 없는 것처럼 보인다.

(2) 유교문화의 인권친화성

하지만 현대 공동체주의자들이 전통적인 권위주의적 공동체주의와 자유주

---

83 이른바 '권위주의적 공동체주의'와 '자유주의적 공동체주의'가 그것이다. 이를 지적하는 M. Sandel, 앞의 책, 252쪽 아래.

84 김경일, 『공자가 죽어야 나라가 산다』(바다출판사, 1999).

의적 공동체주의를 구별함으로써 공동체주의의 가치를 현대적으로 재해석하고
자 하는 것처럼 유교문화가 남긴 유산 역시 현대적으로, 다시 말해 인권친화적
으로 재해석할 수 있다. 우선 우리의 유교문화 전통에도 인권 및 민주주의의 흔
적을 찾을 수 있다는 점에 주목해야 한다. 일찍이 심재우 교수는 동양고전에 대
한 치열한 법철학적 분석을 통해 '동양적 자연법사상'을 말할 수 있음을, 유교문
화에도 민본주의와 덕치주의, 인본주의를 발견할 수 있음을 논증하였다.[85] 김대
중 전 대통령도 리콴유의 아시아적 가치론을 비판하면서 이미 우리의 고유한
문화에 민주주의적 가치가 내재해 있었음을 근거 지었다. 이렇게 보면 유교문
화가 전적으로 인권 및 민주주의와 맞지 않다고 단정하는 것은 너무 성급한 판
단이다. 또한 정명론은 독일의 법철학자 마이호퍼(Werner Maihofer)가 수행한 작
업이 보여주는 것처럼, 진보적인 '로서의 존재'(Alssein)에 관한 철학으로, '직분
적 정의론'으로 재해석할 수 있다. 아리스토텔레스의 목적론적 세계관을 한편으
로는 보수적으로 다른 한편으로는 진보적으로 해석할 수 있는 것처럼, 정명론
역시 진보적으로 재해석할 수 있다.[86] 예치주의 역시 오늘날 강조되는 자율규제
나 절차주의로 재해석할 여지도 없지 않다.

　　이 중에서도 필자가 주목하고 싶은 것은 유교문화가 강조하는 조화와 중용
및 연대적 사고방식이다. 관계의 문법은 너와 내가 남이 아니라는 사고를 표방
한다. 이러한 연대적 사고는 오늘날 새로운 인권의 범주로 등장하고 있는 집단
적·연대적 인권과 상응하는 점이 있다.[87] 나만을 생각하는 것이 아니라 나와
관계를 맺는 타인을, 더 나아가 내가 몸담고 있는 공동체 구성원 모두의 이익을
고려하는 유교문화는 집단적·연대적 인권으로 재해석할 여지가 있다.

　　이렇게 보면 유교문화가 서구적 인권사상과 전적으로 모순된다고 말할 수
는 없다. 유교문화가 이중적 의미를 함의하고 있기는 하지만 유교문화를 인권

---

[85] 심재우, 앞의 논문, 231쪽 아래.

[86] 이를 보여주는 리쩌허우, 임옥균 (옮김), 『논어금독: 오늘의 눈으로 논어를 읽는다』(북로드, 2006), 552쪽 참고. 이를 지적하는 이계일, 앞의 논문, 10쪽.

[87] 집단적·연대적 인권에 관해서는 James Crawford, "The Rights of Peoples: "Peoples" or "Government"?, James Crawford (ed.), *The Rights of Peoples* (Clarendon Press, 1988), 55–67쪽; Will Kymlicka, "The Good, the Bad, and the Intolerable: Minority Group Rights", *Dissent* (Summer, 1996), 22–30쪽 등 참고.

친화적으로 재해석할 수는 있다. 물론 이러한 필자의 주장을 유교적 민주주의 론을 주장하는 진영처럼 유교문화를 복원하자는 것으로 이해할 필요까지는 없다. 필자가 말하고 싶은 것은, 아시아적 가치론을 옹호하는 진영이 주장하는 것처럼, 동아시아의 문화에 인권친화적인 요소가 없다는 주장이 타당하지 않음을 보여주는 것이다. 그 반대로 유교문화의 인권친화성을 보여줌으로써 인권이 우리 동아시아적 전통과도 양립할 수 있음을 논증하고자 하는 것이다. 바로 이러한 근거에서 필자는 동아시아적 인권 구상이 가능하다고 말한다.

2. 인권과 문화의 상호연관성

한편 동아시아적 인권 구상을 말한다는 것은 인권과 문화가 서로 관련을 맺는다는 점을 전제로 한다. 이는 달리 말하면 주로 서구에서 성장한 인권이 서구 문화로부터 결코 자유로울 수 없다는 점을 함의한다. 근대 서구의 주체중심적인 자유주의 문화가 서구적 인권 개념에 강하게 스며들고 있다는 점을 인정하는 것이다. 바로 이 때문에 서구적 문화에 바탕을 둔 인권 개념이 유교문화를 대변하는 아시아적 가치와 충돌을 빚을 수 있고 또 이 때문에 필자는 동아시아적 인권 구상의 가능성을 개진하고 있는 것이다. 이 문제는 인권의 보편성 문제를 다루면서 상세하게 살펴보았으므로 여기에서 재론하지 않겠다.[88]

다만 이렇게 인권과 문화가 서로 연관된다는 점을 인정하면 다음과 같은 문제에 부딪힐 수 있다. 문화가 어떻게 인권 개념에 영향을 미치는가 하는 문제가 그것이다. 이 문제를 풀려면 다시 '문화란 무엇인가'라는 근본적인 문제와 마주해야 한다. 하지만 이를 정면에서 다루는 것은 필자의 역량을 벗어나는 것이므로 아래에서는 일반화의 오류를 감수하면서 이에 관해 간략하게 언급하는 것으로 그치겠다. 필자는 문화를 '의미의 저장소'로 이해한다. 문화는 해당 문화공동체의 구성원들이 지속적인 삶을 살아가면서 축적한 의미의 총체로 이는 공동체 구성원들의 가치관, 의식, 행위양식, 행위규범 등으로 구체화되어 발현된다고 생각한다. 쉽게 말해 문화는 특정한 문화적 공동체가 축적한 의미의 저장소

---

[88] 위의 제8장 Ⅲ. 참고.

로 공동체 구성원들의 의식과 행위를 통해 구체화되는 그 무엇이다.[89]

이러한 문화는 어떻게 인권에 반영되는 것일까? 앞에서 인정한 것처럼 필자는 구성주의의 관점에서 인권을 바라본다. 인권은 고정된 실체로서 존재하는 것이 아니라 끊임없이 변화하는 구성적 개념이다. 그런데 앞에서 논증한 것처럼 필자는 보편적·근원적 인권을 제외한 나머지 인권은 합리적 대화과정을 통해 구체화해야 한다고 본다. 아울러 특정한 인권주장이 합리적 논증과 합의를 통해 일반적·도덕적 의미에서 인권의 지위를 얻는다 하더라도 이는 다시 구체적인 정치적·법적·사회적 맥락에서 구체화 및 제도화되어야 한다. 문화가 바로 이 과정에 개입한다. 인권을 구체화하는 과정에서 문화가 의미의 저장소로서 구체적인 의미를 제공하는 것이다. 다시 말해 인권은 문화가 제공하는 의미를 부여받음으로써 자신만의 고유한 색깔을 갖게 된다. 이는 크게 두 가지 방법을 통해 이루어진다. 첫째는 입법이라는 규범창설대화를 통해서이다. 둘째는 사법이라는 규범적용대화를 통해서이다.[90] 규범창설대화를 통해 인권은 비록 추상적인 수준이기는 하지만 문화적 의미에 힘입어 구체화·제도화된다. 규범적용대화를 통해 인권은 더욱 구체적인 수준에서 문화적으로 구체화 및 제도화된다.[91]

3. 동아시아적 인권의 기본 목록

지금까지 동아시아적 인권 구상이 어떻게 이론적으로 가능한지, 동아시아적 인권 구상의 문화적 기반이 되는 유교문화에서 우리는 어떤 규범적 유산을 찾을 수 있는지 그리고 문화와 인권이 어떻게 서로 연관되는지 살펴보았다. 지금까지 필자가 수행한 논증 과정에 비추어 볼 때 이제 동아시아적 인권 구상을 말하는 것은 이론적으로 가능하다는 결론을 내릴 수 있다. 사실이 그렇다면 우리는 동아시아적 인권으로 무엇을 언급할 수 있을까? 아래에서는 논의의 마지막으로서 필자가 생각하는 동아시아적 인권의 목록을 시론적으로 간략하게 언

---

89 '투입/산출 모델'(input/output model)로 바꿔 말하면 구성원들이 가진 문화적 의식은 '의미의 투입'으로, 구성원들의 행위양식은 '의미의 산출'로 파악할 수 있다.

90 규범창설대화와 규범적용대화에 관해서는 K. Günther, *Der Sinn für Angemessenheit* (Frankfurt/M., 1988) 참고.

91 이에 관한 상세한 분석은 이계일, 앞의 논문, 32-35쪽 참고.

급하겠다.

(1) 보편적·근원적 인권으로서 의사소통적 인권

먼저 보편적·근원적 인권으로서 의사소통적 인권을 언급할 수 있다. 의사소통적 인권(kommunikative Menschenrechte)은 가변적·구체적 인권을 생산하는 과정인 합리적 대화를 가능케 하는 인권이다.[92] 특정한 동아시아 문화권의 공동체에 속하는 모든 관련자가 인권을 생산하는 합리적 대화과정에 자유롭고 평등하게 참여하는 데 필요한 일체의 권리가 의사소통적 인권에 속한다고 말할 수 있다. 이미 논증한 것처럼 의사소통적 인권은 동아시아적 인권이 보편성을 유지하는 데 필수적이다.

(2) 가변적·구체적 인권으로서 유교문화적 인권

나아가 가변적·구체적 인권으로 유교문화적 인권을 거론할 수 있다. 유교문화적 인권은 보편적·근원적 권리인 의사소통적 인권의 기반 위에서 구체적으로 형성되는 인권이다. 이러한 유교문화적 인권은 다시 두 가지로 유형화할 수 있다. 일반적·도덕적인 의미의 유교문화적 인권과 정치적·법적 의미의 유교문화적 인권이 그것이다. 전자가 주로 생활세계에서 작동하는 제도화되지 않은 유교문화적 인권이라면 후자는 공론장(Öffentlichkeit) 및 사회적 하부체계에서 작동하는 제도화된 유교문화적 인권이라고 말할 수 있다. 한편 위에서 언급한 것처럼 의사소통적 인권에 힘입어 유교문화적 인권이 형성되는 과정에 유교문화가 의미론적 요소로 개입한다. 이는 유교문화적 인권을 창설하는 과정뿐만 아니라 이를 적용하는 과정 모두에서 이루어진다. 이를 통해 유교문화적 인권은 문화적 색깔을 가질 수 있게 된다. 바로 이 때문에 '동아시아적 인권'이 가능해진다.

그러면 유교문화적 인권으로 구체적으로 무엇을 언급할 수 있을까? 이는 필자가 앞으로 더욱 연구해야 할 문제이기에 아직 이에 구체적인 대답을 하기는 어렵다. 다만 위에서 유교문화의 규범적 유산으로 고려한 것을 참고할 때 다

---

[92] 이 개념은 독일의 법철학자 클라우스 귄터(Klaus Günther)가 제안한 '의사소통적 자유'(kommunikative Freiheit) 개념을 응용한 것이다. K. Günther, 앞의 논문 참고.

음 두 가지 인권은 구체적인 유교문화적 인권의 목록으로 제시해 볼 수 있을
것이다. 연대적 인권과 목적론적 인권이 그것이다.

(3) 연대적 인권

연대적 인권은 유교문화의 핵심 특징인 연대적 공동체주의를 인권의 지평
에서 재해석한 것이다.[93] 인권의 귀속주체를 원자적 개인으로 설정하는 자유주
의적 인권과는 달리 연대적 인권은 인권의 귀속주체를 연대적 공동체로 설정한
다. 그 점에서 연대적 인권은 집단적 인권 개념과 거의 유사한 의미를 가진다.
하지만 집단적 인권에서는 흔히 소수민족의 자기결정권이 전면에 나서는 반면
필자가 염두에 두는 연대적 인권에서는 이보다는 '인권적 이익의 연대적 귀속'
이 더욱 중요한 비중을 차지한다. 이와 비슷한 예로 필자는 현대형 소송으로서
몇몇 영역에 도입된 집단소송을 떠올릴 수 있다고 생각한다. 집단소송에서는
동일한 이해관계를 가진 소송 참가자들이 자신들의 공통적 이익을 관철하기 위
해 소송을 수행한다.[94] 만약 승소하게 되면 그 이익은 소송 참가자들에게 귀속
된다. 이 점에서 집단소송은 특정한 원자적 개인을 위한 것이 아니다. 요즘 새
롭게 부각되는 공익소송 역시 연대적 이익을 반영하는 소송이라 말할 수 있
다.[95] 물론 이에 소송은 이익투쟁을 염두에 둔 것이므로 조화와 중용을 강조하
는 유교문화와 어울리지 않는다고 지적할 수도 있다. 그러나 일부 연구가 지적
하는 것처럼 우리의 전통문화가 소송에 비친화적이었던 것은 아니었음에 주목
할 필요가 있다.[96] 이외에도 특정한 세대를 대변하는 인권(가령 '젊은 세대를 위
한 인권')이나 보편적 복지를 목표로 삼는 인권 역시 연대적 인권으로 이해할 수
있을 것이다.[97]

---

[93] 유교를 공동체주의로 재해석하는 시도로는 Seung-Hwan Lee, *Virtues and Rights: Reconstruction of Confucianism as a Rational Communitarianism*, Ph. D. Dissertation (University of Hawaii, 1991) 참고.

[94] 집단소송에 관해서는 우세나, 『집단분쟁과 집단소송제도』(세창출판사, 2007) 참고.

[95] 공익소송에 관해서는 이상돈, 『공익소송론: 민주적 법치국가에서 공익소송의 의미와 법제화의 방향』(세창출판사, 2006).

[96] 이를 지적하는 이철우, "아시아적 가치와 한국의 법문화", 『전통과 현대』 제11호(2000), 92쪽 아래.

[97] 이 점에서 맹자가 사단(四端)의 일종으로 강조했던 '측은지심'(惻隱之心)을 '연대적인 사회적 인

(4) 목적론적 인권

목적론적 인권은 유교문화가 강조하는 정명사상을 인권적으로 재해석한 것이다. 물론 목적론적 인권은 아리스토텔레스가 제시한 목적론적 사상과도 맞닿아 있다. 목적론적 인권은 인권을 형식적으로 해석하기를 거부한다. 그렇다고 해서 보수적인 정명론처럼 가령 남자와 여자의 차이를 부각시킬 것을 요청하는 것도 아니다. 그 대신 목적론적 인권은 정명사상을 진보적으로 재해석하고자 한다. 이때 어떻게 정명사상을 재해석하는 것이 이를 진보적으로 재해석하는 것일까? 필자는 유교문화가 강조하는 연대적·공동체적 덕치를 실현할 수 있도록 정명사상을 재해석하는 것이 그 대답이 될 수 있다고 생각한다. 이를테면 여성과 남성 사이의 실질적 평등을 실현할 수 있도록 여성인권을 해석하거나 전통적인 유교에서 강조했던 충(忠)을 수직적·일방적인 충이 아니라 수평적·상호적인 충으로 실현할 수 있도록 부모와 자식의 인권, 고용자와 피고용자의 인권, 우리 사회에서 통용되는 '갑과 을'의 인권을 재해석하는 것이다. 한때 강조되었던 '동반성장'이나 '공생사회'는 목적론적 인권이 추구해야 하는 방향이 무엇인지를 예시적으로 보여준다.

지금까지 논의했던 동아시아적 인권의 목록을 표로 정리하면 아래와 같다.

표-2 동아시아적 인권 목록

인권의 유형	동아시아적 인권 목록		문화의존성
가변적·구체적 인권	유교문화적 인권	연대적 인권	유교문화의존적 인권
		목적론적 인권	
보편적·근원적 인권	의사소통적 인권		문화독립적 인권

권'으로 재해석할 수도 있다.

Ⅵ. 맺음말

지금까지 필자는 인권 개념을 이원적으로 재배치하고 보편성 개념을 새롭게 이해함으로써 어떻게 동아시아적 인권 구상이 가능한지 논증하였다. 더불어 연대적 인권과 목적론적 인권을 동아시아적 인권의 중요한 인권목록으로 제안하였다. 그러나 이러한 작업은 아직 시론에 머물고 있어 그 내용이 불완전하다. 연대적 인권과 목적론적 인권이 구체적으로 무엇인지는 여전히 불명확하게 남아 있다. 따라서 필자의 작업에는 다양한 이론적 비판을 할 수 있을 것이다. 필자가 제안한 동아시아적 인권 구상에 산재한 이론적 허점은 앞으로 연구를 수행하면서 더욱 보완하고 구체화하고자 한다.

I. 서론

'북한 인권' 문제는 '북한 핵' 문제와 더불어 남한과 북한 그리고 북한과 미국의 관계를 불편하게 하는 주제이다.[1] 남한은 북한에 대한 관계를 개선하기 위해 김대중 정부 이후 다양한 대북지원 정책을 추진하고 있지만 '탈북자' 문제를 포함한 북한 인권 문제는 이러한 남한의 대북지원 정책에 큰 걸림돌이 되고는 하였다. 북한의 인권 상황 개선을 촉구하는 진영에서는 북한의 인권이 개선되지 않는 한 대북지원도 해서는 안 된다고 주장한다. 그러나 북한은 이러한 주장에 일종의 '내정간섭'이라고 반발한다. 이러한 상황은 북한과 미국의 관계에서도 유사하게 나타난다. 북한은 미국에 대한 관계를 개선하고 궁극적으로는 북한과 미국의 정식수교를 원하지만, 미국은 이에 대한 전제조건으로 북한의 비핵화와 더불어 인권 상황 개선을 거론하기 때문이다. 이러한 미국의 요구를 북한은 쉽게 수락하지 않고 있다. 북한의 시각에서 볼 때 이는 중대한 내정간섭에 해당할 수 있기 때문이다.

사실 한 주권국가가 다른 주권국가의 인권 문제에 간섭하는 것은 법적인 측면에서 볼 때 여러 어려운 문제를 야기한다. 먼저 국제법적인 측면에서 볼 때 한 국가가 국제연합(UN)에 의해 주권을 갖춘 독립된 국가로 인정을 받은 이상

---

1 북한 인권 상황에 관해서는 우선 임순희 외, 『북한인권백서 2006』(통일연구원, 2006) 참고.

국제관계에서 스스로 자기 문제를 결정할 수 있는 '독립성'을 갖기 때문이다. 이는 '주권' 개념에서 당연히 도출된다.[2] 주권은 한 국가 안에서는 최고의 권력을, 국가 밖에서는 그 국가의 독립성을 보여주는 법적 권한이기 때문이다.[3] 따라서 한 주권국가가 다른 주권국가의 인권 문제에 관해 왈가왈부하는 것은 자칫 그 국가가 가진 주권을 침해하는 일이 될 수 있다. 물론 이러한 주장은 인권이 지닌 보편적 성격을 통해 반박할 수 있을지 모른다.[4] 인권은 보편적 효력을 가지는 권리이기에 인권의 효력은 한 국가의 경계를 넘어설 수 있고 따라서 인권 문제는 주권과는 상관없이 모든 이가 자유롭게 논할 수 있다는 것이다. 그러나 이러한 반박은 인권이 가진 이중적 성격으로 인해 설득력을 잃을 수 있다.[5] 한편으로 인권은 보편성을 누리는 규범적 가치이면서도 다른 한편으로는 그 이면에 서구 중심적인 이데올로기가 담겨 있을 수 있기 때문이다. 만약 후자의 측면이 사실이라면 인권 문제를 근거로 특정한 주권국가에 개입하는 것은 그 국가에 자국의 이데올로기를 주입하려는 의도로 해석할 여지도 있다. 미국이 이라크를 침공할 때 이라크 안의 인권 문제를 결정적인 논거로 원용한 것도 한 예가 될 수 있다. 더군다나 북한은 남한에 대한 관계에서 볼 때 특수한 지위를 점한다는 점에서도 북한 인권 문제는 더욱 복잡해진다. 왜냐하면 북한은 국내법의 측면에서 보면 남한의 영토인 한반도에 포함되는 지역에 불과하면서도 국제법의 측면에서 보면 독립된 주권국가에 해당하기 때문이다.

이러한 상황에서 우리나라는, 가령 우리 정부나 국가인권위원회는 북한 인권 문제에 어떤 태도를 견지해야 할까? 이에 국가인권위원회는 2006년 12월 11일 "북한인권에 대한 국가인권위원회의 입장"을 공식으로 표명하였다.[6] 여기서 국가인권위원회는 북한 인권 개선에 관한 국가인권위원회의 기본 원칙을 밝히

---

2 주권 개념에 관한 일반적 설명은 R. Zippelius, *Allgemeine Staatslebre*, 13. Aufl. (München, 1999), 58쪽 아래.

3 이러한 주권 개념은 장 보댕(Jean Bodin: 1529-1596)에서 기원한다. 장 보댕, 임승휘 (옮김), 『국가론』(책세상, 2005), 39쪽 아래.

4 인권의 보편성에 관해서는 김도균, "인권의 개념과 원리", 인권법교재발간위원회 (편저), 『인권법』(아카넷, 2006), 86쪽.

5 이 문제에 관해서는 아래 제9장 Ⅲ. 참고.

6 이의 전문은 국가인권위원회 홈페이지(http://www.humanrights.go.kr)에서 확인할 수 있다.

고 이를 바탕으로 하여 북한 인권을 개선하기 위해 정부가 나아가야 할 방향을 제시하였다.[7] 여기서 특히 주목할 만한 것은 북한 지역 안에서 이루어지는 인권 침해 행위나 차별행위는 국가인권위원회의 조사 대상에 포섭할 수 없음을 명백히 한 점이다.[8] 나아가 북한 인권은 평화적 방법을 통해 개선해야 함을 기본 원칙으로 천명한 것도 주목할 만하다. 이러한 국가인권위원회의 입장 표명은 그동안 논쟁의 대상이 되었던 북한 인권 문제 해소방안에 관해, 물론 이것으로 논란이 종식된 것은 아니지만, 분명한 원칙과 방향을 제시하였다는 점에서 의미가 있다.[9]

제9장은 이러한 상황에 주목하여 북한 인권 문제에 적절하게 접근하는 데 기초가 되는 법철학적·법정책적 시각을 제시하고자 한다. 특히 법다원주의자인 산토스가 제시한 '상호합법성' 이론을 원용함으로써 북한 인권 문제에 관한 합리적인 인권법정책의 방향을 제안하고자 한다.

Ⅱ. 북한 인권을 다룰 때 마주하는 문제점

북한 인권에 대한 접근 방향을 본격적으로 논하기에 앞서 북한 인권 문제를 다룰 때 마주하는 법적 문제를 간단하게 거론할 필요가 있다. 우선 북한 인권 문제를 바라보는 기본적 시각을 검토할 필요가 있다. 왜냐하면 이 시각은 북한 인권에 대한 법정책을 수립하는 데 기본 지침이 되기 때문이다. 나아가 북한의 특수한 법적 지위를 고찰할 필요가 있다. 그 이유는 북한의 지위를 어떻게 보느냐에 따라 북한 인권에 대한 인권법정책의 방향이 달라질 수 있기 때문이다.

1. 기본적 두 시각

북한 인권 문제를 바라보는 기본적 시각으로 우리는 다음 두 가지를 생각할 수 있다. 첫 번째는 북한 인권 문제에 남한이 적극적으로 개입해야 한다는

---

7 국가인권위원회, "북한인권에 대한 국가인권위원회의 입장", 5-8쪽.
8 국가인권위원회, 위의 글, 4쪽.
9 국가인권위원회, 앞의 글, 5쪽.

시각이다. 이른바 '북한민주화운동론' 혹은 '저항권 발동론'으로 대변되는 이 시각은 극단적인 경우 전쟁을 해서라도 남한이 북한 인권 문제를 해결하는 데 적극적으로 나서야 한다고 말한다.[10] 미국의 이라크 침공 과정에서 논란을 빚은 '인도적 개입' 논증은 이러한 시각을 이론적으로 뒷받침한다. 이 시각은 인권이 가진 보편적 성격에 주목한다. 인권은 시간과 공간에 상관없이 언제나 동일한 기준과 내용을 갖기에 북한에도 동일한 기준과 내용을 가진 인권을 문제 삼을 수 있다는 것이다.

이에 대응하는 두 번째로 남한이 북한의 인권 문제에 적극 개입하는 것은 자제할 필요가 있다는 시각을 생각할 수 있다. 이 시각은 구체적으로 다시 두 가지로 구별할 수 있다. 첫째는 우리 정부가 국제연합과 같은 국제기구를 통해 북한 인권 문제에 접근해야 할 필요가 있다는 것이다.[11] 둘째는 민간기구가 자발적으로 북한 인권 문제를 개선하고 지원하도록 하는 것이다. 이 시각은 북한 역시 국제법상 한 주권국가에 해당하고 따라서 남한이 북한 내부의 인권상황에 적극 나서는 것은 자칫 북한의 주권을 침해하는 내정간섭이 될 수 있다고 본다. 달리 말해 북한 인권 문제는 남한의 효력 범위에 포함되지 않는다고 보는 것이다.[12] 이러한 시각은 인권의 보편성을 거부하거나 인권의 구체적인 내용이 각 국가나 문화에 따라 달라질 수 있음을 인정한다. 따라서 이러한 시각에서 보면 인권은 초국가적인 것이라 할 수 없어 다른 국가의 주권을 존중할 필요가 있다.

이렇게 북한 인권 문제에 관해서는 서로 대립하는 두 시각이 존재한다. 이 시각 중에 어느 한쪽을 선택하기는 쉽지 않아 보인다. 왜냐하면 두 시각 모두 일정한 설득력과 장점을 가지기 때문이다. 이 문제는 북한의 특수한 법적 지위 및 인권이 가진 이중적 성격 때문에 더욱 복잡해진다.

---

10 '북한민주화운동론'에 관해서는 이승규, "왜 북한민주화운동이 절박하게 요구되는가", 『시대정신』(1999), 16–51쪽 참고. '저항권 발동론'은 심재우, "북한의 인권현황과 우리의 대처방안", 『통일문제연구』 제15권 제1호(1999), 27쪽 아래.

11 대표적인 경우로 제성호, "북한인권개선을 위한 국제협력방안: 국제인권기구의 활용을 중심으로", 『국제인권법』 제2호(1998), 400쪽.

12 국가인권위원회가 표명한 견해이다. 국가인권위원회, "북한인권에 대한 국가인권위원회의 입장", 4쪽.

2. 북한의 특수한 법적 지위

북한은 남한에 대한 관계에서 볼 때 특수한 법적 지위를 갖추고 있다. 이를 한마디로 표현하면 북한은 국가이면서 동시에 국가가 아닌 모순성을 가진다는 것이다. 이를 자세히 말하면 다음과 같다. 우선 국내법, 특히 헌법의 측면에서 보면 북한은 독자적인 국가가 아니다. 왜냐하면 대한민국 헌법 제3조는 "대한민국의 영토는 한반도와 그 부속도서로 한다."고 하여 북한 지역 역시 대한민국의 영토에 포함하기 때문이다. 다시 말해 북한 지역은 한반도에 속하는 지역이고 한반도 전체가 대한민국, 즉 남한의 영토에 해당하는 이상 북한 지역도 남한에 속한다는 것이다. 다만 '휴전'이라는 장애 때문에 대한민국의 주권이 사실상 북한 지역에 미치지 못할 뿐이라고 한다.[13] 따라서 남한의 시각에서 볼 때 북한은 합법적인 정권이 아니며 그러므로 북한의 국가성과 주권을 인정할 수 없다. 남한의 「국가보안법」은 이러한 시각을 전제로 깔고 있으며 따라서 북한은 '반국가단체'에 지나지 않을 뿐이다.[14]

그러나 다른 한편 북한은 주권적인 국가로 인정된다. 우선 1991년 남한과 북한이 동시에 국제연합에 가입하면서 국제법상 북한은 독립된 주권국가로 승인되었다. 북한은 독자적인 주권과 외교권을 갖게 된 셈이다. 이러한 맥락에서 남북기본합의서는 북한을 통일을 위해 함께 나아가고 협력해야 할 동반자로 이해한다. 이러한 북한의 이중적 측면은 이미 우리 헌법도 예정하고 있었다. 한편으로 헌법은 위에서 언급한 제3조를 통해 북한의 국가성을 인정하지 않는다. 그러나 다른 한편 헌법 제4조는 "대한민국은 통일을 지향하며, 자유민주적 기본질서에 입각한 평화적 통일정책을 수립하고 이를 추진한다."고 함으로써 한반도가 분단국가임을 암시하면서 남과 북의 협력을 통한 평화통일을 대한민국의 목표로 규정한다. 이는 곧 헌법이 간접적으로 북한 역시 한 국가임을 암시하고 있다고 해석할 수 있다. 이는 헌법 제3조와 제4조가 서로 모순될 수 있음을

---

[13] 이는 우리 대법원의 기본 태도이다. 가령 대법원 1990. 9. 25. 선고 90도1451 판결; 대법원 1997. 11. 20. 선고 97도2021 판결 등 참고.

[14] 이에 관해서는 장명봉, "남북한 기본관계 정립을 위한 법적 대응", 『남북한 유엔가입과 한반도 통일문제의 공법적 대응』(한국공법학회, 1991), 132쪽.

보여준다. 바로 이러한 이유에서 그동안 국내 헌법학에서는 헌법 제3조와 제4
조의 모순성을 해결하기 위해 다양한 논의가 전개되기도 하였다.[15]

　여기서 헌법 제3조와 제4조의 모순관계 그리고 북한의 모순적 지위를 자세
하게 논하지는 않기로 한다. 이에 관해서는 이미 많은 연구가 이루어졌기 때문
이다. 다만 기존의 대법원 판례 또는 헌법재판소가 보여주는 것처럼 북한을 단
순히 반국가단체로 취급하는 것은 그다지 타당한 태도가 아님을 지적하고 싶
다. 그 이유를 다음과 같이 말할 수 있다. 우선 북한이 그동안 국제사회에서 쌓
아온 지위 그리고 남한과 북한이 국제연합에 동시에 가입했다는 현실에 비추어
볼 때 북한의 국가성을 인정하지 않는 것은 그리 적절해 보이지 않는다. 이미
국제관계에서 북한은 주권국가의 지위를 누리고 있다. 나아가 남북기본합의서
같은 문서들도 북한을 '동반자'로 규정한다는 점에서 남한과 북한의 관계에서도
북한을 최소한 '사실상의 국가'로 이해하는 것이 바람직하지 않을까 생각한다.
물론 이렇게 북한의 국가성을 인정한다고 해서 당연히 북한을 국가보안법의 규
율 대상에서 제외해야 한다는 결론이 도출되는 것은 아니다. 북한이 핵무기 등
으로 우리의 안보와 평화를 위협하는 한 설사 북한을 한 주권국가로 인정하더
라도 북한에 국가보안법을 적용할 여지는 남아있다. 한편 북한의 국가성을 인
정하더라도 이러한 결론이 헌법 제3조에 어긋나는 것은 아니다. 헌법 제3조는
이제는 '헌법변천'을 통해 규범적 내용이 바뀌었고 따라서 헌법 제3조는 "대한
민국의 영토는 한반도와 그 부속도서로 한다."가 아니라 "통일 대한민국의 영토
는 한반도와 그 부속도서가 되어야 한다."는 내용의 당위명제를 표현하고 있다
고 보아야 한다.[16] 이렇게 이해를 하면 헌법 제3조는 제4조의 목표가 된다고 해
석할 수 있다. 이를 통해 헌법 제3조와 제4조에서 보이는 듯한 모순을 제거할
수 있다.

---

15 이에 관해서는 우선 이부하, "영토조항에 대한 규범적 평가", 『통일정책연구』 제15권 제1호
　　(2006), 317-336쪽 참고. 이 논문은 헌법 제3조와 제4조의 관계에 관한 많은 문헌을 충실하게
　　소화하고 있다.
16 장명봉, "통일문제와 관계법의 괴리: 통일정책과 헌법문제를 중심으로", 『사상과 정책』 제6권 제
　　3호(1989), 12쪽; 강경근, "헌법적 국가의 존립조건과 권력양태", 『고시계』 제406호(1990), 74쪽;
　　양건, "남한의 통일방안을 어떻게 볼 것인가", 『공법연구』 제22집 제1호(1994), 223-225쪽 참고.
　　헌법 제3조를 헌법변천으로 보는 것에 반대하는 견해로는 이부하, 위의 논문, 330쪽 참고.

3. 중간결론

결론적으로 말해 북한은 일종의 주권국가로 파악해야 할 필요가 있다. 북한 인권 문제 역시 이러한 시각에서 접근해야 할 필요가 있다. 사실이 그렇다면 한 국가 안에서 인권 문제에 접근하는 방식과는 다른 방식으로 북한 인권 문제에 접근해야 할 필요가 있다. 그 이유는 여러 가지로 언급할 수 있겠지만,[17] 특히 인권의 이중적 성격으로 인해 북한 인권 문제는 남한의 인권 문제를 다루는 것과는 다른 방식으로 다룰 필요가 있다. 바꿔 말해 북한처럼 독자적인 주권을 가진 국가의 인권 문제를 다룰 때는 그 국가의 주권을 존중하면서 인권 문제에 접근해야 할 필요가 있다.

Ⅲ. 인권의 이중적 측면

북한의 인권 문제를 논하기 위해서는 북한이 차지하는 특수한 법적 지위뿐만 아니라 인권이 지닌 이중적 측면을 염두에 두어야 한다. 이때 인권의 이중적 측면이란 무엇을 뜻하는가?

1. 보편적 성격

우선 인권은 보편적 성격을 지닌다. 이러한 보편적인 성격은 인권 개념에서 도출할 수 있다. 왜냐하면 '인권'은 흔히 '인간이면 그 누구나 평등하게 가질 수 있고 주장할 수 있는 권리'로 정의되기 때문이다. 이러한 통상적인 인권 이해에서 볼 수 있듯이 인권은 '보편성'을 핵심적인 특성이자 요소로 삼는다.[18] 여기서 보편성이란 시간과 공간에 상관없이 그리고 (권리의) 주체나 상대방이 그 누구인지 상관없이 언제나 동일한 규범적 내용이나 주장을 담는 것을 뜻한다. 그렇다면 '인권은 보편적이다.'는 명제는 그 인권이 중세이든 근세이든 아니면 현대이든 상관없이 그리고 서양이든 동양이든 상관없이, 마지막으로 여성이 주장하든

---

17 이를 세계화와 다원주의의 측면에서 고찰하는 문헌으로 이상돈·Klaus Günther·변종필, "세계화에 따른 법문화의 변화와 법개혁의 과제", 『법철학연구』제7권 제1호(2004), 7–38쪽.
18 김도균, "인권의 개념과 원리", 인권법교재발간위원회 (편저), 『인권법』(아카넷, 2006), 86쪽.

남성이 주장하든 상관없이 언제나 동일한 규범적 내용을 가진다는 것을 뜻한다.

인권의 보편성은 크게 세 가지 논증 방식을 통해 정당화되었다. 세 가지 논증 방식이란 '자연법에 기한 논증', '소유권에 기한 논증' 그리고 '정언명령에 기한 논증'을 지칭한다.[19] 이때 우선 자연법에 기한 논증은 인권이 시간과 공간을 초월하는 자연법의 일부를 이룬다고 보면서 자연법이 지닌 보편적 성격으로 인해 인권 역시 보편성을 지닌다고 말한다. 인권의 보편성을 근거 짓는 가장 전통적인 논증 방식이라 할 수 있다. 이러한 논증 방식은 지금도 살아남아 많은 학자는 인권을 자연법의 시각에서 바라본다.[20] '소유권에 기한 논증'은 인권을 '자연권'인 소유권의 일종으로 파악하는 방식을 말한다. 이 논증 방식은 무엇보다도 근대 인권 형성에 큰 기여를 한 영국의 철학자 로크에서 찾아볼 수 있다. 이에 따르면 소유권으로서 자연권은 인간이 천부적으로 갖게 되는 보편적 권리이고 따라서 이러한 권리에 해당하는 인권 역시 보편적 권리이다.[21] 마지막으로 '정언명령에 기한 논증'은 인권을 일종의 정언명령으로 파악함으로써 인권의 보편성을 근거 짓고자 하는 시도이다. 이 논증은 특히 철학자 칸트의 주장을 원용한다. 칸트는 도덕을 구성하는 핵심 가치로 개인의 자율성을 제시하고 이러한 자율성을 통해 보편적인 도덕을 근거 짓고자 '정언명령'을 제안한다. 그런데 인권 개념은 이러한 자율성과 정언명령을 고스란히 담고 있으므로 보편적인 것이 될 수 있다고 한다.[22]

그러나 인권의 보편성은 오늘날 여러 부분에서 흔들린다. 우선 현대와 같은 다원주의 사회에서는 '자연법'처럼 시간과 공간을 초월하는 가치를 인정하기 쉽지 않게 되었다.[23] 오늘날과 같은 가치 다원주의·문화 다원주의 시대에 과연

---

19 이에 관해서는 우선 양천수, "인권의 보편성에 대한 철학적 논증 가능성", 『인권이론과 실천』 제1호(2007), 23-35쪽 및 이 책 제5장 참고.

20 예를 들어 백봉흠, "자연법과 인간의 존엄성: 국제법상 인권보장의 유래", 『가톨릭사회과학연구』 제2집(1983), 17-34쪽; 양준모, "자연법과 국제법", 『국제법학회논총』 제51호(1982), 430쪽 아래 등 참고.

21 이에 관해서는 이상돈, "근대적 인권 개념의 한계", 『고려법학』 제44호(2005), 115쪽 아래; 임재홍, "근대 인권의 확립", 인권법교재발간위원회 (편저), 『인권법』(아카넷, 2006), 20쪽 아래.

22 이에 관한 상세한 내용은 이상돈, 위의 논문, 119-121쪽.

23 이러한 문제에 관해서는 양천수, "법문화와 처분불가능성", 『중앙법학』 제8집 제3호(2006), 433쪽 아래 참고.

누가 영원불변하는 자연법을 인정할 수 있을까? 설사 자연법을 긍정할 수 있다 하더라도 과연 누가 이 자연법을 발견하고 승인할 권한을 가질 수 있는지 문제가 된다. 나아가 소유권이라는 자연권에 기해 인권의 보편성을 근거 짓고자 하는 것도 문제를 노정한다. 이 논증은 '가진 자'를 중심으로 하는 근대 인권은 근거 지을 수 있었지만 현대의 사회적 인권은 도외시하였기 때문이다.[24] 마지막으로 정언명령에 기한 논증은 소유권에 기한 논증과 마찬가지로 자유주의적이고 개인주의적인 인권만을 염두에 두었다는 점에서 문제가 있다.

이상의 논의에서 확인할 수 있는 것은 한편으로 인권은 보편성을 가진다고 하지만 다른 한편으로 이러한 보편성은 오늘날 여러 이유로 흔들리고 있다는 점이다.

2. 서구 중심의 이데올로기로서 인권

위에서 우리는 인권의 특성으로 보편성을 살펴보았다. 이는 인권이 가진 한 측면이다. 그러나 다른 한편으로 인권은 보편적인 권리라기보다는 오히려 서구 중심의 이데올로기를 대변하는 것일 수 있다. 다시 말해 인권은 보편적 가치라기보다는 기독교 문화에 기반을 둔 서구 유럽의 이데올로기를 구체화한 문화적 산물이라는 것이다.[25] 이러한 주장은 위에서 살펴본 것처럼 인권의 보편성을 근거 짓던 각종 논증 방식이 위기에 처하면서 더욱 설득력을 얻게 되었다. 또한 이 주장은 현대 영미 철학에서 전개된 '자유주의-공동체주의 논쟁'을 통해 뒷받침되기도 한다. 여기서 논의를 분명히 하기 위해 이 논쟁을 간략하게 언급한다.

자유주의는 개인의 자유 및 이에 관한 권리를 보편적인 것으로 여긴다. 이러한 자유주의에 의하면 보편적 도덕, 보편적 법체계를 인정할 수 있다. 개인의 자유는 그 어떤 개인이나 공동체라도 존중해야 할 보편적인 핵심 도덕을 이룬

---

24 이 문제에 관해서는 박병섭, "현대 인권의 발전", 인권법교재발간위원회 (편저), 『인권법』(아카넷, 2006), 38-40쪽.

25 이에 관해서는 우선 이근관, "아시아적 가치와 인권: 인권의 보편성 명제에 대한 비판적 검토", 성공회대 인권평화연구소 (엮음), 『동아시아 인권의 새로운 탐색』(삼인, 2002) 참고.

다. 이러한 자유를 법으로 보장하는 것은 보편적인 법문화의 내용을 구성한다. 이러한 자유주의에 따르면 자유를 핵심 가치로 하는 인권은 당연히 보편성을 획득할 수 있다. 이에 반해 공동체주의에 따르면 보편적인 도덕을 인정할 수 없다. 오히려 모든 도덕이나 윤리는 각기 다른 공동체가 추구하는 가치에 따라 그 내용이나 중요성이 결정된다. 바꿔 말해 보편적인 도덕 대신 상대적인 윤리가 전면에 등장한다.[26] 이런 공동체주의에 따르면 보편적이고 통일된 법체계를 말하는 것도 쉽지 않다. 그 대신 공동체주의에 따르면 다원적인 법체계를 인정할 수 있을 뿐이다. 자유주의적인 법체계는 이러한 공동체주의의 시각에서 볼 때 '서구 중심적인 법체계'에 지나지 않는다. 그런데 이러한 문제 제기는 자유주의에 바탕을 둔 인권이론에도 그대로 적용할 수 있다. 공동체주의의 시선에서 보면 보편적 인권이라는 관념은 그야말로 '서구 중심적인 관념'에 지나지 않는다.

3. 중간결론

이상에서 본 것처럼 한편으로 인권은 시간과 공간을 초월해 그 가치를 주장할 수 있는 보편성을 가지는 것으로 보이면서도 다른 한편으로는 서구 중심적인 이데올로기를 대변하는 것으로 보인다. 따라서 이렇게 이중적 측면을 지닌 인권을 이유로 하여 다른 주권국가에 무작정 개입하는 것은 그리 적절하지 않은 정책이라 말할 수 있다. 이는 북한에도 마찬가지이다. 인권 자체가 보편성을 강하게 주장하지 못하는 이상 서구의 인권 기준을 들어 북한 인권 문제를 논하는 것은 문제가 있어 보인다. 그렇다면 북한 인권 문제에 우리는 무관심으로 일관해야 할까? 그것은 전적으로 북한의 문제일 뿐일까? 그렇지는 않다. 우리는 북한 인권 문제에 관해 얘기해야 할 필요가 있다. 다만 그 방식을 다르게 해야 할 필요가 있을 뿐이다. 그렇다면 그 방식이란 무엇일까?

---

[26] 보편적인 도덕과 상대적인 윤리라는 등식은 도덕과 윤리를 개념적으로 구별할 때 성립할 수 있다. 도덕과 윤리를 구별하는 점에 관해서는 J. Habermas, *Erläuterungen zur Diskursethik* (Frankfurt/M., 1991), 100쪽 아래 참고.

Ⅳ. 상호합법성을 통한 북한 인권 문제 접근

이 책은 '상호합법성'(Interlegality)을 통해 북한 인권 문제에 접근하는 게 바람직한 방향이 될 수 있음을 말하고자 한다. 이러한 주장을 근거 짓기 위해서는 먼저 상호합법성이 뜻하는 바가 무엇인지 검토해야 한다.[27]

1. 상호합법성이란?

상호합법성은 포르투갈의 법사회학자이자 법다원주의자인 산토스가 제시한 개념이다. 이 개념이 뜻하는 바를 정확하게 파악하려면 산토스가 어떤 맥락에서 이 개념을 제시한 것인지 다룰 필요가 있다.

상호합법성은 산토스가 1995년에 초판이 나온 그의 저서 『새로운 법적 상식을 향하여』에서 제시한 개념이다.[28] 이 책은 '세계화'라는 흐름 속에서 근대법이 처한 각종 문제 상황을 진단하면서 새로운 법 패러다임을 통해 현대사회의 문제를 해결하고자 한다. 여기서 산토스는 근대법이 처한 문제를 다음과 같이 말한다. 근대의 '규제적인 법'이 근대가 유발한 문제를 적절하게 해결하지 못하고 있다는 것이다. 이러한 문제를 해결하기 위해 산토스가 내놓은 대안은 근대라는 패러다임에 바탕을 두지 않는다. 오히려 산토스는 근대를 넘어서는 '탈근대'(Postmodern)라는 패러다임 위에서 근대가 처한 문제를 해결하려 한다. 탈근대의 패러다임 위에서 법의 '해방적 힘'을 되살리려 한다.

이때 산토스가 제시하는 대안은 구체적으로 무엇일까? 이는 두 가지 측면에서 대답할 수 있다. 첫째는 법다원주의이다.[29] 둘째는 초국가주의이다.[30] 산토스는 근대의 규제법이 처한 문제를 해결하기 위해 전체적으로 통일되고 완결된

---

27 상호합법성에 관해서는 이 책 제6장도 참고.
28 아래에서는 2002년에 출간된 제2판으로 인용한다. Boaventura De Sousa Santos, *Toward a New Legal Common Sense: Law, Globalization, And Emancipation*, 2nd ed. (Butterworths, 2002).
29 법다원주의에 관해서는 양천수, "초국가적 법다원주의: 개념적 차원과 규범적 차원을 중심으로 하여", 『법철학연구』 제11권 제2호(2008), 391-426쪽 참고.
30 초국가주의에 관한 간략한 설명은 비오티·카우피, 이기택 (옮김), 『국제관계이론』(일신사, 1996), 140쪽 아래 참고.

새로운 법체계를 제안하지는 않는다. 오히려 산토스는 다원적이면서 탈중심적인 법체계를 구상한다. 이러한 자신의 법다원주의 구상을 근거 짓기 위해 산토스는 실제로 다양한 사회 영역에서 각기 다원적인 법이 존재하고 있음을 특히 브라질을 예로 하여 보여준다.[31] 산토스에 따르면 이 같은 법의 다원화 현상은 오늘날 세계화 현상이 전 세계를 지배하면서 더욱 촉진되어 나타난다.[32] 나아가 산토스는 이러한 법다원주의와 초국가주의를 연결한다. 초국가주의는 지구촌이 세계화를 겪으면서 더욱 촉진되는데, 이를 통해 국가 중심의 법체계보다는 국가를 넘어서는 법체계가 더욱 중요한 역할을 담당한다. 이러한 현상은 법다원주의와 결합하여 이제는 국가 중심의 공법보다는 국가의 울타리를 넘어서는 사법이 많은 부분에서 공적인 역할을 수행한다. 요컨대 국가 주도의 통일된 법보다는 사회의 각 영역에서 형성된 자율적이고 다원화된 법이, 공법보다는 사법이 전면에 등장하는 것이다. 이러한 다원화된 사법에서 산토스는 법의 해방적 역량을 기대한다.

상호합법성은 이러한 맥락에서 등장한 개념이다. 법다원주의의 맥락에서 산토스는 단일화된 합법성 체계를 거부한다. 그 대신 사회의 개별 영역마다 자율적으로 형성된 다원화된 합법성 체계가 존재한다고 말한다. 따라서 법다원주의 시대에 우리는 서로가 각기 고유하게 가진 합법성 체계를 상호 승인할 수 있어야 한다. 자신들이 가진 합법성 체계만이 올바르다고 주장할 수 없다는 것이다. 말하자면 각 법체계는 서로에 대해 합법성을 주장할 수 있다. 상호합법성은 바로 이러한 이념을 주장한다. 산토스는 다음과 같이 말한다.[33]

"사회적·법적 삶은 각기 다른 기준에서 작동하는 각기 다른 법적 공간에 의해 그리고 각기 다른 해석 관점을 통해 구성된다. (…) 우리는 (단일화된) 법과 합법성을 말할 수 있는 것이 아니라 오히려 상호적인 법(interlaw)과 상호합법성을 말할 수 있을 뿐이다. 이렇게 각기 다른 법질서 사이의 복잡하면서 변화해가는 관계

---

31 Boaventura De Sousa Santos, 앞의 책, Chapter 4.
32 Boaventura De Sousa Santos, 앞의 책, Chapter 5.
33 Boaventura De Sousa Santos, 앞의 책, 427쪽.

를 추적하는 것이 이러한 법질서를 동일하게 만드는 것보다 더욱 중요하다."

이렇게 산토스는 법질서를 단일하게 통일시키는 것보다 다원적인 법질서가 병존하는 것을 긍정하는 상호합법성 이념을 통해 근대법의 위기를 극복하고 법의 해방적 힘을 복원하려 한다. 이러한 산토스의 시도는 종전의 법이 추구하는 해결방식과는 다른 지평에 서 있다는 점에서 획기적이다. 왜냐하면 법체계는 전통적으로 완결된 개념과 체계를 구축함으로써 법적 문제를 해결하려 하였기 때문이다. 19세기 독일 법학을 풍미했던 개념법학이나 20세기 초반 미국 법학을 지배했던 법형식주의가 이를 잘 보여준다. 그렇지만 산토스는 완결된 개념이나 체계 혹은 기준을 만들기보다는 오히려 다원적인 그래서 불완전해 보이는 체계를 만들 것을 제안한다. 이런 점에서 산토스의 기획은 한편으로는 다른 법사회학자들에 의해 수용되기도 하지만 다른 한편으로는 비판에 직면한다.[34] 여기서는 산토스의 기획에 관해 전개된 논쟁을 다루지는 않겠다. 다만 산토스의 기획에서 찾을 수 있는 가장 큰 문제점을 간단하게 지적하면, 상호합법성 구상이 성공하려면 다원적으로 병존하는 법체계가 서로 다른 법체계를 '상호존중'할 수 있음을 전제로 해야 한다는 점을 들 수 있다. 만약 이러한 전제가 충족되지 않으면 상호합법성 구상은 실현할 수 없다. 왜냐하면 다원적인 법체계가 서로를 상호적으로 존중하지 않으면 오히려 상호충돌이 발생할 가능성이 더욱 크기 때문이다. 그렇게 되면 법체계 전체는 공존하기보다는 파멸에 이를 것이다.

2. 상호합법성 이념의 수용

상호합법성 이념은 인권, 구체적으로 북한 인권 문제를 바라보는 데 어떤 의미를 줄 수 있을까? 이 책은 상호합법성 이념이 북한 인권 문제를 파악하고 해결하는 데 유용한 관점과 방향을 제시할 수 있음을 보여주고자 한다. 이를 논증하기 위해 아래에서는 이상돈 교수와 정태욱 교수가 수행한 연구를 소개한다.

---

34 이를 수용하는 경우로는 G. Teubner, *Recht als autopoietisches System* (Frankfurt/M., 1989), 123쪽 아래.

(1) 이상돈 교수의 인권이론

상호합법성 개념을 적극적으로 수용하고 이를 인권법 영역에 응용한 법학자로 이상돈 교수를 언급할 수 있다. 이상돈 교수는 2005년에 펴낸 연구서 『인권법』에서 상호합법성을 통해 인권 개념의 세계화를 기획한다.[35] 이상돈 교수가 인권법 영역에서 상호합법성을 수용한 이유는 산토스가 상호합법성 개념을 제시한 맥락과 비슷하다. 이상돈 교수는 『인권법』 제3부에서 인권이 현대사회에서 보이는 특징으로 "인권 개념의 절차화", "인권 개념의 세계화" 그리고 "인권 개념의 지역화"를 제시한다. 이 가운데서 "인권 개념의 세계화"를 다루면서 이상돈 교수는 인권 운동이 세계화를 맞으면서 일종의 위기를 겪게 되었다고 진단한다. "인권 개념의 정당성 위기"가 그것이다.[36] 이상돈 교수는 그 이유를 세 가지로 제시한다. 첫째는 세계화를 통해 인권과 주권 사이의 내적 연관이 희미해졌다. 둘째는 국가주권 및 국내공론과 인권의 세계화 사이에서 충돌이 벌어지고 있다. 셋째는 국내공론과 무관한 인권영역이 출현하고 있다는 것이다. 이 때문에 인권 개념은 정당성의 위기를 겪게 되었다고 한다.

이러한 위기는 어떻게 극복할 수 있을까? 이상돈 교수는 '법인류학적 다원주의'와 이에 기반을 둔 '상호합법성'을 통해 이 위기를 넘어서고 더 나아가 "세계화된 인권의 새로운 정당성 기반"을 제공하려 한다. 우선 이상돈 교수에 따르면 인류학적 법다원주의는 다음을 주장한다.[37]

"즉, 법규범과 사회규범 사이의 날카로운 구획이 사라지고 모든 규범을 설정하는 행위자들을 법정립의 절차에 참여하는 행위자로 자리매김하는 한, 법이란 다양한 사회적 행위자들 사이의 규율에 대한 합의 절차가 실제로 효력이 있을 때 정립된다는 것이다. 이런 법다원주의의 통찰에서 보면 법개념의 통일성은 소멸하게 되고, 아울러 평등과 같은 법원칙도 희석되며, 통일적인 법이란 단지 전문적

---

35 이상돈, 『인권법』(세창출판사, 2005), 128쪽 아래 참고. 이러한 생각의 원형은 이상돈·Klaus Günther·변종필, 앞의 논문, 7-38쪽에서 찾아볼 수 있다.
36 이상돈, 위의 책, 130쪽 아래.
37 이상돈, 앞의 책, 140쪽.

인 법률가집단의 이데올로기로만 남게 될 수 있다. 이처럼 법이 다양한 영역들에서 다양한 행위자들 사이의 상호작용과 관점의 교환절차 속에 존재하게 되면, 합법성은 언제나 상호적인 것으로서만 존재할 수 있게 된다."

이상돈 교수에 따르면 이러한 법인류학적 법다원주의의 주장에서 상호합법성 개념을 도출할 수 있다. 본래 산토스에서 비롯하는 이 개념을 이상돈 교수는 다음과 같이 이해한다.[38]

"상호합법성은 자연법과 같은 정의의 닫힌 창고가 아니며, 국내법의 전통적인 속성인 이원적 코드처럼 합법과 불법이라는 판단가치로만 담겨지는 코드도 아님에 주의해야 한다. 비유적으로 말하자면 상호합법성은 우주공간을 유영하듯 자유롭게 떠다니는 일종의 보편적인 코드이며, 이 코드에 어떤 구상과 프로그램이 담겨지고, 어떤 결정규칙들이 자리잡게 될지는 완전히 열려 있다. 예를 들어 환경에 대한 초국가적인 규제나 자본시장의 투명성을 확보하기 위한 초국가적인 규제가 어떤 것일 때 인권으로서 환경권이나 경제참여권이 실현될 수 있는지는 하나의 민주적 법치국가와 그 안의 헌법으로부터 도출되지는 않는다. 각각 상이하고, 심지어는 대립되는 이익들과 기능들을 지니는 다양한 집단과 (국제)기구들이 그들의 요구를 어떻게 법적으로 표제화하느냐, 어떤 사회문화적 전통과 경험의 지평 속에 들어가느냐에 따라 가변적으로 대답이 주어질 뿐이다. 그러니까 상호합법성이 인정되는 권리의 보편성, 즉 초국가적 인권은 언제나 '다투어질 수 있는 보편성'(contested universals)인 것이다."

위의 주장에서 알 수 있듯이 이상돈 교수는 상호합법성을 통해 한편으로는 '보편성'을 잃지 않으면서도 다른 한편으로는 개별 국가가 고유하게 가진 '문화적 특수성'을 포용할 수 있는 '초국가적인 인권 개념'을 수립한다. 이러한 기획은 인권이 지닌 보편성을 "다투어질 수 있는", 즉 "잠정적인" 보편성으로 파악

---

38 이상돈, 앞의 책, 141쪽.

함으로써 실현된다. 이를 통해 보편성과 문화적 특수성이 서로 조화를 이룰 수 있게 된다.

이러한 이상돈 교수의 인권이론은 북한 인권 문제에 접근할 때 유익한 시사를 한다. 우리는 남한과 북한이 형성하는 특수한 관계를 고려하여 상호합법성에 따라 북한 인권 문제를 다룰 필요가 있다는 것이다. 이는 한편으로는 인권의 보편성을 염두에 두면서도 다른 한편으로는 북한의 '정치적·사회적·문화적 특수성'을 고려하는 북한 인권 정책으로 구체화할 수 있을 것이다.

(2) 정태욱 교수의 "협력적 개입" 테제

상호합법성 개념을 직접 수용한 것은 아니지만 이와 유사한 방향에서 북한 인권 문제를 직접 논한 법학자로 정태욱 교수를 들 수 있다. 정태욱 교수는 2001년에 발표한 논문 "북한 체제와 인권문제의 논의에 단서를 붙이며"에서 관용 원리에 바탕을 둔 "협력적 개입" 테제를 주장한다.[39] 이 논문에서 정태욱 교수는 북한 인권 상황이 심각하다는 점을 인정하면서도 이러한 북한 인권 문제를 개선하기 위해 직접 북한에 개입하고자 하는 이른바 '인도적 개입'에는 반대한다. 그 대신 정태욱 교수는 관용 원리 그리고 미국의 철학자 존 롤즈가 제시한 "국제적 정의" 이론에 바탕을 두어 상호적이며 협력적으로 북한 인권 문제에 접근해야 한다고 말한다. 이때 정태욱 교수는 특히 롤즈가 제안한 "위계적 사회의 인간관"에 주목한다. "위계적 사회의 인간관"을 롤즈는 다음과 같이 설명한다.[40]

"개인들이 먼저 시민들이어야 하며, 평등한 시민으로서 동등한 기본권을 갖는다는 자유주의의 이념의 수용을 필수적으로 요구하지는 않는다. 오히려 위계적 사회의 인간관은 개인들을 그들 각각의 집단에서 책임있는 협력적인 성원으로 간주한다. 따라서 사람들은 이들 집단의 구성원으로서 자신들의 도덕적 의무와 책무와 일치되게 자신들을 인식하고 이해하며 행동한다."

---

[39] 정태욱, "북한 체제와 인권문제의 논의에 단서를 붙이며", 『민주법학』 제20호(2001), 55-85쪽.
[40] J. Rawls, 장동진 (옮김), 『만민법』(이글리오, 2000), 109쪽.

위에서 분명하게 알 수 있듯이 롤즈는 "위계적 사회의 인간관"을 통해 자유주의적 인권만이 보편성을 갖는 것은 아님을 분명히 한다. 정태욱 교수는 이러한 롤즈의 생각을 수용하여 협력적 측면에서 북한 인권 문제에 다가갈 필요가 있음을 역설한다. 정태욱 교수는 말한다.[41]

"이 글은 북한이 인권의 보편성보다 당파성을 강조하고, 또 수령의 지도력 속에 인권을 흡수시키는 것은 수정될 필요가 있다고 보지만 북한의 인권관을 무시하면서 자유주의적 인권개념을 일방적으로 강요하는 것은 진정으로 북한 주민의 인권을 존중하는 태도가 아니라고 본다. 만약 그렇게 하여 흡수통일이 이루어진다면 이는 불행한 '내부식민지주의'를 낳을지도 모른다."

그러면서 정태욱 교수는 "북한의 집단주의, 권리와 책무의 연결성 그리고 형식적 자유보다 삶의 조건의 확보에 대한 강조는 경청할 필요가 있다"고 한다.[42] 이러한 정태욱 교수의 주장은 북한의 특수성을 고려하면서 북한 인권 문제를 말한다는 점에서 상호합법성에 바탕을 둔 인권이론과 통하는 면이 있다.

(3) 중간결론

위에서 소개한 이상돈 교수의 인권이론 그리고 정태욱 교수의 협력적 개입 테제를 통해 우리는 산토스가 제안한 상호합법성을 어떻게 북한 인권 문제에 원용할 수 있는지 살펴보았다. 다시 한번 요약해서 말하면 이상돈 교수는 상호합법성이 인권과 어떻게 결합할 수 있는지 보여주었다. 이를 통해 우리는 잠정적인 보편성을 주장할 수 있으면서도 개별 국가의 문화적 특수성을 포용할 수 있는 인권이론을 설계할 수 있다. 그리고 정태욱 교수는 상호합법성과 유사한 "협력적 개입" 테제를 통해 북한 인권 문제에 접근할 수 있음을 보여주었다. 이는 어떻게 우리가 북한의 주권과 특수성을 존중하면서 상호적·협력적으로 북한 인권 문제를 다룰 수 있는지 말해준다.

---

41 정태욱, 앞의 논문, 77쪽.
42 정태욱, 앞의 논문, 77쪽.

V. 북한 인권 문제 해결을 위한 인권법 정책의 방향

지금까지 살펴본 논의를 통해 다음과 같이 북한 인권 문제 해결을 위한 인권법 정책의 방향을 설정할 수 있다.

1. 상호합법성 원칙

위에서 본 것처럼 북한 인권 문제에 접근할 때 상호합법성 원칙을 기본원칙으로 삼을 필요가 있다. 이는 구체적으로 두 가지 의미를 담는다. 첫째, 이는 북한을 우리와는 다른 독자적인 주권 국가 혹은 이에 상응하는 국제법상 단체로 승인한다는 것을 뜻한다. 이는 헌법 제4조, 「남북기본합의서」 전문 및 「남북관계 발전에 관한 법률」 제3조 제1항 등을 해석함으로써 도출할 수 있다. 둘째, 상호합법성을 기본원칙으로 하여 북한 인권 문제에 접근한다는 것은 한편으로는 인권의 (잠정적인) 보편성을 인정하면서도 북한이 고유하게 마련한 인권이해나 인권법체계의 합법성도 고려할 필요가 있음을 뜻한다. 그러므로 남한의 시각에서 북한 인권 문제에 직접 개입하는 것은 지양해야 한다. 이는 국가인권위원회 역시 수용하는 부분이기도 하다. 가령 국가인권위원회는 "헌법 제3조의 규정에도 불구하고 『국가인권위원회법』 제4조 및 제30조의 해석상 대한민국 정부가 실효적 관할권을 행사하기 어려운 북한지역에서의 인권침해행위나 차별행위는 위원회의 조사대상에 포함될 수 없"다고 한다.[43]

2. 단계적이고 상호적인 접근

나아가 북한 인권법 정책은 위에서 원칙으로 삼은 상호합법성에 따라 단계적이고 상호적인 방법으로 북한 인권 문제를 다루어야 한다. 이는 다음과 같이 구체화할 수 있다.

---

[43] 국가인권위원회, 앞의 글, 4쪽.

(1) 남한 관련 인권 문제 우선 취급

먼저 남한과 직접 연관되는 인권 문제를 우선 취급해야 할 필요가 있다. 예를 들어 국군포로, 납북피해자, 이산가족, 북한이탈주민 등과 관련한 인권 문제는 남한 정부가 적극적으로 개입해야 한다. 왜냐하면 이러한 문제는 북한 인권 문제이기도 하지만 동시에 남한의 인권 문제이기 때문이다. 따라서 이러한 문제들에는 남한이 설정한 인권 기준이 직접 적용된다고 보아야 한다. 국가인권위원회 역시 이를 분명히 인정하였다.[44]

(2) 시민적 권리와 생존권에 대한 강한 보편성 인정

다음으로 인권 중에서도 시민적 권리와 생존권에 관해서는 인권의 보편성을 강하게 주장할 수 있다. 다시 말해 이러한 권리 영역에 관해서는 국제 인권 규약이 마련하는 기준을 통해 북한의 인권 상황과 그에 따른 문제를 지적하고 그 개선을 촉구할 수 있을 것이다. 그 이유는 무엇 때문일까?

국제인권법에 따르면 인권은 크게 '시민적·정치적 권리'와 '경제적·사회적·문화적 권리'로 나눌 수 있다.[45] 여기서 전자는 국가나 다른 공동체에 소극적인 부작위를 요청하는 자유주의적 성격을 가지는 데 반해 후자는 국가나 다른 공동체에 적극적인 작위를 요청하는 사회권의 성격을 띤다.[46] 다시 말해 시민적·정치적 권리는 자유권을 지향하는 데 반해 경제적·사회적·문화적 권리는 사회권을 지향한다. 이러한 이유에서 전자가 후자보다 더욱 강한 보편성을 누린다.[47] 왜냐하면 후자의 인권은 그 인권을 완전하게 실현하기 위해 국가나 공동체가 적극적으로 그에 상응하는 의무를 이행할 것을 요청하는데, 이를 위해서는 큰 비용을 부담해야 하기 때문이다. 따라서 부유한 국가의 경우에는 그만큼 경제적·사회적·문화적 권리를 실현할 수 있지만, 그리 부유하지

---

44 국가인권위원회, 앞의 글, 4쪽.

45 시민적·정치적 권리에 관해서는 송기춘, "시민적·정치적 권리", 인권법교재발간위원회 (편저), 『인권법』(아카넷, 2006), 97–134쪽 참고. 경제적·사회적·문화적 권리에 관해서는 한상희, "경제적·사회적·문화적 권리", 인권법교재발간위원회 (편저), 『인권법』(아카넷, 2006), 135–160쪽.

46 이러한 측면에서 인권을 분석하는 김도균, 앞의 글, 73쪽 아래.

47 이와 유사하게 정치적·경제적·문화적 인권영역에 따라 보편성의 강도를 달리 파악하는 견해로 이상돈, 앞의 책, 143–149쪽.

않은 국가의 경우에는 그만큼 이 권리를 실현하기 어렵다. 그렇다고 각 국가가 처한 상황을 무시한 채 경제적·사회적·문화적 권리를 동등하게 실현하라고 요청할 수는 없다. 그런 이유에서 시민적·정치적 권리는 비교적 강한 보편성을 누리는 데 반해 경제적·사회적·문화적 권리는 약한 보편성을 누릴 수밖에 없다.

이는 북한 인권 문제에 그대로 적용할 수 있다. 북한의 시민적·정치적 권리 상황에 관해서는 남한이 상대적으로 강한 보편성 기준을 요청할 수 있는 것에 반해 경제적·사회적·문화적 권리에는 좀 더 신중하게 접근할 필요가 있다. 다만 여기서 주의해야 할 점은 북한의 시민적·정치적 권리 중에서 정치적 권리도 신중하게 다룰 필요가 있다는 것이다. 왜냐하면 정치적 권리는 다른 권리보다 주권과 밀접하게 연결되기 때문이다. 한 정치적 공동체가 그 공동체 구성원에 어떤 정치적 권리를 부여할 것인가의 문제는 그 공동체 자신이 주권적으로 결정해야 한다. 그러므로 북한의 정치적 권리문제에 관해서는 남한이 섣불리 개입하지 않는 것이 현재로서는 바람직하다. 나아가 경제적·사회적·문화적 권리 중에서도 생존권은 북한 주민의 생존과 직결되는 것이므로 이는 남한이 더욱 적극적으로 다룰 필요가 있다. 따라서 북한 주민의 생존을 위해서는 정치적인 상황과는 분리해서 남한이 인도적으로 지원해야 할 필요가 있다.[48]

이상의 내용을 종합하면 우리는 여러 인권 가운데 시민적 권리와 생존에 관해서는 북한 인권 문제에 적극 개입할 필요가 있다는 결론을 도출할 수 있다.

(3) 정치적·사회적·문화적 권리에 대한 약한 보편성 인정

위에서 논증한 것처럼 북한의 정치적·사회적·문화적 권리에는 약한 보편성을 주장할 수 있을 뿐이다. 왜냐하면 이 권리 영역에 관해서는 상호합법성을 강하게 인정해야 하고 따라서 북한이 고유하게 지닌 정치적·사회적·문화적 특수성을 적극적으로 고려해야 하기 때문이다. 그러므로 남한은 북한이 자체적으로 마련한 정치적·사회적·문화적 권리체계의 합법성을 정당한 것으로 승인해

---

48 국가인권위원회도 같은 견해를 표명한다. 국가인권위원회, "북한인권에 대한 국가인권위원회의 입장", 6쪽.

야 한다. 다만 점진적으로 남한과 북한의 인권 기준을 통일할 수 있도록 서로 협력하는 것도 게을리해서는 안 될 것이다.

Part 10

북한이탈주민 이혼소송과 인권법정책

I. 서론

남한과 북한은 현재 분단 상태에 놓여 있으면서 각자 통일을 지향한다. 이러한 이유에서 기존의 실정법 해석론으로는 쉽게 해결하기 어려운 법적 문제가 종종 발생한다. 북한이탈주민, 즉 '새터민'이 자신의 배우자를 북한에 남겨 놓고 홀로 북한을 이탈한 경우, 이 북한이탈주민이 남한의 법에 따라 북에 있는 자신의 배우자를 상대로 이혼소송을 제기할 수 있는지와 같은 문제도 한 예가 될 수 있다.[1] 이와 관련하여 2007년 6월 22일자 연합뉴스는 "새터민－北배우자 이혼 가능"이라는 제목 아래 다음과 같은 기사를 실었다.[2]

"새터민(북한이탈주민)들이 북한에 두고 온 배우자와 이혼하고 남한에서 재혼할 수 있도록 하는 첫 판결이 나왔다. 서울 가정법원 가사8단독 이헌영 판사는 북한의 배우자에 대한 새터민 13명의 이혼청구를 받아들였다고 22일 밝혔다. 새터

---

[1] 이 문제에 관해서는 문흥안, "북한이탈주민의 남한사회 정착과정상의 법적 문제점과 그 개선방안: 호적문제를 중심으로", 『인권과 정의』 제334호(2004), 16쪽 아래; 정상규, "탈북자 이혼사건에 관한 연구", 『사법논집』 제38집(2004), 638쪽 아래; 신한미, "북한이탈주민의 이혼소송", 『통일사법정책연구(1)』(법원행정처, 2006), 83쪽 아래; 신영호, "새터민의 이혼소송", 『인권과 정의』 제368호(2007), 114－126쪽 등 참고. 또한 간접적으로 이 문제를 논하는 지봉도, "남북간 인적·물적 교류에서 발생하는 법적 분쟁해결에의 적용법에 관한 연구", 『통일정책연구』 제14권 제2호 (2005), 101－128쪽 참고. 한편 한때 북한이탈주민을 '새터민'으로 사용할 것을 권장하기도 하였지만 이 책에서는 북한이탈주민보호법의 개념을 고려하여 북한이탈주민이라는 용어를 사용하겠다.
[2] 백나리, 『연합뉴스』(2007. 6. 22. 16:12).

민들의 이혼은 북한을 법률상 관할로 볼 수 있는지 등의 문제로 어려움을 겪어왔지만 북한이탈주민의 보호 및 정착지원에 관한 법률(이하 북한이탈주민보호법)이 최근 개정되면서 새터민들이 북한의 배우자를 상대로 이혼을 청구할 수 있게 됐다. 재판부는 '북한이탈주민보호법의 개정 취지와 원고가 북한을 이탈하게 된 경위, 배우자가 남한에 거주하는지 여부가 불명확한 점, 남북이 나뉘어 주민 사이의 왕래나 서신 교환이 자유롭지 못한 현재 상태가 가까운 장래에 해소될 개연성이 크지 않은 점 등을 종합해 보면 혼인관계를 계속하기 어려운 중대한 사유가 있다고 할 수 있다'며 이혼 청구를 받아들였다. 북한에 두고 온 배우자와의 이혼을 가능케 하는 이번 첫 판결로 4월말 현재 가정법원에 접수돼 있는 429건의 새터민 이혼 소송 처리가 빨라지게 된 것은 물론 유사한 이혼 소송도 잇따를 것으로 보인다. 2003년 3월부터 새터민들이 호적을 취득할 때 북한에서의 혼인 여부와 배우자를 기재하도록 한 뒤 남한에서 재혼을 했거나 재혼을 앞둔 새터민들의 이혼 소송이 잇따랐다. 그러나 북한에서 한 혼인이 유효한지, 남북 간 혼인관계에 대해 남한에서 이혼이 가능한지, 북한의 배우자에게 송달은 어떻게 할 것인지 등 법적으로 미처 해결되지 않는 문제점들이 있었고, 올해 1월 북한이탈주민보호법이 개정됨에 따라 새터민들이 북한의 배우자에 대해 이혼을 청구할 수 있는 법적 근거가 마련됐다."

이 기사에 따르면 이제 우리 법원, 더욱 정확하게 말하면 서울가정법원은 북한에 자신의 배우자를 두고 온 북한이탈주민이 북에 있는 자신의 배우자와 이혼하는 것을 허용하는 쪽으로 태도를 결정한 듯싶다. 이러한 법원의 태도는 어서 빨리 남한에 정착하고픈 북한이탈주민의 관점에서 보면 환영할 만하다. 그러나 이러한 가정법원 판결은 쉽사리 해결하기 힘든 법이론적 문제를 던진다. 가장 우선적으로 남한의 가정법원이 북한이탈주민의 이혼소송 사건에 재판관할권을 행사할 수 있는가 하는 점을 꼽을 수 있다. 그 이유는 북한이탈주민의 이혼소송 사건은 남한에 거주하는 북한이탈주민뿐만 아니라 북한에 거주하는 북한이탈주민의 배우자를 소송당사자로 하기 때문이다. 이는 남한과 북한이 형성하는 특수한 관계에서 볼 때 더욱 복잡해진다. 왜냐하면 남한의 관점에서 볼 때 북한은 대내적으로는 여전히 남한의 일부이지만 대외적으로는 국제법상 한 국가로 인정되기 때문이다. 대내적 관계와 대외적 관계에 따라 북한의 법적 지위가 분열되는 것이다. 이러한 이유에서 북한에는 남한의 국내법이 적용되어야 하는지 그게 아니면 국제법, 더욱 정확하게 말해 국제사법이 적용되어야 하는지 문제가 된다. 이러한 문제는 남한과 북한이 분단의 상태에서 통일을 향해 점진적으로 나아가는 과정에 있기에 등장하는 것이라고 볼 수 있다. 이러한 문제는 「북한이탈주민의 보호 및 정착지원에 관한 법률」(이하 '북한이탈주민보호법'이라 약칭한다)이 이혼의 특례에 관한 제19조의2를 두고 있다고 해서 근본적으로 해결할 수 있는 것은 아니다.

한편 실정법 해석론의 측면에서도 북한이탈주민 이혼소송은 음미해 보아야 할 문제가 있다. 첫째, 자신의 배우자가 북한 지역에 있다는 것이 민법 제840조 제6호가 규정한 "기타 혼인을 계속하기 어려운 중대한 사유가 있을 때"에 해당하는지 살펴보아야 한다. 둘째, 북한이탈주민보호법은 제19조의2 제3항을 통해 민사소송법 제195조가 규정하는 '공시송달'의 방법으로 이혼할 수 있도록 한다. 말하자면 북한에 있는 배우자가 법정에 출두하지 않아도 이혼을 허용하겠다는 것이다. 그러나 이러한 규정이 자칫 북한이탈주민 배우자의 절차적 참여권을 침해하는 것은 아닌지 생각해 보아야 한다.

제10장은 이러한 법이론적·실정법 해석론적 문제를 살펴보는 데 목표를 둔다. 물론 제10장은 '기초법학'의 차원에서 북한이탈주민 이혼소송을 다루고자 하므로 아무래도 전자에 비중을 둘 수밖에 없을 것이다. 실정법 해석론에 관한 문제는 간단하게 언급하는 데 그치겠다.

Ⅱ. 북한의 특수한 법적 지위

먼저 논의의 전제로 북한이 특수하게 지닌 법적 지위부터 검토한다. 이는 북한을 국제법상 독립된 주권국가로 인정할 수 있는지에 관한 것인데 북한이 국제법상 국가인지에 따라 남한의 재판권이 북한에 미치는지도 달라질 수 있기 때문이다.

1. 한반도의 일부로서 북한

북한은 남한에 대한 관계에서 볼 때 특수한 법적 지위를 갖추고 있다. 이를 한마디로 표현하면 북한은 국가이면서 동시에 국가가 아닌 모순성을 가진다는 것이다. 이를 자세히 말하면 다음과 같다. 우선 국내법, 특히 헌법의 측면에서 보면 북한은 독자적인 국가가 아니다. 왜냐하면 대한민국 헌법 제3조는 "대한민국의 영토는 한반도와 그 부속도서로 한다."고 하여 북한 지역 역시 대한민국의 영토에 포함하기 때문이다. 다시 말해 북한 지역은 한반도에 속하는 지역이고 한반도 전체가 대한민국, 즉 남한의 영토에 해당하는 이상 북한 지역도 남한에 속한다는 것이다. 다만 '휴전'이라는 장애 때문에 대한민국의 주권이 사실상 북한 지역에 미치지 못할 뿐이라고 한다.[3] 따라서 남한의 시각에서 볼 때 북한은 합법적인 정권이 아니며 그러므로 북한의 국가성과 주권을 인정할 수 없다. 남한의 「국가보안법」은 이러한 시각을 전제로 깔고 있으며 따라서 북한은 '반국가단체'에 지나지 않을 뿐이다.[4]

이처럼 북한이 '반국가단체'에 지나지 않으면 현재 북한이 마련한 각종 법체계는 합법성을 인정받을 수 없다. 사실이 그렇다면 북한의 혼인법도 합법성을 획득할 수 없다.[5] 이러한 혼인법에 따라 북한에서 창설한 혼인관계도 모두 무효라고 볼 수밖에 없다. 그러므로 북한이탈주민은 북한에서 혼인을 하지 않은 것이라고 볼 수밖에 없으므로 북한이탈주민이 이혼을 청구한다는 것 자체가 논리적으로 성립할 수 없다. 물론 북한을 국가로 인정할 수 없다는 주장에서 논리필연적으로 북한의 혼인법이 모두 무효라는 결론을 도출할 수 있는 것은 아니다. 북한이 국가인지와 북한이 마련한 법적 제도가 유효한지를 별개로 취급하여 판단할 수도 있기 때문이다. 그러나 북한이 '반국가단체'라는 주장에는 북한이 마련해 놓은 각종 법적 제도를 승인할 수 없다는 의미도 내포하고 있다고 해석할 수 있을 것이다. 그러므로 이러한 주장에 충실하고자 한다면 그 논리적

---

3 이는 우리 대법원의 기본 태도이다. 가령 대법원 1990. 9. 25. 선고 90도1451 판결; 대법원 1997. 11. 20. 선고 97도2021 판결 등 참고.

4 이에 관해서는 장명봉, "남북한 기본관계 정립을 위한 법적 대응", 『남북한 유엔가입과 한반도 통일문제의 공법적 대응』(한국공법학회, 1991), 132쪽.

5 북한의 혼인법에 관해서는 법원행정처, 『북한의 가족법』(법원행정처, 1998) 참고.

귀결로 북한의 혼인법에 따라 북한에서 창설한 혼인관계를 모두 무효라고 보는 것이 타당하다고 생각한다. 물론 이러한 경우에도 북한이탈주민이 북한에서 창설한 혼인관계를 '사실혼' 관계로 볼 여지는 남아 있다. 그러나 이렇게 사실혼이 성립한다 하더라도 사실혼에 대한 이혼청구는 현행 민법상 인정할 수 없다. 사실혼은 '해소'에 의해 종료하기 때문이다.[6]

2. 주권국가로서 북한

그러나 다른 한편 북한은 주권적인 국가로 인정된다. 우선 1991년 남한과 북한이 동시에 국제연합에 가입하면서 국제법상 북한은 독립된 주권국가로 승인되었다. 북한은 독자적인 주권과 외교권을 갖게 된 셈이다. 이러한 맥락에서 남북기본합의서는 북한을 통일을 위해 함께 나아가고 협력해야 할 동반자로 이해한다. 이러한 북한의 이중적 측면은 이미 우리 헌법도 예정하고 있었다. 한편으로 헌법은 위에서 언급한 제3조를 통해 북한의 국가성을 인정하지 않는다. 그러나 다른 한편 헌법 제4조는 "대한민국은 통일을 지향하며, 자유민주적 기본질서에 입각한 평화적 통일정책을 수립하고 이를 추진한다."고 함으로써 한반도가 분단국가임을 암시하면서 남과 북의 협력을 통한 평화통일을 대한민국의 목표로 규정한다. 이는 곧 헌법이 간접적으로 북한 역시 한 국가임을 암시하고 있다고 해석할 수 있다. 이는 헌법 제3조와 제4조가 서로 모순될 수 있음을 보여준다. 바로 이러한 이유에서 그동안 국내 헌법학에서는 헌법 제3조와 제4조의 모순성을 해결하기 위해 다양한 논의가 전개되기도 하였다.

3. 잠정적인 결론

여기서 헌법 제3조와 제4조의 모순관계 그리고 북한의 모순적 지위를 자세하게 논하지는 않기로 한다. 이에 관해서는 이미 많은 연구가 이루어졌기 때문이다. 다만 기존의 대법원 판례 또는 헌법재판소가 보여주는 것처럼 북한을

---

6 사실혼에 관해서는 기본적으로 윤진수, "사실혼배우자 일방이 사망한 경우의 재산문제", 『저스티스』 제100호(2007), 5-39쪽 참고.

단순히 반국가단체로 취급하는 것은 그다지 타당한 태도가 아님을 지적하고 싶다. 그 이유를 다음과 같이 말할 수 있다. 우선 북한이 그동안 국제사회에서 쌓아온 지위 그리고 남한과 북한이 국제연합에 동시에 가입했다는 현실에 비추어 볼 때 북한의 국가성을 인정하지 않는 것은 그리 적절해 보이지 않는다. 이미 국제관계에서 북한은 주권국가의 지위를 누리고 있다. 나아가 남북기본합의서 같은 문서들도 북한을 '동반자'로 규정한다는 점에서 남한과 북한의 관계에서도 북한을 최소한 '사실상의 국가'로 이해하는 것이 바람직하지 않을까 생각한다. 물론 이렇게 북한의 국가성을 인정한다고 해서 당연히 북한을 국가보안법의 규율 대상에서 제외해야 한다는 결론이 도출되는 것은 아니다. 북한이 핵무기 등으로 우리의 안보와 평화를 위협하는 한 설사 북한을 한 주권국가로 인정하더라도 북한에 국가보안법을 적용할 여지는 남아있다. 한편 북한의 국가성을 인정하더라도 이러한 결론이 헌법 제3조에 어긋나는 것은 아니다. 헌법 제3조는 이제는 '헌법변천'을 통해 규범적 내용이 바뀌었고 따라서 헌법 제3조는 "대한민국의 영토는 한반도와 그 부속도서로 한다."가 아니라 "통일 대한민국의 영토는 한반도와 그 부속도서가 되어야 한다."는 내용의 당위명제를 표현하고 있다고 보아야 한다.[7] 이렇게 이해를 하면 헌법 제3조는 제4조의 목표가 된다고 해석할 수 있다. 헌법 제3조와 제4조는 '목적/수단' 관계를 형성하고 있다고 말할 수 있다. 이를 통해 헌법 제3조와 제4조에서 보이는 듯한 모순을 제거할 수 있다.

4. 북한이탈주민 이혼소송에 대한 시사점

이렇게 북한을 '사실상의 국가'로 인정할 수 있다면 이러한 전제에서 우리는 북한이탈주민 이혼소송에 관해 어떤 시사점을 이끌어낼 수 있을까? 우선 가장 명백한 것은 이혼에 관해 규정하는 민법 제840조가 직접 북한에 적용될 수

---

7 장명봉, "통일문제와 관계법의 괴리: 통일정책과 헌법문제를 중심으로", 『사상과 정책』 제6권 제3호(1989), 12쪽; 강경근, "헌법적 국가의 존립조건과 권력양태", 『고시계』 제406호(1990), 74쪽; 양건, "남한의 통일방안을 어떻게 볼 것인가", 『공법연구』 제22집 제1호(1994), 223–225쪽 참고. 헌법변천에 관해서는 계희열, 『헌법학(상)』(박영사, 2000), 101쪽; A. Voßkuhle, "Gibt es und wozu nutzt eine Lehre vom Verfassungswandel?", in: *Der Staat* (2004), 451쪽 아래 참고.

는 없다는 것이다. 더욱 정확하게 말하면 북한이탈주민의 현 배우자, 즉 북한
주민으로서 북한에 거주하는 배우자에는 원칙적으로 민법 제840조가 적용될 수
없다는 것이다. 그 이유는 민법 제840조는 남한의 재판권이 미치는 영역에서
적용되는데, 만약 우리가 북한을 '사실상의 국가'로 본다면 북한에는 남한의 재
판권이 미치지 않는다고 보아야 하고 그러므로 민법 제840조 역시 북한에 적용
되지 않는다고 보아야 하기 때문이다. 따라서 북한이탈주민 이혼소송을 해결하
려면 국내 민법이 아닌 다른 법률을 생각해 보아야 한다.

그렇다면 가장 먼저 생각해 볼 수 있는 법률로「국제사법」을 거론할 수 있
다.[8] 국제사법은 "외국과 관련된 요소가 있는 법률관계에 관하여 국제재판관할
과 준거법을 정함을 목적"으로 하기 때문이다(국제사법 제1조). 국제사법은 제66
조에서 '이혼'에 관해 규정한다.[9] 만약 우리가 북한이탈주민 이혼소송을 "외국과
관련된 요소가 있는 법률관계"로 본다면 이에 국제사법 제66조를 적용할 수 있
을 것이다. 그런데 여기서도 문제가 없지 않다. 왜냐하면 비록 북한을 '사실상
의 국가'로 볼 수 있다 하더라도 북한이 남한에 대해 '외국'인지는 명확하지 않
기 때문이다. '사실상의 국가'와 '법적인 국가' 사이에는 분명 개념적 차이가 있
고 '외국'은 '법적 의미에서 본 외국'을 전제로 한 것이므로 북한을 국제사법이
적용되는 '외국'이라고 보기는 쉽지 않다. 만약 남한과 북한이 국제사법에 관한
협약을 체결하였다면 문제는 쉽게 해결할 수 있다. 그러나 이에 관한 명확한 합
의가 없는 상황에서는 북한이탈주민 이혼소송을 국제사법으로 해결할 수도 없
는 노릇이다.[10] 그러므로 우리는 다른 방안을 모색할 수밖에 없다. 이러한 이유
에서 정부가 고육지책으로 내놓은 것이 북한이탈주민보호법 제19조의2이다.

---

8 이 문제에 관해서는 우선 임성권, "탈북자의 이혼 청구에 있어서의 국제사법적 문제: 서울가정법
 원 2004년 2월 6일 선고 2003드단58877 판결을 계기로",『국제사법연구』제10호(2004), 413－426
 쪽 참고.
9 국제사법 제66조는 다음과 같이 정한다. "이혼에 관하여는 제64조를 준용한다. 다만, 부부 중 한
 쪽이 대한민국에 일상거소가 있는 대한민국 국민인 경우 이혼은 대한민국 법에 따른다."
10 같은 견해로는 신영호, 앞의 논문, 121쪽; 지봉도, 앞의 논문, 112－115쪽. 이러한 이유에서 지봉
 도, 앞의 논문은 해결방안으로 '남북준국제사법'을 제정해야 한다고 역설한다(115－117쪽).

Ⅲ. 북한이탈주민보호법에 따른 해결책과 그 문제점

북한이탈주민보호법은 어떻게 이 문제를 해소할까?[11] 아래에서는 북한이탈주민보호법 제19조의2를 중심으로 하여 북한이탈주민보호법이 어떻게 이 문제에 대응하는지 간단하게 살펴보겠다.

1. 북한이탈주민보호법의 목적과 적용범위

북한이탈주민보호법은 "군사분계선 이북지역에서 벗어나 대한민국의 보호를 받으려는 군사분계선 이북지역의 주민이 정치, 경제, 사회, 문화 등 모든 생활 영역에서 신속히 적응·정착하는 데 필요한 보호 및 지원에 관한 사항을 규정함을 목적"으로 한다(북한이탈주민보호법 제1조).[12] 이 법에 따르면 '북한이탈주민'이란 "군사분계선 이북지역(이하 "북한"이라 한다)에 주소, 직계가족, 배우자, 직장 등을 두고 있는 사람으로서 북한을 벗어난 후 외국 국적을 취득하지 아니한 사람"을 뜻한다(제2조 제1호). 이러한 북한이탈주민보호법은 "대한민국의 보호를 받으려는 의사를 표시한 북한이탈주민"을 적용범위로 한다(제3조). 그러므로 이를 반대로 추론하면 아직 북한에 남아 있는 북한 주민으로 대한민국의 보호를 받으려는 의사를 표시하지 않은 북한이탈주민의 배우자에는 이 법이 적용되지 않는다.

2. 북한이탈주민보호법 제19조의2를 통한 이혼 허용

위에서 언급한 것처럼 우리나라는 북한이 지닌 특수한 법적 지위를 고려하여 북한이탈주민의 이혼 문제를 해결하고자 2007년 1월 26일 북한이탈주민보호법에 제19조의2를 신설하였다.[13] 이에 따르면 북한이탈주민은 다음과 같은 방법과 절차로 이혼청구를 할 수 있다.

---

[11] 북한이탈주민보호법에 관해서는 제성호, "북한이탈주민법의 문제점과 개선방안", 『통일정책연구』 제11권 제2호(2002), 227-254쪽 참고.

[12] 이하 북한이탈주민보호법은 법명을 표시하지 않고 인용한다.

[13] 이 규정은 2007년 2월 27일부터 시행되었고 2010년 3월 26일에 개정되었다.

(1) 원칙

북한이탈주민보호법 제19조의2 제1항은 "제19조에 따라 가족관계 등록을 창설한 사람 중 북한에 배우자를 둔 사람은 그 배우자가 남한에 거주하는지 불명확한 경우 이혼을 청구할 수 있다."고 규정한다. 이 원칙적 규정에 따르면 북한이탈주민이 이혼청구를 하기 위해서는 먼저 북한이탈주민보호법 제19조에 따라 가족관계 등록을 창설해야 한다. 가족관계 등록을 창설한다는 것은 "출생·혼인·사망 등 가족관계의 발생 및 변동사항에 관한 등록"을 새롭게 만드는 것을 뜻한다(가족관계의 등록 등에 관한 법률 제1조). 그렇다면 북한이탈주민보호법 제19조의2 제1항에 따라 이혼청구를 할 수 있는 북한이탈주민은 이미 남한지역에서 혼인 등을 통해 새롭게 가족관계를 창설한 사람이어야 한다. 둘째, 이 북한이탈주민은 북한에 배우자를 두고 있는 사람이어야 한다. 남한에서 혼인을 하기 이전에 이미 북한에서 혼인을 한 사람이어야 한다. 셋째, 북한에 두고 온 배우자가 남한에 거주하는지가 불명확해야 한다. 그러므로 만약 그 배우자가 현재 남한에 거주하고 있다는 사실이 확인되면 북한이탈주민은 북한이탈주민보호법 제19조의2에 따라 이혼청구를 할 수 없다.

(2) 방법 및 절차

북한이탈주민은 구체적으로 어떻게 이혼청구를 할 수 있는가? 이에 관해 북한이탈주민보호법 제19조의2 제3항은 "제1항에 따라 이혼을 청구하려는 사람은 배우자가 보호대상자에 해당하지 아니함을 증명하는 통일부장관의 서면을 첨부하여 서울가정법원에 재판상 이혼청구를 하여야 한다."고 규정한다. 이에 따르면 북한이탈주민은 우선 북한에 거주하는 자신의 배우자가 보호대상자에 해당하지 않는다는 증명을 통일부장관에게 받아야 한다. 여기서 '보호대상자'는 북한이탈주민보호법에 의하여 "보호 및 지원을 받는 북한이탈주민"을 말하므로 (제2조 제2호), 이러한 보호대상자에 해당하지 않는 배우자란 북한이탈주민이 아닌 배우자라고 말할 수 있다. 나아가 북한이탈주민은 통일부장관에게 자신의 배우자가 보호대상자가 아님을 증명하는 서면을 받아 이를 첨부하여 서울가정법원에 재판상 이혼청구를 해야 한다.

한편 이렇게 북한이탈주민이 북한에 거주하는 자신의 배우자에 재판상 이혼청구를 한 경우에는 현실적으로 북한의 배우자가 남한의 서울가정법원 재판정에 출석할 수 없다. 이러한 이유에서 북한이탈주민보호법 제19조의2 제3항은 이러한 때에는 민사소송법 제195조가 규정하는 '공시송달'을 허용한다.[14] 이에 따라 재판상 이혼청구에 대한 관할 법원은 북한이탈주민의 배우자에 공시송달을 통해 재판상 이혼소송이 계속되었다는 점을 통지할 수 있다. 이 경우 첫 공시송달은 이 공시송달을 실시한 날부터 2개월이 지나야 효력이 생긴다(제19조의2 제4항 제2문). 다만 이 경우에도 같은 배우자에게 계속해서 공시송달을 하는 때에는 첫 공시송달 이후의 공시송달은 실시한 다음날부터 효력이 생긴다(제19조의2 제4항 단서). 마지막으로 이러한 공시송달의 기간은 줄일 수 없다(제19조의2 제5항).

3. 문제점

이러한 방법과 절차를 이용하여 북한이탈주민은 잠정적으로나마 이혼청구를 통해 문제를 해소할 수 있다. 그러나 이렇게 북한이탈주민보호법이 마련하는 문제해소 방안은 그야말로 잠정적인 것에 지나지 않는다. 이 방안은 북한이탈주민 이혼소송과 얽혀있는 여러 법이론적 문제들을 궁극적으로 해결하지는 못한다. 그 이유를 다음과 같이 말할 수 있다.

(1) 실정법 해석론에 관한 문제

우선 비교적 간단한 문제로 실정법 해석론에 관한 문제를 거론할 수 있다. 첫째, 자신의 배우자가 북한지역에 있다는 사실이 민법 제840조 제6호가 규정한 "기타 혼인을 계속하기 어려운 중대한 사유가 있을 때"에 해당하는지 살펴보아야 한다. 둘째, 북한이탈주민보호법은 제19조의2 제3항을 통해 민사소송법 제195조가 규정하는 '공시송달'의 방법으로 이혼할 수 있도록 한다. 말하자면

---

[14] 민사소송법 제195조는 "공시송달의 방법"이라는 표제 아래 다음과 같이 정한다. "공시송달은 법원사무관등이 송달할 서류를 보관하고 그 사유를 법원게시판에 게시하거나, 그 밖에 대법원규칙이 정하는 방법에 따라서 하여야 한다."

북한에 있는 배우자가 법정에 출두하지 않아도 이혼을 허용하겠다는 것이다. 그러나 이러한 규정이 자칫 북한이탈주민 배우자의 '절차적 참여권'을 침해하는 것은 아닌지 생각해 보아야 한다.[15]

(2) 법이론적인 문제

사실 위에서 거론한 실정법 해석론에 관한 문제는 비교적 해결하기 쉬운 문제라고 생각한다.[16] 오히려 더 어려운 문제는 법이론적 차원, 즉 거시적 차원에서 등장한다. 북한이탈주민보호법 제19조의2가 마련한 해결 방법을 이용하면 남한지역에 거주하는 북한이탈주민을 잠정적으로나마 보호할 수 있다. 그러나 북한이탈주민보호법은 북한 주민에게는 적용될 수 없다. 그러므로 설사 가정법원이 이 법에 따라 이혼을 허용하는 판결을 하였다 하더라도 이 판결의 효력은 북한에 거주하는 배우자에 미치지 않는다. 그렇다면 제3자가 볼 때 기묘한 결과가 나타난다. 남한에 거주하는 북한이탈주민은 한편으로는 이혼을 한 사람인 동시에 다른 한편으로는 여전히 혼인관계에 있는 그 때문에 경우에 따라서는 '중혼' 상태에 빠진 사람일 수 있다는 것이다. 북한에 거주하는 배우자의 시각에서 보면 한편으로 자신은 이혼을 당한 배우자인 동시에 다른 한편으로는 남한에 거주하는 북한이탈주민과 여전히 혼인관계를 유지하는 배우자일 수 있다는 것이다. 요컨대 혼인관계가 '관계적으로 분열'되는 것이다. 이는 법적 안정성을 해칠 뿐만 아니라 장차 남북 관계가 더욱 진전되어 남북한 주민이 원활하게 왕래할 수 있는 경우에, 더 나아가 남한과 북한이 통일에 이르게 된 경우에 복잡한 문제를 야기할 수 있다. 가령 북한에 거주하던 종전의 배우자가 장차 북한이탈주민보호법을 통해 이루어진 이혼의 효력 여부를 다투는 소송을 제기할 수 있다. 이렇게 북한에 거주하던 배우자에 의해 소송이 다수 제기되는 경우 남한 또는 통일 한국은 이 문제를 어떻게 처리해야 할까? 북한에 남아 있던 배우자의 법적 지위를 어떻게 인정해야 할까? 북한이탈주민보호법에 따라 적법하게 이혼이 이루어졌다고 말하기만 하면 모든 문제는 깨끗하게 해결될 수 있을까? 결국

---

15 '절차적 참여권'에 관해서는 정동윤, 『민사소송법』(법문사, 1995), 157–160쪽.
16 아래 제10장 Ⅳ. 1. 참고.

이러한 문제를 해결하지 않으면 북한이탈주민보호법을 통해 현재 마련한 이혼 허용 방안은 장차 더 큰 문제를 유발할 수 있다.

Ⅳ. 문제점 검토 및 해결방안

아래에서는 이러한 문제들에 관해 개략적이나마 필자가 생각하는 해결방 안을 제시해보겠다.

1. 실정법 해석론상 문제점 검토

먼저 실정법 해석론의 차원에서 이 문제를 본다. 위에서 언급한 것처럼 실 정법 해석론의 차원에서는 북한이탈주민보호법 제19조의2와 관련하여 다음 두 가지가 문제된다. 첫째, 북한이탈주민의 배우자가 북한지역에 거주하고 있다는 사실이 민법 제840조 제6호가 규정한 "기타 혼인을 계속하기 어려운 중대한 사 유가 있을 때"에 해당하는지 문제가 된다. 둘째, 북한이탈주민보호법 제19조의2 제3항이 공시송달의 방법으로 재판상 이혼소송이 계속되었다는 사실을 북한이 탈주민의 배우자에게 통지하도록 한 것이 배우자의 절차적 참여권을 침해하는 것은 아닌지 문제가 된다.

(1) 이혼사유 해당 여부

우리 민법은 당사자가 합의하여 이혼하는 협의이혼의 경우에는 이혼의 자 유를 인정하지만 합의가 아닌 재판으로 이혼을 하는 경우에는 그 사유를 엄격 하게 제한한다. 재판상 이혼에 관한 입법주의로는 크게 유책주의와 파탄주의가 있는데 우리 민법은 유책주의를 원칙으로 삼으면서 파탄주의를 보충적으로 인 정한다.[17] 가령 민법 제840조가 제1호에서 제5호가 규정하는 이혼사유는 유책 주의에 기반을 둔 것인 데 반해 제6호는 파탄주의에 기반을 둔 것이다. 그러므 로 제6호가 규정한 "기타 혼인을 계속하기 어려운 중대한 사유가 있을 때"는 객관적으로 판단해야 한다. 이에 관해 일반적인 민법 교과서는 판례를 인용하

---

17 김형배, 『민법학강의』 제2판(신조사, 2002), 1346쪽.

여 "기타 혼인을 계속하기 어려운 중대한 사유"란 "혼인관계가 심각하게 파탄되어 다시는 혼인에 적합한 생활공동관계를 회복할 수 없는 정도에 이른 객관적 사실이 있고, 이러한 경우에 혼인의 계속을 강요하는 것이 일방배우자에게 참을 수 없는 고통이 되어야" 하는 경우라고 설명한다.[18] 그러면 북한이탈주민이 자신의 배우자를 북한에 남겨둔 상태에서 혼인관계를 계속 유지하는 것이 "혼인관계가 심각하게 파탄되어 다시는 혼인에 적합한 생활공동관계를 회복할 수 없는 정도에 이른 객관적 사실이 있고, 이러한 경우에 혼인의 계속을 강요하는 것이 일방배우자에게 참을 수 없는 고통"이 된다고 말할 수 있을까? 아직까지는 남한과 북한이 군사적으로 대립하는 상태에 있고 남북한 주민이 자유롭게 왕래할 수 있는 거주이전의 자유가 원칙적으로 부정된다는 점에서 이는 "혼인관계가 심각하게 파탄되어 다시는 혼인에 적합한 생활공동관계를 회복할 수 없는 정도에 이른 객관적 사실" 요건을 충족한다고 말할 수 있다. 나아가 이러한 상태에서 혼인관계를 강요하는 것은 남한에 새롭게 정착하려는 북한이탈주민에게 참을 수 없는 고통이 될 수 있다. 그러므로 북한이탈주민이 자신의 배우자를 북한지역에 남겨두고 홀로 남한에 정착하여 생활하는 것은 "기타 혼인을 계속하기 어려운 중대한 사유가 있을 때"에 해당한다고 말할 수 있다.[19]

(2) 절차적 참여권 침해 여부

재판상 이혼은 소송을 통해 이루어진다. 소송은 양 당사자, 즉 원고인 북한이탈주민과 피고인 그 배우자가 모두 출석한 상태에서 진행해야 하는 게 원칙이다. 소송의 대화적 구조를 보장하지 않으면 이러한 소송을 통해 도달한 결론은 타당성을 얻기 힘들다. 그러한 점에서 소송에 참여하는 것을 목적으로 하는 절차적 참여권은 그 무엇보다 중요하다. 이에 대해 공시송달은 소송 당사자가 현실적으로 소송에 참여할 수 없는 경우에 부득이하게 행하는 방법이다. 공시송달은 현실적 필요성 때문에 사용하는 것이기는 하지만 절차적 참여권 보장이라는 측면에서는 문제가 없지 않다. 따라서 공시송달은 극히 예외적인 경우에

---

18 김형배, 위의 책, 1350쪽. 여기서 김형배 교수는 대법원 1991. 7. 9. 선고 90므1067 판결을 인용한다.
19 같은 견해로는 신영호, 앞의 논문, 123쪽.

만 사용하는 것이 바람직하다.[20] 북한이탈주민이 북한에 거주하는 그 배우자를 상대로 이혼청구를 하는 경우에는 그 배우자가 현실적으로 이혼소송에 참여하기 어렵다. 그러므로 이 경우 공시송달을 통해 배우자에게 송달한 것으로 간주하고 이혼소송을 진행하는 것은 어쩔 수 없는 선택이라 할 수 있다. 그렇지만 사유가 어떻든 간에 이렇게 해서 얻은 결론인 이혼판결이 절차적 정당성을 확보한다고 말할 수는 없다.[21] 그러므로 현재로서는 공시송달을 통해 배우자에게 송달한 것으로 간주하고 이혼소송을 진행하는 방식에 잠정적으로는 합법성을 부여할 수 있지만, 입법론의 측면에서는 장차 북한의 배우자가 간접적으로나마 이혼소송에 참여할 수 있는 방안을 모색해야 할 필요가 있다. 예를 들어 남한과 북한이 협의하여 이러한 경우 소장을 북한에 거주하는 배우자에게 직접 송달하도록 하는 방안이나 '온라인 재판' 제도를 마련하여 북한의 배우자가 '온라인'을 통해서나마 이혼소송에 참여할 수 있도록 하는 방안을 생각해 볼 수 있다.

2. 법이론적인 문제점 해결방향

나아가 법이론적 차원에서 등장하는 문제점은 다음과 같은 방향에서 접근하고 해결해야 할 필요가 있다.

(1) 기본원칙으로서 '상호합법성' 원칙

남한과 북한이 현재 처한 각종 상황에서 볼 때 북한이탈주민 이혼소송에 관해 통일적인 해결방안을 마련하는 것은 쉽지 않아 보인다. 그리고 정책적인 관점에서 보더라도 남한과 북한 모두에 통일적으로 적용되는 해법을 제시하는 것은 그리 바람직하지 않다. 왜냐하면 현재의 상황에서는 오히려 남한과 북한이 '상호경쟁'할 수 있도록 하는 것이 더욱 나을 수 있기 때문이다. 남한과 북한이 한편으로는 각자가 마련한 체제를 승인하면서 다른 한편으로는 각자가 마련한 체제를 바탕으로 하여 상호경쟁할 수 있도록 하면 현재보다 더욱 나은 해법

---

20 이에 관해서는 호문혁, 『민사소송법』 제2판(법문사, 2002), 271 – 272쪽.
21 '절차적 정당성' 개념에 관해서는 정태욱, 『절차적 정의에 관한 연구: 법절차에 관한 정의철학적 기초』(서울대 법학박사 학위논문, 1995) 참고.

을 발견할 수 있다는 것이다. 이러한 맥락에서 북한이탈주민 이혼소송을 해결
하는 데 바탕이 되는 대원칙으로 '상호합법성'을 거론하는 것은 의미가 있다.[22]

상호합법성은 산토스가 1995년에 초판이 나온 그의 저서『새로운 법적 상
식을 향하여』에서 제시한 개념이다.[23] 이 책은 '세계화'라는 흐름 속에서 근대법
이 처한 각종 문제 상황을 진단하면서 새로운 법 패러다임을 통해 현대사회의
문제를 해결하고자 한다. 여기서 산토스는 근대법이 처한 문제를 다음과 같이
말한다. 근대의 '규제적인 법'이 근대가 유발한 문제를 적절하게 해결하지 못하
고 있다는 것이다. 이러한 문제를 해결하기 위해 산토스가 내놓은 대안은 근대
라는 패러다임에 바탕을 두지 않는다. 오히려 산토스는 근대를 넘어서는 '탈근
대'라는 패러다임 위에서 근대가 처한 문제를 해결하려 한다. 탈근대의 패러다
임 위에서 법의 '해방적 힘'을 되살리려 한다.

상호합법성은 이러한 맥락에서 등장한 개념이다. 법다원주의의 맥락에서
산토스는 단일화된 합법성 체계를 거부한다. 그 대신 사회의 개별 영역마다 자
율적으로 형성된 다원화된 합법성 체계가 존재한다고 말한다. 따라서 법다원주
의 시대에 우리는 서로가 각기 고유하게 가진 합법성 체계를 상호 승인할 수
있어야 한다. 자신들이 가진 합법성 체계만이 올바르다고 주장할 수 없다는 것
이다. 말하자면 각 법체계는 서로에 대해 합법성을 주장할 수 있다. 상호합법성
은 바로 이러한 이념을 주장한다. 산토스는 다음과 같이 말한다.[24]

> "사회적·법적 삶은 각기 다른 기준에서 작동하는 각기 다른 법적 공간에 의해
> 그리고 각기 다른 해석 관점을 통해 구성된다. (…) 우리는 (단일화된) 법과 합법
> 성을 말할 수 있는 것이 아니라 오히려 상호적인 법(interlaw)과 상호합법성을 말
> 할 수 있을 뿐이다. 이렇게 각기 다른 법질서 사이의 복잡하면서 변화해가는 관계
> 를 추적하는 것이 이러한 법질서를 동일하게 만드는 것보다 더욱 중요하다."

---

22 상호합법성에 관해서는 이 책 제9장 참고.

23 아래에서는 2002년에 출간된 제2판으로 인용한다. Boaventura De Sousa Santos, *Toward a New Legal Common Sense: Law, Globalization, And Emancipation*, 2nd ed. (Butterworths, 2002).

24 Boaventura De Sousa Santos, 위의 책, 427쪽.

이렇게 산토스는 법질서를 단일하게 통일시키는 것보다 다원적인 법질서가 병존하는 것을 긍정하는 상호합법성 이념을 통해 근대법의 위기를 극복하고 법의 해방적 힘을 복원하려 한다. 이러한 산토스의 시도는 종전의 법이 추구하는 해결방식과는 다른 지평에 서 있다는 점에서 획기적이다. 왜냐하면 법체계는 전통적으로 완결된 개념과 체계를 구축함으로써 법적 문제를 해결하려 하였기 때문이다. 19세기 독일 법학을 풍미했던 개념법학이나 20세기 초반 미국 법학을 지배했던 법형식주의가 이를 잘 보여준다. 그렇지만 산토스는 완결된 개념이나 체계 혹은 기준을 만들기보다는 오히려 다원적인 그래서 불완전해 보이는 체계를 만들 것을 제안한다.

필자는 이러한 상호합법성을 북한이탈주민의 이혼소송 문제에도 적용할 수 있다고 생각한다. 남한과 북한은 서로가 마련한 이혼법체계를 상호승인하면서 이 문제에 접근해야 할 필요가 있다. 그렇다면 그 구체적인 방법은 무엇일까?

(2) 상호경쟁 유도

먼저 성급하게 남한과 북한의 혼인법체계를 통일하려 하기보다는 서로 이질적인 두 혼인법체계가 서로 경쟁할 수 있도록 유도해야 할 필요가 있다. 물론 그 이전에 상호합법성 원칙에 따라 각 혼인법체계가 상대방 체계를 개방적으로 승인해야 한다. 왜냐하면 만약 이러한 전제가 충족되지 않으면 남한의 혼인법체계와 북한의 혼인법체계가 서로 경쟁하기보다는 오히려 서로 충돌함으로써 상호합법성 이념을 실현할 수 없기 때문이다. 그러므로 상호경쟁을 실현하려면 그 전제로서 남한과 북한이 지금보다 더욱 긴밀한 상호협력관계를 유지할 수 있어야 한다. 이는 법적인 문제라기보다는 정치적인 문제이자 과제라 할 수 있다. 이러한 전제가 충족되어 남한과 북한이 상호합법성에 기반을 두어 상호경쟁 할 수 있도록 하면 남한과 북한이 각각 더욱 나은 혼인법체계를 구상하고 제도화하는 데 이바지할 수 있다. 요컨대 상호경쟁을 통해 '혼인법체계의 상호진화'를 유도하는 것이다.[25]

---

25 이러한 구상에 관해서는 G. Teubner, 이상돈 (옮김), 『법제화 이론』(한국법제연구원, 2004), 103쪽.

(3) 재판권 통일

그러나 상호경쟁만을 추구하면 북한이탈주민보호법이 보여주는 것처럼 남한에 거주하는 북한이탈주민 또는 북한에 거주하는 배우자의 지위를 '관계적으로 분열'시킬 우려가 없지 않다. 가령 상호경쟁을 통해 남한은 북한 출신의 북한이탈주민에게 유리하게 혼인법을 개정하려는 데 반해 북한은 오히려 북한에 남아 있는 배우자에게 불리하게 혼인법을 개악하고자 한다면 불리한 모든 점은 북한에 거주하는 배우자에게 전가될 우려가 있다. 그러므로 상호합법성에 따라 상호경쟁을 추구한다 하더라도 최소한의 통일된 기준을 확보해야 할 필요가 있다. 그것은 바로 이혼에 관한 재판관할권을 통일하는 방안이다. 남한과 북한이 남한주민과 북한주민 모두와 관련을 맺는 이혼사건이 발생하는 경우 남한 '법원'과 북한 '재판소'가 동시에 이 사건에 재판관할권을 가질 수 있도록 하는 것이다. 이렇게 하면 북한이탈주민이 남한에 있는 법원에 이혼소송을 제기하는 경우 당해 법원이 이 이혼소송에 전속관할을 가지며 이 관할은 북한 지역에도 미친다. 이 경우 만약 북한에 거주하는 북한이탈주민의 배우자가 북한에 있는 재판소에 북한이탈주민이 남한 법원에 제기한 이혼소송이 무효라는 취지의 소를 제기한다 하더라도 북한 재판소는 이를 중복제소로 취급하여 각하해야 한다는 결론이 나온다.[26] 이렇게 하면 남한 법원이 내린 이혼판결의 기판력이 북한에 거주하는 배우자에게도 미칠 수 있다. 이를 통해 북한에 거주하는 배우자의 지위에 관해 발생할지 모르는 '관계적 분열'을 예방할 수 있다. 물론 여기서 주의해야 할 점은 재판권을 통일한다 하더라도 혼인법체계는 여전히 다원적으로 병존한다는 점이다. 그러므로 북한이탈주민이 남한에서 이혼소송을 제기한 경우 남한 법원이 이러한 이혼소송에 관해 전속관할을 가진다 하더라도 반드시 남한의 혼인법만을 원용해야 하는 것은 아니다. 경우에 따라서는 북한의 혼인법을 원용해서 이혼소송을 판결할 가능성도 열려 있다.

---

26 여기서 '중복제소'란 당사자가 이미 법원에 계속 중인 소송과 동일한 사건에 관해 다시 소를 제기하는 것을 말한다. 우리 민사소송법은 이러한 중복제소를 금지한다(민사소송법 제264조). 중복제소에 관한 자세한 설명은 호문혁, 앞의 책, 133-151쪽 참고.

(4) 법정지사냥 허용

이렇게 혼인에 관한 재판관할권만을 통일하고 이혼에 관해 적용될 수 있는 혼인법이 병존할 수 있도록 허용하면 남북한 주민 사이에서 발생하는 이혼소송에 관해 이른바 '법정지사냥'(Forum Shopping) 문제가 등장할 수 있다. 여기서 법정지사냥이란 해당 사건에 대한 관할법원이 동시에 다수 존재하는 경우 원고가 가장 선호하는 관할법원을 선택하여 소를 제기하는 것을 말한다.[27] 예를 들어 북한이탈주민의 이혼소송 사건의 경우 재판권이 통일되어 있다면 남한 법원과 북한 재판소가 이 사건에 동시에 관할권을 행사할 수 있으므로, 북한이탈주민은 자신이 선호하는 법원 또는 재판소에 이혼의 소를 제기할 수 있다. 이러한 법정지사냥에는 원고가 자신의 이익을 위해 전략적으로 관할권을 남용하는 것이라는 비판이 제기되기도 한다. 그러나 필자는 오히려 법정지사냥이 재판권은 통일되어 있지만 실체법적 규율은 통일되어 있지 않은 경우 각기 상이한 실체법적 규율들이 서로 경쟁할 수 있도록 유도할 수 있다는 점에서 이를 긍정적으로 평가할 수 있다고 생각한다.[28] 법정지사냥이 남한의 혼인법과 북한의 혼인법이 서로 경쟁하도록 촉진할 수 있다는 점에서 이를 긍정적으로 볼 수 있는 것이다. 그리고 이 경우 북한에 거주하는 배우자는 남한에 거주하는 북한이탈주민이 이혼소송을 제기하기 전 이를 차단하기 위한 소송, 즉 법정지사냥 방어소송(Torpedo 소송)을 북한 재판소에 제기할 수 있다는 점에서 북한의 배우자에게 완전히 불리한 것도 아니다.[29] 한편으로는 북한이탈주민에게 법정지사냥을 인정하면서도 다른 한편으로는 북한이탈주민의 배우자에게 법정지사냥 방어소송

---

27 '법정지사냥'에 관해서는 T. Falck, "EU-Patentrechtsharmonisierung: Forum-Shopping und Torpedo", in: *GRUR* Jahrg. 102, Nr. 7 (2007), 579쪽 아래; M.-R. McGuire, "Forum Shopping und Verweisung: Über die Vermeidung missbräuchlicher Prozesstatiken im Europäischen Zivilprozessrecht", in: *Zeitschrift für Rechtsvergleichung*, Heft 3 (2005), 83-93쪽; 김용진, "국제특허분쟁의 소송절차적 대응전략", 『지식재산논단』 제1권 제1호(2004), 185쪽 아래; 우세나, "국제민사소송의 관할기준: Forum Shopping을 겸하여", 『안암법학』 제24호(2007), 261-285쪽 등 참고.
28 이렇게 평가하는 우세나, 위의 논문, 279-280쪽.
29 Torpedo 소송이란 법정지사냥으로 자신에게 유리하게 소송을 진행시키고자 하는 소송전략에 대항하기 위해 제기하는 소송으로, 법정지사냥을 하고자 하는 원고가 소송을 제기하기 전 잠재적 피고가 먼저 자신에게 유리한 법원을 선택하여 소송을 제기하는 방어적 소송전략을 말한다. Torpedo 소송은 보통 특허소송에서 많이 사용한다. 이에 관해서는 김용진, 앞의 논문, 195쪽.

을 부여함으로써 양 당사자의 이익이 실제적으로 조화되도록 모색할 수 있는
것이다.

V. 맺음말

남한과 북한처럼 현재 분단 상태에 놓여 있으면서 각자 통일을 지향하는
경우에는 기존의 실정법 해석론으로는 쉽게 해결하기 어려운 법적 문제가 발생
한다. 이는 통일이 완료된 이후에도 한동안 계속될 것이다. 제10장에서 다룬 북
한이탈주민 이혼소송은 이러한 법적 문제를 단적으로 보여준다. 그러나 이러한
문제를 해결하기 위해 성급하게 통일된 기준을 모색하는 것은 적절한 해결방안
이 아니다. 그렇다고 남한의 시각에서만 이 문제에 접근하는 것도 바람직하지
않다. 오히려 문제를 합리적으로 해결하려면 다소 시간이 걸리지만 인내하면서
문제에 접근할 필요가 있다. 서로가 현재 갖춘 각자의 독자적 상황이나 논리 및
제도를 다원적으로 승인하면서 단계적으로 문제를 풀어가고자 하는 자세를 가
지는 것이 중요하다. 남북한 관계에서 발생하는 문제는 이렇게 시간을 들여가
며 단계적으로 풀어가고자 할 때 더욱 원활하고 합리적으로 해결해갈 수 있을
것이다.

I. 서론

오늘날 과학기술이 급속도로 발전하면서 새로운 인권 문제가 출현한다. 이른바 제4차 산업혁명과 관련된 인권 문제, 예를 들어 인공지능과 관련된 인권 문제를 언급할 수 있다.[1] 생명공학과 관련된 인권 문제 역시 이러한 예로 말할 수 있다. 첨단재생의료와 같은 새로운 생명공학기술이 등장하면서 인권법체계는 새로운 인권 문제와 마주한다. 이는 인권법학자에게도 새로운 도전이 된다. 제11장은 이러한 문제의식에서 한때 우리나라를 떠들썩하게 만들었던 '황우석 박사 사건' 그리고 이와 연결된 인간배아복제 문제를 예로 하여 생명공학과 인권 문제를 살펴보고자 한다.[2]

한때 인간배아복제 연구는 우리나라뿐만 아니라 세계적으로 많은 논란을 빚었다.[3] 그 이유는 무엇 때문일까? 이에 관한 이유로는 우선적으로 배아 그 자체가 인간 생명과 유사한 생명체라는 점을 들 수 있다. 만약 배아를 인간 생명과 유사한 것으로, 더 나아가 인간 생명의 연장선상에 있는 것으로 볼 수 있다면 치료목적으로 인간배아를 조작하거나 배아를 이용해 인간복제 실험을 하는

---

1 이 문제에 관해서는 양천수, 『제4차 산업혁명과 법』(박영사, 2017); 양천수, 『인공지능 혁명과 법』(박영사, 2021) 참고.
2 '황우석 박사' 사건에 관해서는 이성주, 『황우석의 나라: 황우석 사건은 한국인에게 무엇을 말하는가』(바다출판사, 2006) 참고.
3 독일의 논의를 모아 놓은 문헌으로 C. Geyer (Hrsg.), *Biopolitik: Die Positionen* (Frankfurt/M., 2001) 참고.

것은 인간을 단순한 '수단'으로 전락시키는 행위로서 인간의 존엄성을 침해하는 행위가 될 수 있다는 것이다. 그러나 이렇게 배아를 인간 생명체로 보는 주장에 반대하는 견해도 만만치 않게 존재한다. 반대 견해는 연구의 자유, 치료목적의 배아복제가 안겨주는 유익함, 경제적 파급효과 등을 근거로 하여 배아복제를 허용해야 한다고 주장한다. 이렇게 인간배아복제 연구를 반대하는 진영과 찬성하는 진영은 모두 그 나름대로 탄탄한 논거를 지니기에 과연 어느 쪽이 확실하게 타당하다고 말하기는 쉽지 않다.

제11장은 이러한 문제 상황에 입각하여 인간배아복제 연구를 둘러싸고 전개된 논쟁의 논증을 인권법철학의 시각에서 분석하는 데 초점을 둔다. 이를 통해 인간배아복제를 반대하는 주장과 이를 찬성하는 주장이 각각 어떤 논증을 동원하는지 해명하고 각 논증의 타당성을 검증하고자 한다. 제11장은 다음과 같은 순서로 이러한 작업을 수행하겠다. 우선 인간배아복제 연구가 '위험사회'에서 말하는 '위험'에 해당하는지 검토한다(Ⅱ). 이를 검토할 필요가 있는 이유는 인간배아복제 연구를 반대하는 견해 중에는 인간배아복제 연구가 '위험'(Risiko)에 해당한다고 논증하는 경우가 있기 때문이다. 나아가 윤리적·도덕적·신학적 관점에서 배아를 인간 생명으로 볼 수 있는지(Ⅲ), 배아를 헌법상 기본권 주체 또는 형법상 법익의 주체로 볼 수 있는지 살펴본다(Ⅳ). 마지막으로 인간배아복제 연구에 관한 필자의 생각을 간략하게 정리하겠다(Ⅴ).

Ⅱ. 인간배아복제 연구와 위험사회 논증

우선 인간배아복제 연구가 위험사회 논증에서 말하는 '위험'에 해당하는지 알아본다. 이 논의는 만약 인간배아복제 연구가 위험사회에서 말하는 위험에 속한다면 인간배아복제 연구를 법으로, 특히 형법으로 규제하는 것이 힘을 얻을 수 있다는 점에서 의미가 있다.

1. 위험사회 분석

논의의 전제로 독일의 사회학자 울리히 벡(Ulrich Beck)이 1986년에 제안한

'위험사회'(Risikogesellschaft) 구상을 간략하게 소개한다. 울리히 벡은 현대사회를 위험사회로 규정한다. 울리히 벡이 볼 때 현대사회는 대규모 환경오염과 같은 위험들이 인류의 생존 그 자체를 위협하기 때문이다.[4] 물론 벡은 과거에도 환경 오염은 존재했다고 말한다. 그러나 벡의 시각에서 볼 때 이는 개인적이며 지역 적인 '위해'(Gefahr)에 불과하였다. 이와 달리 위험사회를 특징짓는 '위험'(Risiko) 은 이러한 개인성과 지역성을 넘어서는 것으로 전 지구적이며 인류의 생존 자 체를 위협하는 것이라고 한다.[5] 그런데 울리히 벡은 이런 위험은 근대화가 낳 은 결과물이라고 한다.[6] 그 이유는 위험은 서구 근대화 과정의 핵심 요소였던 과학·기술의 발전 및 자본주의의 성장, 즉 산업화와 맞물려 있기 때문이다.[7] 이 러한 벡의 논의를 더욱 살펴보면 먼저 과학·기술이 발전하면서 과거에는 없던 새로운 위험이 생산된다. 나아가 이렇게 생산된 위험은 산업화가 계속 진행되 면서 상품으로 판매된다.[8] 한편 과학과 기술은 산업화의 요구에 따라 왜곡된 기 준으로 위험을 평가한다. 예를 들어 허용수준(Grenzwert)이라는 기만적인 수단 과 인과성의 논리를 사용하여 위험 생산과 존속을 정당화한다.[9] 이를 통해 위험 은 현대사회에서 필수적인 조건이 된다. 그리고 과학적 합리성은 위험의 분배 논리에 왜곡되어 사회적 합리성에서 어긋나 버린다.[10]

2. 인간배아복제는 위험에 해당하는가?

그렇다면 인간배아복제는 위험사회 구상에서 말하는 '위험'에 속하는가? 이 에 2001년에 서거한 독일의 법철학자 아르투어 카우프만(Arthur Kaufmann)은 자 신의 저서 『법철학』(Rechtsphilosophie)에서 인간배아복제 연구를 포함한 생명공 학 전반을 위험사회의 문제로 다루었다.[11] 그러나 결론부터 말하면 인간배아복

---

4 U. Beck, *Risikogesellschaft* (Frankfurt/M., 1986), 25쪽 아래.
5 U. Beck, 위의 책, 28쪽.
6 U. Beck, 앞의 책, 29쪽.
7 U. Beck, 앞의 책, 28–29쪽.
8 U. Beck, 앞의 책, 74쪽.
9 U. Beck, 앞의 책, 82–92쪽.
10 U. Beck, 앞의 책, 38–40쪽.
11 Arth. Kaufmann, *Rechtsphilosophie*, 2. Aufl. (München, 1997), 301쪽 아래.

제 연구를 비롯한 생명공학 문제는 위험사회 논의에 포함할 수 없다고 생각한다. 그 이유는 다음과 같다.

문제해결의 핵심은 위험사회에서 말하는 '위험' 개념에서 찾을 수 있다.[12] 위에서 언급하였듯이 위험사회에서 말하는 위험은 단지 개인적인 또는 지역적인 것이 아니다. 이를 넘어 전 지구적이며 인류의 생존 자체를 위협하는 것을 위험이라 할 수 있다. 예를 들어 대규모 환경오염은 대표적인 위험의 범주에 넣을 수 있다. 왜냐하면 가령 원자력 사고 등으로 발생하는 환경오염은 체르노빌 사건이 보여주는 것처럼 인류의 생존 자체를 말살할 수 있기 때문이다. 그러나 인간배아복제가 내포하는 위험은 이러한 전 지구적 위험과는 다르다. 그렇다면 인간배아복제가 안고 있는 위험은 어떤 위험인가? 우선 인간배아복제 반대론자들이 주장하는 것처럼 배아 그 자체를 인간 생명으로 보면, 치료목적으로 인간 배아를 복제하거나 조작하는 것은 인간 생명을 '침해'하는 것이 되므로 여기서는 '위험' 개념 자체를 논의할 수 없다. 생명에 대한 '침해'가 문제되는 것이지 생명에 대한 '위험'이 문제되는 것은 아니기 때문이다. 나아가 인간배아복제가 인간의 존엄성을 침해한다고 보는 견해에 따르더라도 인간 존엄성에 대한 침해 또는 위협 그 자체도 위험 개념에 포섭될 수 없다.[13] 인간의 존엄성을 침해하거나 위협하는 것은 '위험'이 아닌 다른 일탈행위나 전통적인 '위해'(Gefahr) 개념에 포섭할 수 있기 때문이다. 이렇게 볼 때 인간배아복제로부터 야기되는 침해 혹은 위험을 위험사회에서 말하는 위험으로 이해할 수는 없다.

물론 이에는 다음과 같은 반론을 제기할 수도 있을 것이다. 만약 인간배아 복제가 일반화되면 똑같은 모습을 갖춘 인간이 동시에 여러 명 존재함으로써 다양한 법적 문제가 발생할 수 있고 이로 인해 사회 전체가 혼란에 빠질 수 있

---

12 물론 위험을 어떻게 개념 정의할 것인가에 관해서는 학자들에 따라 견해가 달라진다. 여기서는 일단 벡의 견해에 따라 위험 개념을 파악한다. 다양한 위험 개념에 관해서는 C. Prittwitz, *Strafrecht und Risiko* (Frankfurt/M., 1992), 49쪽 아래.

13 이에 관해서는 아래 제11장 Ⅲ. 1. (2) 참고. 배아복제가 인간의 존엄성을 침해한다는 주장은 설득력이 부족하다고 생각한다. 아래에서 보겠지만 이 주장은 인간의 존엄성이라는 추상적인 개념을 주된 논증 근거로 삼는다. 그러나 과연 인간의 존엄이 무엇을 뜻하는 것인지 이 주장은 분명하게 제시하지 못한다. 이러한 문제점에 관해서는 우선 U. Neumann, "Die Tyrannei der Menschenwürde", in: *ARSP* (1998), 156쪽 아래 참고.

다는 것이다. 다시 말해 치료목적으로 행하는 배아복제는 몰라도 인간복제 그 자체는 인간의 개별적 정체성에 바탕을 둔 사회체계 전체를 파괴하는 위험이 될 수 있다는 것이다.

그러나 이러한 반론에는 다음과 같은 재반론을 할 수 있다. 우선 우리 인간 사회에서는 종종 일란성 쌍둥이를 찾아볼 수 있지만 이 때문에 큰 혼란이 야기되는 것은 아니라는 점을 지적할 수 있다. 이와 함께 지적할 수 있는 것은 인간의 '정체성'(Identität)을 규정하는 것으로 인간종이 지닌 생물학적 요소 이외에도 인간종이 처한 사회적 요인을 추가로 거론할 수 있다는 것이다. 생물학적 요소 이외에도 사회적 요소가 인간의 정체성을 규정하는 것이다. 바꿔 말해 한 인간의 동일성과 개별성을 규정하는 것으로는 생물학적 측면뿐만 아니라 '사회적 관계' 또는 '사회적 상호작용'으로 대변되는 사회적 측면을 염두에 두어야 한다.[14]

더군다나 벡에 따르면 위험은 사회가 복잡해지면서 필연적으로 생산할 수밖에 없는 그 무엇이다. 가령 환경오염은 사회가 자본주의 구조 또는 산업화 구조로 나아감으로써 필연적으로 나타날 수밖에 없는 현상이다. 그렇다면 인간배아복제 역시 사회가 복잡해지면서 구조적으로 등장할 수밖에 없는 현상일까? 이에는 부정적으로 대답할 수 있다. 가장 우선적인 이유로 인간배아복제는 자본주의 사회가 낳은 구조적 산물이라고 볼 수 없다는 점을 들 수 있다. 물론 인간배아복제 기술을 통해 자본주의 사회는 고도의 경제적 이익을 얻을 수 있을지 모른다. 이러한 점에서 인간배아복제 역시 자본주의 체계가 낳은 구조적 산물이라고 말할 수 있을지 모른다. 그렇지만 인간배아복제 기술을 포함한 생명공학기술은 아직까지는 자본주의 사회가 선택할 수 있는 우연적인 것이지, 선택할 수밖에 없는 필연적인 것은 아니다. 결론적으로 인간배아복제에서 나타날 수 있는 위협 요소들은 위험사회에서 말하는 위험 개념에 포섭하기 어렵다. 그러므로 위험사회 논증을 원용하여 인간배아복제를 반대하고자 하는 견해는 타당하지 않다.

---

14 대표적으로 G. Jakobs, *Norm, Person, Gesellschaft*, 2. Aufl. (Berlin, 1999), 29쪽 아래.

Ⅲ. 다양한 차원의 인간배아복제 논증 분석

인간배아복제는 단순히 법적 차원에서만 문제가 되는 것이 아니라 윤리적·도덕적·신학적·과학적 차원에서도 논의된다. 여기서는 먼저 인간배아복제를 둘러싼 윤리적·도덕적·신학적·과학적 논증을 분석한 후 이에 대한 필자의 생각을 간단하게 정리한다.

1. 인간배아복제를 반대하는 견해

인간배아복제를 반대하는 견해는 배아가 곧 인간 생명의 출발점이라는 점을 주된 논거로 삼는다. 이러한 견해는 크게 윤리적·도덕적·신학적 차원에서 전개된다.[15]

(1) 윤리적 근거를 통한 반대

윤리적 근거를 통해 인간배아복제를 반대하는 견해는 정자와 난자가 만나 수정하는 순간 인간의 생명이 시작한다는 확고한 윤리적 믿음에서 출발한다.[16] 일반적으로 이 견해는 인간의 존엄성과 인간 생명의 소중함을 강조한다. 이 견해에 따르면 인간의 존엄성과 인간 생명은 그 무엇에 의해서도 침해할 수 없는 신성불가침한 것이다. 따라서 아무리 불치병 치료라는 목적이 필요불가결하다고 해서 인간배아를 조작하는 것은 인간의 생명을 침해하는 것이기에 허용할 수 없다고 한다. 이 견해는 '윤리'라는 특정한 세계관에 입각하여 '수정란은 곧 생명'이라는 명제를 무조건적으로, 달리 말해 일종의 '정언명령'으로 이해한다.[17]

한편 이렇게 정언명령을 강조하는 의무론적 윤리이론과는 별도로 목적론

---

15 이 책에서는 하버마스의 구별에 따라 윤리와 도덕을 구별한다. 이러한 구별에 관해서는 J. Habermas, *Erläuterungen zur Diskursethik* (Frankfurt/M., 1991) 참고.

16 이러한 견해를 대변하는 R. Spaemann, "Gezeugt, nicht gemacht: Die verbrauchende Embryonenforschung ist ein Anschlag auf die Menschenwürde", in: C. Geyer (Hrsg.), *Biopolitik: Die Positionen* (Frankfurt/M., 2001), 41−50쪽.

17 '정언명령'에 관해서는 이상영·이재승, 『법사상사』(한국방송통신대학교출판부, 2005), 191−193쪽 참고.

적 윤리이론을 통해서도 위와 같은 결론에 도달할 수 있다. 지금은 작고한 독일의 환경철학자 한스 요나스(Hans Jonas)의 목적론적 책임윤리가 이를 잘 보여준다.[18] 요나스의 목적론적 책임윤리에 따르면 모든 존재는 자기목적성을 가진다. 요나스는 이러한 자기목적성을 '스스로 계속해서 생존하려는 의지'라고 말한다. 요나스에 따르면 이러한 생존의지, 즉 자기목적성은 그 자체로 선한 것이다. 그러므로 자기목적성을 유지하고자 하는 것은 그 자체로 윤리적이다.[19] 이러한 요나스의 목적론적 책임윤리를 인간배아복제에 적용하면 배아 그 자체도 생존의지라는 자기목적성을 가진다고 말할 수 있다. 따라서 이러한 인간배아를 보호하는 것은 그 자체로 선한 것인 동시에 윤리적인 것이다. 또한 요나스가 강조하는 책임원칙에 따르면 인간배아를 보호하는 것은 우리 인간에게 일종의 책임으로 부과된다.[20] 그러므로 인간배아복제는 윤리적으로 금지된다는 결론이 자연스럽게 도출된다.

그러나 이렇게 윤리라는 이름 아래 무조건 인간배아를 인간처럼 취급하는 것이 과연 타당한지는 의문이다. 왜 인간 생명이 수정란 때부터 시작해야 하는지를 이 견해는 분명하게 해명하지 못하기 때문이다.

(2) 도덕적 근거를 통한 반대

도덕적 근거를 통해 인간배아복제에 반대하는 것은 윤리적 근거로 인간배아복제에 반대하는 것보다 이론적으로 논증하기 더 어렵다. 윤리와 도덕을 구별하는 관점에서 볼 때 양자가 구별되는 우선적인 이유는 도덕은 한 행위주체와 다른 행위주체 사이의 관계에서 문제가 된다는 점에서 찾을 수 있다.[21] 윤리가 한 주체 또는 공동체의 가치관과 관련을 맺는 것이라면 도덕은 주체와 주체라는 상호주관적 관계와 관련을 맺는다는 것이다. 따라서 인간배아복제를 도덕적 근거에서 반대하려면 그 전제로서 배아의 인간주체성을 인정할 수 있어야한다. 이는 도덕적 논증을 하기 이전에 배아에 인간과 같은 자격을 부여할 수

---

18 이에 관해서는 H. Jonas, *Prinzip der Verantwortung* (Frankfurt/M., 1989) 참고.

19 H. Jonas, 위의 책, 153쪽 아래.

20 요나스의 책임원칙에 관해서는 H. Jonas, 앞의 책, 184쪽 아래.

21 J. Habermas, *Erläuterungen zur Diskursethik* (Frankfurt/M., 1991), 105쪽 아래.

있어야 함을 뜻한다. 만약 이러한 전제가 충족되지 않으면 도덕적 논증으로 인간배아복제를 반대하고자 하는 것은 이론적으로 성공할 수 없다. 그런데도 칸트의 도덕철학을 기반으로 하여 인간배아복제에 반대하는 견해 역시 없지는 않다.[22] 칸트 도덕철학의 핵심은 실천이성과 자율성이라고 할 수 있으므로 만약 배아가 이러한 능력을 지닌다면 배아를 도덕적 주체로 인정할 수 있을 것이다.[23] 그러나 인간처럼 배아에게 실천이성, 바꿔 말해 '스스로 결정할 수 있고 스스로 책임질 수 있는 능력'이 있다고 보기는 어렵다. 같은 이유에서 배아에 인간의 존엄성을 부여할 수는 없다고 생각한다. 따라서 배아의 인간주체성을 먼저 밝히지 않는 한 인간배아복제를 반대하기 위해 도덕적 논증을 원용하는 것은 성공할 수 없다.

이러한 칸트의 주체중심적인 도덕철학 전통과는 별도로 상호주관적인 도덕철학에 토대를 두어 인간배아복제를 금지하는 견해 역시 존재한다. 대화윤리(Diskursethik)를 제안한 하버마스의 견해가 그것이다.[24] 하버마스는 도덕적 대화에 참여할 수 있는 '참여자 자격'을 원칙적으로는 배아에 인정하지 않는다. 그렇지만 비록 배아는 능동적으로 대화에 참여할 수는 없지만 수동적으로 이러한 대화를 받아들일 수 있는 자격은 가질 수 있다고 한다.[25] 요컨대 불완전하게나마 참여자 자격을 지닐 수 있다는 것이다. 이러한 논증에 기초를 두어 하버마스는 만약 배아가 합리적인 도덕적 대화에 수동적이나마 참여할 수 있다면 치료 목적을 위해 자신을 조작하거나 자신을 인간으로 복제하는 데 반대할 것이라는 논거로써 인간배아복제에 반대한다. 그러나 이러한 하버마스의 주장은 설득력이 부족하다. 과연 어떤 근거에서 배아를 도덕적 대화의 참여자로 인정할 수 있는지에 관해 하버마스는 명쾌한 논증을 하지 않았다. 이러한 전제가 충족되지 않는 한 인간배아복제를 대화이론의 틀에서 접근하는 것은 어렵다. 현실적으로

---

22 이와 유사한 논증을 하는 O. Höffe, "Wessen Menschenwürde?: Was Reinhard Merkel verschweigt und Robert Spaemann nicht sieht", in: C. Geyer (Hrsg.), *Biopolitik: Die Positionen* (Frankfurt/M., 2001), 65–72쪽.

23 칸트 철학에 관한 개관은 이상영·이재승, 앞의 책, 190쪽 아래.

24 이에 관해서는 J. Habermas, *Die Zukunft der menschlichen Natur* (Frankfurt/M., 2001) 참고.

25 J. Habermas, 위의 책, 66–67쪽.

대화에 참여할 수 없는 배아를 참여자, 즉 대화주체로 설정하는 것은 너무 의제적이다.[26]

물론 이러한 이론적 약점을 하버마스는 '대리적 대화'(advokatorischer Diskurs)라는 개념으로 극복할 수 있다고 보는 것 같다.[27] 이는 마치 민법상 대리 개념을 원용하여 배아의 법정대리인을 통해 배아의 의사를 추단하고자 하는 것으로 이해할 수 있다. 그렇지만 민법상 대리가 성립하려면 배아에 본인 적격성을 인정할 수 있어야 한다. 이러한 본인 적격성은 권리능력을 지닌 법적 인간에게 인정된다. 그러나 독일 민법 제1조 및 우리 민법 제3조에 따르면 인간은 출생함으로써 비로소 권리능력을 취득한다. 따라서 아직 출생하지 않은 배아에 권리능력을 부여할 수는 없다. 그러므로 배아의 본인 적격성도 인정할 수 없다. 물론 민법 도그마틱은 특정한 경우에 예외적으로 태아에게 권리능력을 인정한다. 그렇지만 배아를 태아와 동등하게 취급하는 것은 쉽지 않다고 생각한다. 결론적으로 하버마스처럼 대리적 대화 개념을 통해 배아를 대화의 참여자로 파악하고자 하는 것은 이론적으로 타당하지 않다고 말할 수 있다.

(3) 신학적 근거를 통한 반대

인간배아복제를 가장 강력하게 반대하는 진영은 바로 신학적 근거에 서 있는 진영이라 할 수 있다. 특히 전통적으로 보수적 견해를 대변해 온 로마 가톨릭은 인간배아복제를 강력하게 비판한다.[28] 이 견해는 인간을 존중하는 것은 곧 신의 명령이며 인간 생명은 오직 신만이 처분할 수 있다고 말한다.[29] 또한 인간 생명은 정자와 난자가 만나 수정되는 순간부터 시작하므로 정자와 난자가 수정하여 형성된 배아는 인간과 다를 바 없다고 한다.[30] 그러므로 배아를 조작하고 복제하는 것은 인간 생명을 죽이는 것과 같다고 주장한다.

그러나 과연 어떤 근거에서 가톨릭교회가 정자와 난자가 수정되는 순간을

---

26 이에 관해서는 아래 제3장 Ⅲ. 3. (3)도 참고.
27 이 개념에 관해서는 J. Habermas, *Moralbewußtsein und kommunikatives Handeln* (Frankfurt/M., 1985), 104쪽.
28 이에 관해서는 이상돈, 『생명공학과 법』(아카넷, 2003), 23쪽.
29 이 때문에 가톨릭교회는 사형을 강력하게 반대한다.
30 심지어 가톨릭교회는 피임마저도 부정적으로 바라본다.

인간 생명이 시작되는 시점으로 보는 것인지 분명하지 않다. 모든 교리의 근거가 되어야 할 성서가 이러한 현대 과학적 내용을 담고 있다고 보기는 어렵기 때문이다.

2. 인간배아복제를 찬성하는 견해

인간배아복제를 반대하는 견해와는 달리 인간배아복제를 찬성하는 견해는 크게 과학주의와 공리주의 그리고 대화이론을 원용하여 하버마스와는 반대로 인간배아복제를 찬성하는 견해로 구별할 수 있다. 아래에서는 세 진영의 논증을 간략하게 검토한다.

(1) 공리주의에 근거를 둔 찬성

영국의 철학자 벤담과 밀로 거슬러 올라가는 공리주의는 모든 사회구성원의 이익을 증진하는 것을 최고의 가치로 여긴다(최대다수의 최대행복).[31] 공리주의에 따르면 사회구성원의 이익을 증진하는 것이 곧 윤리적으로 선한 것이다. 이러한 관점에서 보면 인간배아복제는 배아라는 모종의 개체를 파괴하기는 하지만 인간의 불치병을 치료하는 데 기여하고, 더 나아가 인간복제를 통해 불임부부에게 희망을 안겨줄 수 있다는 공리를 가져다준다. 또한 인간배아복제는 사회 전체 차원에서 경제적 파급효과를 불러일으키는 데 이바지한다. 공리주의의 시각에서 보면 불치병 치료와 불임 제거 그리고 경제적 파급효과라는 이익은 배아 보존이라는 이익보다 더 우월한 것이고 따라서 불치병을 치료하고 불임을 해소하기 위해 인간배아를 조작하고 복제하는 것은 사회 전체 구성원의 공리를 증진하는 것으로 볼 수 있다. 그러므로 이러한 공리주의에 따를 때 인간배아복제는 윤리적으로 정당화된다.[32]

그러나 이러한 공리주의에도 문제가 없지 않다. 크게 세 가지 문제를 제기할 수 있다. 첫째, 인간이 원하거나 바라는 또는 준수해야 하는 모든 가치를 어떻게 평가 가능한 이익으로 환원할 수 있는지 문제가 된다. 둘째, 과연 어떤 기

31 공리주의에 관해서는 이상영·이재승, 앞의 책, 225쪽 아래.
32 이러한 논증에 관해서는 이상돈, 앞의 책, 35-37쪽.

준으로 각기 상이한 이익을 비교·형량할 수 있는지 문제가 된다. 셋째, 구체적
으로 과연 어떤 근거에서 불치병 치료나 불임 해소 등이 배아 보존보다 더욱
우월한 이익이 될 수 있는지 문제가 된다.

(2) 과학이론에 근거를 둔 찬성

이 견해는 현대 생물학의 성과를 빌려 인간배아복제를 긍정한다.[33] 물론
그 배후에는 '과학연구의 자유'라는 이익이 숨어 있다. 이 견해에 따르면 수정란
이 인간과 구조적으로 동일한 모습을 갖추는 것은 수정 후 감수분열을 거친 14
일 이후라고 한다. 이때 비로소 배아는 인간과 동일한 구조의 모습과 장기를 갖
춘다고 한다. 그러므로 그전까지 배아는 단순한 세포에 불과하다고 한다. 이는
정자와 난자라는 세포가 단순히 결합한 것에 지나지 않는다. 그러므로 연구목
적으로 배아를 조작하는 것은 단순한 세포를 조작하는 것에 지나지 않으므로
이는 윤리적·도덕적으로 문제가 되지 않는다고 한다.

그러나 이러한 주장에 따르더라도 치료목적이 아닌 인간복제 그 자체를 목
적으로 진행되는 배아복제는 정당화하기 어렵다. 현대 복제기술이나 과학이 여
전히 불완전한 상태에 놓여 있는 한 새로운 인간종을 탄생시키는 인간복제는
이러한 복제로 탄생하는 복제인간에게 무수한 생물학적·사회적 위협을 안겨줄
수 있기 때문이다.

(3) 대화이론에 바탕을 둔 찬성

기초법학자이자 형법학자인 이상돈 교수는 2003년에 출간한 연구서 『생명
공학과 법』에서 하버마스의 대화이론에 바탕을 두어 인간배아복제에 접근하는
시도를 하였다. 그런데 흥미로운 점은 대화이론에 기초를 두어 인간배아복제에
반대한 하버마스와는 달리 이상돈 교수는 오히려 인간배아복제를 정당화하는
주장을 펼친다는 것이다.

이상돈 교수는 인간배아복제를 포함한 생명공학에 대한 관점을 크게 네 가
지로 나눈다. '윤리주의'와 '과학주의' 그리고 '규범주의'와 '공리주의'가 그것이
다.[34] 그러면서 이상돈 교수는 이러한 관점 가운데 어느 한 관점만으로 생명공

---

[33] 이 논증은 이상돈, 앞의 책, 27-30쪽.

학에 접근하는 것은 문제가 있다고 한다. 그 대신 이상돈 교수는 각 관점을 조화롭게 절충할 수 있는 시도를 모색한다. 이를 위해 이상돈 교수가 제안하는 것이 "대화적 생명공학법"이다.[35] 이상돈 교수는 "생명공학적 대화"를 통해 생명문화를 대화적으로 재생산하고자 한다. 이때 이상돈 교수는 인간배아복제 영역은 일종의 "도덕적 진공상태"로 아직까지는 이를 금지하는 도덕도 그렇다고 이를 허용하는 도덕도 존재하지 않는다고 한다.[36] 따라서 결과적으로 인간배아복제를 법으로 막을 수는 없다고 말한다.[37]

이러한 논의맥락에서 이상돈 교수는 배아 역시 생명공학적 대화의 주체가 될 수 있다고 한다. 이를 다음과 같이 말한다.[38]

"(…) 배아나 태아는 인간으로 생성되어 가는 생명체(인간적 생명체)이며, (어떤 방식으로든 일단 세계 내에 내던져진) 인간과 함께 생명공학적 대화의 잠재적인 주체가 된다. 왜냐하면 생명공학적 대화의 향방에 따라 배아나 태아는 잠재적으로 그 존재성이 침해될 수 있다는 점에서 그 대화의 당사자라고 할 수 있기 때문이다."

그러나 이러한 주장은 왜 배아가 생명공학적 대화의 주체, 즉 참여자가 될 수 있는지를 분명하게 해명하지는 못한다고 생각한다. 이상돈 교수는 배아가 잠재적으로 침해될 수 있다는 이유에서 참여자 자격을 긍정하는데, 만약 우리가 법으로 인간배아복제를 금지한다면 논리적으로 배아에 대한 침해를 생각할 수 없기 때문이다. 배아가 잠재적으로 침해될 수 있다는 것은 이미 배아가 인간과는 다르다는 관념을 전제로 한다. 이는 동시에 배아가 인간과 같은 대화 참여자가 될 수는 없다는 점을 시사한다. 필자는 결론 면에서는 이상돈 교수의 주장에 공감하지만 배아를 생명공학적 대화의 참여자로 보는 것에는 아직 수긍하기 어렵다.

---

34 이상돈, 앞의 책, 21쪽 아래.
35 이상돈, 앞의 책, 50쪽 아래.
36 이상돈, 앞의 책, 54쪽 아래.
37 이상돈, 앞의 책, 61쪽.
38 이상돈, 앞의 책, 52쪽.

3. 인간배아복제의 정당화 논증

그렇다면 법 이전의 차원에서, 즉 윤리적·도덕적·신학적·과학적 차원에서 인간배아복제를 어떻게 취급할 수 있을까? 결론부터 말한다면 이러한 차원에서 인간배아복제를 금지하고자 하는 것은 이론적으로 성공할 수 없다고 생각한다. 오히려 현재로서는 인간배아복제를 찬성하는 것이 이론적으로 논증하기 더욱 수월하다. 그 이유를 일상경험적 측면, 생물학적 측면, 공리주의적 측면에서 찾을 수 있다. 아래에서는 먼저 인간배아복제를 금지하는 논증을 비판적으로 음미한 후 과연 어떤 근거에서 인간배아복제를 허용하는 것이 이론적으로 더욱 타당할 수 있는지 논증하겠다. 아울러 일종의 '보론'으로 인간배아복제를 정당화하는 데 대화이론을 적용할 수 있는지 살펴보겠다.

(1) 비판적 검토

인간배아복제를 윤리적·도덕적·신학적 관점에서 금지하려는 견해들에는 논증적인 설득력이 부족하다고 생각한다. 먼저 윤리적 관점에서 인간배아복제를 금지하는 견해는 배아가 곧 인간 생명의 시작이라는 확고한 믿음에 바탕을 둔다. 이 견해는 이러한 믿음 또는 윤리적 명제를 정언명령으로 이해한다. 그러나 인간 생명이 배아에서 시작한다는 명제가 정언명령이라는 주장은 동어반복에 불과할 뿐이다. 왜냐하면 이 주장은 과연 어떤 근거에서 인간 생명이 배아에서 시작하는지 근거 짓지 않기 때문이다.

물론 순수이성과 실천이성을 구별한 칸트의 태도를 방법론적으로 발전시킨 독일의 신칸트주의는 존재와 당위를 엄격하게 구별하면서 당위 명제의 타당성은 존재 명제를 통해 근거 지을 수 없다는 태도를 취하였다.[39] 존재는 존재 나름대로 그리고 당위는 당위 나름대로 근거 지을 수 있을 뿐이라고 한다. 따라서 이러한 신칸트주의에 따를 때 배아가 곧 인간 생명의 출발점이라는 주장은 경험적 주장과는 구별되는 규범적 주장으로 경험을 초월한 선험적 명제라고 볼 수 있기에 이를 구체적으로 논증하는 것은 불필요하다고 말할 수 있을지도 모

---

39 신칸트주의에 관해서는 R. Alexy [u.a.] (Hrsg.), *Neukantianismus und Rechtsphilosophie* (Baden—Baden, 2002).

른다. 가령 엄격한 신칸트주의자였던 켈젠이 모든 법규범의 최종적인 효력 근거로 '근본규범'을 논리적으로 전제하면서도 이 근본규범은 선험적인 것으로서 그 스스로 효력 근거를 가진다고 한 주장은 이와 유사한 예가 될 것이다.

그렇지만 이러한 주장은 '고백'은 될 수 있을지언정 이론적 '논증'이 되기는 어렵다. 이러한 주장은 세계에 대한 특정한 믿음 또는 가치관을 피력하는 것에 지나지 않는다. '이율배반'(Antinomie)에 관해 칸트가 말한 것처럼 만약 배아가 인간이라는 명제가 주장될 수 있다면 그 정반대의 명제 역시 주장될 수 있는 것이다. 배아가 인간이라는 명제는 마치 신의 존재를 증명하는 것과 같이 경험적으로는 검증할 수 없는 명제에 지나지 않기 때문이다.

물론 이러한 윤리적 논증이 지닌 이론적 약점 때문에 칸트의 인간존엄성 명제를 수용하여 배아 역시 다른 인간과 마찬가지로 '수단이 아닌 목적'으로 다루어야 한다는 도덕적 논증을 펼칠 수도 있을 것이다(목적/수단 공식). 그러나 이러한 주장이 이론적 설득력을 얻으려면 배아가 인간이라는 전제조건을 충족해야 한다. 사실이 그렇다면 도덕적 논증을 원용하는 견해는 다시 윤리적 논증을 원용할 수밖에 없는 일종의 순환논증에 빠진다. 필자가 생각하기에 배아가 인간이라는 주장이 성립할 수 없는 한 배아를 수단이 아닌 목적으로 취급하라는 주장도 성립할 수 없다.

한편 신학적 관점에서 배아를 인간으로 보는 견해는 과연 이에 대한 근거를 성경에서 찾을 수 있는가의 결정적인 난점에 부딪힐 수밖에 없다. 구약이 성립한 시기는 기원전, 신약이 성립한 시기는 기원후 대략 80년 전후인데 이렇게 성경이 성립하던 시기에 인간이 정자와 난자가 결합하여 생긴다는 사실을 인식하고 있었는지 의문이다. 오히려 이 견해는 신의 명령이라는 이름 아래 견해 주장자 자신의 윤리적 관점 또는 믿음을 반영한 것에 지나지 않은지 생각한다.

(2) 인간배아복제의 정당화

인간배아복제는 어떻게 정당화할 수 있을까? 이는 배아가 질적 측면에서 인간과는 다르다는 점을 논증함으로써 이루어질 수 있다. 필자는 일상경험적 측면, 생물학적 측면, 공리주의적 측면에서 배아가 인간과는 다르다는 점을 논증할 수 있다고 생각한다.

1) 일상경험적 측면

윤리나 도덕은 원칙적으로 역사적으로 전승되고 축적된 일상경험을 토대로 해야 한다. 만약 윤리나 도덕이 이러한 일상경험과 유리되어 형성된다면 이러한 윤리나 도덕은 일상생활을 살아가는 시민들에게 수용되거나 내면화될 수 없다. 그러므로 인간배아복제에 관한 윤리나 도덕을 말하기 위해서는 그 전에 우리가 일상경험에서 인간 생명을 어떻게 이해하는지 파악할 필요가 있다.

일상경험의 측면에서 볼 때 인간 생명은 언제 시작할까? 이에 따르면 인간의 생명은 우리가 산모에게서 일정한 생리적 현상을 경험할 수 있는 때부터 시작한다고 말할 수 있다. 이는 역사적으로 전승된 '생활형식'(Lebensform)이라고 부를 수 있을 것이다. 예를 들어 여성이 임신하면 생리가 중단되는 것이나 입덧을 하는 것 또는 배가 불러오기 시작하는 것을 경험적으로 지각함으로써 우리는 산모의 태내에 새로운 생명이 자라나고 있음을 인식한다. 또한 우리의 옛 전통에 따르면 갓 태어난 영아는 三七日이 지난 이후에 비로소 한 가족의 구성원으로 받아들여졌다는 점을 통해서도 우리가 일상경험에서 인간 생명의 출발점을 어떻게 바라보았는지 추론할 수 있다. 물론 이에 관한 명확한 기준을 설정할 수는 없지만 최소한 배아 단계에서는 아직 인간과 같은 지위를 부여하기 어렵다.

이러한 맥락에서 볼 때 난자와 정자가 결합하여 형성되는 수정란은 일상경험의 산물이 아니라 현대 과학기술이 낳은 산물이라고 말할 수 있다. 하버마스의 용어를 빌려 말하면 이는 '생활세계'(Lebenswelt)와는 무관한 것으로 과학기술체계라는 현대사회의 하부체계가 만들어낸 산물이다.[40] 따라서 난자와 정자가 결합하는 순간을 인간 생명의 시작으로 보는 관점은 과학적인 것이지 도덕적·윤리적인 것이라고 말하기는 어렵다. 물론 이러한 주장에 윤리나 도덕은 단순히 생활세계에서만 필요한 것이 아니라 과학기술체계와 같은 사회적 체계에서도 필요하고 또 정당화될 수 있다는 반론을 할 수 있다. 그러나 아무래도 윤리

---

40 이에 관해서는 J. Habermas, *Theorie des kommunikativen Handelns*, Bd. Ⅱ (Frankfurt/M., 1981) 참고.

적·도덕적 주장은 역사적으로 전승된 문화와 전통에 근거를 두어야 하고 이와
아울러 생활세계에서 살아가는 구성원들의 합의와 승인을 얻을 수 있어야만 할
것이다.[41] 만약 난자와 정자가 결합하여 형성된 수정란을 인간 생명의 시작으로
보려면, 이러한 수정 과정을 일상생활에서 일상경험으로 체험할 수 있어야 하
고 동시에 생활세계 구성원들의 합의와 승인을 얻을 수 있어야 한다. 그러나 과
연 그럴 수 있을지 의문이다.

2) 생물학적 측면

나아가 생물학적 측면에서 볼 때도 난자와 정자가 결합하는 시점을 인간
생명의 시작으로 볼 수 있는지는 분명하지 않다. 이 문제는 생물학적으로 과연
무엇을 인간종의 '동일성' 또는 '본질'의 기준으로 볼 수 있는지와도 관련을 맺
는다. 이에 관해 염색체나 DNA 구조를 인간종의 본질로 볼 수도 있고 그게 아
니면 인간 생명체의 전체적인 구조를 통해 인간인지를 판단할 수 있을 것이다.
이에 관해 필자는 염색체를 근거로 하여 인간인지를 판단하는 것은 다소 성급
하지 않나 생각한다. 염색체는 인간종의 동일성이나 유사성을 판단하는 데 한
가지 본질적인 근거가 되긴 하지만 그렇다고 이것이 유일한 판단 근거가 된다
고 할 수는 없기 때문이다. 오히려 생명체의 생물학적·구조적 동일성이 인간종
인지를 판단하는 데, 다시 말해 언제부터 인간 생명이 시작하는지를 판단하는
데 더욱 결정적인 역할을 한다고 생각한다. 가령 수정란은 수정 직후 감수분열
을 시작해서 14일이 지나면 인간으로서 필요한 대부분의 장기를 갖춘다고 한
다. 달리 말하면 수정란은 14일이 지나야 비로소 인간 생명과 동일한 생물학적
구조를 획득하는 것이다. 그러므로 생물학적 견지에서 볼 때 인간 생명이 시작
하는 시점은 수정 후 14일이 지난 때부터로 보는 것이 더욱 타당하다.

3) 공리주의적 측면

수정란 혹은 배아를 인간 생명과 질적으로 다른 것으로 보는 것은 공리주
의의 시각에서 볼 때도 설득력이 있다. 우선 이를 통해 치료목적으로 배아를 조
작하는 것이 가능해지기 때문이다. 치료목적으로 배아를 연구함으로써 각종 불

---

41 다시 말해 과학윤리의 근거 역시 생활세계 속에서 마련되어야 한다.

치병을 치료할 수 있고 이를 통해 많은 인간 생명이 질병에서 해방될 수 있다면 이는 사회 전체 구성원의 이익을 증진하는 것으로 정당성을 획득할 수 있다. 물론 이러한 공리주의적인 논증이 성공하려면 앞에서 언급한 세 가지 문제를 해명할 수 있어야 한다.[42]

첫째, 인간이 원하거나 바라는 또는 준수해야 하는 모든 가치를 어떻게 '평가 가능한 이익'으로 환원할 수 있는지 해명해야 한다. 이에 관해서는 인간이 바라는 모든 가치를 평가 가능한 이익으로 환원할 수는 없지만 '대략적이나마 계량화하여' 평가할 수 있는 이익으로 환산할 수는 있다고 생각한다. 법경제학적 사고가 이를 예증한다. 물론 필자는 법경제학적 사고에는 비판적인 시각을 갖고 있지만 불완전하나마 법경제학적 사고는 생산적인 힘을 가진다고 생각한다. 더군다나 불치병을 치료하여 인간의 생명을 구조한다는 가치는 그 무엇보다도 높은 규범적 의미를 가진 이익으로 볼 수 있다.

둘째, 과연 어떤 기준으로 각기 다른 이익을 비교·형량할 수 있는지 해명해야 한다.[43] 이에 관해서는 아직 확고한 이익형량 규칙을 제시할 수는 없지만, 독일의 법철학자 알렉시(Robert Alexy)가 보여준 것처럼 각기 다른 이익을 논증적으로 형량할 가능성은 열려 있다고 생각한다.[44]

셋째, 구체적으로 과연 어떤 근거에서 불치병 치료나 불임 제거 등이 배아 보존보다 더욱 우월한 이익이 될 수 있는지 해명해야 한다. 이에 관해서는 가장 결정적인 논거로 배아는 인간 생명과 비교할 때 질적으로 차이가 있다는 점을 들 수 있다. 이를 간접적으로 보여주는 것이 바로 낙태이다. 낙태는 배아보다 더욱 인간에 가깝게 성장한 태아의 생명 침해를 행위 대상으로 한다. 물론 논란 대상이 되기는 하지만 우리 법체계는 낙태를 예외적으로 허용한다. 이는 태아의 생명보다 인간의 생명이 본질적으로 우월하다는 이익형량 사고를 잘 보여준다. 사정이 그렇다면 인간의 생명이 배아의 생명보다 질적으로 우월하다는 결

---

42 앞의 제11장 Ⅲ. 2. (1) 참고.
43 이 문제에 관해서는 Jan−R. Sieckmann (Hrsg.), *Die Prinzipientheorie der Grundrechte* (Baden−Baden, 2006) 참고.
44 알렉시의 작업에 관해서는 김도균, "법적 이익형량의 구조와 정당화문제", 『서울대학교 법학』 제48권 제2호(2007), 31−115쪽.

론도 도출할 수 있을 것이다. 요컨대 '배아 < 태아'이고 '태아 < 인간'이기에 '배아 < 인간'이라는 논리적 결과가 나온다.

(3) 대화이론을 통한 인간배아복제 논증 가능성

'보론'으로 대화이론으로 인간배아복제를 논증할 수 있는지 살펴본다. 만약 우리가 인간배아복제에 관한 합리적·논증적 대화를 생각한다면 두 유형의 대화를 상정할 수 있다. 첫째는 배아 자체를 대화 참여자로 상정하는 대화이고 둘째는 배아를 제외한 나머지 대화 참여자들로 이루어지는 대화이다. 여기서 두 번째 경우는 인간배아복제의 정당성에 관한 본래 의미의, 즉 하버마스가 의도한 의미의 '대화'(Diskurs)라고 말할 수 없다. 왜냐하면 이 대화에서는 이 대화에 관해 가장 본질적인 관련자라 할 수 있는 배아가 대화 참여자에서 배제되기 때문이다. 따라서 이러한 대화는 독일 형법학에서 낙태나 안락사 또는 뇌사와 관련하여 거론되는 '절차모델'(Verfahrensmodell)의 한 유형에 지나지 않는다고 말할 수 있다. 물론 이러한 절차모델 역시 논증대화 또는 합리적 대화의 하부유형으로 포섭할 가능성도 없지 않다. 하지만 본래 하버마스가 의도한 합리적 대화 모델은 이러한 절차모델과는 차이가 있다고 생각한다.

그렇다면 첫째 경우를 합리적 대화의 유형으로 볼 수 있을까? 그러나 문제는 배아가 대화 참여자의 자격을 가질 수 없다는 것이다. 이미 논증한 것처럼 배아는 인간이 되기 이전의 것, 즉 일종의 세포에 불과하므로 이러한 배아에 참여자 자격을 부여할 수는 없다고 생각한다. 이와 관련하여 위에서 언급한 것처럼 하버마스는 '대리적 대화' 개념을 통해 이러한 문제를 넘어서려 한다.[45] 그러나 대리적 대화 개념을 통해 배아를 대화 참여자로 끌어들이는 것은 너무 의제적이다. 만약 이렇게 해서 참여자의 범위를 확장하면 하버마스가 의도한 합리적 대화는 실제 대화와는 유리되어 극히 이상적인 것으로 전락할 가능성이 있다.

---

45 위의 제11장 Ⅲ. 1. (2) 참고.

IV. 인간배아복제에 관한 법적 논증 분석

지금까지 인간배아복제가 법 이전의 차원, 즉 윤리적·도덕적 차원에서 어떻게 정당화될 수 있는지 살펴보았다. 그렇다면 인간배아복제는 법적으로도 당연히 정당화되는가? 그렇지는 않다. 법철학적으로 볼 때 도덕과 법이 원칙적으로 구별되는 이상 인간배아복제를 윤리적·도덕적으로 정당화할 수 있다고 해서 법적으로도 당연히 정당화되는 것은 아니다.[46] 그러므로 인간배아복제를 법적인 차원에서도 정당화할 수 있는지 별도로 논증할 필요가 있다. 아래에서는 크게 두 가지 측면에서 이를 시도하겠다. 첫째는 헌법상 기본권 논증의 측면이다. 둘째는 형법상 법익 논증의 측면이다.

1. 헌법상 기본권 논증 분석

(1) 배아는 생명권의 주체인가?

이 문제를 해결할 수 있는 열쇠는 배아에 생명권을 인정할 수 있는지, 바꿔 말해 배아를 생명권의 주체로 볼 수 있는지에 놓여 있다. 그러나 이는 부정하는 것이 타당하다. 그 이유를 다음과 같이 말할 수 있다. 헌법상 기본권은 도덕과 밀접한 관련을 맺고 있기에 윤리적 논증이나 도덕적 논증은 기본권을 논증하거나 근거 지을 때 어느 정도 원용할 수 있다.[47] 또한 배아에 생명권을 인정할 것인가의 문제는 도덕이론과 기본권이론이 만나는 지점에 놓인다. 그러므로 위의 III.에서 다룬 성과를 이 문제에 어느 정도 원용할 수 있을 것이다. 그런데 앞에서 필자는 일상경험적 측면, 생물학적 측면, 공리주의적 측면에서 배아와 인간은 질적으로 같지 않다는 점을 논증하였다.[48] 따라서 배아에는 기본권 주체성을 인정할 수 없다. 결국 배아는 원칙적으로 생명권의 주체로 파악할 수 없다고 보는 것이 타당하다.

---

46 도덕과 법을 구별하는 태도는 칸트로 거슬러 올라간다. 이에 관해서는 이상영·이재승, 앞의 책, 191–193쪽.

47 원래 도덕이론으로 시작하였던 인권이론이 헌법상 기본권에 어떤 영향을 미쳤는지를 생각하면 이는 쉽게 수긍할 수 있을 것이다.

48 위의 제11장 III. 3. (2) 참고.

(2) 기본권 충돌의 존재 여부

인간배아복제 문제는 헌법이론의 차원에서 볼 때 기본권 충돌의 문제로 보일 수도 있다. 왜냐하면 얼핏 보기에 배아의 생명권과 배아를 연구하는 연구자의 자유가 서로 충돌하는 것처럼 보이기 때문이다. 그러나 이미 논증한 것처럼 배아에는 생명권의 주체성을 인정할 수 없으므로 실제로는 기본권 충돌이 발생할 수 없다. 오직 연구자가 지닌 연구의 자유만이 문제가 될 뿐이다. 따라서 만약 입법자가 배아의 생명권을 이유로 하여 치료를 목적으로 하는 배아 조작을 금지한다면 이는 연구자가 가진 기본권인 연구의 자유를 침해하는 것으로 볼 수 있다.

2. 형법적 논증 분석

형법적 차원에서는 가장 중요한 쟁점으로 인간배아복제를 금지하여 배아를 보호하는 것이 형법상 법익에 속하는지를 거론할 수 있다. 이와 아울러 법체계의 통일성이라는 논거도 형법적 차원에서 검토할 필요가 있다.

(1) 배아 보호가 형법상 법익에 해당할까?

배아를 보호하는 것, 달리 말해 배아의 생명은 형법상 법익에 해당할까? 이 문제는 궁극적으로는 형법상 법익 개념을 어떻게 구성하는가에 달려 있다.[49] 이와 관련되어 가능한 논증을 분석한 후 이에 관한 필자의 견해를 제시한다.

1) 배아의 생명은 법익일까?

우선 배아의 존재 자체가 법익이 된다는 견해가 있을 수 있다. 이는 배아를 생명권의 주체로 파악하는 견해와 연결된다. 왜냐하면 배아의 존재 자체가 법익이라면 존재 그 자체를 법익인 생명으로 환원할 수 있고, 그렇다면 결국 배아 자체가 생명권을 가진다고 볼 수 있기 때문이다. 이 문제는 앞에서 검토하였지만 형법적 차원에서 다시 한번 검토한다.[50] 우선 현행 형법에 따르면 인간 이

---

49 형법상 법익 개념에 관해서는 K. Amelung, *Rechtsgüterschutz und Schutz der Gesellschaft* (Frankfurt/M., 1972) 참고.

50 위의 제11장 Ⅲ. 3. (2) 참고.

외에는 태아가 불완전하게나마 형법으로 보호된다. 이는 태아의 생명이 형법상 법익에 해당함을 시사한다. 따라서 태아의 생명을 침해하면 이는 특정한 요건이 충족되는 한 낙태죄로 처벌될 수 있다. 그렇다면 배아의 생명을 법익으로 볼 수 있을까? 배아를 생명권의 주체로 볼 수 있을까? 배아는 헌법상 생명권이라는 기본권의 주체가 될 수 있을까? 나아가 태아처럼 민법상 재산권, 즉 상속권의 주체가 될 수 있을까? 그러나 이미 논증한 것처럼 배아는 생명권의 주체가 될 수 없다. 따라서 논리적으로 볼 때 형법상으로도 배아의 생명을 법익으로 인정하지 않는 게 타당하다. 이는 법질서의 통일성이라는 측면에서 볼 때도 타당하다.

2) 인간의 독자성·존엄성 보호 논증

이에 배아의 생명이 아니라 개별적 인간의 독자성 또는 존엄성이 인간배아복제 금지가 추구하는 법익이 된다는 견해가 있을 수 있다. 이 견해에 따르면 치료목적의 배아 조작이나 인간복제는 인간의 고유한 독자성을 침해한다. 인간은 실존적으로 유일하고 개별적일 수밖에 없는데 인간배아복제는 이를 무시한다는 것이다.

그러나 이 견해에도 약점이 있다. 첫째, 인간의 고유성이나 존엄성이라는 개념이 그리 명확한 것은 아니라는 점이다. 이 개념에는 다양하면서도 상이한 내용들이 담길 수 있다.[51] 둘째, 인간의 고유성이나 독자성을 인정할 수 있다 하더라도 이는 생물학적으로 결정되는 것이 아니라 사회에서 이루어지는 소통을 통해 구성된다고 보아야 한다.[52] 따라서 인간배아복제를 허용한다고 해서 개별적인 인간의 독자성이나 존엄성을 침해하는 것은 아니다.

3) 사회체계의 안정성 논증

한편 인간배아복제를 허용하면 이것이 남용됨으로써 자칫 인적 동일성에 바탕을 둔 사회체계 자체를 위협할 수 있다는 견해를 생각할 수 있다. 이 견해에 따르면 사회체계의 기능을 유지하는 것 자체가 법익이 된다. 그러나 이러한 견해 역시 타당하지 않다.

---

51 예를 들어 E. Hilgendorf, 김영환·홍승희 (옮김), "남용된 인간의 존엄", 『법철학연구』 제3권 제2호(2000), 259쪽 아래.

52 이에 관해서는 무엇보다도 W. Maihofer, 심재우 (역), 『법과 존재』(삼영사, 1996) 참고.

첫째, 인간배아복제를 허용한다고 해서 과연 어느 정도로 이러한 복제행위가 남용될 것인지 예측하는 것은 쉽지 않다. 물론 어떤 행위이든 일정 정도의 남용 현상은 인류 역사에서 항상 존재하였다. 그러나 이러한 남용 그 자체 때문에 인류의 사회체계가 무너진 일은 그다지 많지 않다.

둘째, 인간배아복제가 남용되는 것과 사회체계가 혼란해지는 것 사이에 분명한 인과관계가 성립할 수 있는지도 그리 분명하지는 않다. 확률적으로 그리 높지 않을 것으로 예측된다.

셋째, 법익론의 측면에서 볼 때 사회체계의 기능 유지 자체를 법익으로 삼는 것은 문제가 많은 이론구성이라 할 수 있다.[53] 물론 독일의 형법학자 아멜룽(Knut Amelung)은 루만(Niklas Luhmann)의 초기 체계이론을 끌어들여 사회체계에 대한 위협을 법익 개념과 유사한 '사회유해성'으로 구성하였다.[54] 그렇지만 이러한 이론구성은 형법의 적용영역을 과도하게 확장할 수 있다는 이론적 약점을 가진다.

4) 인간의 위협 감정 논증

마지막으로 인간의 위협 감정을 법익 침해로 파악하여 인간배아복제를 형법적으로 금지하고자 하는 견해를 생각할 수 있다. 이러한 견해는 만약 인간배아복제가 횡행하게 되면 어느새 자기 자신도 복제될 수 있다는 위협 감정을 느낄 수 있는데, 이러한 위협 감정은 '평온한 감정'이라는 법익을 침해하는 것이기에 이를 형법으로 막아야 한다고 주장한다. 그러나 이러한 주장은 일종의 '심정형법'을 주장하는 것이 되어 타당하지 않다. 위협 감정만을 이유로 하여 인간배아복제를 형법으로 규제하면 이는 형법의 최후수단성이나 보충성에 반한다. 물론 독일의 형법학자 하쎄머(Winfried Hassemer)가 충실하게 연구한 것처럼 인간의 위협 감정은 법익을 구성하는 한 요소로 자리 잡을 수는 있다.[55] 그러나 위협 감정만으로 법익을 긍정하는 것은 너무 성급하다.

---

53 이에 관한 지적으로 울프리트 노이만·울리히 슈로트, 배종대 (옮김), 『형사정책의 새로운 이론』 (홍문사, 1994), 140−141쪽.

54 K. Amelung, 앞의 책, 361쪽 아래.

55 W. Hassemer, *Theorie und Soziologie des Verbrechens* (Frankfurt/M., 1973).

5) 상호주관적 법익론에 따른 검토

독일의 법철학자 클라우스 귄터(Klaus Günther)와 이상돈 교수가 이론적 단서를 마련하고 필자가 구상한 '상호주관적 법익론'(intersubjektive Rechtsgutslehre)의 시각에서 보면 배아 보호 자체를 형법상 법익 개념으로 인정하기 쉽지 않다.[56] 그 이유는 다음과 같다.

상호주관적 법익론은 법적 대화 과정에 참여할 수 있는 '참여자 역할'(Teilnehmerrolle)을 형법상 법익으로 이해한다.[57] 이때 참여자 역할은 '참여자 인격', '의사소통적 권리' 및 '의사소통적 의무'로 구성된다.[58] 그런데 상호주관적 법익론에 따르면 인간배아복제 금지와 관련하여 특정한 법익을 발견하기 쉽지 않다. 왜냐하면 배아에 참여자 역할을 부여하기 힘들기 때문이다. 이미 논증한 것처럼 배아는 질적인 면에서 인간과 같을 수 없다. 그러므로 배아에는 기본권 주체성이나 법익 주체성을 인정할 수 없다. 이는 참여자 역할에도 마찬가지다. 참여자 역할은 원칙적으로 인격의 지위를 가진 인간에만 부여할 수 있다. 만약 합리적 대화에 참여할 수 있는 능력을 갖춘 인간이 아니라면 참여자 역할을 부여할 수 없다. 따라서 배아는 형법상 법익의 핵심을 이루는 참여자 역할을 가질 수 없고 따라서 배아 자체를 형법상 법익으로 파악할 수 없다. 결국 인간배아복제를 형법으로 금지하는 것은 아직까지는 정당성을 획득할 수 없는 불합리한 규제라 말할 수 있다.

(2) 법질서의 통일성 논증

한편 법질서의 통일성이라는 측면에서도 인간배아복제, 특히 치료목적의 배아 조작은 금지할 수 없다. 왜냐하면 우리 현행 법체계는 특정한 범위에서 낙태를 허용하기 때문이다. 태아의 생명권도 특정한 요건을 충족하면 박탈하는데, 태아보다도 더욱 불투명한 지위에 있는 배아를 절대적으로 보호하는 것은 법질

---

56 상호주관적 법익론에 관해서는 우선 Chun-Soo Yang, *Konzeption einer intersubjektiven Rechtsgutslehre* (Diss. Frankfurt/M., 2006) 참고.

57 양천수, "형법상 법익 개념의 새로운 근거설정 필요성과 가능성", 『고려법학』 제47호(2006), 265-290쪽.

58 이에 관한 상세한 내용은 Chun-Soo Yang, 앞의 논문, 231쪽 아래 참고.

서의 통일성이라는 면에서 볼 때 일관되지 않다. 또한 우리 현실에서 암암리에 낙태가 무수히 자행되는 법현실을 고려해 볼 때 인간배아복제를 금지하려는 것은 현실에 솔직하지 않다. 물론 이러한 주장에 법규범과 법현실은 엄연히 구별되고, 법현실이 그렇다고 해서 법규범이 이를 따라야 하는 것은 아니라고 반박할 수 있다. 이러한 주장은 한편으로는 타당하다. 법현실과는 달리 법규범은 '반사실적인 기대를 안정화'하는 것이기에 법규범이 법현실에 좌우되어서는 안 된다. 그러나 이러한 반론은 해당 법규범의 정당성이 어느 정도 확실하게 승인된 경우에 제기될 수 있는 반론이다. 예를 들어 낙태를 금지하는 현행 법체계에 관해서는 많은 논란이 발생한다. 따라서 이와 유사한 인간배아복제 허용 문제에 법규범과 법현실을 엄격하게 구별하여 접근하는 논증은 타당하지 않다.

V. 인간배아복제의 허용 범위

지금까지 행한 논증 분석을 통해 우리는 인간배아복제를 법 이전의 차원에서나 법적인 차원에서 금지하기 어렵다는 결론을 도출하였다. 그렇다면 과연 어디까지 인간배아복제를 허용할 수 있을까? 인간배아복제는 전면적으로 허용할 수 있을까? 이 문제는 복제의 유형을 검토함으로써 해결할 수 있다. 현재까지 논란이 되는 배아복제는 크게 두 가지로 나누어 볼 수 있다. 첫째는 치료목적의 배아복제이고 둘째는 불임부부 등을 위한 인간복제이다. 이 가운데 첫 번째 유형은 원칙적으로 허용할 수 있다고 생각한다. 그러나 두 번째 유형은 허용하기에 문제가 없지 않다고 생각한다.

왜 인간복제 그 자체는 금지해야 할까? 인간복제는 인간이라는 주체를 인위적으로 만들어내는 것이다. 그런데 인간복제 기술은 아직 완전하지 않다. 여러 기술적인 부작용들이 나타날 수 있다. 이러한 기술적인 부작용 위험을 인간복제로 태어난 복제인간에게 부담시킬 수는 없다. 따라서 원칙적으로는 복제될 인간이 자신이 복제될 것인지에 관한 논의의 주체로 참여할 수 있어야 한다. 하지만 이는 현실적으로 불가능하다. 물론 이 경우 복제되어 태어날 인간의 부모가 될 사람이 일종의 법정대리인으로서 복제에 관한 논의에 참여할 수도 있다.

그러나 인간복제의 경우에는 부모의 이익과 배아의 이익이 상충할 수 있다. 복제될 인간 자신이 원하지 않는 출생을 할 수 있는 것이다. 만약 이 출산이 자연적이라면 태어나는 아이도 자신의 출생을 받아들여야 하겠지만, 인위적이라면 부작용이 있을지도 모를 출생은 막아야 한다. 물론 자연적인 출생에서도 확률적으로 여러 위험 요소가 존재한다. 그렇지만 이는 태어나는 인간이 숙명적으로 감수해야 할 위험이라고 생각한다.

12 | 생명윤리의 법정책과 인권

I. 서론

1. 생명과 생명윤리

생명은 아주 소중한 가치이자 이익이다. 따라서 생명을 대상으로 하는 생명권은 인권 중에서도 매우 중요한 지위를 차지한다. 예를 들어 자연권과 사회계약에 관해 중요한 이론적 기여를 한 로크는 자유 및 재산과 더불어 생명을 자연권의 대상으로 보았다.[1]

이처럼 생명은 인간에게 매우 중요한 규범적 가치이기에 윤리에서도 이는 중요하게 취급되었다. 무엇보다도 현대 과학기술의 비약적인 발전으로 생명에 대한 인간의 관여가 늘어나면서 생명을 다루는 윤리, 즉 생명윤리가 윤리학과 규범학의 독자적인 영역으로 분리 및 발전한다. 그뿐만 아니라 이를 정면에서 규율하는 법인 「생명윤리 및 안전에 관한 법률」(이하 '생명윤리법'으로 약칭한다)이 제정 및 시행된다. 생명윤리법은 "인간과 인체유래물 등을 연구하거나, 배아나 유전자 등을 취급할 때 인간의 존엄과 가치를 침해하거나 인체에 위해(危害)를 끼치는 것을 방지함으로써 생명윤리 및 안전을 확보하고 국민의 건강과 삶의 질 향상에 이바지함을 목적"으로 한다(제1조). 여기서 알 수 있듯이 생명윤리법은 생명윤리 및 안전을 확보하는 데 중요한 기여를 한다. 따라서 생명윤리에

---

1 로크의 자연권이론에 관해서는 양천수, "민법과 인권의 내적 연관성: 법철학의 관점에서", 『인권이론과 실천』 제9호(2011), 109-124쪽 참고.

대한 법정책에서 핵심적인 역할을 하는 것은 생명윤리법이라 말할 수 있다. 이러한 맥락에서 생명윤리에 관해 어떤 법정책을 펼친 것인가의 문제는 생명윤리법을 어떻게 개정하고 시행할 것인가의 문제와 연결된다.

2. 생명윤리의 사이버네틱스

이처럼 생명윤리법을 어떻게 개정할 것인가의 문제는 생명윤리에 관한 법정책의 발전 방향을 어떻게 설정할 것인지와 관련을 맺는다. 더 나아가 이는 생명윤리의 규제 방향을 어떻게 정립할 것인지의 문제, 달리 말해 생명윤리의 사이버네틱스(cybernetics)와 관련을 맺는다.[2] 따라서 생명윤리법의 발전 방향에 관해서는, 사이버네틱스의 문제 영역에 따라, 다음 문제를 검토할 필요가 있다. 먼저 규율 대상이 되는 생명윤리란 무엇인지, 어떤 특성을 가지는지 살펴보아야 한다. 다음으로 생명윤리에 대한 규율 목적을 어떻게 설정해야 하는지를 검토해야 한다. 이는 생명윤리에 대한 규율 수단이 되는 생명윤리법의 규범적 위상을 어떻게 자리매김해야 하는지와 연결된다. 나아가 규율 주체가 되는 조직, 특히 국가생명윤리위원회의 위상과 기능을 어떻게 정립해야 하는지의 문제를 논의해야 한다.

Ⅱ. 생명윤리의 의의

1. 윤리인가 도덕인가?

윤리이론에서 논의되는 '도덕/윤리' 구별을 활용해 생명윤리가 도덕인지 아니면 윤리인지 검토한다. 결론부터 말하면 생명윤리는 두 가지 성격을 모두 가진다고 말할 수 있다.

(1) 하버마스의 도덕/윤리 구별론

도덕과 윤리를 명확하게 구별하는 경우로는 독일의 사회철학자 하버마스

---

2 사이버네틱스에 관해서는 문장수, "사이버네틱스의 인식론과 메타－과학적 지위", 『철학논총』 제94권 제4호(2018), 217－243쪽 참고.

의 시도를 언급할 수 있다. 하버마스는 1991년에 출간한 연구 저서 『대화윤리의 해명』에 수록된 논문 "실천이성의 실용적, 윤리적 그리고 도덕적 사용에 관해"에서 본격적으로 이 문제를 다룬다.3 여기서 하버마스는 실천이성에 관한 세 가지 전통, 즉 아리스토텔레스의 윤리학과 칸트의 도덕이론 그리고 공리주의의 전통을 언급하면서, 이 세 가지 전통에서 각각 실천이성의 윤리적 사용, 도덕적 사용, 실용적 사용을 이끌어낸다. 이때 하버마스는 어떻게 윤리와 도덕을 구별하는가? 하버마스에 따르면 윤리는 '선'(Gut)에 관한 문제, 다시 말해 '좋은 삶이란 무엇인가?', '나는 어떤 인격체가 되어야 하는가?', '나는 어떤 사람이 되고 싶어야 하는가?', '우리 공동체에 좋은 가치란 무엇인가?'라는 물음에 관한 문제인데 반해, 도덕은 '올바름'(Richtigkeit)에 관한 문제, 다시 말해 '나는 다른 사람에 대한 관계에서 무엇을 해야 하는가?'라는 물음에 관한 문제이다. 이때 양자 사이에서 보이는 가장 특징적인 차이점을 꼽으라면 두 가지를 꼽을 수 있다. 첫째, 윤리는 한 개인이나 공동체를 전제로 한 것인 데 반해, 도덕은 개인과 개인의 '관계', 즉 '상호주관적인 관계'를 전제로 한다는 점이다. 둘째, 윤리는 '상대적'인 것인 데 반해, 도덕은 '보편적'인 것을 추구한다는 점이다. 이러한 지적은 칸트의 도덕철학에서 핵심을 이루는 정언명령 그리고 이러한 칸트의 도덕이론을 이어받은 롤즈(John Rawls)의 정의이론과 이에 대비되는 공동체주의적 정의이론을 통해 어느 정도 증명할 수 있다.4

(2) 도덕과 윤리의 구별 가능성

하버마스가 수행한 것처럼 과연 도덕과 윤리를 내용적으로 구별할 수 있을까? 자유주의와 공동체주의 논쟁이 보여주는 것처럼 이 문제를 판단하는 것은 쉽지 않다. 왜냐하면 '좋음'(the good)에 '옳음'(the right)의 우선성을 강조하는 자유주의는 도덕과 윤리를 개념적·내용적으로 구별하지만, 옳음에 대한 좋음의 우선성을 강조하는 공동체주의는 도덕과 윤리를 개념적·내용적으로 구별하지

---

3 J. Habermas, "Vom pragmatischen, ethischen und moralischen Gebrauch der praktischen Vernunft", in: ders., *Erläuterungen zur Diskursethik* (Frankfurt/M., 1991), 100쪽 아래.

4 하버마스의 보편화원칙 또는 보편화가능성 원칙은 칸트의 정언명령을 대화이론의 관점에서 재구성한 것이다.

않기 때문이다.[5] 그러므로 자유주의와 공동체주의 가운데 어느 쪽을 선택하는 가에 따라 도덕과 윤리가 구별될 수도 있고 그렇지 않을 수도 있다. 특히 우리 나라처럼 여전히 공동체주의적 경향이 강한 나라에서는 현실적으로 도덕과 윤 리를 구별하는 것은 더욱 어렵다. 예를 들어 우리나라에서는 여전히 각자가 추 구하는 삶의 방식이 다르다는 이유만으로 비난을 받는 경우를 볼 수 있기 때문 이다. 서로 다르다는 것이 바로 윤리적으로 나쁘다는 판단으로 이어진다. 다른 한편 도덕과 윤리를 구별할 수 있는가 하는 문제는 '도덕과 윤리가 실제로 구별 되고 있는가'라는 경험적 관점에서 접근할 것인가 아니면 '도덕과 윤리를 구별 해야 하는가'라는 당위적 관점에서 접근할 것인가에 따라 그 결론이 달라질 수 있다. 이를테면 만약 우리가 서구사회처럼 개인적·자유주의적 사회를 지향한다 면 당위적인 측면에서 도덕과 윤리를 구별해야 한다. 하지만 만약 우리가 우리 사회의 현재 상황에 만족한다면 경험적인 측면에서 양자를 굳이 구별해야 할 필요가 없을지도 모른다.

이 문제는 더욱 본격적인 논의를 필요로 하지만 이 자리에서 필자의 생각 만을 간략하게 제시하면, 필자는 도덕과 윤리를 개념적·내용적으로 구별하는 것이 타당하다고 생각한다.[6] 다른 사람의 이익이나 권리를 해치지 않는 한 각자 는 개성적으로 자신의 가치관을 추구할 자유가 도덕적·윤리적으로 존재한다고 말할 수 있다. 이렇게 하는 것이 전체 사회가 점점 더 전문화·세분화되는 오늘 날의 상황에 더욱 적합하다. 다만 한계영역에 들어가면 도덕과 윤리를 분명하 게 구별하기 어려운 영역 역시 존재한다. 가령 부부관계처럼 서로 다른 가치관 이나 개성을 지닌 주체들이 함께 공동생활을 영위하는 경우에는 그 밀접한 생 활 관계로 인해 서로 간에 발생하는 가치관의 차이 자체가 곧바로 상대방의 이 익과 관련된 문제가 될 수 있다. 이러한 상황에서는 도덕과 윤리가 내용적으로 혼용된다.

---

5 이에 관한 상세한 분석은 양천수, "자유주의적 공동체주의의 가능성: 마이클 샌델의 정치철학을 중심으로 하여", 『법철학연구』 제17권 제2호(2014), 205-242쪽 참고.

6 이에 관한 분석으로는 양천수, "윤리적 문제에 대한 법적 규제의 한계: 자기결정권과 사회적 윤리의 긴장관계", 『인권이론과 실천』 제14호(2013), 119-130쪽 참고.

(3) 생명윤리의 도덕적·윤리적 성격

도덕/윤리 구별이론에 따르면 생명윤리는 어떤 성격을 가질까? 우선 생명윤리는 인간의 권리 가운데 가장 중요한 권리의 하나인 생명권과 관련을 맺는다는 점에서 도덕이라는 성격을 지닌다. 생명윤리는 인간과 인간 사이에서 발생하는 생명에 관한 이슈와 관련을 맺기 때문이다. 생명 또는 생명권에 관한 분쟁이 발생하였을 때 생명윤리는 이를 해결하는 데 필요한 규범적 척도가 된다.

나아가 생명윤리는 윤리의 성격도 지닌다. 오래전부터 생명은 공동체의 문화적 특성을 반영하는 가치이자 미덕이었기 때문이다. 예를 들어 기독교나 유대교 전통에서는 생명을 생명 주체가 소유할 수 있는 게 아니라 잠시 위탁된 것이라는 사고방식을 보여준다. 생명에 대한 처분권한은 절대자인 신만이 보유할 수 있다는 것이다.[7] 이러한 사고방식은 세속화가 진행된 오늘날에도 종교인들에게 상당 부분 남아 있다. 이뿐만 아니라 여전히 종교에 많은 영향을 받는 공동체에서도 종교적 명령에 의존하여 생명에 대한 가치를 판단한다.

이렇게 볼 때 생명윤리는 도덕과 윤리라는 성격, 즉 옳음(the right)과 좋음(the good)이라는 두 성격을 모두 보유한다. 그 때문에 생명윤리에 관한 문제를 해결하는 것, 더 나아가 구체적인 상황에서 생명윤리 자체가 무엇인지를 밝히는 것은 어려울 수밖에 없다. 생명윤리의 윤리적 성격으로 인해 종종 세계관의 투쟁이 생명윤리에 관한 문제에서 발생하기 때문이다.

2. 생명윤리의 복잡성

생명윤리는 복잡하다. 이때 복잡하다는 것은 생명윤리가 다양한 맥락과 관련을 맺는다는 것을 뜻한다. 생명윤리는 생활세계, 의료, 과학기술, 법, 경제, 정치와 관련을 맺는다. 우선 생명윤리는 생명을 다루기에 생활세계에서 역사적으로 전승된 도덕이나 윤리와 관련을 맺는다. 생활세계를 살아가는 사람들이 생명에 관해 어떤 언어와 문화를 가지고 어떤 방식의 소통을 하는가에 따라 생명윤리의 규범적 내용이 달라진다.

---

7 이를 보여주는 예로는 마이클 샌델, 강명신 (옮김), 『생명의 윤리를 말하다』(동녘, 2010) 참고.

그러나 전통적인 윤리나 도덕과는 달리 생명윤리는 생활세계적 맥락을 넘어선다. 생명윤리는 의료, 과학기술의 발전과도 긴밀하게 관련되기 때문이다.[8] 의료기술 및 생명과학이 발전하면서 새로운 생명 문제가 출현한다. 뇌사, 연명치료 중단, 장기이식, 유전자 치료, 재생의료 등의 문제를 언급할 수 있다.[9] 이는 이전부터 존재했던 문제라기보다는 의료 및 과학기술에 의해 새롭게 구성된 문제라 할 수 있다. 따라서 생명윤리는 이들 영역 또는 이들 영역에 종사하는 전문가의 관점에서 자유로울 수 없다. 가령 해당 문제를 의사가 어떻게 이해하는지, 생명과학자가 어떤 가치판단을 하는지에 영향을 받게 된다.

경제와 정치의 맥락도 무시할 수 없다. 생명윤리와 관련된 연구는 새로운 경제적 성장동력으로 취급되는 경우가 많기 때문이다. 배아복제 연구나 유전자 치료, 첨단재생의료에 대한 시장의 관심을 예로 들 수 있다. 이로 인해 경제 논리가 생명윤리 문제를 압도하는 문제가 발생할 수 있다. 생명윤리는 생명 문제를 다루기에 정치적 논란 대상이 될 우려도 있다. 낙태에 관한 논의가 잘 예증한다. 정치적 논란의 대상이 되는 것은 생명윤리에 대한 대중의 관심을 불러일으키는 데 도움이 되기도 하지만, 생명윤리에 관한 논의를 '적/동지 이분법'이라는 정치 투쟁의 관점에서 다룰 위험도 있다는 점에서 경계할 필요가 있다.[10]

3. 세계화와 지역화의 긴장

오늘날 인권 영역에서 흔히 발견되는 현상이자 생명윤리에 관해서도 관찰되는 현상으로 세계화와 지역화의 긴장을 들 수 있다. 사실 생명윤리는 국제규범이 선도하였다. 서구를 중심으로 하여 형성된 생명윤리 국제규범이 영향을 미쳐 우리나라에서도 생명윤리에 관한 논의가 본격화된 것이다. 세계화가 생명윤리 발전에 기여한 것이다. 그러나 다문화적 인권의 가능성에 관한 논의가 보여주듯이 세

---

8 이 점에서 생명윤리를 과학기술윤리로 파악하는 경우로는 김현철, "우리나라 과학기술윤리법의 현황과 과제", 『4차산업혁명 법과 정책』 제4호(2021), 222쪽 아래 참고.

9 이 가운데 연명치료 중단에 관해서는 양천수, "연명의료중단을 통한 생명의 처분 가능성: 일본의 논의를 예로 하여", 『인권법평론』 제24호(2020), 133−165쪽 참고.

10 적/동지 이분법에 관해서는 칼 슈미트, 김항 (옮김), 『정치신학: 주권론에 관한 네 개의 장』(그린비, 2010) 참고.

계화의 흐름에 따라서만 생명윤리를 형성하고 제도화하는 것은 문제가 없지 않다.[11] 생명윤리는 해당 공동체가 가진 문화적 특성도 반영하기 때문이다. 이 점에서 세계화와 지역화의 긴장과 해소라는 문제가 생명윤리에서도 발견된다.

4. 형성 중인 전문가 윤리

생명윤리는 전문가 윤리의 일종이다. 물론 이미 언급한 것처럼 생명윤리는 생명 문제를 다루기에 일반 시민들이 살아가는 생활세계와도 밀접한 관련을 맺는다. 그렇지만 두 가지 이유에서 생명윤리는 전문가 윤리에 더 가깝다고 말할 수 있다. 첫째, 생명윤리는 의료기술이나 생명과학처럼 전문가 영역과 긴밀하게 연결된다는 점이다. 생명윤리 문제를 정확하게 파악하려면 이와 관련되는 의료기술이나 생명과학에 대한 전문 지식을 갖추어야 한다. 이 점에서 생명윤리를 적절하게 다루기 위해서는 고도의 전문성이 요청된다. 둘째, 생명윤리를 규율하는 생명윤리법이 전문법에 속한다는 점이다.[12] 생명윤리법은 생명윤리를 중심으로 하여 헌법, 민법, 형법 등과 같은 다양한 법영역을 결합한다. 이뿐만 아니라 생명윤리법은 윤리학, 의학, 생명공학 등과 같은 다른 학문 영역도 포섭한다. 이 점에서 생명윤리법은 환경법이나 도산법, 데이터법처럼 전문법으로 자리매김한다. 이러한 전문법인 생명윤리법이 규율하는 윤리가 생명윤리이기에 역사적으로 전승된 일반 시민들의 윤리와는 차별화된다.

생명윤리는 전문가 윤리이기는 하지만 다음과 같은 점에서 법조윤리나 의료윤리와도 구별된다. 법조윤리나 의료윤리가 오랜 역사를 거치면서, 즉 시간성을 경험하면서 그 외연과 내용이 상당히 정형화되었다면 생명윤리는 오늘날 계속해서 생성 중인 윤리라는 점이다.[13] 이로 인해 법조윤리나 의료윤리에서는 윤

---

11 이에 관해서는 양천수, "다문화적 인권의 가능성: 기초법학의 관점에서", 『법과 정책연구』 제11집 제2호(2011), 369-393쪽 참고.

12 전문법에 관해서는 양천수, "私法 영역에서 등장하는 전문법화 경향: 도산법을 예로 본 법사회학적 고찰", 『법과 사회』 제33호(2007), 111-135쪽 참고.

13 법조윤리가 법학전문대학원의 독자적인 실무과목이자 변호사시험에 응시하는 데 필요한 시험과목이라는 점이 이를 보여준다. 이렇게 보면 전문가 윤리는 두 가지 유형으로 구별할 수 있다. 이미 확고한 외연과 내용을 갖춘 전문가 윤리와 계속해서 형성 중인 전문가 윤리가 그것이다.

리의 실질적 내용이 주로 문제가 된다면 생명윤리에서는 윤리를 형성하는 절차가 주로 문제가 된다. '절차를 통한 정당화'(Legitimation durch Verfahren)라는 명제가 적용될 수 있는 영역이 바로 생명윤리인 것이다.[14] 그 점에서 생명윤리에서는 '절차를 통한 생명윤리적 정당화'가 중요하고 이러한 맥락에서 생명윤리에 관한 절차를 어떻게 만들고 실행할 것인지가 중요한 과제가 된다.

5. 생명윤리와 법의 관계

생명윤리에 관해 마지막으로 생명윤리와 법의 관계를 살펴본다. 생명윤리법은 생명윤리를 규율하는 법이다. 흥미로운 점은 국가가 제정한 실정법인 생명윤리법이 윤리를 규율 대상으로 삼는다는 것이다. 이는 과연 법이 윤리나 도덕을 통제할 수 있는지의 문제와 연결된다. 전통적으로 도덕/윤리와 법의 관계에 관해서는 법이 개념적으로 도덕이나 윤리의 내용을 포함해야 하는지가 문제되었다. 달리 말해 역사적으로 이미 확립된 도덕이나 윤리의 내용을 실정법이 포함하는지 또는 포함해야 하는지가 논의되었다.[15] 반면 생명윤리와 법의 관계에서는 실정법이 생명윤리를 형성하는 데 기여할 수 있는지, 달리 말해 실정법이 생명윤리 '형성을 조종'할 수 있는지가 문제된다.

그러나 이러한 문제가 새로운 것은 아니다. 이미 형법학에서는 적극적 일반예방이론이라는 이름 아래 형벌로 형벌 준수에 대한 도덕을 형성할 수 있는지가 논의되기 때문이다. 이는 헤겔의 형벌이론에서도 찾아볼 수 있다.[16]

한편 생명윤리법이 생명윤리가 형성되는 데 이바지할 수 있는가의 문제는 다음과 같은 점에서도 흥미롭다. 한때 연명의료 중단이나 안락사 문제는 법으로 판단하기 어렵다는 이유에서 '법으로부터 자유로운 영역'이라는 주장이 제시되기도 하였기 때문이다.[17] 독일의 법철학자 카우프만이 대표적으로 이 같은 논

---

14 '절차를 통한 정당화'에 관해서는 니클라스 루만, 윤재왕 (옮김), 『절차를 통한 정당화』(새물결, 2022) 참고.
15 이 문제에 관해서는 Robert Alexy, 이준일 (옮김), 『법의 개념과 효력』(고려대학교출판부, 2007) 참고.
16 양천수, "헤겔 법철학과 형법학: 형벌이론을 예로 하여", 『법철학연구』 제24권 제1호(2021), 117-148쪽 참고.
17 '법으로부터 자유로운 영역'에 관해서는 K. Engisch, "Der rechtsfreie Raum", in: *ZStaaW* 108

증을 전개하였다. 이에 따르면 생명윤리가 논란이 되는 영역처럼 판단하기 쉽
지 않고 많은 경우 한계상황과 관련을 맺는 영역에는 법이 개입해서는 안 된다.
이와 달리 생명윤리법은 법이 생명윤리 형성에 개입할 수 있다고 본다. 이러한
태도는 다음과 같은 점에서 설득력이 있다.

첫째, 도로교통이 잘 예증하듯이, 일종의 행정형법으로 도입된 도로교통법
은 도로교통을 규제하게 되면서 도로교통에 관한 도덕을 형성하는 데 일정 부
분 이바지한다. 이를테면 우측통행 규칙이나 신호준수 규칙 등은 도로교통법이
라는 실정법상 의무이지만 상당수의 운전자에게는 내면화된 도덕으로 작동하기
도 한다. 가령 운전자들은 법적 통제 때문에 횡단보도 신호를 준수하기보다는
도덕적 의무로 이를 준수하기도 한다.

둘째, 생명윤리법은 절차주의 혹은 대화윤리의 측면에서 생명윤리에 접근
한다.[18] 법이 직접 생명윤리의 실질적 내용을 결정하기보다는 생명윤리의 관련
자들이 합리적 대화와 토론으로 생명윤리의 구체적인 내용을 스스로 결정하도
록 도와줄 뿐이다. 예를 들어 생명윤리법은 생명윤리를 판단하는 데 필요한 절
차를 법으로 제도화하는 데 관여한다. 독일의 법사회학자 토이브너가 강조한
'간접적 조종'을 생명윤리법이 실행하고 있는 것이다.[19]

Ⅲ. 생명윤리에 대한 생명윤리법의 관여 방향

1. 생명윤리법과 문화

현행 생명윤리법은 절차주의적 규제라는 패러다임을 기본 바탕으로 하
여 생명윤리에 관한 이슈를 규율한다. 이를 잘 보여주는 예로 IRB(Institutional
Review Board) 제도를 들 수 있다. 생명윤리법은 특정한 요건을 충족하는 기관
이 IRB를 설치할 것을 법으로 규율하지만, 구체적으로 이를 어떻게 제도화하고
실행할 것인지는 각 기관에 맡긴다. 그러나 IRB 심사를 받아야 하는 연구자의

(1952), 385쪽 아래; Arth. Kaufmann, "Rechtsfreier Raum und eigenverantwortliche Entscheidung",
   in: *Festschrift für Maurach* (1972), 327쪽 아래 참고.
18 대화윤리에 관해서는 J. Habermas, *Erläuterungen zur Diskursethik* (Frankfurt/M., 1991) 참고.
19 '간접적 조종'에 관해서는 G. Teubner, *Recht als autopoietisches System* (Frankfurt/M., 1989) 참고.

관점에서는 이러한 규제 역시 지나친 간섭으로 보일 수 있다. 이러한 이유에서 생명윤리와 관련된 연구를 수행하는 연구자 진영에서는 완전한 자율규제를 요청하는 경우가 다수 보인다. 이러한 맥락에서 현행 IRB 규제를 효율적으로 더욱 간소화해야 한다고 요구하기도 한다.

이 문제는 법과 문화의 관계로 거슬러 올라간다.[20] 법이 사회의 문화에 어떤 태도를 유지해야 하는가의 문제이다. 이는 법이 윤리에 어떤 관계를 맺어야 하는지의 문제와 유사하다. 사실 문화 개념이 가진 포괄성을 고려하면 법과 윤리의 관계 문제는 법과 문화의 관계 문제 가운데 일부로 볼 수 있다. 청탁금지법 제정 과정에서 불거진 것처럼 국가가 제정한 실정법이 문화에 개입하는 게 바람직한지, 문화는 법이 개입하기보다는 자율적으로 (올바른 방향으로) 형성되도록 하는 게 더 나은지 논란이 된다. 법에 의한 생활세계의 식민지화를 우려하는 시각에서는 법이 문화에 개입하는 것보다 문화가 사회 구성원들에 의해 자율적으로 형성되거나 개선되도록 하는 방향이 더 바람직할 것이다. 19세기 독일 민법전 제정 과정을 둘러싸고 티보와 논쟁을 폈던 사비니의 태도가 이를 잘 보여준다.[21]

그러나 '시장의 실패'라는 주장은 문화에도 적용할 수 있을 것이다. 시장의 실패처럼 우리는 '문화의 실패'도 언급할 수 있다. 청탁금지법 제정이 상징적으로 보여주듯이 사회의 문화를 자율적으로 개선하는 것은 생각보다 어렵다. 의도하지 않은 다수의 힘으로 문화는 바람직하지 않은 방향으로 개악되는 경우가 더 많다. 그로 인해 때로는 국가가 제정한 실정법이 개입하거나 국가적 관여가 투입되어 더 바람직한 문화를 만들어내기도 한다. 학술지 평가나 발간과 관련된 문화 혹은 연구수행 관련 문화 등을 예로 들 수 있다. 대학이 강제하는 평가 체계로 인해 교수들의 교수 활동이 개선되는 사례도 언급할 수 있다.

2. 창발적 위험과 가외성의 측면에서 본 생명윤리법의 규제

이렇게 보면 생명윤리를 형성하는 과정이나 생명윤리 연구에 관한 문화를

---

[20] 이에 관해서는 양천수, "법과 문화: 유기천 교수의 형법철학을 예로 하여", 『법과 사회』 제60호 (2019), 231－269쪽 참고.

[21] 이를 분석하는 양천수, 『삼단논법과 법학방법』(박영사, 2021), 제3장 참고.

개선하는 과정에 생명윤리법이 개입할 필요가 있다. 이는 다음과 같은 근거에서도 필요하다. 창발적 위험과 가외성이 그것이다.

생명윤리가 가진 복잡성으로 인해 생명윤리가 문제되는 영역은 예기치 못한 위험, 즉 창발적 위험을 산출할 수 있다.[22] 창발적 위험은 자율규제로 대응하기 어렵다. 더불어 때로는 번잡해 보이는 규제가 가진 가외성이 수행하는 기능도 감안할 필요가 있다. 규제는 비효율적이고 낭비로 보일 수도 있지만 실현될지 모르는 위험을 예방하는 데 필요하다. 이렇게 보면 자율성과 효율성의 측면에서만 생명윤리 및 연구에 대응하는 것은 한계가 있다.

3. IRB의 개선 방향

물론 그렇다고 해서 현행 IRB에 문제가 없는 것은 아니다. IRB가 기계적·형식적으로 진행되는 면도 없지 않다. 따라서 생명윤리법의 본래 취지, 즉 절차주의적 규제라는 취지를 살리면서도 IRB를 실제 연구 현실에 맞게 개선할 필요가 있다. 이러한 방안으로 상세한 IRB 자기점검표를 만들어 운용하는 방안을 생각할 수 있다. 현재 논의되는 인공지능 윤리 자기점검표처럼 IRB에 관해서도 연구자가 손쉽게 활용할 수 있는 자기점검표를 만드는 것이다. 다만 모든 영역을 자기점검으로 대체하면 이는 자율규제와 다를 바 없을 것이다. 따라서 기술적·형식적 부분은 자기점검표로 대체하는 대신 논란이 될 만한 실질적 부분은 IRB에서 직접 심의하는 절충적 방안도 고려할 수 있을 것이다.

Ⅳ. 생명윤리법의 발전 방향

1. 생명윤리법의 패러다임 변화

생명윤리법이 앞으로 어떤 방향으로 발전해야 하는지를 살펴보려면 지금까지 생명윤리법이 어떻게 변화해 왔는지 검토해야 한다. 거칠게 요약해서 말하면 생명윤리법은 다음과 같은 변화 과정을 거쳐 발전해 왔다. '허가법에서 안

---

22 창발적 위험에 관해서는 박도현, 『인공지능과 해악: 창발적 해악론을 중심으로』(서울대 법학박사 학위논문, 2021) 참고.

전법으로 변화'가 그것이다.

생명윤리법은 처음에는 '기본법'이라는 법명을 가지고 있었지만 기본법의 기능을 수행했다고 말하기는 어렵다. 오히려 민감한 생명윤리 연구에 대한 허가를 담당하는 허가법으로 기능을 수행했다고 평가할 수 있다. 달리 말하면 생명윤리 연구를 수행하는 학문체계에 대한 통제법으로 자리매김하였다.

이후 생명윤리법은 전면개정을 거치면서 패러다임 변화를 맞는다. 생명윤리법에 안전이라는 규범적 목표가 추가되었다.[23] 이를 통해 생명윤리법은 생명윤리안전법으로 재정립되었다. 생명윤리 연구와 관련을 맺는 당사자의 권리를 보호하고 안전을 보장하는 것이 생명윤리법의 규율 대상에 포섭된 것이다. 이를 통해 생명윤리법의 관할 영역이 확장되었다.

그러나 생명윤리안전법이라는 법명이 시사하듯이 생명윤리법은 생명윤리에 관한 정책을 적극적으로 형성하는 생명윤리정책법으로 나아가지는 않았다. 권리 보호나 안전보장을 위해 필요한 범위에서 생명윤리 영역에 개입하는 소극적 성격이 강하였다.

2. 발전 방향

이제 생명윤리법은 새로운 변화 계기를 맞는다. 생명윤리와 생명윤리 정책을 절차적으로 형성하는 과정에 적극 관여하는 법으로 생명윤리법이 자리매김할 계기에 놓여 있다. 이를 위해 생명윤리법에서 '참여'라는 관점이 강조된다. 이는 자율규제나 사회국가적 타율규제와 구별되는 절차주의적 규제 이념을 생명윤리법이 정면에서 수용한다는 점을 뜻한다.[24] 생명윤리법이 규율 대상이 되는 수범자와 분리되지 않고, 오히려 양자 사이의 반성적 소통을 통해 생명윤리법이 구체화된다는 것을 뜻한다.

---

23 현행 생명윤리법 제1조에 따르면 생명윤리법은 "인간과 인체유래물 등을 연구하거나, 배아나 유전자 등을 취급할 때 인간의 존엄과 가치를 침해하거나 인체에 위해(危害)를 끼치는 것을 방지함으로써 생명윤리 및 안전을 확보하고 국민의 건강과 삶의 질 향상에 이바지함을 목적"으로 한다.

24 절차주의적 규제 이념에 관해서는 양천수, "제4차 산업혁명과 규제형식의 진화", 『경제규제와 법』 제12권 제2호(2019), 154-172쪽 참고.

생명윤리법에 대한 참여는 두 가지 측면에서 이루어질 수 있다. 첫째는 생명윤리법의 규율 대상인 생명윤리 자체를 절차적으로 형성하는 과정에 참여하는 것이다. 이때는 특히 생활세계를 살아가는 시민의 참여가 중요하다. 둘째는 생명윤리 정책을 절차적으로 형성하는 과정에 참여하는 것이다. 이 과정에서는 생명윤리 관련 전문가들의 참여가 중요하다. 이를 통해 생명윤리법은 본격적 의미의 생명윤리정책법으로 자리매김할 수 있을 것이다.

V. 국가생명윤리심의위원회의 발전 방향

1. 생명윤리정책 기능 확장

생명윤리법을 생명윤리정책법으로 자리매김하고자 한다면 생명윤리법 제7조에 따라 설치 및 운용되는 국가생명윤리심의위원회(이하 '국가생명윤리위원회')의 기능도 바꿀 필요가 있다. 요컨대 생명윤리정책에 관한 기능을 강화해야 할 필요가 있다. 현행 생명윤리법 제7조 제1항은 국가생명윤리위원회의 기능을 다음과 같이 규정한다.

1. 국가의 생명윤리 및 안전에 관한 기본 정책의 수립에 관한 사항
2. 제12조 제1항 제3호에 따른 공용기관생명윤리위원회의 업무에 관한 사항
3. 제15조 제2항에 따른 인간대상연구의 심의 면제에 관한 사항
4. 제19조 제3항에 따른 기록·보관 및 정보 공개에 관한 사항
5. 제29조 제1항 제3호에 따른 잔여배아를 이용할 수 있는 연구에 관한 사항
6. 제31조 제2항에 따른 연구의 종류·대상 및 범위에 관한 사항
7. 제35조 제1항 제3호에 따른 배아줄기세포주를 이용할 수 있는 연구에 관한 사항
8. 제36조 제2항에 따른 인체유래물연구의 심의 면제에 관한 사항
9. 제50조 제1항에 따른 유전자검사의 제한에 관한 사항
10. 그 밖에 생명윤리 및 안전에 관하여 사회적으로 심각한 영향을 미칠 수 있다고 판단하여 국가위원회의 위원장이 회의에 부치는 사항

이 가운데 제10호가 규정하는 사항에 관한 기능을 강화할 필요가 있다. 국가 차원에서 논란이 되는 생명윤리에 관한 문제를 절차적으로 해결하는 기능을 국가생명윤리위원회에 부여하는 것이다. 다만 이때 국가생명윤리위원회가 해당 문제에 내리는 결정에는 권고적 효력을 인정하는 게 적절하다.

2. 국가생명윤리위원회의 위상

현재 국가생명윤리위원회는 대통령 소속의 심의기관으로 되어 있다(제7조 제1항). 이에 관해 앞으로 국가생명윤리위원회의 위상을 어떻게 자리매김하는 게 바람직할지 문제가 될 수 있다. 일단 두 가지 선택지를 생각할 수 있다. 첫째는 현재처럼 정부내 기구로 유지하는 것이다. 둘째는 국가인권위원회처럼 정부에서 독립된 기구로 설정하는 것이다. 규범적 선명성이 강한 인권과는 달리 생명윤리는 도덕과 윤리, 의료 및 과학기술, 법 및 정치, 경제와 같은 복잡한 맥락을 고려해야 한다. 따라서 국가생명윤리위원회는 현재처럼 정부내 기구로 설치 및 운용하는 게 바람직하다. 그렇게 하는 것이 생명윤리법을 생명윤리정책법으로 정립하고자 하는 취지와도 합치한다.

정부내 기구로 유지할 때도 다시 두 가지 선택지를 생각할 수 있다. 첫째는 현재처럼 대통령 소속의 심의기관으로 유지하는 것이다. 둘째는 개인정보보호위원회처럼 중앙행정기관으로 재편하는 것이다. 국가생명윤리위원회의 권한 및 기능을 강화하기 위해서는 개인정보보호위원회처럼 중앙행정기관으로 재편하는 방안도 좋을 것이다. 다만 현재로서는 여러 여건을 고려할 때 현 상태를 유지하는 것도 나쁘지 않다고 판단된다.

13 청소년 인권정책의 방향

I. 서론

"청소년은 나라의 기둥이요 미래의 초석"이라는 말이 있듯이 청소년은 한 국가의 미래를 지탱하는 중요한 기틀이다. 그래서 성인들로 구성된 기성세대는 장차 자신들의 세대로 편입할 청소년들이 기성세대가 규정한 각종 일탈행위나 유해환경에 휩쓸리지 않으면서 기성세대가 설정한 질서에 잘 편입하기를 바란 다. 기성세대는 청소년들이 기성세대가 만든 질서 편입 과정에 잘 순응하고 적 응할 때는 '우등생', '모범생'이라는 이름으로 포상을 하고, 반면 일탈행위나 유 행환경에 빠져 '비행청소년'이 되었을 때는 이들 청소년을 '재사회화'한다는 명 목으로 사회적·법적 제재를 부과한다. 그러면서 기성세대, 달리 말해 어른들의 세대에 편입하지 못하는 비행청소년을 교화하기 위한 방안으로 규제와 더불어 보호·육성이라는 정책을 모색한다.[1] 그러나 비행청소년을 규제하고 보호하기 위한 각종 방안들은 경험적으로 그리 큰 성공을 거두는 것처럼 보이지는 않는 다. 그 때문에 "청소년의 미래가 걱정된다."는 식의 우려 섞인 목소리는 점점 커져만 가고, 어떻게 하면 청소년들을 유해환경과 일탈행위로부터 보호할 수 있을지의 문제제기와 이에 관한 논의는 시간이 갈수록 쌓여만 간다.

그러나 제13장은 규제 일변도 또는 보호 및 육성 중심의 청소년 인권정책

---

[1] 이에 관해서는 방은령, "청소년보호와 육성에 관한 제도개선안", 『청소년복지연구』 제3권 제1호 (2001) 참고.

이 자칫 청소년을 대상화하여 오히려 청소년의 인권을 침해할 수도 있다는 시각에서 이 문제에 접근한다. 이러한 맥락에서 제13장은 기존의 청소년 인권 관련 정책에 어떤 (이념적) 문제점이 내포하는지 지적하면서 청소년 인권 관련 정책을 입안하고 추진할 때 바탕이 되는 이념적 기초를 새롭게 제시하고자 한다.[2] 같은 맥락에서 제13장은 각종 일탈행위나 유해환경 등과 같은 개념은 청소년과는 대별되는 기성세대가 만들어낸 '규제개념'이며 따라서 구체적인 일탈행위나 유해환경 가운데 어떤 부분은 청소년들에게 수용되지 않을 수도 있다는 점을 지적하고자 한다. 이러한 이유에서 청소년의 시각을 도외시하고 진행되는 청소년 규제와 보호는 청소년을 유해환경이나 일탈행위로부터 차단하는 데 그리 큰 성과를 거둘 수 없다고 주장한다. 다른 한편 청소년에 관한 문제를 모두 청소년에게 자율적으로 일임하는 자유방임주의 또는 비간섭주의 역시 청소년 문제를 해결하는 데 적절한 해결책이 될 수 없다고 주장한다. 대신 제13장은 전통적인 규제·보호주의와 자유방임주의를 변증적으로 조화시킨 제3의 방안을 통해 청소년 인권보장 문제를 더욱 적절하게 해결할 수 있음을 논증하고자 한다. 이를 위해 제13장은 먼저 규제·보호 중심의 청소년 인권 정책의 의미와 문제점을 살펴본 후(Ⅱ), 이 정책과 대비되는 자유방임주의 청소년 인권정책의 의미와 문제점 역시 검토한다(Ⅲ). 그리고 나선 이 두 정책의 대안으로 토론과 참여 중심의 청소년 인권정책을 제안한다(Ⅳ).

Ⅱ. 규제·보호 중심의 청소년 인권정책

각종 유해환경과 일탈행위로부터 청소년 인권을 보호하기 위한 전통적인 방안으로 규제·보호주의를 거론할 수 있을 것이다. 규제·보호주의에 따르면 청소년은 성인과 구별되는 '미숙한 존재'로 성인들이 보호하고 규제해야 할 대상이다. 현재 우리나라에서 이루어지는 다수의 청소년 관련 법규나 정책은 바로 이러한 규제·보호주의에 바탕을 둔다.

---

2 이와 비슷한 시각에서 청소년 문제를 접근하는 문헌으로 김도현, "청소년보호법의 이념과 현실: '배제'에서 '대화'로의 패러다임 전환을 위하여", 『민주법학』 제22호(2002), 53-84쪽 참고.

1. 이념적 기초로서 청소년과 성인의 이분법

규제·보호주의에서 가장 특징적으로 눈에 띄는 것을 고르라면 청소년과 성인을 이분법적으로 구별한다는 점을 들 수 있다. 말하자면 청소년은 완전한 판단능력을 갖추지 못한 미성숙하고 계몽되어야 할 존재로, 아직은 성인의 관심이라는 울타리 안에서 보호를 받아야 한다는 것이다. 우리는 이러한 청소년/성인 이분법을 여러 청소년 관련 법률에서 확인할 수 있다. 사법의 근간이 되는 민법 역시 '행위능력'이라는 개념을 원용하여 완전한 행위능력을 갖춘 성인과 아직 그렇지 못해 법정대리인이 필요한 '미성년자'를 구별한다.

청소년/성인 이분법은 근대 계몽주의가 낳은 역사적 산물이다. 근대 계몽주의, 특히 로크와 루소의 교육론이 등장하기 이전에는 아동은 성인과 분리되지 않는 존재로 '축소판 성인'으로 파악되었다.[3] 그러나 계몽주의에 바탕을 둔 로크와 루소의 '교육론'이 등장하면서 아동을 포함하는 청소년은 성인과 구별되는 독자적 존재라는 지위를 누리게 되었다. 다만 이때 말하는 '독자적 존재'란 성인처럼 독자적인 판단능력과 자유를 누리면서 성인과 구별되는 별개의 존재를 지칭하는 것이 아니라 아직은 독자적인 판단능력, 즉 '실천이성'을 사용할 능력을 갖추지 않은 '미성숙한 존재'를 뜻하는 것이었다. 이렇게 미성숙한 존재로서 의미를 가지는 아동 및 청소년 개념은 특히 근대 계몽주의를 철학적으로 정립한 칸트에 의해 이론적으로 뒷받침된다. 칸트는 '계몽'을 "실천이성을 사용할 수 있는 용기를 가지는 것"이라고 이해하면서 이러한 용기나 능력을 갖추지 못한 존재를 '미성숙한 존재'로 파악하였다. 칸트는 이러한 '미성숙한 존재'를 다른 성숙한 존재나 국가에 의해 계몽되어야 할 존재로 이해한다. 이때 가장 대표적인 계몽수단은 '교육'이라 할 수 있다. 칸트에 따르면 "인간은 교육을 받아야만 하는 유일한 피조물"이고 "교육을 통해서만 인간이 될 수 있으며" "교육, 즉 가르침과 훈육을 받을 수 있는 능력이 있고 동시에 받을 필요가 있는" 존재이다.[4] 이러한 칸트의 언명에서 우리는 인간은 계몽된 '성숙한 존재'와 '그렇지 않은 존재', 즉 미성숙한 존재로 구별되며, 미성숙한 존재는 교육을 통해 성숙한, 즉 계

---

3 이에 관해서는 배경내, "근대 자본주의 사회와 아동", 『진보평론』 제17호(2003) 참고.

4 정희철, 『소년형법과 교육사상』(고려대 법학박사 학위논문, 2004), 73쪽에서 다시 인용.

몽된 존재로 나아갈 수 있음을 도출할 수 있다.

2. 규제/보호/육성의 삼분법

그러나 근대 계몽주의에 바탕을 둔 청소년 교육 이론의 관점은 청소년을 직접적으로 보호하기보다는 청소년 스스로가 교육을 매개로 하여 계몽되고 성숙될 있다는 점을 염두에 둔다. 그런 점에서 볼 때 계몽주의적인 청소년 교육 이론은 '자유주의적'이라고 말할 수 있다.[5] 이러한 자유주의적 청소년 교육 이론에 따르면 국가는 청소년이 스스로 계몽될 수 있도록 간접적으로 교육여건을 조성하는 데 힘쓰고, 다만 청소년이 이러한 계몽과정에서 벗어나 일탈행위에 빠지는 경우에는 보충적으로 이를 규제하는 데 주안점을 둔다. 형법 그리고 19세기에 등장한 소년형법은 청소년의 일탈행위를 규율하는 대표적인 규제수단으로 이해할 수 있다.

이러한 자유주의적 관점에서는 아직 '보호'와 '육성'이라는 측면이 등장하지 않고 있다. 이 두 가지 측면은 자유주의적 관점을 넘어 사회주의적 혹은 사회국가적 요청이 청소년 영역에 흘러 들어오면서 나타나기 시작한다. 우선 '청소년 보호'라는 측면이 출현하는 과정에서는 서구에서 등장한 '국친사상'(국가부권주의)과 '아동보호운동'이 큰 몫을 차지하였다. 국친사상이란 부모가 아닌 국가가 부모의 역할을 해야 한다는 것을 내용으로 한다.[6] 국친사상은 아동 및 청소년을 보호해야 하는 친권자, 즉 부모들이 친권을 남용하는 일을 막기 위해 제기된 이념이다. 국친사상이 등장하기 전까지, 즉 계몽주의에 입각한 자유방임주의에서는 국가가 직접 개입하여 청소년을 보호하기보다는 교육을 매개로 하여 청소년 스스로가 미성숙에서 벗어날 것을 강조하였다. 이때 청소년의 친권자인 부모가 중심적인 역할을 수행하였다.[7] 하지만 자유방임주의 그리고 이에 맞물린 자유

---

5 이 점은 칸트에 많은 영감을 주었던 루소의 교육이론에서도 찾아볼 수 있다. 루소는 "어린이를 인도해 나가는 교육", 즉 "소극적 교육"을 강조하였다. 이에 관해서는 루소, 오징자 (역), 『에밀』(상)(박영사, 1980), 49쪽 아래 참고.

6 국친사상에 관해서는 정희철, 앞의 논문, 51쪽 아래 참고.

7 송주미, "아동과 청소년의 권리보호를 위한 국가이념의 방향과 과제", 『청소년학연구』 제10권 제2호(2003), 177쪽.

자본주의가 절정에 달하면서 그 폐해 역시 심각하게 대두한다. 그중 하나가 바로 '아동노동의 착취'였다. 아동 및 청소년을 보호해야 할 친권자 부모들이 탐욕스러운 자본주의적 요구에 부응하여 자기 아이들의 노동력을 자본가에게 헐값에 넘기는 일들이 빈번하게 발생하였다. 이러한 '친권남용'을 막기 위해 국가가 부모 대신 친권자의 역할을 수행해야 한다는 국친사상이 출현한 것이다. 이러한 국친사상을 통해 비로소 성인과 구별되는 청소년을 '직접적 보호' 대상으로 파악해야 한다는 사상이 정립되었다.

그러나 국친사상은 비록 청소년 보호를 강조하고 있기는 하지만 아직은 적극적 보호를 뜻하는 사회국가적 의미의 '육성'까지 이르지는 못하였다. 그런 점에서 국친사상에 바탕을 둔 청소년 보호이념은 자유주의 청소년 인권정책과 사회국가적 청소년 인권정책의 '중간영역'에 속한다고 말할 수 있다. 사회국가적 청소년 육성정책은 제1차 세계대전 이후 '뉴딜정책'이 새로운 경제정책으로 수용되면서 그리고 이와 아울러 청소년의 자발성을 강조하는 '신교육운동'이 전개되면서 비로소 청소년 인권정책 영역에 수용된다.[8] 이를 통해 청소년 규제/보호/육성이라는 삼분법이 청소년 인권정책에 자리 잡는다. 물론 여기서 가장 중심적인 역할을 하는 것은 규제와 보호라고 말할 수 있을 것이다.

3. 청소년 규제/보호/육성의 이념과 방법

이러한 규제/보호/육성이라는 삼분법은 현행 청소년 관련 정책에도 원칙적으로 적용된다. 이를 우리는 각각 「청소년 기본법」, 「청소년 보호법」, 「아동복지법」 그리고 「소년법」에서 확인할 수 있다. 먼저 특별형법에 해당하는 「소년법」은 청소년이 저지른 범죄를 형법적으로 '제재'하고 이들 청소년 범죄자를 '재사회화'하는 데 목표를 둔다.[9] 이에 대해 「청소년 기본법」은 청소년을 '육성'하는 데 주안점을 둔다. 「아동복지법」 역시 「청소년 기본법」이 강조하는 청소년육성과 궤를 같이 한다. 이와 달리 「청소년 보호법」은 청소년을 각종 유해환경에서 '보호'하는 것을 강조한다. 이를 통해 규제/보호/육성이라는 삼분법이 청

---

8 이에 관해서는 송주미, 위의 논문, 181쪽 참고.
9 소년법에 관해서는 기본적으로 김동림, 『소년법』(화성사, 2000) 참고.

소년 관련 법률에서 어떻게 작동하는지 확인할 수 있다.

그런데 각각의 청소년 관련 법률을 면밀하게 읽어보면 규제/보호/육성이라는 목표가 서로 단절되어 그 의미를 가지는 것은 아님을 알 수 있다. 목표나 방법이라는 측면에서 보면 규제/보호/육성으로 삼분할 수는 있지만 이 세 목표를 지배하는 '이념'의 측면에서 보면 이러한 세 목표가 서로 밀접하게 연결되고 있음을 알 수 있다. 그 이념이란 바로 '교육'을 말한다. 가령 「소년법」은 "반사회성(反社會性)이 있는 소년의 환경 조정과 품행 교정(矯正)을 위한 보호처분 등의 필요한 조치를 하고, 형사처분에 관한 특별조치를 함으로써 소년이 건전하게 성장하도록 돕는 것을 목적"으로 한다(제1조). 물론 「소년법」은 명문으로는 "소년이 건전하게 성장하도록 돕는 것"이라는 표현을 쓰지만, 일반적으로 학자들은 「소년법」 제1조가 '교육이념'을 표현한다고 이해한다.[10] 다음으로 「청소년 기본법」은 "청소년이 사회구성원으로서 정당한 대우와 권익을 보장받음과 아울러 스스로 생각하고 자유롭게 활동할 수 있도록 하며 보다 나은 삶을 누리고 유해한 환경으로부터 보호될 수 있도록 함으로써 국가와 사회가 필요로 하는 건전한 민주시민으로 자랄 수 있도록 하는 것을 기본이념"으로 설정한다(제2조 제1항). 나아가 「청소년 보호법」은 "청소년에게 유해한 매체물과 약물 등이 청소년에게 유통되는 것과 청소년이 유해한 업소에 출입하는 것 등을 규제하고 청소년을 유해한 환경으로부터 보호·구제함으로써 청소년이 건전한 인격체로 성장할 수 있도록 함을 목적"으로 한다(제1조). 이처럼 「소년법」, 「청소년 기본법」 및 「청소년 보호법」은 비록 규제/육성/보호라는 목표를 설정하고 있지만 궁극적으로는 모두 청소년을 건전하게 '교육'하는 것을 이념으로 삼는다.

4. 문제점

그러나 규제/보호/육성이라는 목표를 통해 교육이념을 실현하고자 하는 청소년 인권정책은 근본적으로 다음과 같은 문제점을 가진다.

---

10 이에 관해서는 정희철, 앞의 논문, 56쪽.

(1) 청소년의 정책주체성 배제

우선적으로 생각할 수 있는 문제점은 청소년 인권정책을 설정하는 과정에서 청소년이 배제된다는 점이다. 그 이유는 청소년을 규제/보호하기 위한 정책이 성인을 중심으로 하여 설정되기 때문이다. 청소년은 단지 정책의 대상에 불과할 뿐이다. 이러한 문제는 청소년과 성인을 구별하는 이분법이 필연적으로 야기하는 산물이라 말할 수 있다. 청소년/성인 이분법에 따르면 청소년은 독자적으로 실천이성을 사용할 수 있는 능력을 갖추지 않은 미성숙한 존재이기에 성인의 후견이 필요하기 때문이다. 그러나 이렇게 성인을 중심으로 하여 청소년 인권정책을 마련하는 것은 인터넷이나 TV 그밖의 대중매체나 열띤 대중교육 등을 통해 예전보다 더 빨리 자의식이 성장하는 청소년들에게 적합하지 않다. 만약 청소년들이 자기의식이나 가치관 등을 독자적으로 형성하여 청소년 자신들에게 적합한 행위규범을 스스로 마련한 경우에는 자칫 청소년들이 형성한 규범과 성인들이 형성한 규범이 서로 충돌할 수 있기 때문이다. 동시에 성인들이 중심이 되어 설정한 각종 청소년 관련 법규범들이 청소년들에게 수용되지 않고 거부될 수 있다.

(2) 청소년 인권 유해환경 결정의 성인 의존성

청소년의 정책주체성을 인정하지 않아 발생할 수 있는 가장 결정적인 문제점은 청소년 인권에 해를 끼칠 수 있는 각종 유해환경이나 청소년 일탈행위 등이 주로 성인의 시각에서 결정된다는 점이다. 현대사회와 같이 복잡하면서 다양한 가치관이 공존하는 사회에서는 청소년의 인권에 유해한 환경 개념이나 청소년의 일탈행위 개념 등이 선험적으로 존재한다고 말하기 어렵다. 오히려 이러한 개념들은 각각의 시대와 공간이라는 차원에서 자유로울 수 없는, 다시 말해 시대와 공간에 의존해서 결정되는 '구성개념'으로 보아야 한다. 예를 들어 과거에는 문제되지 않았던 것이 요즘 들어 새롭게 문제될 수 있는 반면, 과거에는 문제가 되었지만 요즘에는 문제되지 않는 것이 있을 수 있다.[11] 그런데 이처럼 유해환경 개념이나 일탈행위 개념이 구성개념이라고 할 때 이러한 개념을 구성

---

11 가령 인터넷을 통해 발생하는 각종 일탈행위를 그 예로 지적할 수 있다.

하는 과정에서 청소년이 배제된다면, 다시 말해 구성주체가 될 수 없다면 이는 문제가 아닐 수 없다. 청소년을 배제한 채 유해환경 개념이나 일탈행위 개념이 성인들에 의해서만 규정된다면, 독자적인 유해환경 개념이나 일탈행위 개념을 설정하는 과정에서 청소년들과 기성세대 간에 개념결정 권한에 관한 헤게모니 쟁탈전이 발생할 수 있다. 이는 곧 규제/보호/육성 중심의 청소년 인권정책이 좌절될 수 있음을 암시한다.

(3) 통합적인 교육구상 설정의 어려움

마지막으로 거론할 수 있는 문제점으로 규제/보호/육성 중심의 청소년 인권정책에서 수범자 역할을 하는 청소년들이 수긍할 수 있는 통합적인 교육을 구상하는 것이 쉽지 않다는 점을 들 수 있다. 교육은 특정한 가치관을 전제로 한다. 한 사회가 타당한 것으로 여기는 가치관을 장차 사회의 중추적인 구성원이 될 청소년들에게 내면화시키는 과정을 교육이라 한다면, 교육은 이렇게 사회가 지배적인 것으로 인정하는 가치관을 전제로 해야 한다. 그러나 흔히 말하듯이 현대사회는 다원주의 사회이다. 현대사회에서는 서로 양립하면서 각기 경쟁하는 다양한 가치관들이 존재한다. 진보적 가치관이나 보수적 가치관, 자유주의적 가치관이나 사회주의적 가치관, 개인주의적 가치관이나 공동체 중심의 가치관이 모두 양립할 수 있는 게 바로 현대 다원주의 사회가 지닌 특징이다. 따라서 이러한 가치다원적인 사회에서는 보편적이면서 단일한 가치관을 상정하기 쉽지 않다. 바로 이러한 이유에서 규제/보호/육성을 위한 청소년 인권정책의 기본 토대가 되는 통합적인 교육을 구상하는 것이 쉽지 않다. 다양한 가치관이 존재하는 만큼 이에 상응하는 다양한 교육의 모습이 존재할 수 있기 때문이다.

Ⅲ. 자유방임주의 청소년 인권정책

위에서 언급한 문제점 때문에 종래의 규제/보호/육성 중심의 청소년 인권정책 대신에 청소년의 주체성과 자율성을 최대한 존중하는 자유방임주의 청소년 인권정책을 대안으로 주장할 수도 있다.

1. 역사적 기초로서 신교육 운동

청소년 자신이 고유하게 지닌 주체성과 자율성을 최대한 존중하려는 자유방임주의 청소년 인권정책은 역사적으로 보면 '신교육 운동'에 그 뿌리를 둔다. 신교육 운동이 과연 무엇인가에는 통일된 답변을 하기 힘들지만 대체로 신교육 운동이란 엄격한 국가통제와 권위주의적 학교 규율로부터 청소년을 해방시키는 것을 교육목표로 하는 운동이라고 이해할 수 있다. 이러한 신교육 운동은 가령 미국에서는 실용주의 철학자 존 듀이(John Dewey)의 저서 『학교와 사회』를 기점으로 하여 그리고 독일에서는 가령 '헤르바르트(Herbart) 학파'를 중심으로 하여 전개되었다.[12] 비록 미국이나 유럽 각지에서 다소 상이한 모습으로 전개되기는 했지만 신교육 운동이 주장한 핵심은 교육의 중심이 권위주의적인 국가나 학교에서 청소년 자신으로 이전해야 한다는 것이었다.

이러한 신교육 운동 이념은 20세기 중반기에 접어들어서, 특히 1968년에 절정에 달한 '68운동'을 기점으로 하여 다시 생명력을 얻는다. 기존의 권위주의적 질서에 대항하여 자유주의적인 대학생을 중심으로 하여 전개된 '68운동'은 비록 한편에서는 '학생 파시즘'이라는 비난을 얻기도 했지만 당시의 권위적인 서구 사회에 강한 파급효과를 미쳤다. 이를 통해 당시 여전히 중·고등학교와 대학 교육에서 지배적으로 통용되던 일방적이며 권위주의적인 교육이 다소간 완화될 수 있었다. 기성세대를 대신해 청소년이 어느 정도 주인이 되는 순간이었다.

2. 이념적 기초로서 청소년과 성인의 동등함

신교육 운동이 시사하는 것처럼 자유방임주의 청소년 인권정책에서는 청소년의 주체성 및 자율성이 전면에 대두한다. 여기서는 청소년이 성인과 동등한 지위를 누린다. 그런데 이때 주의해야 할 점은 청소년이 성인과 동등한 지위를 누린다고 해서 청소년이 다시 '작은 성인'이라는 의미로 되돌아감을 뜻하는

---

12 헤르바르트 학파에 관해서는 김창환, "헤르바르트 학파", 연세대학교 교육철학연구회 (편), 『위대한 교육사상가들 Ⅳ』(교육과학사, 2000) 참고.

것은 아니라는 점이다. 자유방임주의 청소년 인권정책에서 전제로 하는 청소년
과 성인의 동등함은 한편으로는 청소년과 성인이 개념적으로 구별되면서도, 다
른 한편으로는 청소년 역시 성인과 마찬가지로 동등한 지위에서 자율성과 주체
성을 누릴 수 있다는 점을 의미한다. 이러한 청소년과 성인의 동등함에서 우리
는 실제적으로 다음과 같은 결과를 획득할 수 있다.

먼저 성인과 마찬가지로 청소년 역시 청소년 인권 유해환경이나 청소년 일
탈행위를 결정할 권한을 가질 수 있다는 점이다. 자유방임주의 청소년 인권정
책에 따르면 청소년은 더 이상 기성세대가 규정해 놓은 개념이나 결정을 무비
판적으로 수용해야 하는 수동적 지위에만 머물지 않는다. 오히려 주체적·자율
적으로 청소년 자신에게 유해한 환경이 무엇인지, 청소년 자신의 관점에서 보
았을 때 과연 무엇을 일탈행위로 볼 수 있는지 결정할 수 있다. 다른 한편으로
이러한 첫 번째 결과에서 청소년들이 자신들을 위한 독자적인 행위규범을 만들
수도 있다는 일반론을 도출할 수 있다. 왜냐하면 청소년이 성인과 마찬가지로
주체적·자율적 동등함을 누릴 수 있고 청소년 자신이 유해환경이나 일탈행위
등과 같은 규범적 개념을 결정할 수 있다면, 이로부터 청소년 자신들을 규율하
는 행위규범 역시 청소년 스스로가 결정할 수 있다는 일반론을 귀납해낼 수 있
기 때문이다. 그런데 이렇게 청소년 스스로가 자신들을 위한 행위규범을 만들
수 있는 권한을 가진다면, 청소년 인권정책에 관해서는 청소년을 위해 성인들이
만든 행위규범과 청소년 자신들이 만든 행위규범이 이중적으로 병존하게 된다.

3. 최대한의 자유주의와 다원주의적 사회화

청소년에게 자신들에 관한 인권정책 그리고 관련 행위규범에 관해 주체적
으로 결정할 권한을 부여한다는 것은 청소년들에게 무엇보다도 교육문제에 관
해 최대한의 자유를 보장한다는 것을 의미한다. 이러한 점에서 볼 때 자유방임
주의 청소년 인권정책은 가장 자유주의적인 속성을 띤다. 물론 이미 언급하였
듯이 규제 중심의 청소년 인권정책 역시 자유주의적인 성격을 보인다.[13] 그러나

---

13 위의 제13장 II. 2. 참고.

규제 중심의 청소년 인권정책에서도 규제의 기준은 청소년이 아닌 성인들이 주도하여 결정한다. 왜냐하면 규제 중심의 청소년 인권정책에서도 청소년은 아직 성숙되지 않은 존재로서 성인과는 구별되기 때문이다. 반면 자유방임주의 청소년 인권정책에서는 청소년 스스로가 자신들에 관한 규제를 자율적으로 결정할 수 있다고 본다. 말하자면 자유방임주의 청소년 인권정책에서는 칸트적 의미의 "자기결정에 따른 자기구속"을 철저하게 실현하려 한다.[14]

한편 자유방임주의 청소년 인권정책에서는 다원주의적인 가치관을 용인한다. 각 청소년은 각자에게 적합한 가치관을 각기 상이하게 형성할 수 있을 뿐만 아니라 서로 다른 가치관이 경쟁하는 것을 허용한다. 이를 통해 다원주의적인 교육 및 다원주의적인 사회화가 가능해진다. 국가는 어느 일방의 가치관만을 염두에 둔 획일화된 교육이나 사회화를 강요할 수 없다.

4. 문제점

그러나 자유방임주의 청소년 인권정책에서도 여러 문제점을 발견할 수 있다. 우선 자유방임주의 청소년 인권정책이 전제로 하는 청소년과 성인의 동등함을 현실적으로 긍정할 수 있는가 하는 점이다. 과연 청소년 자체를 독자적인 판단 능력과 자율성을 지닌 완전한 주체로 인정할 수 있을까? 과연 청소년은 자신이 수긍할 수 있는 설득력 있고 완전한 판단을 할 수 있을까? 이는 청소년의 개념이나 범위를 어떻게 설정할 것인가의 문제와도 관련을 맺는다. 그러나 19세에 이르지 못한 10대의 연령층을 청소년으로 상정하는 이상 아직까지는 경험적으로 볼 때 이들 청소년이 어른을 능가할 정도의 실천적인 판단 능력을 갖추고 있다고 말하기는 쉽지 않다.

더욱 중대한 문제는 자유방임주의 청소년 인권정책처럼 청소년과 성인의 동등함을 긍정하고 청소년들에게 행위규범 설정 권한을 부여하는 경우에는 자칫 행위규범이 서로 충돌할 위험성이 존재한다는 점이다. 이렇게 행위규범이 충돌하는 경우는 크게 두 가지 유형으로 나누어 생각할 수 있다. 첫째는 성인이

---

14 이에 관해서는 심재우, "인간의 존엄과 법질서", 『법률행정논집』(고려대) 제12집(1974) 참고.

형성한 행위규범과 청소년이 형성한 행위규범이 서로 충돌하는 경우이다. 둘째는 청소년이 스스로 형성한 행위규범들이 서로 충돌하는 경우이다. 만약 이렇게 이질적인 행위규범이 서로 충돌한다면 이 문제를 어떻게 해결할 수 있을까? 무엇보다도 성인이 형성한 행위규범과 청소년이 형성한 행위규범이 충돌하는 경우 문제해결의 주체는 누가 되어야 하고, 또 누가 결정한 해결기준에 따라 이 충돌 문제를 해결해야 할까? 자유방임주의 청소년 인권정책은 이러한 문제들에 아직 설득력 있는 해결책을 제시하지 못하고 있다.

Ⅳ. 토론과 참여 중심의 청소년 인권정책

지금까지 청소년 인권정책에 관해 구상할 수 있는 두 가지 정책, 즉 규제/보호/육성 중심의 청소년 인권정책과 자유방임주의 청소년 인권정책을 검토하고 이 정책들이 가진 문제점을 살펴보았다. 지금까지 전개한 논증을 토대로 보면 이 두 정책은 현대사회에서 청소년들이 처한 상황을 고려할 때 청소년들에게 적합하면서 이들이 수긍할 수 있는 인권정책을 마련하는 데 모두 애를 먹을 것이다. 따라서 아래에서는 이러한 문제를 해결하기 위한 제3의 길로서 토론과 참여 중심의 청소년 인권정책을 제안하겠다.

1. 청소년의 위상 정립

(1) 원칙으로서 청소년과 성인의 구별

토론과 참여를 중심으로 하는 청소년 인권정책은 청소년의 위상을 어떻게 정립할까? 토론과 참여 중심의 청소년 인권정책은 원칙적으로 청소년과 성인을 개념·능력·지위 면에서 구별한다. 근대 계몽주의가 낳은 성과 그리고 생물학적 발전과정을 고려한다면 청소년과 성인 사이에는 일정한 차이점이 존재함을 인정할 수 있다. 나아가 인격 개념은 선험적으로 전제되는 것이 아니라 사회적 상호작용을 통해 형성된다는 주장을 수용하면, 아무래도 시간적·지역적 차원에서 청소년보다 사회적 상호작용을 더욱 많이 경험하기 마련인 성인이 청소년보다 인격 형성이라는 점에서 더욱 나은 지위에 있다고 말할 수 있을 것이다.[15] 이러한 점에서 볼 때 근대 계몽주의가 제시한 테제, 즉 "청소년은 미성숙한 존재"라는 테제는 여전히 유효하다.

(2) 참여자로서 청소년

그러나 청소년과 성인을 구별한다고 해서 청소년을 성인의 후견이 필요한 후견적·수동적 존재로만 이해하는 것 역시 타당하지 않다. 비록 청소년에게 완전한 행위능력을 부여할 수는 없다 하더라도 각종 청소년 관련 인권정책을 마련하고 추진하는 과정에 참여할 수 있는 '참여자 역할'(Teilnehmerrolle)을 청소년에게 인정할 수는 있다고 생각한다. 물론 여기서 말하는 참여자 역할은 전통적 의미의 주체성과는 차이가 있는 개념으로 이해해야 한다. 양자는 서로 구별해야 한다. 이는 철학적 견지에서 다음과 같이 논증할 수 있다. '주체' 개념은 전통적인 '주체/객체 모델'에 바탕을 두는 데 반해 '참여자 역할' 개념은 넓게 말하면 '상호주관성 모델' 혹은 '절차주의 모델', 좁게 말하면 하버마스가 정립한 '대화이론'에 바탕을 둔다. 대화이론의 시각에서 볼 때 참여자 역할이란 합리적인 법적·정책적 대화 및 토론과정에 자유롭고 평등하게 참여할 수 있는 역할을 말한다.[16] 이러한 참여자 역할을 청소년에게 인정하면 청소년 역시 원칙적으로 청소년 인권정책에 관한 토론과정에 자유롭고 평등하게 참여할 수 있다. 그러나 현실적으로 청소년의 참여는 다소간 제한할 수밖에 없을 것이다. 또한 만약 청소년의 관점과 성인의 관점이 대화 및 토론과정에서 차이가 생기는 때에는 궁극적으로는 성인이 우선적인 결정권을 가진다고 말할 수 있을 것이다. 이러한 점에서 성인은 참여자 역할 및 결정 주체의 역할을 모두 가지는 데 반해 청소년은 오직 참여자 역할만을 가진다고 말할 수 있다. 바로 이러한 이유에서 주체 개념과 참여자 역할 개념은 서로 구별해야 한다.

---

15 가장 대표적으로는 미국의 실용주의자 미드(George Herbert Mead)의 이론을 꼽을 수 있다. 미드의 이론에 관한 개관으로는 H. Wenzel, 안정오 (옮김), 『미드』(인간사랑, 2000) 참고.
16 '참여자 역할'에 관한 상세한 분석은 Chun-Soo Yang, *Konzeption einer intersubjektiven Rechtsgutslehre* (Diss. Frankfurt/M., 2006) 참고.

2. 규제주의와 자유방임주의의 변증적 조화

토론과 참여 중심의 청소년 인권정책은 구체적으로 어떤 인권정책을 추구할까? 토론과 참여 중심의 청소년 인권정책은 규제 중심의 정책과 자유방임주의 정책을 절충하는, 더욱 정확하게 말해 두 정책을 변증적으로 조화시키는 정책을 추진하고자 한다. 이를 구체적으로 아래와 같이 말할 수 있다.

(1) 청소년과 성인의 이원적 참여

우리는 한편으로는 성인과 청소년을 개념적으로 구별하면서도 다른 한편으로는 성인뿐만 아니라 청소년에게 참여자 역할을 인정할 수 있다고 말하였다. 이러한 토대 위에서 우리는 토론과 참여 중심의 청소년 인권정책이 추구해야 할 방향을 그릴 수 있다. 청소년 인권정책을 구상하고 추진할 때 성인의 참여뿐만 아니라 청소년의 참여를 전제로 하여 청소년 인권정책을 구상하고 구체화하며 추진하는 것이다. 여기서 알 수 있듯이 청소년과 성인의 이원적 참여가 토론과 참여 중심의 청소년 인권정책에서 핵심을 이룬다. 이러한 이원적 참여는 다시 세 가지 스펙트럼을 보인다. 첫째는 청소년 인권정책에 관한 성인과 성인 사이의 참여와 토론이다. 둘째는 성인과 청소년 사이의 참여와 토론이다. 셋째는 청소년과 청소년 사이의 참여와 토론이다. 이 가운데 가장 중요하게 여겨야 할 것은 세 번째 스펙트럼이라 할 수 있다.

(2) 청소년 관련 인권법정책의 방향
1) 성인법으로서 청소년 관련 법규범

청소년과 성인의 이원적 참여를 바탕으로 하여 청소년 관련 인권법정책의 방향도 새롭게 제시할 수 있다. 그런데 이때 주의해야 할 점은 토론과 참여 중심의 청소년 인권정책에서는 청소년과 성인에 의한 '이중적인 규범형성 권한'을 인정하지는 않는다는 것이다. 비록 청소년에게 청소년 인권정책 관련 법규범을 제정하는 과정에 참여할 수 있는 지위를 인정한다 하더라도 그렇다고 해서 청소년들에게 이러한 법규범을 제정하고 결정할 수 있는 권한까지 부여할 수 있는 것은 아니다. 이 점에서 토론과 참여 중심의 청소년 인권정책은 자유방임주의 청소년 인권정책과는 차이가 있다. 토론과 참여 중심의 청소년 인권정책에서는 성인만이 법규범을 정립할 권한을 가진다. 그런 점에서 청소년 법규범과 성인 법규범 사이에서 경쟁이나 충돌이 발생할 가능성을 상정하기는 어렵다. 토론과 참여 중심의 청소년 인권정책에서 볼 때 법규범은 말하자면 '성인법'으로만 존재할 수 있을 뿐이다.

2) 청소년 관련 법규범의 방향

성인법으로서 의미가 있는 청소년 관련 법규범은 어떤 방향과 임무를 지향해야 할까? 우선 성인법으로서 청소년 관련 법규범은 청소년들이 자율적으로 자신들의 문제를 해결할 수 있도록 해야 한다. 성인법은 청소년들이 자신들의 문제를 자율적으로 해결하는 데 실패한 경우에만 보충적으로 개입하는 방안을 생각해보아야 한다. 물론 모든 영역을 청소년의 자율에 맡기는 것은 타당하지 않다. 예를 들어 유해성이나 일탈행위 성격이 분명한 청소년 범죄의 경우에는 성인법인 국가(형)법이 직접 개입하여 문제를 해결해야 한다. 그러나 유해성이나 일탈행위 성격이 분명하지 않은 애매한 영역에서는 가급적 청소년들에게 문제해결에 관한 우선권을 부여하는 것이 타당하다. 이렇게 본다면 성인법으로서 청소년 관련 법규범은 청소년들이 자율적으로 대화와 토론 그리고 참여를 행하도록 하는 데 도움을 주는 '울타리 역할'을 수행해야 한다. 달리 말해 청소년 관련 법규범은 청소년 문제를 '간접적으로 조정'하는 데 주안점을 두어야 한다.

3) 핵심가치 형성을 통한 교육이념의 재해석

위에서 성인법으로서 의미를 가진 청소년 관련 법규범은 우선적으로 '간접적 조정'에 주안점을 두어야 한다고 말하였다. 그러나 예외적으로 행위의 유해성이나 범죄성이 분명한 경우에는 국가가 청소년 행위자들에 개입하여 이러한 행위를 규제할 필요가 있다고도 말하였다. 이 경우 국가는 주로 소년형법을 수단으로 하여 청소년 범죄자를 규율한다. 그런데 앞에서 언급하였듯이 소년형법은 소년 범죄자를 재사회화하는 것, 달리 말해 청소년을 교육하는 것을 목표로 한다.[17] 그러나 이미 지적한 것처럼 이러한 소년법의 목표를 실현하려면 그 전제로서 통합적 가치를 인정할 수 있어야 한다. 하지만 오늘날의 가치다원주의

---

17 위의 제13장 II. 3. 참고.

사회에서는 이러한 가치를 찾기 어렵다.[18] 다만 설사 가치다원주의를 인정한다
하더라도 곧장 가치상대주의 또는 가치회의주의로 빠지는 것 역시 타당하지 않
다고 생각한다. 가치를 다원적으로 인정할 수 있다 하더라도 그 가운데서 일종
의 '핵심가치'를 인정할 수 있지 않을까? 가령 청소년 모두가 참여자로서 청소년
관련 인권법정책에 자율적으로 참여할 수 있도록 하는 데 필요한 각종 절차적
가치를 이러한 핵심가치로 인정할 수 있지 않을까?[19] 나아가 '절차적 참여를 통
해 이끌어낸 법적 결론은 모든 참여자가 준수해야 한다.'는 명제 등을 '법적 핵
심가치'로 인정할 수 있지 않을까? 이러한 맥락에서 본다면 전 세계적으로 보편
성을 부르짖는 '인권' 역시 핵심가치를 표현한 것이라고 볼 수 있다.[20] 마찬가지
로 맥락에서 '청소년 인권' 역시 이러한 핵심가치로 바라볼 수 있을 것이다. 물
론 이러한 핵심가치는 말 그대로 좁은 영역에서만 인정할 수 있을 것이다. 이렇
게 핵심가치를 인정할 수 있다면 가치다원주의 시대에서도 우리는 성인법인 청
소년 관련법이 추구하는 교육의 목표와 방향을 어느 정도 설정할 수 있을 것이
다. 교육이란 다원주의적 가치관 사이에 존재하는 공통분모, 즉 핵심가치를 찾
아 내면화하는 과정으로 설정할 수 있는 것이다.

(3) 청소년 의사소통 공동체의 임무

청소년 인권정책에서 성인법인 청소년 관련 법규범은 일종의 울타리로서
보충적인 의미를 가진다. 따라서 청소년 인권정책을 추진하는 중심축은 청소년
참여자들로 구성된 '청소년 의사소통공동체'에 있다고 말할 수 있다. 청소년 의
사소통공동체는 청소년 인권정책에 관한 논의가 진행되는 공론장에서 중심적인
역할을 한다.[21] 청소년 의사소통공동체는 이러한 공론장에 자유롭고 평등하게
참여하여 청소년 인권정책의 방향, 유해환경 및 일탈행위 개념 그리고 보호/육
성/규제의 방향을 정하는 데 일조할 수 있다. 때로는 기존의 청소년 관련 법규

---

18 위의 제13장 Ⅱ. 4. (3).
19 예를 들어 "대화와 토론에 참여하는 참여자는 상대방을 자신과 동등한 참여자로 승인해야 한다."
든지, "토론을 통해 도출한 합의와 결론은 모든 참여자가 자율적으로 준수해야 한다."는 명제 등
을 이러한 절차적 핵심가치로 인정할 수 있다.
20 이에 관해서는 이상돈, 『인권법』(세창출판사, 2005) 참고.
21 이에 관해서는 이상돈, 위의 책, 82-83쪽.

범 또는 성인들이 주도하여 제정하는 관련 법규범이 내포할 수 있는 문제점을 지적하고 이를 교정하는 역할도 할 수 있다.

그러나 지금까지 존재했던 현실에서 보면 이러한 청소년 의사소통공동체를 상정하는 것이 쉽지 않았다. 왜냐하면 아직까지도 우리 교육 문화에서는 '토론 중심의 교육'보다는 '암기 위주의 교육'이 중심을 이루었고 실제로 청소년을 위한 공론장이 존재한다고 말할 수도 없었기 때문이다. 그동안 우리 사회는 민주화를 거쳤고 이를 통해 각종 토론과 시위를 자유롭게 할 수 있는 영역이 확장되었다. 그렇지만 이들 영역은 많은 경우 성인들을 위한 것이었다. 다만 인터넷이 급속도로 보급되고 '사이버 문화'가 새로운 문화적 패러다임으로 등장하면서 이제는 '사이버 공간을 통한 청소년 의사소통공동체'를 생각할 수 있게 되었다.

(4) 인터넷 의사소통공동체의 가능성

1) 사이버 문화가 가진 의미

인터넷 의사소통공동체를 가능케 하는 사이버 문화는 무엇이고 이는 어떤 의미를 가질까? 사이버 문화는 세계화 현상과 더불어 현대사회가 받아들인 이제는 새로울 게 없는 사회현상이다. 사이버 문화는 인터넷이 급속도로 발전하고 대중적으로 보급되면서 성장하고 뿌리내린 문화이다. 사이버 문화는 인터넷 공간에서 펼쳐지는 가상공간, 즉 사이버 공간에 현실 공간과 동등한 지위를 부여한다. 그 때문에 사이버 문화에서는 사이버 공간과 현실 공간을 기능적으로 구별하는 것이 점점 의미를 잃는다. '메타버스'가 예증하듯이 사이버 공간 자체가 독자적인 공간이자 공론장으로 자리매김하였다.

사이버 문화에서 우리는 크게 두 가지 의미 있는 현상을 발견할 수 있다. 첫째, 사이버 문화를 통해 '정보민주주의'가 가능해진다는 점이다. 왜냐하면 인터넷 덕분에 정보의 총량이 비약적으로 증가할 뿐 아니라 인터넷 공간을 이용하여 모든 인터넷 사용자가 이 정보에 자유롭고 평등하게 접근할 가능성이 증대하였기 때문이다. 둘째, 사이버 문화를 통해 사이버 공간을 공론장으로 한 토론문화가 비약적으로 증대하였다는 점이다.

그러나 사이버 문화는 이러한 긍정적 측면뿐만 아니라 부정적 측면도 보인다. 사이버 문화를 통해 공간적 거리가 사라지면서 각 참여자들의 사적 정보가 노출될 위험성이 높아졌고, 더불어 합리적 토론보다도 익명성을 무기로 한 상호비방이나 인격 훼손과 같은 토론 저해 현상도 증가하기 때문이다. 만약 우리가 이러한 부정적인 측면에 귀를 기울이면 청소년들로 구성된 인터넷공동체를 생각하는 것 자체가 쉽지 않다고 말할 수 있다. 그런데도 그간 우리 인터넷 공간에서 전개된 일종의 '구조변동'을 면밀하게 관찰하면 인터넷 의사소통공동체를 낙관적으로 바라볼 여지도 없지 않다.

2) 인터넷 공동체의 구조변동

여기서 그간 우리 사회의 인터넷 공동체가 경험한 구조변동을 살펴보는 것도 의미가 없지는 않다. 필자는 우리 인터넷 공동체의 발전과정을 여섯 단계로 나누어 분석할 수 있다고 생각한다.[22] 물론 이러한 분석은 엄밀한 사회과학 방법론을 동원하여 얻은 결론은 아니다. 필자가 겪은 경험을 바탕으로 하여 필자가 거칠게 분석한 결과이다. 따라서 엄밀함의 면에서는 부족한 점이 많을 것이다. 그렇지만 거칠게나마 그동안 인터넷 공동체가 발전해온 과정을 정리하는데 도움이 될 것이다.

제1단계는 인터넷이 본격적으로 보급되기 이전의 단계이다. 이 단계에서는 막 PC가 보급되면서 다양한 PC 통신 동우회가 구성되었다. 이때 PC 통신은 인터넷과는 달리 폐쇄적인 공간이었다고 할 수 있다. 따라서 이 경우에는 공적 측면보다 사적 측면이 강했다. 여기서는 정보적 접근권보다는 자유로운 의사소통이 더 무게중심을 획득하고 있었던 게 아닌가 한다.[23]

다음으로 제2단계는 인터넷이 본격적으로 보급되면서 사이버 시대가 열리고 인터넷 공동체가 각종 사이트와 개인 홈페이지로 이원화되는 단계라 말할 수 있다. 인터넷이 보편화되면서 인터넷 공간에는 사업목적으로 형성된 각종

---

[22] 아래의 서술은 기본적으로 양천수, "인터넷 공동체의 재봉건화와 규제: 인터넷 포털사이트의 사회부패화 현상을 예로 하여", 『한국부패학회보』 제12권 제2호(2007), 69-71쪽 참고.

[23] '정보적 접근권'에 관해서는 이상돈, 『형법학』(법문사, 1999), 단락번호 [16] "형사절차와 정보보호" 참고.

사이트나 공적인 사이트 그리고 개인 홈페이지가 등장하였다. 단순화해서 말하면 인터넷 공간이 공적 측면을 대변하는 사이트와 사적 측면을 대변하는 개인 홈페이지로 이원화되었다고 할 수 있을 것이다. 그렇지만 이 경우에도 개인 홈페이지는 인터넷 공간의 특성으로 완전히 사적이지는 않았다. 개인 홈페이지 관리자가 제한을 두지 않는 한, 방문자는 자유롭게 홈페이지를 방문할 수 있었다. 또 관리자는 아무래도 방문 횟수에 신경을 쓰기 마련이어서 홈페이지를 자유롭게 개방하는 경우가 많았다. 그 때문에 아주 사적인 부분을 이러한 홈페이지에 담는 것은 쉬운 일이 아니었다. 이를 감안하면 개인 홈페이지는 사적 측면과 공적 측면의 중간영역에 속했다고도 말할 수 있다.

나아가 제3단계는 카페와 클럽 문화가 등장한 단계로 말할 수 있다. 위에서 제2단계에서는 인터넷 공동체가 각종 사이트와 홈페이지로 이원화되었다고 말하였다. 그런데 개인 홈페이지와 대비되는 사이트는 상업목적을 추구하거나 일정한 공공단체로 활동하는 경우가 대부분이었다. 이 때문에 인터넷 이용자들이 자유롭게 참여할 수 있는 단체를 만들 필요성이 증가하였다. 이러한 이유에서 등장한 게 각종 카페와 클럽이었다. 2000년을 전후로 하여 증가했던 '다음카페'나 '프리첼 클럽'은 그야말로 본격적인 인터넷 공동체의 출현을 대변한다고 말할 수 있다. 독일의 철학자 하버마스가 생각한 공론장에 가장 근접하는 공동체라고 말할 수 있을 것 같다.

그러나 이러한 카페 문화는 시간이 흐르면서 다음과 같은 내부모순을 겪게 되었다. 처음에는 사적·친목 단체로 출발했던 카페 역시 시간이 지나면서 회원 수에 집착하게 되었다. 말하자면 카페가 '거대화'를 추구하게 된 것이다. 그러나 회원 수가 증가하면서 본래 카페가 추구했던 부분, 즉 자유롭게 사적인 관계를 도모한다는 구상이 장애를 겪게 되었다. 가령 카페가 소규모일 때는 자유롭게 자신의 내면적 부분을 드러낼 수 있었고 각종 토론도 할 수 있었다. 하지만 회원이 증가하고 또 친목이 아닌 다른 목적을 지닌 참여자가 나타나면서, 더군다나 서로 다른 평가 기준을 가진 사람들이 모이면서 점차 카페 게시판이 '공동화'(空洞化)되는 현상이 나타났다. 쉽게 말해 서로 '눈치'를 보게 되면서 참여자들이 자유롭게 글을 올리는 데 주저하게 되었다. 사적 공간이 공적 공간으로 변해가면서 참여자들이 자신의 프라이버시를 보호하기 시작한 것도 한 이유가 될 수 있다. 나아가 각종 광고성 글로 카페 게시판이 '식민지화'된 것도 한 요인이 되었다. 이에 대응하기 위해 카페는 회원 기준을 세분화하고 글 작성 권한을 차등화하기도 했지만 이에는 한계가 있었다. 문제는 정회원 자체가 계속 늘어나면서 그 의미를 상실하게 된 것에서 찾을 수 있다.

이에 대응하기 위해 제4단계로서 비밀클럽과 각종 미니 홈피 그리고 블로그 등이 등장하였다. 이 단계에 해당하는 인터넷 공동체로 가령 실명제 클럽인 '싸이월드'를 들 수 있을 것 같다. 싸이월드는 실명제를 원칙으로 함으로써 익명을 악용한 개인의 사생활 침해나 명예훼손을 최소화하려 하였다. 또한 여기에 미니 홈피와 비밀클럽을 가능케 함으로써 공적 측면보다는 사적 측면을 더 강조하였다. 예를 들어 미니 홈피 관리자에게 개방 정도에 관한 권한을 부여하고 특히 '일촌제'라는 독특한 제도를 마련하여 공적인 의사소통보다는 사적인 의사소통에 더욱 강조점을 부여하였다. 또한 싸이월드에서는 기본적으로 상호성 원칙을 준수하도록 요구하였다.[24]

이어 제5단계에서는 인터넷 토론문화 공간이 지속적으로 확장되었고 개인 미니홈피나 블로그가 이러한 토론 공간과 연결되는 현상이 나타났다. 이와 동시에 개인 토론자나 블로그 운영자들이 공적 언론을 대변하는 인터넷 신문의 집필진으로 합류하는 현상도 등장하였다. '오마이 뉴스'가 대표적인 예가 될 것이다.

마지막 제6단계는 현재 진행되는 'UCC' 단계라 할 수 있다. 이제 인터넷 참

---

24 그러나 싸이월드의 가입자가 증가하고 각종 예외가 존재하면서 미니 홈피 공동체 역시 모순을 겪게 되었다. 일단은 아무래도 방문 횟수에 신경 쓰면서 자신의 미니 홈피를 점점 공개하였고 이에 따라 내면적 영역을 드러내는 데 주저하게 되었다. 물론 이러한 모순은 '일촌공개'라는 방법으로 어느 정도 대응할 수 있지만 문제는 '일촌' 자체가 증가하는 경향을 보였다는 점이다. 일촌 자체가 많아지면서 일촌 관계 자체가 사적 관계에서 다소 공적인, 애매모호한 관계로 변화하였다. 또한 모든 방문자에 공개되는 방명록도 미니 홈피의 구조변동에 어느 정도 영향을 미쳤다. 물론 방명록은 공론장 개념에 걸맞은 긍정적 기능을 발휘하기도 하였다. 예를 들어 방명록 자체가 생산적인 토론장의 역할을 하는 때도 있었다. 그러나 서로 무관한, 때로는 서로 불편한 관계를 맺는 방문자들이 방명록에서 모이고 또 이들과 관리자가 내면적 대화를 하게 되면서 관리자의 내적 영역이 다수에게 공개되는 문제가 등장하였다. 마지막으로 비회원 역시 각 미니 홈피를 방문할 수 있다는 예외로 인해 미니 홈피의 사적 영역이 노출될 우려가 상존하였다.

여자인 네티즌은 더 이상 수동적 참여자가 아니라 스스로 자신만의 인터넷 콘
텐츠를 생산하고 소통하는 주체적인 참여자로 인터넷 공간에 참여한다. 이러한
'UCC' 현상은 '유비쿼터스'와 결합하여 다양한 형태의 참여자 콘텐츠를 생산한
다. '유튜브'가 대표적인 예가 될 것이다. 이렇게 보면 요즘 인터넷 공동체가 보
여주는 현상은 독일의 법사회학자 토이브너가 구상한 자율적이고 비판적인 인
터넷 공동체의 가능성을 보여주는 듯싶다.[25]

3) 인터넷 공동체의 가능성

인터넷 공동체가 변동해온 과정을 추적하면 우리는 몇 가지 흥미로운 사실
을 발견할 수 있다. 첫째, 단순한 흥미 위주의 동우회나 카페의 수준을 넘어 자
유로운 토론을 권장하고 추구하는 공동체가 등장하고 있다. 둘째, 인터넷 공동
체가 각 공동체 구성원들의 인격이나 개인정보, 명예가 보장되면서 활발한 교
류가 이루어질 수 있도록 스스로 자율적인 규제방안을 마련하고 있다. 셋째,
'상호인정'을 실현하려는 대화 구조를 몇몇 인터넷 공동체에서 확인할 수 있다.
이렇게 볼 때 여전히 부정적 측면을 인터넷 공동체에서 발견할 수 없는 것은
아니지만 우리는 현재 지속적으로 변하는 인터넷 공동체에서 인터넷 의사소통
공동체의 가능성을 발견할 수 있다. 그렇다면 청소년 구성원을 주축으로 한 인
터넷 의사소통공동체도 생각할 수 있지 않을까?

4) 인터넷 의사소통공동체의 역할

청소년으로 구성된 인터넷 의사소통공동체가 가능하다면 이 공동체는 구
체적으로 어떤 역할을 수행해야 할까? 이러한 의사소통공동체가 활성화되기 위
해서는 국가와 같은 공적 단체는 무엇을 해야 할까? 일단 국가나 기타 공공단체
가 청소년들이 주로 활동할 수 있는 인터넷 공동체를 만드는 데 지원하는 방안
을 모색할 수 있다. 가령 청소년 위원회 산하에 다양한 인터넷 공동체를 만드는
것을 생각해볼 수 있다. 아니면 특정한 시민단체가 그러한 인터넷 공동체를 운
영할 수 있도록 지원하는 것도 생각할 수 있다. 그러나 이 경우에도 중요한 것
은 국가나 기타 공공단체가 청소년 의사소통공동체를 구성하는 데 직접 나서는

---

25 이에 관해서는 양천수, 앞의 논문, 64-66쪽 참고.

것은 바람직하지 않다는 점이다. 국가나 공공단체는 어디까지나 간접적으로 의사소통공동체가 실현될 수 있도록 측면 지원을 해야 한다.

나아가 인터넷 공동체가 형성된 경우에는 국가나 기타 공공단체가 청소년 인권정책을 입안할 때 인터넷 공동체의 적극적인 참여와 토론을 유도하는 것을 생각할 수 있다. 인터넷 의사소통공동체는 국가나 공공단체가 청소년 인권정책을 입안하고 추진할 때 단순히 방관자나 관찰자의 태도에 머물러서는 안 되고 정책형성 과정에 적극적으로 참여하여 자신들의 생각을 자유롭게 개진할 수 있어야 한다. 이때 각 청소년 참여자들은 자신의 주장을 가능한 한 합리적이고 설득력 있는 논증 언어로 논증할 수 있어야 한다. 그렇지 않고 정치적 구호나 감정적 어조를 사용하여 자신의 주장을 과격하게 제시만 하는 것은 합리적인 참여를 위해 지켜야 하는 대화 규칙이나 핵심가치를 어긴 것으로 비판을 받아야 할 것이다.

V. 맺음말

지금까지 전개한 내용을 요약한다. 제13장은 청소년의 인권상황을 개선하기 위해 어떻게 청소년 인권정책을 추진해야 하는가의 원리적 문제를 다루었다. 우선 청소년 인권정책에 관한 두 가지 상반되는 정책 방향을 살펴보고 이들이 가진 문제점을 검토하였다. 규제/보호/육성 중심의 청소년 인권정책을 살펴보고 이어서 자유방임주의 청소년 인권정책을 검토하였다. 그러나 제13장은 두 정책 모두 합리적이고 설득력 있는 청소년 인권정책을 마련하는 데 그다지 적합하지 않다는 결론에 도달하였다. 그래서 제13장은 그 대안으로 토론과 참여 중심의 청소년 인권정책을 제안하였다. 이 정책에 따르면 청소년은 성인과 마찬가지로 정책을 입안하고 추진하는 과정에 참여자로 참여할 수 있다. 청소년 인권법정책은 청소년들이 자신들의 문제를 직접 해결할 수 있도록 하는 것을 목표로 삼아야 한다. 이때 청소년 인권법정책은 청소년들이 자발적인 참여와 토론으로 자신들의 인권 문제를 해결할 수 있도록 하는 데 이바지하는 울타리 역할을 할 수 있어야 한다. 제13장은 이러한 역할을 청소년 의사소통공동체가

수행할 수 있다고 말한다. 그리고 제13장은 청소년 의사소통공동체가 가능하다
는 점을 무엇보다도 인터넷 공동체에서 확인할 수 있다고 주장한다.

14 │ 기업과 인권

Ⅰ. 서론

2000년대 중반 이후 '기업과 인권'(business and human rights) 혹은 '인권경영'이 새로운 인권이슈로 부각되었다.[1] 그리고 최근에는 ESG 경영이라는 이름으로 새롭게 관심을 받는다. 거시적인 측면에서 보면 인권경영 문제는 기업의 사회적 책임과 맞물려 또는 기업의 사회적 책임에 속하는 한 범주로 논의되기 시작하였다.[2] 그러나 기업의 사회적 책임, 즉 사회적 책임경영과 인권경영을 구별하면서 논의의 초점이 사회적 책임경영에서 인권경영으로 옮겨가기도 하였다.

필자는 인권경영에 관해 다음과 같은 이론적 질문을 제기할 수 있다고 생각한다. 첫째, 왜 기업은 인권경영을 의무로 이행해야 할까? 둘째, 사회적 책임경영과 인권경영은 어떤 점에서 서로 구별될까? 셋째, 기업의 인권경영을 이론

---

[1] 이러한 노력은 국가인권위원회가 2013년 2월에 발간한 『기업과 인권에 관한 보고서』를 통해 열매를 맺었다. 그동안 국가인권위원회가 인권경영에 기울인 관심과 노력에 대한 평가로는 홍성수, "인권경영을 위한 인권위의 역할: 평가와 과제"(토론문), 『기업과 인권』(국가인권위원회 2013년 제2회 인권경영포럼 및 제68회 한국비교공법학회 학술대회 자료집』(2013. 7. 30), 144-149쪽 참고.

[2] 이를 보여주는 예로 김병준, "인권보호를 위한 기업의 사회적 책임(CSR) 규범화의 국제적 논의와 평가", 『국제법학회논총』 제58권 제2호(2013), 183쪽 아래 등 참고. 이를 시사하는 외국 문헌으로는 Aurora Voiculescu/Helen Yanacopulos, *The Business of Human Rights: An Evolving Agenda for Corporate Responsibility* (Zed Books, 2011); Adefolake O. Adeyeye, *Corporate Social Responsibility of Multinational Corporations in Developing Countries: Perspectives on Anti-Corruption* (Cambridge University Press, 2012) 등 참고.

적으로 설명하거나 정당화하는 데 필요한 인권이론은 무엇일까? 넷째, 인권경영의 실효성을 확보하기 위해 우리는 어떤 규제 방향 및 수단을 선택해야 할까? 제14장은 위 네 가지 쟁점을 중심으로 하여 논의를 풀어간다.

Ⅱ. 기업이 인권경영의무를 준수해야 하는 이유

1. 논의의 출발점

첫 번째 쟁점으로 왜 기업이 인권경영의무를 준수해야 하는지 검토한다. 현대 민주적 법치국가에서 시민은 원칙적으로 자신에게 부여된 법적 의무를 준수하는 것만으로도 법치국가에 충실한 시민이 될 수 있다. 이를 넘어 윤리적 덕성에서 비롯하는 의무를 강제적으로 준수해야 하는 것은 아니다.[3] 이는 자율적인 시민들로 구성되는 기업에도 마찬가지이다. 원칙적으로 기업은 국가가 제정한 법규범의 틀을 준수하면서 경영하는 것만으로, 다시 말해 준법경영을 하는 것만으로 충분할 수 있다. 그런데도 최근의 국제적 조류는 기업에 준법경영을 넘어 사회적 책임경영 또는 인권경영을 의무로 요청한다. 그 이유는 무엇 때문일까? 어떤 근거에서 우리는 기업에 준법경영을 넘어서는 윤리경영을 요청할 수 있는 것일까?

2. 인권의 보편성

먼저 인권의 보편성을 한 이유로 언급할 수 있다.[4] 인권은 보편적 권리이므로 시간과 공간에 상관없이 그 효력을 주장할 수 있고 따라서 모든 이들이 이러한 인권을 준수해야 한다는 것이다. 그러므로 기업 역시 이러한 인권을 준수해야 하는 것은 당연하다고 말할 수 있다. 이러한 주장은 매우 간명해 보인다.

그러나 좀 더 생각해 보면 이 같은 주장에는 몇 가지 난점이 있다. 첫째, 인권 개념의 외연이 지속적으로 확장되면서 강한 보편성을 주장하기 어려운 인

3 이를 근대법의 특성으로 지적하는 K. Günther, 김나경 (역), "형법의 대화윤리적 근거지음의 가능성", 이상돈 (엮음), 『대화이론과 법』(법문사, 2003), 153−154쪽 참고.
4 인권의 보편성에 관한 논의로는 양천수, 『민사법질서와 인권』(집문당, 2013), 35쪽 아래.

권들이 속속 등장하고 있다는 점이다. 물론 원리적인 측면에서는 인권의 보편성을 여전히 긍정할 수 있지만 원리적인 인권이 개별적 상황에 맞추어 구체화되는 과정에서 그리고 새로운 권리들이 인권 개념에 지속적으로 포섭되면서 보편적인 성격보다는 상대적인 성격이 더욱 두드러지는 인권이 출현하는 것이다. 만약 그렇다면 인권의 보편성만을 이유로 하여 기업에 인권경영을 요청할 수는 없는 노릇이다. 왜냐하면 인권 가운데 구체적이고 상대적인 성격이 강한 권리가 있다면, 경우에 따라서는 기업이 이러한 상대성을 이유로 하여 그 권리에 대한 준수를 거부할 수도 있기 때문이다.

둘째, 인권이 보편적 권리라고는 하지만 인권은 본래 도덕적 권리라는 점이다.[5] 물론 인권 중에는 실정화를 통해 법적 권리의 지위를 누리는 경우도 있다. 이렇게 법적 권리의 성격을 가지는 인권은 당연히 기업이 준수해야만 한다. 그러나 법적 권리의 성격을 가진 인권을 준수하는 경영은 법을 준수하는 경영인 준법경영과 질적인 면에서 차이가 없다. 이 경우에는 인권경영의 고유한 측면이 사라진다. 그렇다면 준법경영과는 구별되는 인권경영의 고유한 측면은 바로 도덕적 권리의 성격을 가진 인권을 준수한다는 것이다. 그렇지만 원칙적으로 이익을 극대화하기 위해 존재하는 기업에 도덕적 성격이 강한 인권을 준수하라고 요청하는 것은, 물론 도덕적 규범성의 차원에서는 당연히 요청되는 것일 수 있지만, 이것만으로는 충분한 설득력을 지니기 어렵다. 이것을 넘어서는 또 다른 근거가 필요하다.

3. 기업의 사회적·공적 성격

기업의 인권경영의무를 더욱 확실하게 근거 짓기 위해서는 기업의 사회적·공적 성격을 강조할 필요가 있다. 필자는 기업은 단순히 사적 단체를 넘어 공적 단체의 성격을 가질 뿐만 아니라 더 나아가 공익과 인권을 실현하는 데 기여하는 체계가 되어야 한다고 생각한다.

---

5 이와 달리 인권은 도덕적 권리가 아니라 실정법상 권리라는 점을 강조하는 경우로서 J. Habermas, *Die Einbeziehung des Anderen* (Frankfurt/M., 1996), 222쪽.

(1) 기업에 관한 전통적 이해

그러나 이 같은 이해 방식은 기업에 관한 전통적 이해 방식과는 차이가 있다. 왜냐하면 전통적 이해 방식은 기업을 사적 단체로 공익이나 인권과는 무관한 것으로 파악하기 때문이다. 예를 들어 기업을 사적인 재산권의 총체로 파악하는 견해에 따르면 재산권은 사적 권리이고 기업은 이러한 사적인 재산권의 결합체이므로 공적인 성격이 강한 공익이나 인권과는 무관하다.[6] 이러한 전통적인 재산권이론을 좀 더 발전시킨 '주주중심주의'는 기업이 존재하는 이유를 주주의 이익극대화에서 찾음으로써 재산권이론과는 다른 방식으로 기업을 공익이나 인권과 분리한다.[7] 주주중심주의에 따르면 기업의 이익과는 무관한 공익이나 인권 또는 사회적 책임에 기업이 관심을 가지는 것은 주주의 이익을 훼손할 수 있으므로 지양해야 할 그 무엇이다. 법경제학적 분석으로 기업에 접근하는 최근의 시도 역시 이러한 흐름과 무관하지 않다.[8]

(2) 이해관계자 중심주의

하지만 기업을 주주의 이익을 위해서만 존속하는 것으로 파악하는 견해만 있는 것은 아니다. 주주중심주의와는 구별되는 이른바 '이해관계자 중심주의'는 기업은 주주를 포함한 다양한 이해관계인의 관계망을 통해 존속한다고 말한다.[9] 기업은 주주만으로 구성되는 것이 아니라 그밖에 다양한 이해관계인들을 필요로 한다는 것이다. 이러한 이해관계인들로 기업의 근로자, 협력업체, 지역주민, 소비자 등을 거론할 수 있다. 따라서 기업은 주주의 이익뿐만 아니라 이해관계자들의 이익을 지향해야 한다. 이를 통해 알 수 있듯이 주주중심주의는 기업이 지향해야 하는 이익의 범위를 확장한다. 쉽게 말하면 기업은 주주가 아

---

[6] 물론 이러한 이해 방식은 인권이 사적 권리와 개념적·질적으로 구별된다는 점을 전제로 한다. 그러나 필자는 이 같은 전제는 타당하지 않다고 생각한다.

[7] 이에 관해서는 신석훈, 『회사의 본질과 경영권: 경영권 방어 논쟁에 대한 법경제학적 접근』(한국경제연구원, 2008), 34-38쪽; 이동승, "주주중심주의의 의의와 한계", 『경영법률』 제22집 제2호 (2012), 181-215쪽 등 참고.

[8] 이러한 경우로 신석훈, 위의 책, 47쪽 아래.

[9] '이해관계자 중심주의'에 관해서는 이동승, "회사의 사회성", 『상사판례연구』 제18집 제4권(2005), 117-142쪽; 이동승, "기업의 사회적 책임: 법적 규제의 한계와 과제를 중심으로", 『안암법학』 제29권(2009), 304-305쪽 등 참고.

닌 다른 이들의 이익에 관심을 기울여야 한다.[10] 필자는 이러한 이익에 인권 역
시 포함된다고 생각한다.

(3) 소통의 복합체로서 기업

이러한 이해 방식은 기업을 재산권의 복합체가 아니라 소통(communication)
의 복합체(nexus)로 파악할 때 더욱 분명해진다.[11] 필자는 루만의 체계이론을 응
용하여 기업을 사회적 체계인 조직체의 한 유형으로 파악한다.[12] 재산 혹은 재
산권이 기업의 본질을 구성하는 것이 아니라 기업에 관한 소통이 기업의 본질을
구성한다. 물론 기업에 관해 중심적으로 이루어지는 소통은 계약적 소통일 것이
다. 그러나 계약주의적 회사관이 강조하는 것처럼 기업이 계약적 소통만으로 구
성되는 것은 아니다. 사회적 체계로서 작동하는 기업은 계약적 소통 이외에 비
계약적 소통 역시 포함한다. 이러한 비계약적 소통에는 기업의 조직 내부 안에
서 이루어지는 소통도 있겠지만 이외에도 좁은 의미의 기업인 회사(corporation)
와 이해관계인 사이에서 이루어지는 비계약적 소통 역시 포섭한다.[13] 사실이 그
렇다면 기업이 추구해야 하는 이익을 주주의 이익에만 한정하는 것은 너무 협소
한 생각이다. 기업의 존립 근거는 바로 소통이고 이러한 소통은 주주뿐만 아니
라 이해관계인의 소통까지 포함하는 것이라면, 기업과 이해관계인의 소통이 지
속될 수 있도록 기업이 이해관계인의 이익에도 관심을 기울여야 하기 때문이다.

(4) 기업의 공적 성격

이뿐만 아니라 기업은 공적 성격을 가진 공적 주체로 자리 잡는다. 오늘날
기업은 단순히 민사법의 규율 아래 있으면서 사익만을 추구하는 사적 주체로만
머물러 있지 않다. 기업은 점점 국가와 유사한 공적 단체로 자리매김한다.[14] 이

---

10 동반성장 주장이 이를 대표적으로 예증한다.

11 이를 지적하는 신석훈, 앞의 책, 53쪽.

12 이를 보여주는 N. Luhmann, *Organisation und Entscheidung*, 2. Aufl. (Wiesbaden, 2006); D.
Baecker, *Organisation und Management* (Frankfurt/M., 2003) 등 참고.

13 이해관계인의 소통을 기업에 관한 소통에 포함하면 기업의 내부와 기업의 외부를 어떻게 구별해
야 하는지 문제가 된다. 이 문제는 그 자체 중요한 문제로서 이 자리에서 자세히 다루기는 어렵
다. 다만 기업의 내부가 계속해서 확장되고 있다는 점은 지적할 필요가 있다.

14 필자는 공익이나 공적 주체를 해당 이익이나 주체가 공법의 규율을 받는가로 판단해서는 안 된
다고 생각한다. 규율하는 법의 형식과는 무관하게 해당 이익이나 주체의 실질적 측면을 고려해

는 현대사회에서 진행되는 구조변동과 무관하지 않다. 필자는 현대사회의 구조
변동이 지속되면서 공익과 사익이 점점 혼용되고 있고 이 때문에 그 경계가 점
점 희미해진다고 진단한 적 있다.[15] 이러한 경향을 한마디로 정리하면 다음과
같다. 오늘날 '형식적 사익화'와 '실질적 공익화'가 지속적으로 진행된다는 것이
다. 법의 형식 면에서 보면 공법의 규율 아래 있던 다수의 법적 주체들이 민영
화를 통해 사법의 규율 아래 놓이게 되었지만, 이익의 실질 면에서 보면 그 반
대로 사익의 테두리를 넘어 공적 이익화하는 경향이 강해지고 있다는 것이다.
전자의 예를 보여주는 것으로 대규모의 민영화를 언급할 수 있고 후자의 예로
는 사회법으로 대변되는 민사법의 공익화를 들 수 있다. 흔히 사회법으로는 노
동법 등을 언급하지만 필자는 기업을 규율하는 각종 법률 역시 공적 성격이 뚜
렷하게 강해지고 있다고 생각한다. 왜냐하면 기업을 규율하는 법규범에 각종
규범적 통제장치가 점점 확대되고 있기 때문이다. 회사법이나 경제법이 점점
복잡해지고 있는 것은 이를 잘 반영한다. 이는 기업이 오늘날 한 국가의 경제에
서 차지하는 비중이 점점 확장되는 점에서 볼 때 당연하다. 기업은 이제 한 사
적 주체의 문제만이 되지 않는다. 그 때문에 국가는 기업의 도산을 막기 위해
막대한 공적 자금을 수혈하기도 한다. 심지어 초국적 기업은 한 국가를 넘어 세
계 경제를 좌지우지하기에 초국적 기업의 존망은 전 세계 공동의 관심사가 되
는 지경이다.[16]

(5) 중간결론

이상의 논의에 비추어볼 때 이제 기업은 공적인 주체로서, 다양한 이해관
계인을 통해 이루어지는 소통의 복합체로서 더 이상 이해관계인의 이익에, 즉
공적 이익에 무관심해서는 안 된다. 기업은 자기 존속의 기반이 되는 이해관계
인들의 목소리에 귀를 기울이고 이들의 이익에 관심을 가져야 한다. 여기에는
당연히 인권이 포함되어야 한다.

야 한다고 생각한다.
[15] 양천수, "공익과 사익의 혼용현상을 통해 본 공익 개념: 공익 개념에 대한 법사회학적 분석",『공
익과 인권』제5권 제1호(2008), 3-29쪽 참고.
[16] 이에 관해서는 장시복,『세계화 시대 초국적기업의 실체』(책세상, 2006) 참고. 예를 들어 초국적
기업인 GM의 구조조정은 전 세계의 관심사가 되었다.

4. 준법경영의 한계

마지막으로 준법경영의 한계를 이유로 제시할 수 있다. 준법경영이란 말 그대로 법을 준수하는 경영을 말한다. 현대 민주적 법치국가에서는 어찌 보면 이 같은 준법경영만으로 충분해 보인다. 독일의 철학자 칸트가 제시한 법개념이 시사하는 것처럼 기업이 법을 준수하는 경영을 함으로써 타인의 권리를 침해하지 않는 한 기업은 자유롭게 활동할 수 있기 때문이다.[17]

그러나 준법경영에는 크게 두 가지 한계를 지적할 수 있다. 첫째, 현실과 법의 관계에 비추어볼 때 법은 언제나 현실의 변화에 시간적으로 뒤늦게 대응하는 한계를 지닌다. 그 때문에 아무리 민주적으로 정당한 법규범이라 할지라도 현실의 변화를 제때 완벽하게 고려할 수 없다. 달리 말해 현실의 요청을 법규범이 적절하게 반영하기 어려울 때가 있다. 그러므로 기업이 법을 준수하는 준법경영을 했다는 것만으로 이해관계인들의 이익을 충분히 고려했다고 말하기는 어렵다.

둘째, 경우에 따라서는 법규범이 정당하지 않은 내용을 담을 수 있다는 점을 지적할 수 있다. 예를 들어 겉으로는 법치국가의 형태를 띠고는 있지만 실질적으로는 독재국가나 권위주의 국가로 작동하고 있다면, 이러한 국가가 제정한 법규범은 합리적이면서 정의로운 내용을 담기 어렵다. 이는 군사정권이 지배하는 제3세계 국가에서 흔히 찾아볼 수 있다. 이와 같은 상황에서는 설사 초국적 기업이 해당 국가의 법률을 준수하는 준법경영을 한다 할지라도 이는, 다소 극단적으로 말하면, 독재국가의 불법에 가담하는 것이어서 정당한 경영이라 말할 수 없다. 이 같은 준법경영의 한계를 고려하면 준법경영을 넘어서는 인권경영이 필요할 수밖에 없다는 점에 공감이 갈 것이다.

---

17 칸트의 법개념에 따르면 "법이란 한 사람의 자연적 자유가 다른 사람의 자연적 자유와 자유의 일반법칙에 따라 양립할 수 있는 조건의 총체"이다. I. Kant, *Metaphysik der Sitten* (1797), *Einleitung in die Rechtslehre*, § B, 337쪽.

Ⅲ. 인권경영의 독자성

1. 사회적 책임경영과 인권경영의 구별 필요성

이어서 살펴보아야 할 쟁점으로 인권경영의 독자성 문제가 있다. 이 문제를 다룰 필요가 있는 것은, 이미 시사를 한 것처럼, 종전에는 인권경영이 기업의 사회적 책임의 한 내용으로 논의되었기 때문이다. 인권경영이 사회적 책임의 한 내용을 구성한다면 논의의 중점은 자연스럽게 사회적 책임의 필요성이나 정당성 근거에 놓이게 된다. 그러나 최근 들어서는 인권경영 문제를 사회적 책임으로 다루는 것의 한계를 지적하면서 인권경영의 독자성을 강조하는 주장이 늘어났다. 바로 이 때문에 인권경영의 독자성을 검토할 필요가 있다.

2. 사회적 책임경영과 인권경영의 차이점

어떤 점에서 사회적 책임경영과 인권경영은 차이가 있을까? 인권경영에 관해 선구적 연구를 한 조효제 교수는 다음과 같은 두 가지 측면에서 양자를 구별한다.[18] 첫째는 인권경영이 사회적 책임경영보다 더욱 강력한 규범성을 획득하고 있다는 점이다. 둘째는 사회적 책임경영이 기업을 중심으로 하는 이른바 '위로부터 이루어지는 경영'이라면 인권경영은 인간을 중심으로 하는 '아래로부터 이루어지는 경영'이라는 점이다. 이를 더욱 살펴본다.

조효제 교수는 사회적 책임경영이 다음과 같은 이유에서 인권경영보다 규범성이 약하거나 인권 문제를 해결하는 데 미흡하다고 본다. 우선 "사회책임경영이 주로 기업의 자발성에 의존하는 접근을 채택함으로써 인권실행의 핵심인 '의무성'에 대한 논의가 유보되었고, 그 결과 기업의 반사회적 활동에 면죄부를 주는 수단이 되었다"고 한다. 쉽게 말해 사회적 책임경영은 기업에 대한 부정적 여론을 무마하고 기업의 평판을 제고하는 장식적 수단이 된다는 것이다.[19] 나아가 "사회책임경영은 잘못된 전제와 해결방안에 기대고 있는 접근"이라고 한다.

---

18 조효제, "인권경영의 모색: 쟁점과 비판", 『아세아연구』 제51권 제3호(2008), 141쪽 아래.

19 이를 지적하는 송원근, "재벌체제와 기업의 사회적 책임", 『동향과 전망』 제70호(2007), 111−138쪽; 송원근, 『재벌개혁의 현실과 대안찾기』(후마니타스, 2008), 247쪽 등.

요컨대 사회적 책임경영은 기업이 유발하는 문제를 근본적으로 해결하는 데 한계를 지닌다는 것이다. 이에 관한 예로 조효제 교수는 지구온난화와 관련된 여객운송 항공산업의 탄소가스배출 문제를 언급한다. 이를테면 항공산업 기업들은 지구온난화 문제에 대응하기 위해 주로 탄소가스배출을 줄이는 데만 관심을 기울이고 있는데 이 문제를 본질적으로 해결하려면 이보다는 "항공운항의 총량을 지속가능한 수준으로 줄이고, 국제관광 운송사업량을 축소"해야 한다고 지적한다.[20] 마지막으로 "사회책임경영에 호의적인 기업인이라 하더라도 반드시 인권의식이 일관성 있고 정확하다는 보장이 없다."고 한다. 이러한 근거에서 조효제 교수는 사회적 책임경영을 규범성과 강제성의 측면에서 이보다 더욱 강한 인권경영으로 전환할 필요가 있다고 말한다.[21]

이외에도 조효제 교수는 다음과 같이 사회적 책임경영과 인권경영을 구별한다. "사회책임경영은 위에서 아래로 부여되는 하향식 접근방식"을 취하는 반면 "인권경영은 기업이 아니라 인간이 중심에 위치하는 상향식 접근방식"을 취한다는 것이다.[22] 바꿔 말해 사회적 책임경영은 기업에 의한 자율적이면서 시혜적인 책임경영이라는 성격이 강한 데 반해 인권경영은 이보다 강제성이 요청되는 타율적이면서 필수적인 경영이라는 점이다.

3. 인권경영의 독자성

(1) 공동체주의적 경영과 자유주의적 경영

필자는 위에서 소개한 조효제 교수의 구별이 상당 부분 설득력이 있다고 생각한다. 이에 더하여 필자는 정치철학적 관점을 원용하여 사회적 책임경영과 인권경영을 다음과 같이 구별할 수 있다고 생각한다. 사회적 책임경영은 공동체주의적 경영인 반면 인권경영은 자유주의적 경영이라는 점이다. 그 이유를 아래와 같이 말할 수 있다. 인권경영은 말 그대로 '권리에 근거를 둔 경영'이다. 여기에는 권리중심적 사고가 담겨 있다. 기업을 둘러싼 문제를 권리중심적으로

---

20 조효제 교수는 Chris Brazier, "To fly or not to fly?", *New Internationalist* 409, 4–9쪽을 인용한다.
21 조효제, 앞의 논문, 143쪽.
22 조효제, 앞의 논문, 145쪽.

풀어가고자 한다. 이 점에서 인권경영은 자유주의적이다. 왜냐하면 옳음(the right)을 좋음(the good)보다 우선시키는 자유주의는 권리중심적 사고에 기반을 두기 때문이다.[23] 이와 달리 사회적 책임경영은 자율적이고 시혜적인 책임이라는 주장에서 읽어낼 수 있듯이 사회에 기업이 부담해야 하는 윤리 혹은 미덕에 토대를 둔다. 사회가 요청하는 책임윤리에 부응하기 위해 기업이 행해야 하는 것이 바로 사회적 책임경영이기 때문이다. 그 점에서 사회적 책임경영의 본질을 사회공헌으로 파악하고자 하는 것은 분명 타당한 점을 담고 있다. 이 같은 근거에서 볼 때 사회적 책임경영은 미덕중심적 사고를 강조하는 공동체주의에 맞닿아 있다.[24] 사회적 책임경영은 공동체주의적 경영인 셈이다.

　　필자는 자유주의와 공동체주의의 논쟁이 보여주는 것처럼 어느 쪽이 규범적·도덕적으로 더욱 낫다고 판단하기는 어렵다고 생각한다. 인권경영이나 사회적 책임경영 모두 장점과 단점을 가지기 때문이다. 가령 인권경영은 조효제 교수가 지적한 것처럼 인간의 권리를 전면에 내세운다는 점에서 단기적으로는 더욱 강한 규범성과 강제성을 드러낼 수 있다. 이는 권리 자체가 지닌 강한 규범성에 비추어볼 때도 타당하다.[25] 또한 인권경영은 사회적 책임경영이 소홀히 할 수 있는 소수자나 소수자집단을 보장하는 데 기여할 수 있다. 왜냐하면 사회적 책임경영은 공동체적 미덕을 강조함으로써 자칫 한 공동체에서 소수에 해당하는 이들을 도외시할 수 있기 때문이다. 그러나 권리는 나와 타자를 구별하는 개별화를 전제로 하고 이 때문에 자칫 나와 타자의 대립을 유발할 수도 있다는 점에서 문제가 있다. 권리중심적 사고가 강해지면 그 반작용으로 나와 타자의 협력을 필요로 하는 연대성이 약해질 수 있다.[26] 이러한 장점과 단점은 그 반대로 사회적 책임경영에 작용한다. 이를테면 사회적 책임경영은 공동체적 미덕을

---

23 이를 지적하는 Michael J. Sandel, *Liberalism and the Limits of Justice*, second edition (Cambridge University Press, 1998), 184쪽 아래; Michael J. Sandel, *Public Philosophy: Essays on Morality in Politics* (Harvard University Press, 2005), 147쪽 아래 등 참고.

24 미덕(virtue)을 강조하는 공동체주의에 관해서는 우선 알래스데어 매킨타이어, 이진우 (역), 『덕의 상실』(문예출판사, 1997) 참고.

25 권리 개념 자체가 가지는 강한 규범성에 관해서는 김현철, "형식적 권리론: 권리의 개념구조에 대하여", 『권리와 인권의 법철학』(세창출판사, 2013), 39−41쪽.

26 이에 관해서는 조효제, 『인권의 문법』(후마니타스, 2010), 311−316쪽 참고.

중시하고 기업과 이해관계인이 서로 타자가 아니라는 점을 강조함으로써 사회적 연대성을 제고하는 데 이바지할 수 있다. 동반성장은 이를 예시적으로 보여준다. 이와 달리 사회적 책임경영은 자칫 공동체적 미덕이라는 이름 아래 각 개인의 인권을 억압하거나 최소한 무시할 수도 있다.

이렇게 볼 때 인권경영과 사회적 책임경영 가운데 어느 쪽이 더욱 낫다고 단선적으로 판단하기는 어렵다. 다만 권위주의적 집단주의와 좋음을 강조하는 공동체주의가 분명하게 구별되지 않는 현재 상황에서는 각 개인의 인권을 보장하고 증진한다는 측면에서 인권경영에 더욱 강조점을 두어야 하지 않을까 생각한다.

(2) 준법경영과 인권경영 및 사회적 책임경영의 관계

이상의 논의에 비추어볼 때 필자는 준법경영과 인권경영 및 사회적 책임경영의 관계를 다음과 같이 설정할 수 있다고 생각한다. 준법경영의 외연이 가장 좁고, 인권경영이 준법경영보다는 외연이 더 넓으며, 사회적 책임경영은 이러한 인권경영보다 더욱 넓은 외연을 지닌다.

도식-4 준법경영·인권경영·사회적 책임경영의 관계

준법경영 < 인권경영 < 사회적 책임경영

그 이유를 다음과 같이 말할 수 있다. 인권경영이 준법경영보다 더욱 넓은 외연을 가지는 것은 분명하다. 왜냐하면 인권경영은 준법경영과는 달리 법규범이 정하지 않은 도덕적 인권 역시 준수 대상에 포함하기 때문이다. 바로 이 점에서 준법경영을 넘어서는 인권경영의 독자적 의미가 있다는 점은 이미 언급하였다. 그러면 어떤 점에서 사회적 책임경영이 인권경영보다 더욱 넓은 외연을 지닐까? 이는 일단 자유주의와 공동체주의의 관계에서 그 근거를 이끌어낼 수 있다. 옳음을 좋음보다 우선시하는 자유주의와는 달리 공동체주의는 좋음이 더욱 근원적인 것이라고 본다. 쉽게 말해 권리 역시 좋음이 구현된 것이라고 한다. 이외에도 공동체주의는 좋음이 구현된 것으로 '자격' 등을 언급한다.[27] 이렇

---

[27] 마이클 샌델, 『정의란 무엇인가』(김영사, 2010), 259쪽 아래.

게 보면 공동체주의가 자유주의보다 더욱 넓은 외연을 가진 것은 분명해 보인
다. 이를 반영하듯 실제로 사회적 책임경영의 내용으로는 이해관계인의 인권을
보장하는 것 이외에도 이들에게 시혜적인 공헌을 하는 것을 포함한다.

Ⅳ. 인권경영의 인권이론적 기초

1. 논의 필요성

위에서 필자는 다양한 근거, 특히 기업의 사회적·공적 성격을 언급하면서
인권경영의 필요성을 논증하였다. 그러나 이것만으로는 인권경영을 둘러싼 이
론적 문제를 충분히 해결할 수 없다. 그 이유는 다음과 같다. 역사적으로 보면
인권 개념은 국가에 대한 대항 개념으로서 등장하였다.[28] 절대권력을 지닌 국가
또는 군주로부터 각 개인의 근원적 이익을 보장하고자 인권 개념이 태동하고
사용되었다. 이처럼 인권은 전통적으로 국가에 대한 방어권으로서 기능을 수행
하였다. 그러나 잘 알려진 것처럼 인권경영을 둘러싼 문제는 이와 다른 구조를
가진다. 국가와 인권주체의 대립이라는 수직적 갈등이 아니라 사적 주체인 기
업과 역시 사적 주체인 시민 사이의 대립이라는 수평적인 갈등이 문제가 된다.
이 때문에 국가에 대항하기 위한 인권을 정초하기 위해 개발된 종전의 인권이
론은 인권경영에 관한 문제에 그대로 적용하기 어렵다.

2. 기존의 인권이론

이 문제를 해결하기 위해 기존에는 크게 두 가지 이론을 사용하였다. 기본
권의 대사인적 효력이론과 국제인권법의 수평적 효과이론이 그것이다. 기본권
의 대사인적 효력이론은 주로 헌법학자들이 인권경영의무를 근거 지을 때, 국
제인권법의 수평적 효과이론은 국제인권법학자들이 특히 초국적 기업의 국제인
권 준수의무를 근거 지을 때 사용하였다.[29]

---

[28] 인권의 역사에 관한 간략한 개관으로는 최현, 『인권』(책세상, 2009) 참고.
[29] 국제인권법의 수평적 효과이론에 관해서는 정경수, "다국적기업의 인권의무 확립을 위한 국제법
적 모색: 국제인권법의 수평적 효과를 중심으로", 『민주법학』 제22호(2002), 211–242쪽.

기본권의 대사인적 효력이론에 따르면 헌법상 기본권규범은 기업과 사적인 인권주체 사이에서 형성되는 사법적 관계에 직접적 또는 간접적으로 적용된다.[30] 따라서 기업은 민사법상 기본원리인 사적자치에 따른 무제약적인 계약형성의 자유를 누릴 수 있는 것이 아니라 헌법이 마련한 기본권규범에 합치하는 범위 안에서만 계약형성의 자유를 누릴 수 있을 뿐이다.

이에 대해 국제인권법의 수평적 효과이론은 원칙적으로 국가와 같은 공법인만을 국제법상 의무의 주체로 인정하는 국제법이론과는 달리 국제인권규범은 사법인인 기업에도 직접 적용할 수 있다고 한다. 국제인권법은 초국적 기업과 사적 인권주체 사이에서 형성되는 사법적 관계에도 수평적으로 적용되고 따라서 초국적 기업 역시 국제인권규범을 준수해야 한다는 것이다. 이 두 이론은 국내적 차원과 국제적 차원에서 각각 인권경영을 이론적으로 근거 짓는 데 유용하게 활용되는 것으로 보인다.

3. 새로운 인권이론의 필요성

그러나 필자는 이러한 인권이론들이 인권경영을 둘러싼 문제들을 완전히 해결하는 데는 미흡하다고 생각한다. 일단 기본권의 대사인적 효력이론을 인권경영 문제에 직접 적용하는 것은 다음과 같은 점에서 문제가 있다. 첫째, 인권과 기본권을 개념적으로 구별한다면, 비록 그 구조가 거의 유사하다 할지라도, 기본권을 대상으로 하여 성장한 기본권의 대사인적 효력이론을 기업과 사적 주체의 인권문제에 직접 적용하는 것은 적절하지 않다.[31] 둘째, 기본권의 대사인적 효력, 그중에서도 간접적용설은 기업에 대응하는 사적 기본권주체의 기본권을 더욱 보장하기 위해 제안된 이론이라기보다는 오히려 사적자치를 존중한다는 명목 아래 기업의 자율성에 더욱 무게중심을 두고자 제안된 것으로 볼 수 있다.[32] 셋째, 기업의 사적 자율성과 사적 인권주체의 인권이 충돌하는 문제는

---

30 기본권의 대사인적 효력이론 중에서 직접적용설을 취하면 헌법상 기본권규범이 민사법적 관계에 직접적으로, 이와 달리 간접적용설을 취하면 민사법이 규정한 일반조항을 매개로 하여 간접적으로 적용된다. 이에 관해서는 이준일, 『헌법학강의』 제3판(홍문사, 2008), 434쪽.

31 인권과 기본권의 구별에 관해서는 양천수, 앞의 책, 24쪽 아래.

32 이를 보여주는 경우로 백경일, "헌법규정이 사적 법률관계에서 고려될 수 있는 한계: 기본권규정

엄밀히 보면 서로 성질이 다른 기본권과 인권이 충돌하는 문제라고 할 수 있는데 이렇게 기본권과 인권이 충돌하는 경우 이를 어떻게 해결해야 할지를 기본권의 대사인적 효력이론은 설득력 있게 보여주지 못한다. 이 같은 이유를 고려할 때 기본권의 대사인적 효력이론을 인권경영 문제에 그대로 적용하는 것은 타당하지 않다.

그러면 국제인권법의 수평적 효과이론은 인권경영 문제를 충분히 해결할 수 있을까? 국제인권법의 수평적 효과이론은 원래부터 인권을 대상으로 한다는 점에서 기본권의 대사인적 효력이론보다는 더욱 수월하게 인권경영을 둘러싼 문제에 적용할 수 있다. 하지만 이 경우에도 두 가지 이론적 문제를 거론할 수 있다. 첫째는 국제인권규범을 관철할 수 있는 국제인권레짐이 아직 충분하지 않다는 점이다.[33] 둘째는 기본권의 대사인적 효력이론뿐만 아니라 국제인권법의 수평적 효과이론은, 독일의 법사회학자 토이브너의 용어를 빌려 말하면, 여전히 '분할적 기본권 개념'에 바탕을 둔다는 점이다.

4. 토이브너의 인권 구상으로서 익명의 매트릭스

(1) 문제점

구체적으로 어떤 경우에 기존의 인권이론이 허약한 것일까? 이는 아래와 같은 사례가 설득력 있게 보여준다.

사례

미국에 본사를 둔 A인터내셔널은 새로운 사업 아이템으로 원유개발에 집중하기로 하였다. 이에 서로 협력관계를 구축할 아프리카의 산유국을 물색하던 중 평소 거래관계를 맺고 있던 B국과 원유개발사업을 공동으로 추진하기로 합의하였다. 당시 B국은 군사독재정부가 정권을 장악하고 있었다. B국가의 승인 아래 A인

의 직접적용 또는 남용에 대한 경계", 『소수자 보호의 헌법적 법리와 인권정책: 제57회 안암법학회 2013년 추계학술대회 자료집』(2013. 12. 7), 85쪽 아래. 이 때문에 사적 주체의 기본권을 더욱 강도 높게 보장하기 위해 기본권의 직접적용을 주장하는 직접적용설이 제시되기도 한다.

[33] 이 문제는 아래 제14장 Ⅴ.에서 상세하게 다룬다.

터내셔널은 원유개발을 시작하였고 이를 성공적으로 추진하기 위해 원유가 생산
되는 곳 주변의 토지를 B국가로부터 원래 시세보다 저렴한 가격으로 매수하였다.
해당 토지는 원래 B국가가 소유하고 있던 국유지였다. 그런데 해당 토지에는 원
유가 생산되기 이전부터 토착민들이 거주하고 있었다. 이들은 해당 토지에서 농
사를 지으면서 생계를 유지하고 있었다. 원유가 발견되기 이전에는 해당 토지가
그리 쓸모가 없었기 때문에 B국은 소유권을 행사하지 않고 토착민들이 농사를 짓
는 것을 묵인하고 있었다. 그러나 유정(油井)이 개발되고 이에 따라 해당 토지가
A인터내셔널에 양도된 이후 A인터내셔널은 해당 토지에 정유시설을 건설한다는
이유로 토착민들을 쫓아내고 말았다. 이 과정에서 약간의 물리적 충돌이 있기는
했지만 A인터내셔널의 소유권 행사는 B국이 인정한 법의 범위 안에서 합법적으
로 이루어졌다. 이로 인해 토착민들은 오갈 데도 없는 난민 신세가 되어 심각한
생존위협에 빠지고 말았다. 평소 B국 군사정부의 인권탄압을 문제 삼던 C인권단
체는 이 과정을 지켜본 후 A인터내셔널이 토착민들의 인권을 침해했다는 이유로
소를 제기하기로 하였다.

필자는 종전의 인권이론으로는 위 사례를 적절하게 해결하기 어렵다고 생
각한다. 그 이유를 설명하기 위해서는 먼저 토이브너의 새로운 인권 구상을 소
개할 필요가 있다.

(2) 분할적 기본권 개념과 생태적 기본권 개념

그 누구보다도 선구적으로 루만의 체계이론을 법영역에 수용한 토이브너
는 인권 역시 체계이론의 바탕 위에서 새롭게 재구성한다.[34] 여기서 인권이론에
체계이론을 도입한다는 것은 행위모델이 아닌 소통모델의 토대에서 인권을 재
해석한다는 것을 뜻한다. 토이브너는 체계이론의 기반 위에서 '분할적 기본권

---

[34] 토이브너의 인권이론에 관해서는 우선 G. Teubner, "Die anonyme Matrix: Zu Menschen-
rechtsverletzungen durch 'private' transnationale Akteure", in: *Der Staat* 44 (2006), 165쪽 아래. 이
의 우리말 번역으로는 G. Teubner, 홍성수 (역), "익명의 매트릭스: '사적' 초국적 행위자에 의한
인권침해", 『인권이론과 실천』 제6호(2009), 45−70쪽. 토이브너의 인권이론을 소개하는 문헌으
로 홍성수, "인간이 없는 인권이론?: 루만의 체계이론과 인권", 『법철학연구』 제13권 제3호(2010),
268쪽 아래 참고.

개념'(divisionale Grundrechtskonzepte)과 '생태적 기본권 개념'(ökologische Grund-rechtskonzepte)을 구별한다.[35] 여기서 분할적 기본권 개념이란 '전체/부분'이라는 구별에 바탕을 둔 것으로, 전체 사회를 개별적인 주체로 분할하고 이렇게 분할된 주체를 기본권 주체로 설정하여 기본권을 파악하는 것을 말한다. 지금까지 제시된 기본권이론 및 인권이론이 대부분 분할적 기본권 개념에 속한다. 분할적 기본권 개념에 따르면 분할된 각각의 기본권 주체는 소통으로 연결되지 않은 개별적이고 고립된 주체이다. 각 기본권 주체는 소통이 아닌 행위로 연결된다. 이 점에서 분할적 기본권 개념은 '전체/부분'이라는 구별과 연결되면서도 '주체/객체 모델' 그리고 행위모델과 관련을 맺는다. 여기에서는 주체와 행위가 전면에 등장한다.

이러한 분할적 기본권 개념은 전체인 국가와 개별 분할체인 기본권 주체 사이의 대립과 충돌을 염두에 두면서 기본권을 국가에 대항하는 수단으로 파악한다. 따라서 기본권은 한편으로는 소송을 다른 한편으로는 국가에 대한 저항과 폭력을 정당화하는 수단이 된다. 또한 기본권은 전체 사회의 자원인 권력, 자본, 지식 등을 균형 있게 배분하는 데 기여한다. 이러한 분할적 기본권 개념에 따르면 기본권의 대사인적 효력이나 국제인권법의 수평적 효과이론은 기본권 주체와 주체의 충돌 혹은 기본권적 행위와 행위의 충돌을 그 대상으로 한다.

이와 달리 생태적 기본권 개념은 전체 사회가 사회의 부분체계로 구성되고 이러한 사회의 부분체계들은 소통으로 구성된다는 주장을 이어받아 행위가 아닌 소통 그 자체를 기본권의 중심 개념으로 설정한다.[36] 행위를 하는 행위주체가 기본권의 주체가 아니라 각각 독자적인 소통을 생산하는 사회의 부분체계들, "집단으로 인격화되지 않은 자립화된 소통절차"가, 만약 주체라는 개념을 쓸 수 있다면, 기본권의 주체가 된다.[37] 이러한 생태적 기본권 개념에 따르면

---

[35] 토이브너는 기본권과 인권을 개념적으로 구별한다. 토이브너에 따르면 각 사회적 체계 안에서 인정되는 권리가 기본권에 해당하고 사회적 체계 밖에 존재하는, 다시 말해 사회적 체계로부터 배제된 인간 그 자체에 대한 권리가 인권에 해당한다. 이러한 인권은 사회적 체계가 그 경계를 넘는 것에 소극적 한계로 작용한다.

[36] 아래의 내용은 G. Teubner, 홍성수 (역), 앞의 논문, 52쪽 아래 참고.

[37] G. Teubner, 홍성수 (역), 앞의 논문, 63쪽. 물론 엄밀한 의미에서 보면 생태적 기본권 개념에서는 '주체'라는 개념을 사용할 수 없다. 위의 언명은 필자가 비유적으로 사용한 것이다.

기본권은 일차적으로 각각 자립화된 소통절차들이 고유한 기능을 수행할 수 있도록 그 경계를 명확하게 획정하는 기능을 한다. 기본권은 각 소통절차들이 그 경계를 넘어 무한정 팽창하는 것을 저지해야 한다. 또한 자립화된 소통절차 안으로 포함된 인격체들이 각 소통절차에 원활하게 참여하고 소통을 생산하는 데 이바지한다. 이 같은 생태적 기본권 개념에 따르면 기본권의 대사인적 충돌 문제는 바로 서로 다른 소통과 소통이 충돌하는 경우에 해당한다.

(3) 인간과 인격의 분리

이때 지적해야 할 점이 있다. 토이브너 자신은 인간(Mensch)과 인격(Person)을 개념적으로 구별한다는 점이다.[38] 인간은 생물학적 몸과 정신을 갖춘 존재로서 우리가 경험적으로 느낄 수 있는 인간 그 자체를 말한다. 이러한 인간 개념은 아직 자립화된 소통절차 또는 익명의 매트릭스에 포함되지 않는 존재이다.[39] 생명정치에서 강조하는 '벌거벗은 몸' 그 자체가 바로 인간에 해당한다.[40] 이에 대해 인격이란 자립화된 소통절차에 포함된 존재를 말한다. 체계이론에 따르면 인간 그 자체는 체계의 환경에 지나지 않기에 인간은 오직 소통을 통해서만 각각의 사회적 체계에 포함될 수 있을 뿐이다. 따라서 인간은 인격체로 구성되어 자립화된 소통절차에 참여할 수 있을 뿐이다.[41] 이러한 인격체는 각각의 소통절차에 따라 각기 다른 모습으로 구성된다.

(4) 기본권과 인권의 분리

이러한 맥락에서 토이브너는 기본권과 인권도 구별한다. 생태적 기본권 개념에 따라 토이브너는 세 가지 권리를 구별한다.[42] '제도적 기본권'(institutionelles Grundrecht), '인격적 기본권'(personales Grundrecht) 그리고 '인권'(Menschenrecht)이 그것이다.

---

38 물론 이러한 구별은 근대법의 전통에 상응하는 것이기도 하다.
39 독일의 법철학자 마이호퍼(Werner Maihofer)의 개념을 원용하면 이러한 인간 개념은 '자기존재'(Selbstsein)에 상응한다. 베르너 마이호퍼, 심재우 (역), 『법과 존재』(삼영사, 1996), 133쪽.
40 이를 문제 삼는 조르조 아감벤, 박진우 (옮김), 『호모 사케르: 주권권력과 벌거벗은 생명』(새물결 출판사, 2008) 참고.
41 마이호퍼의 '로서의 존재'(Alssein)가 이에 상응한다. 베르너 마이호퍼, 앞의 책, 147쪽.
42 아래의 내용은 G. Teubner, 홍성수 (역), 앞의 논문, 64−65쪽 참고.

먼저 제도적 기본권이란 "소통 매트릭스들의 통합화 경향에 맞서 사회적 담론의 자율성, 즉 예술, 과학, 종교의 자율성이 이러한 통합화 경향에 정복되지 않도록 보호하는 권리"를 말한다.**43** 나아가 인격적 기본권이란 "제도에 귀속된 것이 아니라 인격체(Personen)라고 불리는 사회적 인공물에 귀속되는 소통이 사회 안에서 자율성영역을 확보할 수 있도록 보호하는 권리"를 뜻한다. 마지막으로 인권이란 "경계를 넘어서는 소통 매트릭스에 의해 정신·육체의 통합성이 위협받을 때 사회적 소통에 대한 소극적 한계로서 기능을 수행하는 권리"를 말한다. 이를테면 학문체계나 예술체계 또는 종교체계가 제대로 작동할 수 있도록 기능을 수행하는 학문의 자유, 예술의 자유, 종교의 자유와 같은 기본권이 제도적 기본권에 해당한다. 또한 의사표현의 자유나 정치적 자유 등이 인격적 기본권에 속한다. 마지막으로 인권으로는 우리 인간의 생존과 직결된 생존권 등을 언급할 수 있다. 그런데 토이브너에 따르면 특정한 기본권이 한 가지 속성만을 가지는 것은 아니다. 제도적 기본권과 인격적 기본권 그리고 인권의 성격을 모두 가질 수 있다. 물론 한 차원의 권리적 성격만을 가지는 기본권도 있다.

여기서 알 수 있듯이 토이브너는 제도적 기본권이나 인격적 기본권과 같은 기본권과 인권을 개념적으로 구분한다. 전자는 체계 안, 즉 소통절차 그 안에서 문제가 되는 권리인 반면, 후자는 소통절차 밖에 존재하는 생물학적 인간 그 자체와 관련을 맺는다. 달리 말해 제도와 인격을 보호하는 권리가 기본권이라면 아직 소통으로 가공되지 않은 인간 그 자체를 보호하는 권리가 인권인 것이다.**44**

(5) 토이브너 인권이론의 실천성

이와 같은 토이브너의 인권이론은 어떤 점에서 실천성을 가질까? 이것은 단지 새로운 시각에서 인권을 이론적으로 설명하는 것에 그칠까? 쉽게 말해 이론적 현학성을 보여주는 것에 불과할까? 그렇지는 않다고 생각한다. 토이브너의 이론은 초국적 기업과 사적 주체가 충돌하는 경우, 특히 초국적 기업이 준법경

---

43 번역은 홍성수 교수의 번역을 기본으로 하되 약간의 수정을 하였다.
44 이러한 구별은 권리 그 자체가 여전히 도덕적 권리인가 아니면 이미 실정화된 권리인가로 이루어지는 것이 아니라 권리가 보호하려는 대상에 따라 이루어진다.

영을 한다는 미명 아래 사적 주체들의 (기본권이 아닌) 인권 그 자체를 위협할 때 빛을 발한다. 이는 위에서 제시한 《사례》에서 극명하게 드러난다. 위 사례는 토이브너의 용어로 말하면 소통절차로 이루어진 익명의 매트릭스와 생물학적 인간이 충돌하는 경우라고 볼 수 있다.

위의 사례와 관련하여 다음과 같은 문제를 생각해 보자. 만약 당신이 C인권단체의 대표변호사라 하자. 당신은 가능한 한 모든 소송 수단을 사용하여 A인터내셔널이 토착민들의 인권을 침해했다는 것을 내용으로 하는 소를 제기하고자 한다. 그런데 당신은 A인터내셔널을 피고로 한 인권소송을 제기하기 전, 사전화해의 가능성을 모색하기 위해 A인터내셔널의 고문변호사 D에게 A인터내셔널이 인권침해를 이유로 피소될 수 있다는 취지의 서면을 보냈다. 이에 고문변호사 D는 자기가 판단하는 한 A인터내셔널은 B국이 마련한 법을 철저하게 준수한 준법경영을 하였으므로 위법한 행위를 한 경우가 없고, 따라서 토착민에 손해배상을 해야 할 법적 의무도 없다는 취지의 답변서를 보내왔다고 하자. 그러면 이때 당신은 어떻게 대응해야 할까?

사실 당신이 전통적인 법도그마틱에 정통한 변호사라면 이 소송의 승산이 크지 않다는 점을 직감할 것이다. 왜냐하면 변호사 D가 강조하는 것처럼 일단 A인터내셔널은 외견상 B국이 제정한 법을 위반하지 않았으며, 따라서 토착민들의 인권을 직접적으로 침해했다고 보기 어렵기 때문이다. 전통적인 분할적 기본권 개념에 따라 A인터내셔널이 토착민들의 인권을 침해했다는 결론을 이끌어낼 수 있으려면 A인터내셔널의 행위가 민사법상 불법행위를 구성하거나 형법상 범죄가 되어야 한다. 그렇기 위해서는 기본적으로 A인터내셔널의 행위가 위법한 행위이어야 하고 이러한 위법한 행위와 토착민들의 인권침해 사이에 인과관계 또는 객관적 귀속관계가 성립해야 한다.[45] 그러나 A인터내셔널의 행위 자체가 B국이 제정한 법규범의 합법적 테두리 안에서 이루어진 것이기에 행위의 위법성 자체를 인정하기 어렵다. 따라서 분할적 기본권 개념만으로는 A인터내셔널이 토착민의 인권을 침해했다고 확정적으로 말하기 어렵다.

---

[45] 이를테면 성낙현, 『형법총론』 제2판(동방문화사, 2011), 132쪽 아래.

바로 이 지점에서 생태적 기본권 개념이 빛을 발할 수 있다. 왜냐하면 생태적 기본권 개념에 따르면 위 사례에서는 A인터내셔널의 행위 그 자체가 문제되는 것이 아니라 A인터내셔널에 귀속되는 경제적 이익 지향의 소통절차 자체가 문제가 되기 때문이다. 유전개발을 둘러싼 경제적 소통절차 자체가 그 경계를 넘어 비정상적으로 팽창함으로써 토착민이라는 생물학적 인간의 생존 자체를 위협하고 있다고 말할 수 있다. 물론 여기에는 군사독재정부가 지배하는 B국의 왜곡된 정치체계와 법체계 역시 한몫한다. B국의 정치체계 안에서 이루어지는 소통이 경제적 논리에 의해 왜곡되고 이로 인해 정치체계와 경제체계의 기능적 분화가 장애를 겪게 되면서 결과적으로 B국의 법적 소통절차도 문제를 야기한다. 민주적 법치국가라면 위법으로 판단해야 할 소통절차들을 B국에서는 합법으로 판단하는 것이다. 이 때문에 A인터내셔널의 행위가 적법한 행위로 판단되고 있다. 이렇게 인권의 중점을 A인터내셔널의 행위가 아닌 소통절차 그 자체에 두면 위 사례에서는 A인터내셔널을 둘러싼 경제적, 정치적, 법적 소통이 모두 왜곡되어 있고, 이렇게 왜곡된 소통절차들로 이루어진 익명의 매트릭스가 토착민들의 인권을 침해하고 있다고 말할 수 있다. 이 같은 법적 논리를 원용하면 변호사인 당신은 가능한 한 모든 소송 수단을 이용한 소를 제기할 수 있을 것이다.

5. 중간결론

이처럼 토이브너의 생태적 기본권 개념은 인권경영을 둘러싼 문제를 해결하는 데 유용한 이론적 자원이 될 수 있다. 그러나 토이브너의 인권 구상이 종전의 분할적 인권 개념을 완전히 대체할 만한 실천적 유용성을 지닌다고 말할 수는 없다. 왜냐하면 생태적 기본권 개념은 여전히 요건 면에서 볼 때 구체적인 법적 논리로 사용하기에는 미흡한 점을 가지고 때문이다. 이를테면 구체적으로 어떤 경우에 어떤 요건이 충족되었을 때 소통절차 자체가 타자의 인권이나 기본권을 침해했다고 명확하게 말하지는 못하기 때문이다. 이에 필자는 민사법상 위험책임 도그마틱처럼 사회적으로 큰 영향력을 행사하는 초국적 기업으로서 경제적 소통절차를 생산하는 데 본질적인 기여를 하는 때에는, 비록 이 기업이

외견적으로는 합법적 행위를 했다 하더라도 이해관계인의 인권에 중대한 영향을 미치는 경우, 인권침해를 인정할 수도 있지 않을까 생각한다. 그러나 이러한 주장을 현재의 법원이 받아줄지 역시 의문이다. 이 때문에 필자에게 토이브너의 인권 구상은 오히려 소송과 같은 사후적 방안보다는 구조개선정책과 같은 사전적 방안에 더욱 주안점을 두라는 요청으로 들리기도 한다.[46] 이러한 까닭에서 필자는 여전히 분할적 기본권 개념이 필요하고 토이브너의 생태적 기본권 개념은 예외적인 경우에만 사용할 수 있는 게 아닌가 생각한다.

V. 인권경영에 대한 규제방안

1. 인권경영에 대한 규제체계

마지막으로 기업이 준수해야 하는 인권경영의무를 어떻게 규제할 수 있는지에 관해 검토한다. 기업의 인권경영의무를 규제하는 방안으로는 크게 다음을 고려할 수 있다.[47]

- 기업이 자율적으로 인권경영의무를 준수하는 것,
- 기업에 자발적인 시민단체(NGO) 또는 시장 등이 압력을 행사하는 것,
- 기업을 국가인권기구가 규제하는 것,
- 기업을 헌법이나 국내 인권법, 노동법 등 국가법이 규제하는 것,
- 기업을 ILO나 WTO 같은 초국가적 인권기구가 규제하는 것,
- 기업을 UN과 같은 국제인권기구가 규제하는 것 등.

---

[46] 이에 관해 토이브너의 생태적 기본권 개념에 상응하는 법적 제도로 '인권영향평가제도'를 거론할 수도 있을 것이다. 인권영향평가제도는 일정한 행위나 사업 등이 주변 영역의 인권에 미치는 영향을 총체적으로 평가하는 것을 목적으로 하기 때문이다. 인권영향평가제도에 관한 소개로는 박규수, "인권영향평가제에 관한 소고", 『인권이론과 실천』 제14호(2013), 161쪽 아래.

[47] 이에 관해서는 홍성수, "기업과 인권에 대한 국제사회의 대응: 최근 UN의 논의에 대한 비평", 『법학논총』 제35권 제2호(2011), 78쪽; 김분태·손태우, "다국적 기업의 사회적 책임에 관한 연구: 다국적 기업의 자율규제를 중심으로", 『법학연구』(부산대) 제63호(2010), 674−782쪽; 홍성필, "다국적 기업의 인권책임: 의의와 집행을 중심으로", 『인권과 정의』 제384호(2008), 49−54쪽; Surya Deva, *Regulating Corporate Human Rights Violations: Humanizing Business* (Routledge, 2012) 등 참고.

이러한 규제방안은 다음과 같이 범주화할 수 있다. 우선 국내법에 기반을 둔 규제방안과 국제법 혹은 초국가적 법에 기반을 둔 규제방안을 들 수 있다. 나아가 강제적인 법규범을 동원하지 않는 자율적 규제방안과 법규범을 동원한 타율적 규제방안을 거론할 수 있다.

2. 초국가적 영역에서 자율규제와 타율규제의 대립

그런데 인권경영에 대한 규제에 관해서는 특히 초국적 기업의 인권경영의무에 대한 규제가 문제가 된다. 달리 말해 초국가적 영역에서 기업의 인권경영의무를 어떻게 규제할 것인지가 쟁점이 된다. 필자는 국내법적 차원에서는 기업의 인권경영의무에 대한 규제가 그리 큰 문제가 되지 않는다고 생각한다. 왜냐하면 국가가 민주적 법치국가의 체제를 갖추고 있다면 기업의 인권경영의무를 규제하기 위한 법적 규제체계 역시 갖춘 경우가 많기 때문이다. 우리의 경우에도 물론 여전히 부족한 부분이 있기는 하지만 헌법상 기본권 등을 원용하면 기업의 인권경영의무를 효과적으로 규제할 수 있다. 그렇지만 한 국가의 경계를 넘어서는 초국적 기업의 경우에는 이를 규제할 만한 규제체계가 현재로서는 마땅히 마련되어 있지 않다. 무엇보다도 예시사례의 경우처럼 해당 국가가 초국적 기업과 결탁하여 해당 국민의 인권을 침해하는 때에는 해당 국가의 국내법적 규제체계가 무력할뿐더러, 이를 규제할 수 있는 초국가적 규제체계 역시 충분히 마련되어 있지 않다. 이 때문에 일부에서는 미국의 「외국인불법행위청구법」(ATCA)과 같은 국내법적 규제방안을 초국가적 영역까지 확장하여 초국적 기업을 규율하고자 한다.[48]

이처럼 초국가적 영역에서는 기업의 인권경영의무를 규제할 만한 확고한 체계가 현재 정비되지 않아 이에 대한 규제정책을 어떻게 추진할 것인지에 관해 크게 자율규제와 타율규제(법적 규제주의)가 대립한다. 자율규제는 말 그대로 기업이 자율적으로 인권경영의무를 준수하도록 해야 한다고 말한다. 전 UN 사무총장 코피 아난(Kofi Annan)이 주도하여 2000년에 발족한 글로벌콤팩트(Global

---

48 이에 관해서는 제철웅, "한국 기업의 인권경영 현황", 『국가인권위원회 2013년 제2회 인권경영포럼 및 제68회 한국비교공법학회 학술대회 자료집』(2013. 7. 30), 94−96쪽 참고.

Compact)나 지난 2005년 "인권과 초국적 기업 그리고 기타 사업체 문제를 위한 UN 사무총장 특별대표"(Special Representative of the UN Secretary-General on the Issue of Human Rights and Transnational Corporations and other Business Enterprises)로 임명된 하버드대학 케네디스쿨의 존 러기(John Ruggie) 교수가 2008년과 2011년에 마련한 「보호, 존중, 구제: 기업과 인권에 대한 프레임워크」(Protect, Respect and Remedy: A Framework for Business and Human Rights) 및 「기업인권 이행원칙」(Guiding Principles on Business and Human Rights: Implementing the United Nations 'Protect, Respect and Remedy' Framework)이 이러한 자율규제를 표방한 대표적인 인권규범에 해당한다. 이에 대해 2003년 UN 인권위원회(Commission on Human Rights) 산하의 인권증진-보호 소위원회(Sub-Commission on the Promotion and Protection of Human Rights)가 채택한 그러나 공식적으로 제정되지는 못한 UN 기업인권규범(안)이 법적 강제주의를 대변하는 인권규범에 해당한다.[49] 물론 법적 강제주의를 취하는 경우에도 그 정도를 어떻게 할 것인지, 이를테면 각 기업에 보고의무만을 부과할 것인지 그게 아니면 법적 이행절차까지 도입할 것인지에 관해서는 견해가 대립한다. UN 기업인권규범(안)의 경우에는 각 기업에 보고의무만을 부과하는 약한 법적 강제주의를 채택하였다. 그러나 UN 인권이사회는 이렇게 약한 법적 강제주의를 도입한 UN 기업인권규범(안)을 채택하지 않고 그 대신 자율주의를 강조한 존 러기 교수의 「기업인권 이행원칙」을 채택하였다. 따라서 현재로서는 자율주의가 기업의 인권경영의무 규제방안에 대한 지배적인 흐름이 된다고도 말할 수 있다.

3. 초국적 기업의 인권경영의무에 대한 규제 방향

(1) 자율규제의 한계

하지만 자율규제의 방식으로만 기업의 인권경영의무를 규제하는 것은 타

---

[49] 이의 소개로는 이상수, "기업과 인권이슈에 대한 국제사회의 대응: 유엔 기업인권규범 및 기업인권 이행지침의 재평가", 『법과 사회』 제44호(2013), 102쪽 아래; 존 러기, 이상수 (옮김), 『기업과 인권』(필맥, 2014) 등 참고. '기업인권 이행원칙'은 '기업인권 이행지침'으로 번역되는 경우가 더 많지만 여기서는 이상수 교수의 번역을 따라 '이행원칙'으로 한다.

당하지 않다.[50] 자율규제 방식을 고집하면 인권경영의무의 고유한 규범적 의미
가 퇴색할 것이다. 그렇게 되면 사회적 책임경영과 인권경영을 굳이 구별해야
할 필요 역시 사라진다. 물론 그렇다고 해서 기업의 인권경영의무를 강제하는
법적 강제 장치를 도입하는 것도 그리 설득력 있는 방안이라고는 생각하지 않
는다. 이는 현실적으로 곤란할 뿐만 아니라 인권경영을 제대로 실현하는 데 장
애가 될 수 있다. 진정한 인권경영은 기업의 자발성을 전제로 할 수밖에 없기
때문이다. 이 점에서 조효제 교수가 제안한 '문화접변' 방식이나 사회적 책임경
영을 규제하기 위한 방안으로 제안된 '메타 규제' 방식이 한 대안이 될 수 있
다.[51] 이러한 방안들은 자율규제와 타율규제를 적절하게 혼합하는 특징을 가진
다. 그런 의미에서 약한 법적 강제주의라고 말할 수 있다.

  (2) 현재의 방안

  UN이 자율규제를 채택한 현재로서는 초국적 기업 등을 규제할 수 있는 직
접적 방안을 모색하기 어렵다. 따라서 UN이 다음과 같은 방안을 적극 강구해야
한다. UN이 문제가 되는 초국적 기업을 관할하는 국가에 압력을 행사하는 방안
이다. 위 사례의 경우에는 UN이 B국에 정치적 압력을 행사함으로써 B국이 초
국적 기업인 A인터내셔널을 규제하도록 하는 방안을 모색할 수 있다. 해당 국
가가 국가인권기구를 확보한 경우에는 이러한 국가인권기구를 적극 활용하는
것도 현실적 방안이 될 수 있다.

  (3) 장기적 방안으로서 초국가적 인권레짐의 가능성

  필자는 기업의 인권경영의무를 규제하는 효과적인 방안으로 장기적으로는
초국가적 인권레짐을 조직화하는 것이 필요하다고 생각한다.[52] 여기서 레짐

---

50 이와 달리 존 러기의 작업에 긍정적인 평가를 내리는 경우로 이상수, 위의 논문, 99쪽 아래.
51 '문화접변'(acculturation)이란 설득을 전제로 한 자율규제와는 다른 방식으로 집단적 압력을 가하
  여 기업이 인권경영의무를 준수하도록 하는 방안을 말한다. 쉽게 말해 권위주의적 집단이 공동
  체의 가치를 각 개인에 부과하는 방식이라고 말할 수 있다. 조효제, 앞의 논문, 148쪽. 메타규제
  에 관해서는 이동승, "기업의 사회적 책임: 법적 규제의 한계와 과제를 중심으로", 『안암법학』 제
  29권(2009), 313-314쪽 참고.
52 인권레짐 개념에 관해서는 이원웅, 『국제인권레짐의 특성 및 동태에 관한 연구: 비정부기구
  (NGO)의 역할을 중심으로』(서강대 박사학위논문, 1996) 참고.

(regime)은 정치학적으로는 '지배체제'의 의미가 있기도 하지만, 규제라는 측면
에서는 일단 '규제체계의 총체'라고 새길 수 있다. 그렇다면 인권레짐(human
rights regime)이란 인권을 규율하기 위한 규제체계의 총체로 파악할 수 있을 것
이다. 아울러 초국가적 인권레짐이란 한 국가의 경계를 넘어서는 인권레짐을
뜻한다. 국가가 중심적 지위를 차지하는 국제주의에 따르면 국가를 넘어서는
인권레짐이란 UN 인권레짐과 같은 국제적 인권레짐(international human rights
regime)일 수밖에 없을 것이다. 그렇지만 국가와 비견되는 또는 한 국가의 권력
을 압도하는 초국가적 기구나 단체가 증대하는 오늘날의 초국가주의 시대에서
는 국제적 인권레짐과는 구별되는 초국가적 인권레짐(transnational human rights
regime) 역시 생각할 수 있다.[53] 이미 오늘날의 세계에서는 WTO를 중심으로 한
초국가적 경제레짐, FIFA 등을 중심으로 한 초국가적 스포츠레짐이나 초국가적
인터넷레짐, 초국가적 저작권레짐 등과 같은 다양한 초국가적 레짐을 발견할
수 있다.[54]

초국가적 인권레짐이 성립하기 위해서는 크게 다음과 같은 요건을 충족해
야 한다. 첫째, 초국가적 인권규범이 존재해야 한다. 이러한 인권규범은, 영국의
법철학자 하트(Herbert Hart)의 용어를 빌려 말하면, 일차적 규범뿐만 아니라 이
차적 규범 역시 포함해야 한다.[55] 둘째, 인권규범을 집행하는 집행기구가 존재
해야 한다. 셋째, 인권규범의 실효성을 확보하기 위한 규제 및 집행절차가 존재
해야 한다.

필자는 이 같은 초국가적 인권레짐이 장기적으로 기업의 인권경영의무를
규제하는 데 적절한 해법이 될 수 있다고 본다. 다만 현재의 상황이 보여주는
것처럼 UN을 중심으로 한 통일된 초국가적 인권레짐을 조직화하는 것은 현실

---

[53] 이와 달리 인권레짐의 한계를 지적하면서 '인권체계'의 독자성 및 유용성을 강조하는 경우로는
Tae-Ung Baik, *Emerging Regional Human Rights Systems in Asia* (Cambridge University Press,
2012) 참고.
[54] 이에 관한 분석으로는 A. Fischer-Lescano/G. Teubner, *Regime-Kollisionen: Zur Fragmentierung
des Weltrechts* (Frankfurt/M., 2006) 참고.
[55] 허버트 하트, 오병선 (옮김), 『법의 개념』(아카넷, 2001), 105쪽 아래. 토이브너는 이러한 이차적 규
범으로 심지어 초국가적 헌법까지 언급한다. G. Teubner, *Verfassungsfragmente: Gesellschaftlicher
Konstitutionalismus in der Globalisierung* (Berlin, 2012), 120쪽 아래.

적으로 어렵다. 왜냐하면 위에서 언급한 것처럼 현재 UN은 인권규범에 해당하는 기업인권 이행원칙과 집행기구에 해당하는 UN 인권이사회 정도만 확보하고 있기 때문이다. 여러 가지 논란으로 기업인권규범을 강제적으로 집행할 수 있는 집행절차는 확충하지 못하고 있는 형편이다. 이렇게 초국가적 인권레짐을 마련하는 데 어려움을 겪는 이유는 기업의 인권경영을 둘러싸고 각기 이질적인 이해관계가 첨예하게 대립하기 때문이다. 이러한 까닭에서 필자는 우선적 과제로 다원화되고 지역화된 인권레짐을 모색하는 것이 필요하다고 생각한다. 지역화된 인권레짐, 가령 동아시아적 인권레짐을 모색한다면 통일되면서도 실효성 있는 인권규범을 확보하는 데 어려움이 적을 뿐만 아니라 집행절차를 도입하는 것에 관해서도 비교적 쉽게 합의를 도출할 수 있지 않을까 한다. 또한 지역화된 인권레짐을 모색하는 경우에는 각 지역에 터 잡은 각종 NGO의 지원을 얻을 수 있지 않을까 한다. 요컨대 각종 인권 관련 NGO를 제도화되지 않은 인권경영 감시기구로 인권레짐에 포섭하는 것이다. 이러한 방안은 단일화된 초국가적 인권레짐을 모색하는 것보다 한결 더 수월하지 않을까 생각한다.

VI. 맺음말

지금까지 기업의 인권경영을 둘러싼 네 가지 이론적 쟁점에 관해 살펴보았다. 이 중에서 필자가 가장 역점을 둔 부분은 세 번째 쟁점인 인권경영에 대한 새로운 인권이론 구축이라고 할 것이다. 그러나 현실적으로 가장 중요한 부분은 아마도 기업의 인권경영의무를 어떻게 실효성 있게 규제해야 할 것인가의 문제일 듯싶다. 이 부분에 관해서는 아직 필자의 연구가 부족하여 추상적인 제안만을 내놓는 데 그친 것 같다. 이외에도 국내적 차원에서 기업의 인권경영의무를 어떻게 구체화·체계화할 것인지 역시 현시점에서 중요한 쟁점으로 보인다. 이는 필자가 앞으로 수행해야 할 공부의 과제로 설정하겠다.

15 | 자유주의적 공동체주의 인권 구상

Part

I. 서론

　제15장은 우리 사회의 질(social quality)을 제고하는 데 결정적인 기여를 할 수 있는 자유주의적 공동체주의 인권 구상의 가능성을 탐구하는 데 필요한 전제적 작업이 무엇인가를 밝히는 일종의 연구노트에 해당한다. 최근 들어 우리 사회에서는 경제의 '양적 성장'뿐만 아니라 삶의 질, 더 나아가 사회의 질과 같은 '질적 성장'에 관심을 기울인다. 이러한 상황에서 필자는 자유주의적 공동체주의 인권 구상이 우리 사회의 질을 높이는 데 중요한 역할을 할 수 있다는 테제를 제시하고자 한다.

　그런데 이러한 테제를 근거 짓기 위해서는 세 가지 문제를 해결해야 한다. 첫째 문제는 이른바 '자유주의적 공동체주의'(liberal communitarianism)가 이론적으로 가능한가 하는 점이다. 둘째 문제는 이러한 자유주의적 공동체주의에 기초를 둔 인권 구상이 과연 가능한가 하는 점이다. 셋째 문제는 이러한 주제를 다루어야 할 필요가 무엇인가 하는 점이다. 이 가운데 첫째 문제는 미국의 정치철학자 마이클 샌델(Michael J. Sandel)이 그의 저작에서 충분히 해명한 바 있다. 필자는 별도의 연구에서 이를 상세하게 분석하였으므로 이 자리에서 이를 되풀이 하는 것은 피하겠다.[1] 다음으로 둘째 문제를 해명하기 위해서는 방대한 논증

---

1 양천수, "자유주의적 공동체주의의 가능성: 마이클 샌델의 정치철학을 중심으로 하여", 『법철학연구』제17권 제2호(2014), 205-242쪽 참고. 샌델에 관해서는 이밖에도 T. Halling, *Michael*

이 필요한데, 지면이 제한된 이 책에서 이 문제를 상세하게 다루는 것은 적합하지 않다. 따라서 이 문제는 다음 기회에 별도의 연구를 통해 본격적으로 다루고자 한다. 따라서 제15장에서는 세 번째 문제, 즉 왜 이러한 주제를 다루어야 하는지의 문제에 집중하겠다. 이에 관해서는 크게 두 가지 근거를 내놓을 수 있다. 첫째는 사회의 질과 자유주의적 공동체주의가 서로 밀접하게 연관되어 있다는 점이다. 둘째는 자유주의적 공동체주의에 기반을 둔 인권이야말로 우리 사회의 질을 제고하는 데 크나큰 기여를 할 수 있다는 점이다. 아래에서 이 두 가지 측면을 상세하게 다루겠다.

II. 사회의 질과 자유주의적 공동체주의의 상호연관성

1. 사회의 질 개념

우선 사회의 질과 자유주의적 공동체주의가 서로 밀접하게 관련을 맺는다는 점을 지적할 수 있다. 일반적으로 '사회의 질'(social quality)이란 경제적인 양적 성장의 의미를 넘어 질적 성장 및 분배를 강조하는 사회품격 개념을 말한다.[2] 이를 달리 "사회의 질이란 시민들이 그들의 복지와 개인적 잠재력을 향상시킬 수 있는 조건 하에서, 그들이 속한 공동체의 경제적·사회적·문화적 삶과 공동체의 발전에 참여하는 정도를 의미한다."고 정의하기도 한다.[3] 이러한 개념 정의에서 알 수 있듯이 사회의 질은 단순히 양적인 경제성장을 지향하던 종전의 경제발전 개념과는 거리가 있다. 따라서 양적인 경제성장과 함께 논의되는 이른바 '신자유주의'와도 이념적으로 거리가 먼 개념이라 말할 수 있다. 오히려 사회의 질 개념에서는 경제의 질적 성장과 분배 및 복지가 중요한 위상을 차지한다. 나아가 사회 공동체 전체의 공존과 이 공동체에 대한 개인의 참여가 중요한 의미를 가진다. 요컨대 사회의 질은 경제의 양적 성장 및 질적 성장, 배분

Sandel und Michael Walzer. Zwei kommunitaristische Demokratietheorien im Vergleich (München, 2003)도 참고.

2 '사회의 질' 개념에 관해서는 우선 안상훈·정해식, "복지지위와 '사회의 질'(SQ)",『한국사회정책』제17집 제3호(2010), 94-121쪽 참고.

3 안상훈·정해식, 위의 논문, 95쪽.

및 복지, 개인과 공동체의 공존 등이 최적으로 균형을 이룰 때 비로소 실현할 수 있는 것이다. 그러므로 사회의 질이 높은 사회에서는 경제적·사회적 안정성과 응집성, 포용성, 역능성이 균형발전을 이룬다.

2. 사회의 질과 평등주의적 자유주의

이러한 논의에 비추어 볼 때 사회의 질 개념은 규제완화와 최소국가를 강조하는 종전의 자유지상주의 또는 신자유주의와는 걸맞지 않은 개념이라는 점을 확인할 수 있다. 오히려 사회의 질 개념은 사회적 공정 및 복지를 강조하는 롤즈(John Rawls) 식의 평등주의적 자유주의에 더 잘 어울린다.[4] 2010년 이명박 정부가 8·15 경축사에서 강조했던 '공정사회' 역시 이러한 맥락에 선다고 말할 수 있다. 그러나 필자는 롤즈 식의 평등주의적 자유주의 또한 사회의 질 개념을 모두 포섭할 수는 없다고 생각한다. 왜냐하면 미국의 정치철학자 샌델이 지속적으로 비판하는 것처럼 평등주의적 자유주의 역시 자유주의가 가진 한계에서 완전하게 벗어나지는 못하기 때문이다.[5] 이를테면 사회의 질 개념에서는 개인과 공동체의 공존, 특히 공동체에 대한 개인의 참여를 강조하는데 자유주의 전통은 이러한 공동체에 대한 개인의 참여 부분에서 아무래도 약할 수밖에 없다. 평등주의적 자유주의가 차등원칙을 통해 아무리 사회적 복지를 강조한다 하더라도, 자유주의가 개인을 독립적 주체 또는 무연고적 자아로 보는 이상 서로가 서로를 인정하고 배려하는 연대적 사회공동체를 실현하는 데는 한계를 보일 수밖에 없다. 공동체적 가치나 덕성을 고려하지 않는 자유주의, 더욱 정확하게 말해 '옳음'을 '좋음'보다 우선시하는 자유주의가 결국 어떤 문제점을 야기할 수 있는지 생각해 보아야 한다.

3. 사회의 질과 공동체주의

바로 이러한 이유에서 사회의 질 개념을 고려할 때 공동체주의적 요소 역

---

4 존 롤즈의 자유주의에 관해서는 존 롤즈, 황경식 (역), 『정의론』(이학사, 2003) 참고.
5 이에 관해서는 M. Sandel, *Liberalism and the Limits of Justice*, second edition (Cambridge University Press, 1998) 참고.

시 염두에 둘 필요가 있다. 서구에서 전개된 '자유주의-공동체주의 논쟁'으로 우리에게 잘 알려진 공동체주의(communitarianism)는 흔히 다음과 같은 특징을 강조한다.[6] 첫째, 자유주의가 전제로 하는 '무연고적 자아'(unencumbered self)를 비판하면서 '연고적 자아'(encumbered self)를 강조한다. 이에 따르면 모든 주체는 그 주체가 속한 공동체의 역사, 문화 등을 공유한다. 이를 공동체주의 철학자 맥킨타이어(Alasdair MacIntyre)는 '서사적 자아'(narrative self) 또는 '이야기하는 존재'(storytelling being)라고 일컫기도 하였다. 둘째, 옳음을 좋음보다 우선시하는 자유주의와는 달리 좋음이 옳음보다 우선한다고 말한다. 셋째, 이의 연장선상에서 공동체 구성원들이 공동으로 추구해야 하는 목적 혹은 미덕이 있다고 말한다. 이를 흔히 '공동선'이라고 말하기도 한다. 넷째, 자연적 의무 이외에는 계약적 의무만을 인정하려는 자유주의와는 달리 연대성에 기반을 둔 연대적 의무 역시 존재한다고 말한다. 필자는 이 가운데서 무엇보다도 연대적 의무를 인정하는 공동체주의의 특성이 사회의 질 개념과 관련하여 중요하다고 생각한다. 앞에서 언급한 것처럼 사회의 질을 제고하기 위해서는 사회 공동체가 사회의 모든 구성원을 포용할 수 있어야 한다. 공동체에 개인이 무조건적으로 우선하는 것이 아니라 공동체와 개인이 공존할 수 있어야 한다. 이렇게 되기 위해서는 단순히 사회가 개인에 복지를 선사하는 것에 그쳐서는 안 된다. 이를 넘어 사회구성원 모두가 서로를 적극적으로 인정하면서 연대적으로 포용할 수 있어야 한다. 요컨대 사회의 질을 드높이기 위해서는 연대적 의무를 부각할 수밖에 없다. 바로 이 점에서 사회의 질은 공동체주의적 요소 역시 포함할 수 있어야 한다. 이는 2011년 이명박 정부가 8·15 경축사에서 강조한 '공생' 개념이나 신자유주의를 넘어서는 새로운 경제 패러다임을 강조하는 '자본주의 4.0' 등에서도 확인할 수 있다.

4. 사회의 질과 자유주의적 공동체주의

(1) 공동체주의의 위험성

그러면 사회의 질 개념을 고려할 때 이러한 공동체주의를 곧장 수용하면

6 이에 관해서는 M. Sandel, *Public Philosophy: Essays on Morality in Politics* (Harvard University Press, 2005), Part Ⅲ; 마이클 샌델, 이창신 (옮김), 『정의란 무엇인가』(김영사, 2010), 8-10강 등 참고.

되는 것일까? 그러나 여기서 주의해야 할 점이 있다. 사회의 질 개념을 순수한 공동체주의로 해석하는 것은 위험할 수 있다는 것이다. 순수한 자유주의가 현실적으로 폐해를 낳는 것처럼 순수한 혹은 전통적인 공동체주의도 유사한 문제를 야기할 수 있다. 공동체주의가 공동체를 강조함으로써 자칫 개인의 권리나 존엄성을 희생시키는 전체주의로 전락할 수 있다는 점이다. 전통적으로 공동체주의는 공동체의 다수가 결정한 것을 공동체의 미덕으로 보는 경향이 있었다. 이러한 공동체주의를 '다수파주의'로 부르기도 한다. 그리고 이러한 공동체주의는 많은 경우 가치상대주의와 연결되기도 하였다. 요컨대 공동체는 각 시대와 장소에 따라 공동체 다수의 결정으로 자신들에 적합한 공동체의 미덕을 '결정'할 수 있다고 본 것이다. 그러나 공동체주의를 이렇게 이해할 경우 다음과 같은 문제점이 발생할 수 있다.[7] 공동체의 미덕이라는 이름으로, 다수라는 이름으로 소수자의 권리나 이익을 침해할 수 있다는 것이다. 공동체주의자였던 고대 그리스의 저명한 철학자 아리스토텔레스가 노예제도를 긍정했었다는 역사적 사실이 이를 예증한다.[8] 이러한 맥락에서 샌델 역시 자신이 추구하는 공동체주의는 이러한 공동체주의가 아님을 분명히 한다.[9]

> "내 논증의 일부는 현대 자유주의의 공동체에 대한 설명이 부적절하다는 점을 보여주는 것이었다. 그런 점에서 공동체주의라는 명칭은 어떤 부분에서는 맞기는 하다. 하지만 이 명칭은 여러모로 오해를 불러일으킨다. 최근 정치철학자들 사이에서 뜨겁게 일었던 자유주의-공동체주의 논쟁은 온갖 논쟁거리를 다루고 있다. 그러나 나 자신이 항상 공동체주의의 입장에 선 것은 아니었다.
>
> 이 자유주의-공동체주의 논쟁은 다음 두 견해를 주장하는 사람들 간의 논쟁으로 알려져 있다. 바로 개인의 자유를 찬양하는 사람들과 공동체의 가치 또는 다수의 의지를 받아들이려는 사람들 간의 논쟁, 더 나아가 보편적 인권을 믿는 사람들

---

7 이를 지적하는 M. Sandel, *Public Philosophy: Essays on Morality in Politics* (Harvard University Press, 2005), 252쪽.

8 이에 관해서는 마이클 샌델, 이창신 (옮김), 『정의란 무엇인가』(김영사, 2010), 280쪽 아래.

9 M. Sandel, *Liberalism and the Limits of Justice*, ix-x쪽. 번역은 이양수 박사의 번역(마이클 샌델, 이양수(역), 『정의의 한계』(멜론, 2012))을 바탕으로 하되 약간의 수정을 가하였다.

과 상이하지만 활력 넘치는 문화·전통의 가치를 판단하거나 비판할 수 없다고 주장하는 사람들 간의 논쟁이 그것이다. 이 논쟁은 늘 팽팽한 줄다리기 상태에서 제기되고 있다. 그러나 내가 옹호하려는 견해는 이러한 주장과는 무관하다. 무엇보다 공동체주의를 다수파주의로 이해하거나, 권리를 특정한 시간 또는 특정한 공동체에서 지배적인 가치와 연관시키려 한다면 더더욱 그렇다.

롤즈 식 자유주의와 내 견해 사이의 논쟁은 권리가 중요한지 여부와는 무관하다. 문제는 좋은 삶의 개념을 가정하지 않은 채 권리를 확인하거나 정당화할 수 있는가이다. 다시 말해, 문제는 개인이나 공동체의 주장 가운데 어떤 것이 더욱 중요한지가 아니라, 사회의 기본구조를 규제하는 정의원칙이 서로 대립하는 시민의 도덕적·종교적 확신과 무관하게 중립적일 수 있는가 하는 점이다. 한마디로 말해, 문제의 핵심은 옳음이 좋음보다 앞서는가 하는 것이다."

그러므로 개인과 사회 공동체가 조화롭게 공존할 수 있는 사회적 질을 실현하려면 이렇게 전체주의로 전락할 수 있는 공동체주의가 아닌 자유주의적 권리를 보장하면서도 공동체주의적 가치를 실현할 수 있는 공동체주의를 수용할 수 있어야 한다. 필자는 이러한 의미를 가진 공동체주의가 바로 '자유주의적 공동체주의'라고 생각한다.

(2) 자유주의적 공동체주의의 의의

'자유주의적 공동체주의'(liberal communitarianism)는 말 그대로 자유주의의 장점과 공동체주의의 장점을 취합한다. 그러나 어설픈 절충주의인 것은 아니다. 이미 몇몇 뛰어난 사상가들에 의해 자유주의와 공동체주의가 적절하게 결합할 수 있다는 점이 예증되었다. 예를 들어 독일의 사회철학자 하버마스는 그 유명한 '법의 대화이론'에 기반을 두어 자유주의와 공동체주의가 어떻게 변증적으로 양립할 수 있는지를 이론적으로 치밀하게 논증하였다.[10] 또한 공동체주의자로 출발한 마이클 샌델 역시 최근에는 자유주의적 공동체주의로 자신의 이론적 태도를 바꾸면서 어떻게 자유주의적 공동체주의가 가능한지 보여주었

---

10 이에 관한 상세한 논증은 J. Habermas, *Faktizität und Geltung*, 2. Aufl. (Frankfurt/M., 1994) 참고.

다.[11] 다만 하버마스의 이론이 좀 더 자유주의를 지향한다면, 샌델의 이론은 좀 더 공동체주의를 지향한다는 점에서 차이가 있다. 우리의 경우에는 박세일 전 서울대 교수가 '공동체자유주의'를 주장하기도 하였다.[12] 이러한 연구성과들을 고려하면 자유주의적 공동체주의를 이론적으로 정초하는 것이 전혀 불가능한 일은 아님을 알 수 있다. 필자는 이러한 자유주의적 공동체주의를 기초로 하여 사회의 질 개념을 확립하고 실현해야만 개인의 권리와 사회 공동체의 공익이 적절하게 조화를 이루는 사회를 실현할 수 있다고 생각한다. 바로 이 같은 이유에서 사회의 질 개념과 자유주의적 공동체주의는 서로 밀접하게 관련을 맺을 수밖에 없다.

Ⅲ. 사회의 질과 자유주의적 공동체주의적 인권 구상의 상호연관성

1. 사회의 질과 자유주의적 공동체주의 사이의 매개체로서 인권

위에서 필자는 사회의 질과 자유주의적 공동체주의가 어떻게 상호연관성을 맺는지 검토하였다. 이제 다음 질문을 검토할 필요가 있다. 필자가 구상하는 자유주의적 공동체주의 인권은 어떻게 사회의 질과 연결될 수 있을까? 이는 다음과 같이 해명할 수 있다.

위에서 다루었던 자유주의적 공동체주의는 일종의 정치철학적 이념에 해당한다. 이는 사회정책을 펼치는 데 방향을 제시해주는 주춧돌이 될 수 있다. 그러나 이것만으로는 사회의 질을 구체적으로 제고할 수 없다. 자유주의적 공동체주의가 사회의 질을 드높이는 데 직접적으로 이바지할 수 있으려면 이를 매개할 수 있는 수단이 필요하다. 필자는 인권이 바로 이러한 역할을 할 수 있다고 생각한다. 자유주의적 공동체주의에 기반을 두어 인권을 구상하면 이러한 인권을 통해 자유주의적 공동체주의에 합당하게 사회의 질을 높일 수 있다.

---

11 M. Sandel, *Public Philosophy: Essays on Morality in Politics* (Harvard University Press, 2005), 252쪽.
12 박세일, 『대한민국 선진화 전략』(21세기북스, 2006), 127쪽 아래.

2. 인권에 대한 편견 제거 필요성

어떻게 인권이 사회의 질을 제고하는 데 기여할 수 있을까? 이를 해명하기 위해서는 그 전에 인권에 관해 존재하는 막연한 편견이나 선입견을 없애야 한다. 무엇보다도 인권 개념을 특정한 정치세력과 결부하여 이해하는 것을 지양해야 한다. 그런데도 현실적으로 인권 개념을 특정한 사회비판세력과 연결함으로써 이를 거부하고 터부시하는 경향이 우리 사회에 만연한 것처럼 보인다. 그러나 이는 근거 없는 편견이다. 그 이유를 다음과 같이 말할 수 있다.[13]

인권의 역사를 조금만이라도 들춰보면 알 수 있듯이 인권은 자연권의 전통 그리고 무엇보다도 시민혁명과 함께 등장하였다.[14] 시민혁명이 서구사회를 휩쓸던 당시 인권은 곧 시민권을 의미하였다. 그리고 이때 말하는 '시민'은 지금처럼 이른바 '못 가진 자'(프롤레타리아)를 의미하는 것이 아니라 오히려 '가진 자'(부르주아지)를 의미하는 것이었다. 다시 말해 인권의 주체인 시민은 자기 자신의 재산을 소유하는 자를 뜻하였다. 그 때문에 근대 시민혁명 당시 처음 등장한 인권 개념은 생명, 신체, 자유와 함께 재산에 대한 권리를 중요한 인권으로 포함하고 있었다. 바로 이 때문에 마르크스(Karl Marx)와 같은 공산주의자들은 인권을 부르주아들의 권리라고 비판하기도 하였다.[15] '못 가진 자'를 위한 인권을 고려하기 시작한 것은 19세기에 접어들어 새롭게 사회권이 인권에 편입되면서이다.

이처럼 인권은 애초에 시민을 위한 권리로 발전하기 시작하였다. 물론 오늘날에 인권은 모든 인간을 위한 보편적 권리로 승인된다. 그러므로 이와 같은 인권의 발전과정에 비추어 볼 때 인권을 어느 특정한 집단과 연결하여 생각하는 것은 근거 없는 편견이라 말할 수 있다. 물론 시민사회의 인권운동가들이 강조하는 것처럼 인권을 우리 사회에서 소외된 '소수자를 위한 권리'로 파악하는 것이 전적으로 잘못된 것은 아니다. 근대 서구에서 등장한 근대적 인권이 당시 서구사회를 지배하던 봉건적 사회구조를 해체하는 데 기여하였다는 역사적 사

---

13 아래의 내용은 양천수, "합리적인 인권정책의 방향: 인권교육정책을 중심으로 하여", 『인권이론과 실천』 제9호(2011), 156-157쪽 참고.
14 이에 관해서는 우선 조효제, 『인권의 문법』(후마니타스, 2009), 49쪽 아래 참고.
15 조효제, 위의 책, 82쪽 아래.

실이 시사하는 것처럼, 인권 개념이 사회변혁적 힘을 가진 것 또한 부정할 수 없는 사실이기 때문이다. 따라서 우리 사회의 모순을 타파하기 위해 우리 사회에서 소외된 사회적 소수자를 해방하기 위한 도구 개념으로 인권을 활용하는 전략도 전혀 설득력이 없는 것은 아니다. 그러나 이렇게 인권 개념을 사회적 소수자와 연결하여 파악하기 시작하면 인권 개념은 자신이 가진 또 다른 장점인 보편성을 상실할 수 있다. 왜냐하면 인권을 사회적 소수자를 위한 권리로 규정하면 인권은 그 나머지 사람을 위한 권리일 수가 없게 되고 이로 인해 인권은 모든 이를 위한 보편적 권리가 아닌 특정한 이들을 위한 특수한 권리로 전락하기 때문이다. 그렇게 되면 인권을 자신의 권리로 삼을 수 없는 사람들은 이 같은 인권을 자신들의 권리가 아닌 타인의 권리로 부정적으로 바라볼 수밖에 없을 것이다. 그렇게 되면 인권의 보편성에 기반을 두어 인권 및 인권교육을 강조하는 모든 노력은 이론적 기반을 상실한다.

바로 이 같은 이유에서 필자는 인권을 우리 사회의 특정한 집단을 위한 권리로만, 이를테면 사회적 소수자를 위한 권리로만 파악하는 시도에는 문제가 없지 않다고 생각한다. 물론 특정한 인권정책을 추진할 때 사회적 소수자를 우선적으로 고려할 수는 있고 또 이는 어느 정도 필요하다. 그렇다고 이들만을 위해 인권정책을 추진하는 것은 타당하지 않다. 마찬가지 맥락에서 필자는 공익과 인권을 대비시키면서 공익은 전체 국민을 위한 것으로, 인권은 어느 특정한 집단을 위한 것으로 파악하는 것도 적절하지 않다고 생각한다. 오늘날 승인되는 인권 개념에서 알 수 있듯이 인권은 좀 더 넓은 스펙트럼을 가진 것으로 보아야 한다. 바로 이러한 맥락에서 필자는 인권 개념이 자유주의적 맥락과 공동체주의적 맥락을 모두 담을 수 있다고 생각한다. 그 때문에 자유주의적 공동체주의 인권 역시 가능하다고 보는 것이다.

3. 인권과 자유주의

원래 질문으로 되돌아와 어떻게 인권이 사회의 질을 개선하는 데 도움을 줄 수 있는지 살펴본다. 우선 인권은 각 주체가 인간으로서 기본적으로 누려야 할 이익을 보장한다. 그러므로 각 개인 주체들은 인권을 통해 자기 삶의 질을 드높일 수 있다. 아울러 각자에게 일반적 행동의 자유를 보장함으로써 각 개인이 자유롭게 시장에 참여할 수 있도록 하고 이를 통해 경제가 양적으로 성장하는 데 기여한다. 이 점에서 볼 때 인권은 자유주의가 사회의 질을 향상하는 데 일종의 매개체 역할을 한다.

4. 인권과 공동체주의

그러나 인권은 이렇게 각 개인의 이익을 보장하는 데 그치지 않고 또 그래서도 안 된다. 만약 인권이 자유주의적 맥락에만 머물러 있다면 인권은 자유주의적 공동체주의를 매개할 수도 또 이를 통해 사회의 질을 제고하는 데 기여할 수도 없다. 필자가 볼 때 인권은 이를 넘어 공익 혹은 공동선을 실현하는 데 이바지할 수 있고 또 그래야 한다. 예를 들어 인권이론가들은 기존의 자유주의적 인권을 넘어 연대적 인권 역시 인권의 새로운 범주로 인정한다.[16] 게다가 사회 공동체의 각 영역에 자유롭고 평등하게 참여하여 자기 생각을 적극적으로 개진하고 이를 통해 공동체 구성에 이바지할 수 있는 권리도 인권의 범주에 포함한다. 이를 통해 알 수 있듯이 오늘날 인권은 자유주의 영역을 넘어 공동체주의와 관련된 이익 및 의무까지 자신의 시야에 포섭한다. 한편 이렇게 공동체에 적극적으로 참여하여 공동체 형성에 기여하는 것도 사회의 질 개념에서 중요한 몫을 차지한다. 그러므로 이 지점에서 우리는 인권이 공동체주의의 맥락에서 어떻게 사회의 질을 높이는 데 기여할 수 있는지 역시 확인할 수 있다.

Ⅳ. 맺음말

이러한 논의에 비추어보면 어떤 점에서 사회의 질을 개선하기 위해 자유주의적 공동체주의 인권 구상의 가능성을 다룰 필요가 있는지 명확해진다. 이미 논증한 것처럼 필자는 자유주의적 공동체주의 인권이야말로 우리 삶 및 사회의 질을 높이는 데 결정적 역할을 할 수 있다고 생각한다. 그러나 이러한 구상은

---

[16] 이를 보여주는 조효제, 앞의 책, 276쪽 아래.

말 그대로 아직 '거친 구상'에 머물러 있다. 이를 본격적으로 논증하기 위해서는 사회의 질이란 무엇인지, 자유주의적 공동체주의 구상이란 무엇인지 상세하게 다룰 필요가 있다. 그 점에서 제15장은 아직 완성되지 않은 연구노트로 남아 있다. 이를 정면에서 다루는 것은 다음 기회로 미루고자 한다.

현대 안전사회와 인권

Ⅰ. 서론

코로나19 바이러스 사태는 우리의 많은 것을 바꾸었다. 코로나로 인해 우리의 삶이, 우리가 몸담고 있는 사회 전체가 급격하게 변모하였다. 마치 혁명이 일어난 것처럼 코로나 이전과 코로나 이후의 사회는 질적·구조적 차이를 보인다.[1] 이에 따라 다양한 사회적·법적 문제가 사회의 거의 모든 영역에서 출현한다.[2] 가장 대표적인 예로 이제는 꽤 익숙해진 '사회적 거리두기'(social distancing)가 낳은 문제들이라 할 수 있다. 이를테면 사회적 거리두기가 진행되면서 나와 타자의 사회적 거리 문제, 확진자와 비확진자 사이의 포함과 배제 문제가 즉각적으로 등장하였다. 이외에도 다양하고 복합적인 문제들이 우리를 엄습하였다.

코로나가 유발한 새로운 현상과 문제는 우리 법학 및 법체계에도 중대한 이론적·실천적 도전이 된다. 어쩔 수 없이 진행된 사회적 변혁은 법학 및 법체계가 풀어야 하는 여러 난제를 던진다. 19세기에 활동했던 프로이센의 법률가 키르히만(Julius Hermann von Kirchmann)이 적절하게 언급한 것처럼 사회적 현실은 언제나 이론 및 실정법보다 앞서 나간다.[3] 그 때문에 법학은 급변하는 현실

---

1 이를 흥미롭게 분석하는 대중서로는 김용섭, 『언컨택트』(퍼블리온, 2020) 참고.
2 이에 관해서는 양천수, "포스트 코로나 시대에서 본 사회구조의 변화와 사회적·인권적·법적 문제", 『인권이론과 실천』 제27호(2020), 1-30쪽 참고.
3 이를 지적하는 율리우스 헤르만 폰 키르히만, 윤재왕 (옮김), 『법학의 학문으로서의 무가치성』 (박영사, 2019), 30쪽 아래 참고.

에서 당장은 만족스러운 답을 제공하기 어렵다. 그러나 코로나가 낳은 변혁의 시대에서 우리가 지속 가능한 사회구조를 만들고 유지하기 위해서는 코로나가 유발한 여러 문제를 이론적 차원에서 심도 있게 다룰 필요가 있다. 이에 제16장은 코로나 사태가 우리 인권과 특히 헌법이 규정하는 기본권에 어떤 이론적·실천적 문제를 던지는지, 이에 기본권을 다루는 헌법학은 어떻게 대응해야 하는지 조감한다. 제16장은 '안전사회' 개념을 끌어들여 이 문제를 다룬다. 이 과정에서 제16장은 다양한 시각에서 입체적으로 논의를 진행시킨다는 점에서 법이론적 관점을 원용한다.[4]

Ⅱ. 현대 안전사회로서 코로나 사회와 문제점

이 책은 코로나가 진행된 사회를 안전사회로 규정하고자 한다. 이러한 주장의 타당성을 검증하려면 안전사회란 무엇인지 살펴볼 필요가 있다.[5]

1. 안전사회

(1) 개념

안전사회에 관해 포괄적인 연구를 수행한 독일의 형법학자 징엘른슈타인(Tobias Singelnstein)과 슈톨레(Peer Stolle)에 따르면 '안전사회'(Sicherheitsgesell-schaft)란 "불안정(Verunsicherung)이 핵심적인 지위를 차지하며, 포괄적인 범위의 안전을 향한 노력이 다른 어떠한 목표보다 우선하며, 그러한 노력 자체가 가치를 갖는" 사회를 말한다.[6] 요컨대 안전사회란 사회의 안전을 보장하는 것을 가장 우선적인 규범적 가치이자 목표로 설정하는 사회를 뜻한다. 이러한 안전사

---

4 법이론에 관해서는 Thomas Vesting, *Rechtstheorie* (München, 2007) 참고.

5 안전사회에 관해서는 Peer—Alexis Albrecht, *Der Weg in die Sicherheitsgesellschaft: Auf der Suche nach staatskritischen Absolutheitsregeln* (Berlin, 2010); T. Singelnstein/P. Stolle, *Die Sicherheits-gesellschaft: Soziale Kontrolle im 21. Jahrhundert*, 3., vollständig überarbeitete Aufl. (Wiesbaden, 2012); 토비아스 징엘슈타인·피어 슈톨레, 윤재왕 (역), 『안전사회: 21세기의 사회통제』(한국형사정책연구원, 2012) 등 참고.

6 토비아스 징엘슈타인·피어 슈톨레, 윤재왕 (역), 『안전사회: 21세기의 사회통제』(한국형사정책연구원, 2012), 5쪽.

회는 가장 최근에 비로소 등장한 사회 패러다임은 아니다. 안전사회는 이미 지난 20세기 후반부터, 즉 '위험사회' 패러다임이 등장하면서 덩달아 출현한 개념으로 볼 수 있다. 1986년 독일의 사회학자 울리히 벡(Ulrich Beck)이 현대사회의 패러다임으로 '위험사회'(Risikogesellschaft)를 제시하자 이는 선풍적인 반향을 불러일으켰고 그 반응으로 법학을 비롯한 학문체계의 많은 영역에서 이에 관한 논의가 활발하게 이루어졌다.[7] 이의 연장선상에서 '예방국가'(Präventionsstaat)나 '안전사회'와 같은 개념들이 법학 영역에서 논의되었다.[8]

(2) 위험사회와 안전사회

이렇게 보면 최근 이슈가 되는 안전사회와 위험사회는 내용적인 면에서 차이가 없는 사회 패러다임으로 보일 수 있다. 보는 시각을 달리함으로써 도출되는 형식적인 차이일 수 있다. 위험사회가 위험을 기준으로 하여 현대사회의 현상이나 구조를 관찰한 것이라면, 안전사회는 이러한 위험사회에서 무엇을 지향해야 하는지를 기준으로 하여 현대사회를 관찰한 것으로 볼 수 있다. 양자는 동전의 양면에 불과할 수 있다.

그러나 위험사회와 안전사회는 내용적인 면에서 차이가 있다. 양자는 결이 다른 사회 패러다임이라고 말할 수 있다.[9] 두 가지 근거를 제시할 수 있다. 먼저 위험사회는 '관찰자 관점'으로 현대사회를 관찰하고 분석하여 도출한 사회 패러다임으로 볼 수 있다. 위험사회에서는 규범적 관점이나 요청이 강하게 드러나지는 않는다. 이에 반해 안전사회에는 '참여자 관점'이 강하게 투영된다.[10] 안전을 규범적 절대명령으로 설정하는 사회의 규범적 성격이 강하게 드러난다.

---

7 Ulrich Beck, *Risikogesellschaft* (Frankfurt/M., 1986); Urs Kindhäuser, *Gefährdung als Straftat: Rechtstheoretische Untersuchungen zur Dogmatik der abstrakten und konkreten Gefährdungsdelikte* (Frankfurt/M., 1989); Cornelius Prittwitz, *Strafrecht und Risiko: Untersuchungen zur Krise von Strafrecht und Kriminalpolitik in der Risikogesellschaft* (Frankfurt/M., 1993) 등 참고.

8 예를 들어 Stefan Huster/Karsten Rudolph, *Vom Rechtsstaat zum Präventionsstaat* (Frankfurt/M., 2008) 참고.

9 이를 분석하는 양천수, "현대 안전사회와 법적 통제: 형사법을 예로 하여", 『안암법학』 제49호 (2016), 81-127쪽 참고.

10 참여자 관점과 관찰자 관점에 관해서는 양천수, "법영역에서 바라본 참여자 관점과 관찰자 관점", 『안암법학』 제23호(2006), 89-120쪽 참고.

이로 인해 위험사회와 안전사회를 구별하는 두 번째 근거가 도출된다. 현대사회와 위험의 구조적 연결이 강조되는 위험사회와는 달리 안전사회에서는 '포함/배제'라는 구별이 선명하게 드러난다는 것이다. 이는 안전을 최우선시하는 안전사회가 낳은 부작용이라 할 수 있다.

2. 안전사회의 특징

(1) '포함/배제'와 총체적 안전

위험사회와는 달리 안전사회에서는 '포함/배제'라는 이분법이 전면에 등장한다. 이때 '포함'(inclusion)과 '배제'(exclusion)는 무엇에 대한 포함과 배제를 뜻할까? 사회, 더욱 정확하게 말하면 정치, 경제, 법, 교육, 의료 등과 같은 사회 각 영역에 대한 포함과 배제를 뜻한다. 안전사회는 사회 구성원 중 일부는 사회 안으로 포함하고 다른 일부는 사회에서 배제한다. 그러면 포함과 배제에 대한 기준은 무엇일까? 그것은 바로 안전에 대한 위협이다. 안전사회는 안전에 대한 위협을 기준으로 하여 사회 안전에 위협이 되지 않는 이들은 사회 안으로 포함한다. 이들을 사회의 '친구'(Freund)로 받아들인다. 이에 반해 사회 안전을 위협하는 이들은 사회에서 배제한다. 이들을 사회의 '적'(Feind)으로 규정하는 것이다.

이렇게 '포함/배제' 메커니즘이 작동하면서 사회의 적으로 낙인찍힌 이들은 사회에, 사회 각 영역에 참여할 수 없다. 사회의 거의 모든 영역에서 이들은 배제된다. 안전에 관해 사회가 기능적·다원적으로 대응하는 것이 아니라 총체적·획일적으로 대응한다. 이에 따라 현대사회의 '기능적 분화'라는 요청은 안전사회에서는 제대로 힘을 쓰지 못한다.[11] 일단 사회의 적으로 규정되면 기능적으로 서로 다른 사회의 영역인데도 참여가 배제된다. 위험사회에서는 기능적 분화 요청에 따라 사회의 각 영역에 맞게 위험이 정치적·경제적·법적 위험 등으로 분화되고 이에 따라 안전 역시 기능적으로 분화된다. 안전이 정치적·경제적·법적 안전 등으로 분화된다. 반면 안전사회에서는 기능적으로 분화된 안전이

---

11 기능적 분화를 현대사회의 구조적 명령으로 이해하는 경우로는 정성훈, "법의 침식과 현대성의 위기: 루만(N. Luhmann)의 체계이론을 통한 진단", 『법철학연구』 제12권 제2호(2009), 331-356쪽 참고.

아닌 총체적인 안전, 사회 전체의 안전이 전면에 등장한다.

(2) 안보와 안전의 혼융

이때 말하는 안전은 어떤 성격의 안전일까? 그것은 정치적 안전, 더욱 정확하게 말하면 '안보'(security)에 가까운 안전이라 말할 수 있다. 그 이유는 앞에서 언급한 것처럼 안전사회는 포함과 배제에 대한 기준을 안전에 관한 친구와 적을 구별한다는 점에서 찾기 때문이다. 사회의 안전과 관련하여 친구와 적, 즉 동지와 적을 구별하는 것이다. 이는 독일의 공법학자 칼 슈미트가 제시한 정치적인 것의 본질에 정확하게 상응한다.[12] 안전에 관해 정치화가 이루어지는 것이다. 이에 따라 안전사회에서는 정치적 성격을 띠는 안보와 비정치적 성격을 띠는 '안전'(safety)이 혼용된다. 안전의 분화가 중지되고 반대로 안전의 정치화·획일화가 가속화된다.[13]

(3) '포함/배제'의 악순환

사회 전체의 안전이 기능적으로 분화되지 않고 정치적 안전을 중심으로 통합되면서 다음과 같은 문제가 등장한다. '포함/배제'라는 안전사회의 지배적인 구별이 악순환을 거쳐 강화되는 것이다. 사회의 기능적 분화에 맞게 위험 및 안전이 다원적으로 분화되면 '포함/배제'라는 구별이 고착되지는 않는다. 법영역에서는 위험으로 평가되는 경우라 할지라도 경제영역에서는 오히려 수익창출의 기회로 평가될 수 있다. 이로 인해 법영역에서 위험하다는 이유로 배제될 수 있지만 반대로 경제영역에서는 적극 포함 및 장려될 수 있다.[14] 이처럼 기능적 분화가 원활하게 이루어지면 위험과 안전 역시 기능적·다원적으로 평가된다. 이에 따라 '포함/배제'라는 구별 자체는 사라지지 않지만 사회로부터 한 번 배제된 이들이 지속적으로 배제되지는 않는다. 비유적으로 말하면 '갑과 을의 관계'에서 한 번 '을'로 규정되었다고 해서 언제나 '을'이 되는 것은 아니다. 그렇지만

---

12 C. Schmitt, *Der Begriff des Politischen*, 5. Nachdr. der Ausg. von 1963 (Berlin, 2002); 칼 슈미트, 김효전 (역), 『정치적인 것의 개념』(법문사, 1992), 31쪽 등 참고.

13 안보와 안전을 구별하는 경우로는 김대근, "안전 개념의 분화와 혼용에 대한 법체계의 대응방안", 『법과 사회』 제47호(2014), 39-75쪽 참고.

14 이를 분석하는 경우로는 이상돈, 『부실감사법』(법문사, 2004) 참고.

안전사회에서는 다원적 안전을 총체적 안전이 대신하면서 안전에 대한 적으로 한 번 규정되면 지속적으로 사회에서 배제될 수밖에 없다. 사회에서 배제되었다는 낙인이 찍히면서 배제의 악순환을 거쳐 배제가 강화된다. '배제 → 낙인 → 배제 강화'라는 악순환이 계속됨으로써 특정한 대상이나 집단에 대한 '포함/배제' 구별이 고착된다.

3. 안전

안전사회는 안전을 가장 우선적인 규범적·정책적 목표로 설정한다. 안전을 기준으로 하여 강력하고 자기 강화적인 포함과 배제가 진행된다. 그러면 이때 말하는 안전이란 무엇일까?

(1) 안전 개념

오늘날 안전은 매우 중요한 지위를 차지하는데도 이를 명확하게 정의하는 실정법의 규정은 찾기 어렵다. 우리 헌법은 '국가안전보장'이나 '질서유지'라는 개념을 사용하기는 하지만 이러한 개념들이 구체적으로 무엇을 뜻하는지 규정하지는 않는다. 재난 및 안전에 관한 기본법인 「재난 및 안전관리 기본법」도 안전이 무엇을 뜻하는지 규정하지는 않는다. 그 때문에 안전은 이론적·법도그마틱적인 차원에서 정의된다.

이에 따르면 안전은 크게 두 가지 의미를 지닌다.[15] 첫째, 안전은 "자유의 전제가 되는 것으로서 위험이 없는 상태"를 뜻한다. 둘째, 안전은 "위해를 받지 않을 자유"를 뜻한다. 이러한 이해 방식에 의하면 안전은 한편으로는 위험으로부터 해방된 '상태'를 뜻하면서 다른 한편으로는 '자유 그 자체'를 뜻한다. 위험과 안전의 관계에서 볼 때 전자가 소극적인 안전의 의미를 지닌다면 후자는 적극적인 안전의 의미를 지닌다. 다시 말해 전자는 안전을 소극적인 이익으로 규정하는 반면, 후자는 안전을 적극적인 권리로 파악한다. 이렇게 안전은 두 가지 의미를 모두 담고 있는 것으로 파악된다.

---

15 이순태, 『국가위기관리 시스템으로서 재난관리법제의 연구』(한국법제연구원, 2009), 20쪽.

(2) 시간적·미래지향적 개념으로서 안전

안전에 관해 특히 언급할 만한 것은 이 개념이 시간과 밀접한 관련을 맺는 시간적 개념이라는 것이다.[16] 흔히 시간은 과거/현재/미래로 구별되는데 안전은 그중에서 현재 및 미래와 관련을 맺는다. 무엇보다도 미래가 안전에서 중요한 지위를 차지한다. 왜냐하면 안전은 현재 현실화된 위험뿐만 아니라 앞으로 현실화될지 모르는 위험으로부터 자유로워야 한다는 내용까지 담기 때문이다. 자유를 포함하는 기본권 주체의 법익을 현재 침해하는 것을 억제하는 것뿐만 아니라 앞으로 현실화될 수 있는 위험으로부터 철저하게 자유로워지는 것을 목표로 하는 것이 바로 안전사회가 지향하는 안전인 것이다. 이 점에서 안전은 미래지향적인 개념으로 볼 수 있다.

(3) 안전의 분화와 갈등

위에서 언급한 것처럼 안전은 크게 두 가지 의미를 지닌다. 그렇지만 현대 사회이론의 관점을 원용하면 안전은 좀 더 다원적으로 구별할 수 있다. 사회의 기능적 분화에 따라 안전 개념이 다양하게 분화되는 것이다.

1) 객관적·주관적·사회적 안전

우선 안전은 객관적·주관적·사회적 안전으로 구별된다.[17] 여기서 객관적 안전은 객관적인 기준과 방법으로 평가된 안전을 말한다. 이는 보통 수학적인 확률이나 통계로 정량화된다. 예를 들어 비행기의 안전을 수학적으로 정량화하는 것을 들 수 있다. 이에 대해 주관적 안전은 기본권 주체인 각 개인이 주관적으로 느끼는 안전 상태를 뜻한다. 이러한 주관적 안전은 각 개인이 지닌 성격의 특성, 즉 신경성 수치에 따라 달라질 수 있다. 주관적 안전의 경우에는 개인적인 차이가 나타나는 것이다. 뿐만 아니라 주관적 안전은 객관적 안전과도 차이

---

[16] 이에 관해서는 양천수, "위험·재난 및 안전 개념에 대한 법이론적 고찰", 『공법학연구』 제16권 제2호(2015), 187–216쪽 참고.

[17] 이러한 구별은 '의미'(Sinn)를 실질적/사회적/시간적 차원으로 구별하는 루만의 주장을 응용한 것이다. 이에 관해서는 N. Luhmann, "Sinn als Grundbegriff der Soziologie", in: J. Habermas/N. Luhmann, *Theorie der Gesellschaft oder Sozialtechnologie: Was leistet die Systemforschung?* (Frankfurt/M., 1971), 48쪽 아래.

가 나타날 수 있다. 인간의 심리와 경제적 행위 간의 관계를 연구하는 행동경제학은 이에 관해 다양한 증거를 제시한다.[18] 마지막으로 사회적 안전은 사회적인 차원에서 공감대를 형성한 안전 상태를 말한다. 사회적 안전은 나름 통일된 기준이나 결과를 지닌다는 점에서 개별적으로 차이가 나는 주관적 안전과 구별된다. '상호주관성'(Intersubjektivität) 개념을 수용하면 사회적 안전은 '상호주관적 안전'으로 규정할 수 있다. 다른 한편 사회적 안전은 객관적 안전과도 구별된다. 사회적 패닉 현상이 보여주듯이 사회적 안전은 종종 객관적 안전과 드라마틱한 괴리를 보이기도 한다. 안정적으로 평가되는 객관적 안전과는 달리 사회적 안전은 사회적 소통과정에서 부정적인 방향으로 그리고 자기강화적으로 평가되기도 한다. 객관적 안전과는 무관하게 사회적 소통을 거치면서 불안이 사회적 차원에서 증가하기도 한다.

2) 기능적으로 분화된 안전

오늘날 안전은 사회에서 진행되는 기능적 분화에 따라 기능적으로 분화된다. 이는 위험의 분화에 따른 결과이기도 하다. 사회가 정치, 경제, 법 등과 같은 기능적 영역으로 분화되면서 위험은 정치적 위험, 경제적 위험, 법적 위험 등으로 분화된다. 이에 발맞추어 위험에 대응하는 개념인 안전 역시 정치적 안전, 경제적 안전, 법적 안전 등으로 분화된다. 예를 들어 정치영역에서는 국가안보에 관한 정치적 안전이 문제되고, 경제영역에서는 주식시장이나 환율시장의 안정과 같은 경제적 안전이 중요시된다. 법영역에서는 법적 안전을 대변하는 법적 안정성이 중요한 법적 이념으로 자리 잡는다.

안전의 기능적 분화는 넓은 의미의 안전 개념을 '안보'와 '안전'으로 구별하는 주장과도 관련을 맺는다.[19] 이러한 주장에 따르면 안보와 안전은 다음과 같이 구별된다. 안보는 "위험이나 위협에서 자유로운 상태 혹은 테러나 절도, 스파이 행위와 같은 범죄로부터 국가나 기관이 안전한 상태"를 뜻한다. 이에 대해 안전은 "발생하였거나 예상치 않게 야기될 수 있는 위험, 부상 등으로부터 보호

---

[18] 이를 보여주는 대니얼 카너먼, 이창신 (옮김), 『생각에 관한 생각: 우리의 행동을 지배하는 생각의 반란』(김영사, 2018) 참고.
[19] 이러한 시도로는 김대근, 앞의 논문, 39-75쪽.

되고 있는 상태 혹은 부상과 위험 등을 막기 위해 의도된 어떤 것"을 뜻한다. 이러한 주장을 수용하면 안보와 안전은 다음과 같이 구별된다. 안보가 정치적인 성격이 강한 정치적 안전이라면, 안전은 정치적 성격이 약한 비정치적 안전이라는 것이다.[20]

3) 안전 간의 차이와 갈등

안전이 여러 차원에서 분화되면서 다음과 같은 문제가 발생한다. 분화된 안전 사이에 차이가 발생하고 이로 인해 서로 갈등을 빚기도 한다는 점이다. 예를 들어 행동경제학 연구가 잘 보여주는 것처럼 시장에 대한 객관적 안전과 주관적·사회적 안전 사이에는 불일치가 발생하는 경우가 많다. 또한 독일 연방정부가 2007년부터 수행한 "시민안전을 위한 연구 프로젝트"는 객관적 안전과 주관적 안전이 서로 일치하기도 하지만 반대로 불일치하기도 한다는 점을 잘 예증한다.[21]

이러한 차이와 갈등은 기능적으로 분화된 각 안전 사이에서도 나타난다.[22] 가장 대표적인 경우로 경제적 안전과 법적 안전 간의 차이와 갈등을 꼽을 수 있다.[23] 이는 경제영역을 지배하는 목표와 합리성 및 법영역을 지배하는 목표와 합리성 사이에 기능적인 차이가 나타나면서 자연스럽게 도출된 결과이다. 경제영역과 법영역에서 각기 바라보는 위험이 달라지면서 안전도 달라지고 이로 인해 서로 갈등을 빚기도 하는 것이다.

---

20 이외에도 다음과 같은 구별기준을 제시할 수 있다. 안보가 고의적 행위나 소통 등에 대응하기 위한 것이라면 안전은 각종 재해나 과실에 의한 행위 또는 소통에 대응하기 위한 것이라는 점이다.

21 이에 관해서는 전영실 외, 『국민안전 보장을 위한 형사정책 실효성 검증 및 효율성 제고 방안 연구(I)-하』(한국형사정책연구원, 2016) 참고. 이 연구는 안전을 주관적 안전과 객관적 안전으로 구별한다. 사회적 안전은 언급하지 않는다. 이 연구에 따르면 주관적 안전과 객관적 안전은 다음과 같이 불일치하기도 한다. 첫째는 객관적 안전은 높은데 주관적 안전이 낮은 경우이다. 둘째는 객관적 안전은 낮은데 주관적 안전은 높은 경우이다.

22 주관적·객관적·사회적 안전 사이의 차이와 갈등은 기능적으로 분화된 각 안전과 연결되어 안전 간의 차이와 갈등을 더욱 복잡하게 만든다. 예를 들어 경제영역에서 주관적·객관적·사회적 안전이 분화되어 갈등을 빚는데, 이는 동일한 과정이 이루어지는 법영역의 주관적·객관적·사회적 안전과 다시 차이와 갈등을 빚는다. 이를 통해 안전에 관한 문제는 점점 더 복잡해진다.

23 이를 잘 보여주는 법리가 바로 경영판단원칙과 형사처벌 문제라 할 수 있다. 이에 관해서는 이상돈, 『경영판단원칙과 형법: 체계간 원칙(intersystemic principle)으로서 경영판단원칙의 기능과 형사법에서의 적용문제들』(박영사, 2015) 참고.

다만 앞에서 언급한 것처럼 안전사회에서는 안전의 기능적 분화가 중지되고 정치적 안전을 중심으로 안전이 통합되는 현상이 가속화된다. 안전을 가장 중시하는 사회의 규범적 요청으로 안전의 기능적 분화가 아닌 정치적 통합이 진행된다. 이로 인해 안전사회에서는 안전 간의 차이와 갈등보다는 안전을 기준으로 한 '포함/배제'가 더 부각된다.

(4) 완벽한 안전 실현의 어려움

안전 개념이 다양한 차원에서 분화되고 이로 인해 차이를 빚고 갈등을 유발하면서 다음과 같은 어려움이 등장한다. 안전을 완벽하게 실현하고자 하는 시도가 도달하기 어려운 이상이 된다는 것이다. 이는 특히 객관적 안전과 주관적·사회적 안전 간의 차이에서 비롯한다. 객관적 측면에서 안전을 구현하면 할수록 새로운 주관적·사회적 안전 욕구가 출현하기 때문이다. 달리 말해 객관적 위험을 완벽하게 포착하고 이를 예방하여 객관적 안전을 추구하면 할수록 새로운 주관적·사회적 위험이 포착된다는 것이다. 완벽을 기할수록 결점이 더 많이 보이는 현상과 유사하다. 안전에 노력을 기울이면 기울일수록 불안이 증대하는 '안전의 역설'이 발생하는 것이다. 이러한 이유에서 징엘른슈타인과 슈톨레는 "거의 영원히 지속되는 것 같은 불안전은 우리가 가장 안전하고, 안전을 중시하는 사회에 살고 있음에도 **불구하고** 증가하는 것이 아니라, 오히려 바로 그러한 사회에 살고 있기 **때문에** 증가"한다고 말한다.[24] 그 때문에 "안전은 계속 추구하는 대상이지만 결코 도달할 수 없는 이상"이라고 규정한다.[25]

4. 안전사회로서 코로나 사회

코로나가 진행된 사회를 코로나 사회로 명명한다면 이러한 코로나 사회를 안전사회로 규정할 수 있을까?[26] 이에는 긍정적으로 대답할 수 있다. 코로나 사회 또는 포스트 코로나 사회는 안전사회로 규정할 수 있다. 그 이유를 다음과

---

24 토비아스 징엘슈타인·피어 슈톨레, 앞의 책, 35쪽. 강조는 원문.
25 토비아스 징엘슈타인·피어 슈톨레, 앞의 책, 35쪽.
26 필자는 코로나가 진행된 사회를 코로나 사회로 규정하지만, 달리 이를 '포스트 코로나 사회'로 규정하기도 한다.

같이 말할 수 있다. 첫째, 코로나 사회는 코로나 감염으로부터 안전해지는 것을 가장 중요한 정책적 목표로 설정한다. 둘째, 이를 위해 코로나 사회에서는 강력한 사회적 거리두기 정책을 실시한다. 셋째, 이로 인해 사회 전체적으로 포함과 배제가 선명하게 드러난다. 이 중에서 사회적 거리두기와 '포함/배제' 문제를 아래에서 다룬다.

(1) 사회적 거리두기의 두 가지 의미

유럽이나 미국 등과 비교할 때 우리나라가 코로나 사태에 비교적 성공적으로 대응하는 과정에서는 '사회적 거리두기'(social distancing)가 중요한 역할을 하였다. 그런데 사회적 거리두기는 흥미로운 개념이다. 이는 두 가지 의미를 지니기 때문이다.

첫째, 사회적 거리두기는 사회적으로 형성되는 관계에 거리를 두라는 의미를 지닐 수 있다. 바꿔 말해 '사회적 접촉'을 적게 하라는 것이다. 언뜻 보면 사회적 거리두기는 이러한 의미를 가지는 것처럼 보인다. 다만 이에는 다음과 같은 의문을 제기할 수 있다. 대면접촉을 하지 않고도 인터넷을 통해 손쉽게 다른 사람들과 소통을 할 수 있는 현대 초연결사회에서 사회적 접촉을 적게 하라는 의미의 사회적 거리두기가 실제로 가능한가의 의문이 그것이다.

둘째, 사회적 거리두기는 사회 전체적인 차원에서 '물리적인 거리'를 두라는 의미로 규정할 수 있다. 바꾸어 말하면 사회적인 차원에서 물리적인 대면접촉을 줄이라는 것이다. 이는 정부가 공식적으로 채택한 사회적 거리두기의 의미이다. 정부는 사회적 거리두기를 사회적 관계에 대한 거리두기가 아닌 사회적 차원의 물리적 거리두기로 파악한다.[27]

(2) 사회적 거리두기와 '포함/배제'

사회적 거리두기에 관해서는 크게 두 가지 문제를 제기할 수 있다. 이론적 문제와 실천적 문제가 그것이다. 먼저 이론적 문제로 사회는 무엇으로 구성되

---

[27] 이러한 맥락에서 세계보건기구(WHO)는 '사회적 거리두기' 대신 '물리적 거리두기'라는 용어를 권고한다. 강민경, "WHO '사회적 거리두기가 아니라 물리적 거리두기'", 『뉴스1』(2020. 3. 21) 참고.

고 작동하는가의 근원적인 문제를 던질 수 있다. 인간의 행위로 이루어지는 물리적 접촉을 하지 않고도 사회가 충분히 존속할 수 있다면 사회는 인간의 '행위'(action)로 구성되는지 그게 아니면 인간에 의해 촉발되는 '소통'(communication)으로 구성되는지 의문을 던질 수 있다. 이는 오늘날 사회적 관계에 대한 거리두기가 과연 가능한지와 관련을 맺는다. 이는 루만이 정립한 체계이론에서 중요하게 다루는 문제이기도 하다.[28]

　　이보다 더욱 중요한 문제는 실천적인 문제이다. 사회적 거리두기가 야기하는 이분법 문제가 그것이다. 코로나 사태에 대응하기 위해 사회적 거리두기가 적극 시행되면서 다양한 이분법 문제가 사회적·법적 문제로 대두한다. 이러한 예로 안전과 자유의 이분법, 안전과 개인정보의 이분법, 코로나 대응에 따른 '포함/배제'의 이분법, 코로나에 따른 경제적 이분법 또는 경제적 양극화 문제를 들 수 있다. 그중에서 특히 주목할 만한 것은 '포함/배제'의 이분법이다. 코로나에 대응하기 위해 강력한 사회적 거리두기가 시행되면서 본의 아니게 포함과 배제가 부작용으로 나타난다. 정부는 사회적 거리두기를 실시하면서 물리적으로는 거리를 두면서도 사회적으로는 더욱 가까워지라고 강조하지만, 사회적 거리두기가 사회적 관계에 대한 포함과 배제로 작동하는 것이다. 이로 인해 코로나 사회는 전형적인 안전사회의 구조로 접어들었다.

Ⅲ. 코로나 사회의 헌법학적 문제와 대응 방안

　　앞에서 안전사회란 무엇인지, 코로나가 진행된 사회를 안전사회로 규정할 수 있는지, 그렇다면 여기에 어떤 문제가 제기되는지를 살펴보았다. 이를 기반으로 하여 아래에서는 안전사회인 코로나 사회에서 어떤 헌법학적 문제가 등장하는지, 이에는 어떻게 대응할 수 있는지 살펴본다. 코로나 사회에 관해서는 다양한 헌법학적 문제를 제기할 수 있는데 이 책은 그중에서 다음과 같은 문제에 초점을 맞추고자 한다. 안전의 헌법학적 문제, 코로나 대응에 따른 개인정보의 자유와 행위자유의 충돌 문제, 사회적 포함 및 배제에 대한 대응 방안으로서 포

---

28 N. Luhmann, *Einführung in die Theorie der Gesellschaft*, 2. Aufl. (Heidelberg, 2009), 61쪽 참고.

용국가 문제 등이 그것이다. 다만 이들 문제를 상세하게 다루는 것은 이 책의 제약을 넘어서는 것이기에 아래에서는 강약을 조절하면서 개괄적으로 이 문제에 접근하겠다.

1. 안전의 헌법학적 문제

(1) 안전의 법적 성격

안전사회에서 가장 우선적인 규범적 목표가 되는 안전이 헌법학의 측면에서 볼 때 어떤 성격을 지니는지 문제된다. 이는 특히 안전권을 독자적인 기본권으로 파악할 수 있는지와 관련하여 쟁점이 된다.

우선 안전은 '이익'(interest), 그중에서도 '공익'(public interest)으로 파악할 수 있다.[29] 안전을 보장하는 것은 국가를 포함하는 공동체 및 이러한 공동체를 구성하는 구성원 모두에게 이익이 되기 때문이다. 이를 예증하듯 우리 헌법은 제37조 제2항에서 '국가안전보장'을 기본권 제한 근거가 되는 공익으로 규정한다. 다만 정확하게 말하면 이익으로서 안전은 두 가지로 구별할 수 있다. '집단적 안전'과 '개인적 안전'이 그것이다. 흔히 공익으로 인정되는 안전은 집단적 안전을 말한다. 국가공동체의 전체 질서가 안정화되어 그 결과로 각 개인의 자유가 보장되는 경우가 집단적 안전과 관련된다. 우리가 전통적으로 안전을 생각하면 이러한 집단적 안전을 떠올리는 경우가 많다. 홉스로 거슬러 올라가는 '안전국가' 역시 집단적 안전과 관련을 맺는다.[30] 그렇지만 안전이 집단적 안전으로만 존재하는 것은 아니다. 개별 기본권 주체에게 귀속되는 개인적 이익에 속하는 개인적 안전 역시 생각할 수 있다. 각 개인의 생명, 신체, 자유, 재산이 침해되지 않고 보장되는 경우를 이러한 개인적 안전의 예로 언급할 수 있다.[31]

안전, 그중에서도 집단적 안전은 국가가 존속하는 데 필수적인 요건이 되

---

[29] 공익 개념에 관해서는 최송화, 『공익론』(서울대학교출판부, 2002); 양천수, "공익과 사익의 혼용 현상을 통해 본 공익 개념: 공익 개념에 대한 법사회학적 분석", 『공익과 인권』 제5권 제1호 (2008), 3–29쪽 등 참고.

[30] 홉스의 안전국가에 관해서는 심재우, "T. Hobbes의 죄형법정주의사상과 목적형사상", 『법률행정 논집』(고려대) 제17집(1979), 119–142쪽 참고.

[31] 헌법 제34조 제6항을 이러한 경우로 파악할 수 있다.

기에 우리 헌법은 안전보장을 국가의 의무로 설정한다. 심지어 국가의 안전을 보장하기 위해 기본권을 제한할 수 있도록 한다. 뿐만 아니라 우리 헌법은 각종 재해로부터 기본권 주체를 안전하게 하는 것, 즉 개인적 안전을 보장하는 것도 국가의 의무로 설정한다(헌법 제34조 제6항 등). 요컨대 우리 헌법은 집단적 안전 및 개인적 안전을 보장하는 것을 헌법적 의무로 설정한다.

이처럼 안전보장은 헌법이 국가의 의무로 설정할 만큼 우리 법체계에서 중요한 지위를 차지한다. 이를 통해 안전이라는 이익과 국가의 의무 사이에 대칭관계가 형성된다. 그러면 이를 넘어 안전 그 자체를 독자적인 권리, 즉 기본권으로 인정할 수 있을까? 오랫동안 공익으로 인정된 안전을 기본권 주체인 개인에게 귀속시킬 수 있는 기본권으로 승인할 수 있는가에는 의문을 제기할 수 있지만 최근 이를 독자적인 기본권으로 인정하는 것이 지배적인 견해로 자리 잡는다.[32] 심지어 헌법개정안에서 독자적인 기본권으로 제안되기도 하였다.[33] 그러나 안전을 독자적인 기본권으로 인정할 수 있는가에 관해서는 의문이 없지 않다. 가장 대표적으로는 과연 안전을 독자적인 기본권으로 인정할 필요가 있는가의 의문을 제기할 수 있다. 이를 아래에서 살펴본다.

(2) 안전권의 인정 가능성

1) 집단적 안전과 개인적 안전

안전을 독자적인 기본권으로 파악하고자 할 때 가장 먼저 부딪히는 문제는 그동안 안전은 기본권 제한의 근거, 즉 기본권과 대립하는 공익으로 인정되었다는 것이다. 공익은 집단적 이익으로 파악되기에 이러한 공익이 과연 각 개인에게 배분될 수 있는지 의문이 제기된다. 흔히 공익과 권리의 구별기준으로 특

---

32 이에 관해서는 송석윤, "기본권으로서의 안전권에 관한 시론적 연구", 『법학논집』(이대) 제8권 제1호(2003), 1–32쪽; 정문식, "안전에 관한 기본권의 헌법상 근거와 위헌심사 기준", 『법과 정책 연구』 제7집 제1호(2007), 217–239쪽; 김소연, "기본권으로서의 안전권 인정에 대한 헌법적 고찰", 『공법연구』 제45집 제3호(2017), 173–195쪽; 홍완식, "안전권 실현을 위한 입법정책", 『유럽 헌법연구』 제14호(2013), 225–250쪽; 전광석, "국민의 안전권과 국가의 보호의무", 『법과인권교육연구』 제8권 제3호(2015), 143–157쪽; 윤수정, "국민 안전권 보장을 위한 국가 및 지방자치단체의 역할: 안전권의 공법적 논의구조를 중심으로", 『공법학연구』 제20권 제3호(2019), 3–27쪽 등 참고. 이 가운데 윤수정 교수의 논문은 그동안 축적된 안전권 논의를 충실하게 정리한다.
33 윤수정, 위의 논문, 8쪽.

정한 이익이 각 권리주체에 배분될 수 있는지가 언급되기 때문이다.[34] 이는 이
론적 문제에 해당한다. 그렇지만 이에는 다음과 같이 대응할 수 있다. 앞에서
살펴본 것처럼 안전을 집단적 안전과 개인적 안전으로 구별하면서 공익에 해당
하는 안전은 전자를, 기본권으로 인정할 필요가 있는 안전은 후자로 파악하는
것이다. 집단적 안전과 구별되는 개인적 안전을 기본권의 대상으로 포섭함으로
써 공익으로 인정되는 안전과 기본권의 대립 문제를 해소할 수 있다.[35]

2) 안전기본권의 인정 필요성

그렇지만 다음과 같은 의문은 안전을 독자적인 기본권으로 인정할 수 있는
지에 꽤 어려운 문제를 던진다. 안전을 군이 독자적인 기본권으로 인정할 필요
가 있는가의 의문이 그것이다. 앞에서 살펴본 것처럼 안전은 위험으로부터 자
유로운 상태를 뜻한다. 이를 더욱 구체적으로 보면 생명, 신체, 자유 및 재산에
대한 위험 또는 침해로부터 자유로운 상태를 안전으로 새길 수 있다. 이렇게 보
면 안전은 자유와 같은 전통적인 기본권과 불가분의 관계를 맺고 있음을 확인
할 수 있다. 생명, 신체, 자유, 재산에 대한 기본권을 보장함으로써 그 결과로
주어지는 것이 안전이다. 이를 도식으로 표현하면 아래와 같다.

도식-5 개별 기본권과 안전의 관계

위험 및 침해로부터 생명, 신체, 자유, 재산에 대한 기본권 보장
→ 생명, 신체, 자유, 재산에 대한 안전보장

이처럼 전통적인 기본권과 안전이 마치 동전의 양면처럼 불가분의 관계를
맺는다면, 전통적인 기본권을 보장함으로써 주어지는 결과가 안전이라면 군이
안전을 독자적인 기본권으로 인정할 필요가 있을까 의문을 제기할 수 있고 이
는 상당한 설득력을 지닌다. 그런데도 필자는 안전 그 자체를 독자적인 기본권
으로 설정하는 것은 이론적으로 가능할 뿐만 아니라 실천적으로도 필요하다고

[34] R. Alexy, "Individuelle Rechte und kollektive Güter", in: ders., *Recht, Vernuft, Diskurs* (Frankfurt/
M., 1995), 232쪽 아래.
[35] 물론 아래 제16장 Ⅲ. 1. (3)에서 논증하듯이 공익에 해당하는 집단적 안전 역시 집단적 권리로
인정할 여지가 있다.

생각한다. 그 이유를 다음과 같이 말할 수 있다.

먼저 권리의 상징적 기능을 언급할 수 있다. 상징적 기능은 예나 지금이나 우리 사회에서 중요한 역할을 한다. 이러한 예로 '대의명분'을 들 수 있다. 우리 역사를 보면 알 수 있듯이 사람들은 대의명분을 지킨다는 상징적 기능을 위해 때로는 자신에게 가장 손해가 되는 목숨을 끊는 행위도 서슴지 않는다. 형벌을 부과하는 과정에서도 상징적 기능의 중요성을 엿볼 수 있다. 어찌 보면 오늘날에는 형벌을 부과하는 경우보다 경제적 제재를 가하는 것이 범죄자에게 더욱 가혹할 수도 있지만, 우리는 형벌의 상징성 때문에 여전히 형벌을 가장 강력한 법적 제재로 파악한다.[36] 이러한 상징적 기능은 '권리'(rights)에서도 찾아볼 수 있다. 이익설의 관점을 수용하면 권리는 이익이다.[37] 그러면 왜 우리는 이익이 아닌 권리라는 개념을 사용할까? 그 이유는 권리라는 개념은 특정한 이익이 매우 중요하면서 정당한 이익이라는 점을 상징적으로 보여주기 때문이다.[38] 특정한 이익이 도덕적인 권리로, 더 나아가 법적 권리로 승인됨으로써 이 이익은 다른 이익에 우선적인 지위를 획득한다.[39] 이러한 상징성은 실제적으로도 매우 중요하다. 왜냐하면 각 개인의 권리를 그 어떤 이익보다 중시하는 현대 민주적 법치국가에서는 권리가 다른 이익과 충돌할 때 가능한 한 권리에 우선적인 지위를 부여하기 때문이다. 이러한 주장을 안전에 적용하면 다음과 같은 결론을 도출할 수 있다. 안전을 독자적인 권리, 그것도 헌법이 보장하는 기본권으로 설정함으로써 다른 이익이나 기본권 등과 충돌할 때 안전을 좀 더 충실하게 보장할 수 있다는 것이다. 개인의 자유와 권리를 중시하는 자유주의적 법치국가에서는 기본권에 해당하는 자유와 공익에 해당하는 안전이 충돌할 때 자유를 더 중시하는 경향이 강하다.[40] 안전을 다소 희생시키더라도 자유를 우선시하는 것이다.

---

36 형벌의 상징적 기능에 관해서는 Klaus Günther, "Die symbolisch—expressive Bedeutung der Strafe", in: *Festschrift für Klaus Lüderssen* (Frankfurt/M., 2002), 205쪽 아래.

37 권리의 성격에 관해서는 김도균, 『권리의 문법: 도덕적 권리·인권·법적 권리』(박영사, 2008) 참고.

38 이를 보여주는 김현철, "권리의 우선성에 대한 고찰", 『법철학연구』 제7권 제1호(2004), 249–272쪽 참고.

39 이에 관해서는 김현철, "형식적 권리론: 권리의 개념구조에 대하여", 『법철학연구』 제5권 제1호(2002), 115–140쪽; 양천수, "권리의 형성 메커니즘", 『법철학연구』 제16권 제1호(2013), 199–232쪽 등 참고.

이로 인해 안전의 규범적 비중은 약해진다. 그러나 안전을 독자적인 기본권으로 설정하면 안전이 자유와 같은 기본권과 충돌할 때 과소평가되기 어렵다. 말하자면 안전기본권은 안전의 규범적 가치를 상징적으로 강조하는 역할을 한다. 그 점에서 안전을 독자적인 기본권으로 설정하는 것은 필요해 보인다.

안전을 기본권으로 인정할 필요는 국가의 기본권 보호의무와 관련해서도 생각해 볼 수 있다.[41] 의무의 차원에서 보더라도 국가의 안전보장 의무와 안전기본권 보호의무 사이에는 규범적 무게의 차이를 발견할 수 있다. 더군다나 우리 헌법재판소 판례에 따르면 기본권 보호의무에서 기본권을 구체적으로 보호하기 위한 입법의무가 도출된다. 기본권 보호의무를 통해 입법자에게 부여된 광범위한 입법형성의 자유가 축소되는 것이다. 재량이라는 개념으로 바꾸어 말하면 기본권 보호의무에 의해 재량권이 축소되어 입법재량행위는 입법자가 구체적인 입법을 해야 하는 입법기속행위로 전환된다. 이러한 기본권 보호 도그마틱에 비추어 보면 안전을 독자적인 기본권으로 설정하는 데 의미가 없지 않다. 안전을 기본권으로 인정하면 안전기본권 보호의무가 국가에게 부여되고 이를 통해 입법자에게 안전기본권을 보장하는 데 필요한 구체적인 입법의무를 부과할 수 있기 때문이다.

3) 안전기본권의 인정 가능성

위에서 살펴본 것처럼 안전을 독자적인 기본권으로 설정하는 것은 충분히 필요해 보인다. 그렇다면 안전을 기본권으로 근거 짓는 것은 이론적으로 가능할까? 특정한 이익이 독자적인 권리로 인정되려면 몇 가지 단계를 거쳐야 한다.[42] 이는 크게 세 단계로 구별할 수 있다. 먼저 해당 이익이 각 개인에 귀속될 수 있어야 한다. 다음으로 해당 이익의 규범적 중요성이 인정되어 인권과 같은 도덕적 권리로 승인되어야 한다.[43] 나아가 이러한 도덕적 권리가 실정법상 법적 권리로 제도화되어야 한다. 물론 권리화가 언제나 이러한 단계를 모두 거쳐야

---

40 이러한 시각을 형법학에 강하게 투영하는 경우로는 빈프리트 하세머, 배종대·윤재왕 (옮김), 『범죄와 형벌: 올바른 형법을 위한 변론』(나남, 2011) 참고.
41 정문식, 앞의 논문, 217쪽 아래; 윤수정, 앞의 논문, 9쪽 아래 참고.
42 김현철, 앞의 논문, 115쪽 아래.
43 안전을 인권으로 파악하는 경우로는 김소연, 앞의 논문, 173쪽 아래 참고.

하는 것은 아니다. 경우에 따라서는, 가령 그 이익이 매우 중대하고 긴급하게 보장될 필요가 있는 경우에는 도덕적 권리의 단계를 거치지 않고 곧바로 실정법상 권리로 제도화될 수 있다.

이러한 시각에서 안전을 검토하면, 앞에서 살펴본 것처럼 안전은 집단적 안전과 개인적 안전으로 구별할 수 있다. 따라서 안전의 개별화 문제는 해소된다. 다음으로 안전은 권리화가 필요할 정도로 중대한 이익일까? 물론 지배적인 견해가 안전을 독자적인 기본권으로 설정하고 있다는 점을 고려하면 이는 곧바로 승인될 수 있을 것으로 보인다. 다만 논증을 더욱 강화한다는 점에서 두 가지 근거를 덧붙이고자 한다.

우선 정치학 영역에서 논의되는 인간안보 논증을 언급하고자 한다.[44] '인간안보'(human security)는 정치학, 특히 안보학에서 전통적인 국가안보에 대비되는 개념으로 제시되었다. 국가의 안전을 보장하는 안보에서 인간 존재의 안전을 보장하는 안보로 패러다임을 바꾼 것이다. 이의 연장선상에서 긴급복지를 인간안보를 실현하기 위한 수단으로 파악하기도 한다. 이러한 인간안보는 다음과 같은 상반된 의미를 지닌다. 한편으로 인간안보는 인간의 안전을 보장하는 것을 안보학, 즉 정치학의 영역으로 전환한다. 인간 존재의 보장을 정치화하는 것이다. 마치 국가를 보장하는 것처럼 인간 존재를 보장해야 한다는 것이다. 이를 통해 안전이 그 무엇보다 중요한 가치로 대두한다. 다른 한편으로 인간안보는 정치적 성격이 강한 안보를 개별 인간 존재와 결합함으로써 안보를 탈정치화한다는 의미도 지닌다. 그렇지만 실제로는 두 가지 의미 중에서 전자의 의미가 더 강하게 부각된다. 뿐만 아니라 필자는 인간안보 논증에서 안전기본권에 관해 중요한 다음과 같은 의미를 추출할 수 있다고 생각한다. 안보가 국가뿐만 아니라 개별 인간 존재와도 연결될 수 있다는 점이다. 달리 말해 개별적 안보를 인정할 수 있다는 것이다. 나아가 인간안보는 인간의 실존을 보장하는 것, 다시 말해 인간의 안전을 보장하는 것이 그 얼마나 중요한 규범적 가치인지를 시사한다. 이러한 인간안보 논증에서 우리는 안전이라는 이익을 규범적으로 중대한

---

44 이에 관해서는 S. 타지박시·A.M. 체노이, 박균열 외 (옮김), 『인간안보: 개념과 함의』(철학과현실사, 2010); 조화순, 『정보시대의 인간안보: 감시사회인가? 복지사회인가?』(집문당, 2012) 등 참고.

권리로 근거 짓는 데 필요한 이론적 근거를 획득할 수 있다.

물론 인간안보는 정치학이라는 존재 영역을 다루는 학문에서 제시된 개념 이라는 점에서 중대한 규범적 이익인 안전기본권을 법이론적으로 논증하는 데 원용하는 근거로는 부족할 수 있다. 존재에서 곧바로 당위를 이끌어낼 수는 없 기 때문이다. 따라서 또 다른 규범적 근거가 요청된다. 이에 관해서는 권리 개 념에 관해 전개된 독일 공법학의 논의, 특히 뷜러의 주관적 공권이론과 순수법 학을 제창한 한스 켈젠의 권리 개념이 도움이 된다.

독일 공법학에서 주관적 공권 개념이 정립되는 데 중요한 역할을 한 뷜러 (Ottmar Bühler)에 따르면, 주관적 공권 개념이 성립하기 위해서는 다음과 같은 요건이 필요하다.[45] 첫째, 국가에 의무를 부과하는 강행법규가 존재해야 한다. 둘째, 이러한 강행법규가 사익을 보호해야 한다. 셋째, 강행법규가 보호하는 사 익을 소송 등과 같은 강제절차로 관철할 수 있어야 한다. 흔히 '보호규범이론'으 로 지칭되는 뷜러의 주관적 공권이론은 이후 독일 공법학에 지배적인 영향을 미쳤다. 이때 가장 중요한 역할을 하는 요건은 강행법규가 존재하는가이다. 이 에 따르면 특정한 이익이 주관적 공권이 되는지는 이러한 이익에 대칭되는 의 무가 국가에 부과되는지에 달려 있다. 이렇게 보면 객관적 의무에서 주관적 공 권이 도출된다고 말할 수 있다.

이러한 시각은 켈젠의 기본권 이론에서 극명하게 드러난다. 엄격한 방법이 원론에 따라 국가가 제정한 실정법만을 법으로 보고 법과 국가를 동일한 것으 로 파악한 켈젠은 주관적 권리와 객관적 법을 구별하는 이분법에 반대한다.[46] 켈젠은 이러한 이분법은 국가와 사회를 구별하면서 사회의 자율성을 인정하는 사고방식에 바탕을 둔다고 본다. 이를 대변하는 법학으로 19세기 독일에서 발 전했던 판덱텐 법학을 든다.[47] 켈젠에 따르면 판덱텐 법학은 국가가 제정하는 객관적 법으로부터 독립된 주관적 권리가 존재한다고 본다. 이러한 주관적 권

---

45 뷜러의 공권 개념에 관해서는 O. Bühler, *Die subjektiven öffentlichen Rechte und ihr Schutz in der deutschen Verwaltungsrechtsprechung* (Berlin u.a., 1914) 참고. 이를 간략하게 소개하는 박정 훈, 『행정소송의 구조와 기능』(박영사, 2006), 190쪽 아래 참고.

46 한스 켈젠, 윤재왕 (옮김), 『순수법학』(박영사, 2019), 67쪽 아래.

47 한스 켈젠, 위의 책, 62쪽 아래.

리는 사적 자치에 따라 당사자의 자율적인 의사와 합의에 의해 형성된다. 그러나 켈젠은 이러한 사고방식에 반대한다. 켈젠에 따르면 주관적 권리는 객관적 법과 무관하게 독자적으로 존재하는 것이 아니다.[48] 오히려 켈젠에 의하면 주관적 권리는 객관적 법이 규정하는 의무로부터 반사적으로 도출되는 이익에 불과하다. 요컨대 주관적 권리는 당사자의 자율적 의사라는 사실로부터 형성되는 것이 아니라 객관적 법이 국가에 부과하는 의무로부터 반사적으로 도출된다는 것이다. 그 점에서 켈젠의 기본권 이론에서도 의무가 핵심적인 지위를 차지한다. 이는 뷜러의 주관적 공권이론과 상통한다.

뷜러와 켈젠의 권리이론은 이후 새로운 권리이론 등에 의해 다양한 비판에 직면했다는 점에서 오늘날에도 여전히 설득력을 인정할 수 있을지 의문이 없지 않다. 그렇지만 이들 주장은 안전기본권 인정 여부에 관해 중요한 이론적 시사점을 제공한다. 특정한 이익을 권리로 인정하는 데 가장 중요한 측면은 이러한 이익을 보장하는 것이 국가의 의무로 설정되어 있는지라는 것이다. 이는 안전의 경우에 긍정적으로 판단할 수 있다. 왜냐하면 우리 헌법은 집단적 안전뿐만 아니라 개인적 안전 모두 이를 보장하는 것을 국가의 의무로 규정하기 때문이다. 안전에 관해서는 이에 대칭되는 국가의 의무가 헌법에 의해 설정되고 있는 것이다. 이렇게 보면 안전을 독자적인 권리, 더 나아가 기본권으로 인정하는 것도 이론적으로 가능하다고 말할 수 있다. 헌법이 이를 국가의 의무로 설정하는 이상 이를 실제로 관철할 가능성도 존재하기 때문이다.

(3) 두 가지 유형의 안전기본권

앞에서 전개한 논증에 비추어 보면 안전은 독자적인 기본권, 즉 안전기본권으로 인정할 수 있다. 안전을 기본권으로 설정하는 것은 실제적으로도 의미가 있다. 여기서 한 가지 더 언급하겠다. 안전이 개인적 안전과 집단적 안전으로 구별되는 것처럼 안전기본권 역시 개인적인 안전기본권과 집단적인 안전기본권으로 구별할 수 있다는 것이다.[49] 이때 개인적 안전기본권은 기본권 주체의

---

48 한스 켈젠, 앞의 책, 70쪽.
49 집단적인 안전기본권은 개인적인 권리와 구별되는 집단적인 권리가 개념적으로 가능하다는 점을 전제로 한다. 집단적인 권리에 관해서는 James Crawford, "The Rights of Peoples: "Peoples" or

생명, 신체, 자유, 재산 등을 안전하게 보장하는 것을 내용으로 하는 기본권을 말한다. 이에 대해 집단적 안전기본권은 국가나 사회와 같은 공동체를 유지하는 데 중요한 집단적 안전을 보장하는 것을 내용으로 하는 기본권을 뜻한다.

2. 행위의 자유와 개인정보 자유의 대립

안전사회의 헌법학적 문제에 대한 두 번째 경우로 행위의 자유와 개인정보 자유의 대립과 충돌을 언급할 필요가 있다. 이는 코로나가 진행된 우리 사회에서, 전 세계적으로 이름을 떨친 'K–방역'과 관련하여 특히 문제가 되었다. K–방역이 성공을 거둔 가장 큰 이유는 코로나 확진과 관련한 신속한 선별검사라는 선제적·예방적 대응에서 찾을 수 있기 때문이다. 그러나 이는 대가를 필요로 하였다. 개인정보에 대한 중대한 제한 및 개인정보를 매개로 한 포함과 배제가 그것이다. 우리는 안전과 행위의 자유를 얻는 대신 개인정보의 자유 및 포함과 배제를 대가로 지불한 것이다.

(1) 개인정보 자유 및 제한에 관한 법적 상황

1) 개인정보 보호법

개인정보의 자유 및 제한에 관해 살펴보려면 먼저 우리 법제가 이를 어떻게 규율하는지 검토할 필요가 있다. 개인정보에 관해 우리는 「개인정보 보호법」을 제정 및 시행함으로써 이에 대응한다. 「개인정보 보호법」은 개인정보 보호에 관해 유럽연합이 채택하는 명시적인 사전동의 원칙을 수용한다. 이에 따르면 개인정보처리자는 원칙적으로 정보주체의 동의를 받은 경우에 개인정보를 수집할 수 있으며 수집 목적의 범위에서 이를 이용할 수 있다(제15조 제1항 제1호). 이른바 '사후승인'(opt–out)을 원칙으로 채택한 미국과 달리 우리 법제는 유럽연합이 채택하는 '사전동의'(opt–in)를 원칙으로 수용함으로써 정보주체의 개인정보를 강력하게 보장한다. 다만 이러한 기본 태도는 현대 초연결사회에서 빅데이터나 인공지능을 구현하는 데 장애가 된다는 비판이 지속적으로 제

"Government"?", in: James Crawford (ed.), *The Rights of Peoples* (Clarendon Press, 1988), 55–67
쪽; Will Kymlicka, "The Good, the Bad, and the Intolerable: Minority Group Rights", *Dissent*
(Summer, 1996), 22–30쪽 등 참고.

기되었다. 이에 혁신성장을 위한 '데이터 3법' 개정의 일환으로 2020년 2월 4일에 「개인정보 보호법」이 일부 개정되었다. 이에 따라 제15조 제3항으로 다음 내용이 추가되었다. "개인정보처리자는 당초 수집 목적과 합리적으로 관련된 범위에서 정보주체에게 불이익이 발생하는지 여부, 암호화 등 안전성 확보에 필요한 조치를 하였는지 여부 등을 고려하여 대통령령으로 정하는 바에 따라 정보주체의 동의 없이 개인정보를 이용할 수 있다."는 것이다. 이를 통해 인공지능을 구현하는 데 필수적인 빅데이터를 수집 및 이용하는 데 필요한 법적 근거가 마련되었다. 그만큼 개인정보 보호가 제한되는 정도가 확대된 것이다. 여기서 우리는 혁신성장이라는 명분 아래 개인정보 수집 및 이용에 대한 규범적 통제 강도가 점차 약해지는 흐름을 읽을 수 있다.

2) 감염병예방법

개인정보 보호를 제한하는 또 다른 근거는 바로 안전, 그중에서도 코로나19와 같은 질병감염 위험으로부터 안전해지는 것이다. 이에 관한 근거를 「감염병의 예방 및 관리에 관한 법률」(이하 '감염병예방법'으로 약칭함)에서 찾을 수 있다. 감염병예방법 제7장 "감염 전파의 차단 조치"에 자리한 제34조의2는 "감염병위기 시 정보공개"라는 표제 아래 제1항 본문에서 다음과 같이 규정한다. "질병관리청장, 시·도지사 및 시장·군수·구청장은 국민의 건강에 위해가 되는 감염병 확산으로 인하여 「재난 및 안전관리 기본법」 제38조 제2항에 따른 주의 이상의 위기경보가 발령되면 감염병 환자의 이동경로, 이동수단, 진료의료기관 및 접촉자 현황 등 국민들이 감염병 예방을 위하여 알아야 하는 정보를 정보통신망 게재 또는 보도자료 배포 등의 방법으로 신속히 공개하여야 한다."

이는 「개인정보 보호법」이 원칙으로 삼는 사전동의 원칙의 중대한 예외가 된다. 감염병예방과 안전이라는 공익을 위해 특정한 요건이 충족되는 경우에는 감염병 환자의 사전동의를 받지 않고도 매우 민감한 개인정보를 공개할 수 있는 것이다. 물론 「개인정보 보호법」 제15조 제1항 제2호는 "법률에 특별한 규정이 있거나 법령상 의무를 준수하기 위하여 불가피한 경우"에는 개인정보처리자가 개인정보를 수집 및 이용할 수 있도록 함으로써 「개인정보 보호법」과 감염병예방법 사이의 체계모순을 피하고 있다.

지난 코로나 사태에서 전 세계적으로 명성을 획득한 K-방역에서 가장 핵심이 되는 법적 근거는 감염병예방법 제34조의2 제1항이었다. 이 규정 덕분에 질병관리본부(질병관리청)는 신속하게 선제적인 선별검사를 실시하여 코로나 사태에 효과적으로 대응할 수 있었다. 코로나로부터 시민들의 안전을 확보하고 행위자유를 보장하기 위해 환자의 개인정보 보호를 강도 높게 제약한 것이다. 그렇지만 핸드폰 등과 같은 소통매체를 통해 환자의 개인정보가 여과 없이 노출되고 감염병예방과 직접 관련이 없는 성별, 연령 등이 공개되면서 환자가 누구인지 특정되는 경우가 많았다. 이로 인해 환자에 대한 강력한 사회적 배제가 이루어졌다.[50] 이를 보완하기 위해 감염병예방법은 2020년 9월 29일에 이루어진 일부 개정으로 제34조의2 제1항에 단서를 신설하였다. 이에 따르면 "성별, 나이, 그 밖에 감염병 예방과 관계없다고 판단되는 정보로서 대통령령으로 정하는 정보는 제외하여야 한다." 이외에도 2020년 9월 29일의 일부 개정으로 감염병 환자의 개인정보에 관한 잊힐 권리(제2항) 및 이의신청권(제3항)이 신설되었다.[51] 이러한 일부 개정으로 감염병 예방 및 안전에 치우쳤던 개인정보 관리를 다시 개인정보 보호 쪽으로 다소간 조정할 수 있게 되었다.

(2) 행위의 자유와 개인정보의 자유 간의 대립

감염병예방법 제34조의2 제1항 본문으로 코로나를 적극적으로 예방하는 데 필요한 법적 근거를 확보하면서 환자의 개인정보 보호에 대한 제한은 강화되었지만 그 반대급부로 안전 및 행위의 자유를 획득할 수 있게 되었다. 물론 그렇다고 해서 우리가 행위의 자유를 전면적으로 제한할 수 없는 것은 아니다. 정부는 코로나에 대응하기 위해 사회적 거리두기를 사회 환경에 맞게 단계화하였는데 각 단계에 따라 우리 법제 역시 행위의 자유를 제한하는 조치를 취할 수 있기 때문이다.[52] 심지어 사회적 거리두기 4단계에서는 전면적 행위제한

---

50 이에 대한 비판으로는 권건보·김현경, "코로나 확진자 개인정보 공개는 신중을 기해야. 확진자 정보의 신속한 공유·처리는 중요하나, 일반 국민에 대한 공개는 신중해야", 『법연』(법제연구원) 제67권(2020), 64-72쪽 참고.

51 이에 관해서는 권건보, "감염병 위기 대응과 정보인권", 『공법학연구』 제21권 제3호(2020), 3-31쪽 참고.

52 사회적 거리두기의 단계화에 관해서는 홍성민 외, 『'K-방역' 관련 법제에 대한 입법평가』(한국

(lockdown) 조치도 취할 수 있다. 그렇지만 우리는 행위제한의 정도가 심한 사회적 거리두기 4단계로 가능한 한 이행하지 않기 위해 선제적으로 신속하게 감염병 환자 선별검사를 실시하였다. 이 과정에서 감염병예방법 제34조의2 제1항이 규정한 "감염병위기 시 정보공개"를 적극 활용하였다. 이에 반해 유럽연합이나 미국은 전면적 행위제한은 실시하였지만, 우리처럼 환자의 개인정보를 활용한 선제적인 선별검사 및 예방 정책은 실시하지 않았다. 이에 따른 개인정보 제한 또는 침해를 우려하였다. 이러한 맥락에서 우리의 K-방역을 비판하기도 하였다.[53] 코로나 대응에 관해 행위의 자유와 개인정보의 자유가 대립 및 충돌하는 현상이 발생하였다. 이와 동시에 민감한 개인정보를 통제하면서도 시민들의 일반적인 행위 자유는 가능한 한 보장하는 우리나라의 사회적 거리두기 정책과 개인정보는 보장하면서 시민들의 일반적인 행위 자유는 엄격하게 통제하는 유럽연합이나 미국의 사회적 거리두기(물리적 거리두기) 정책 중에서 무엇이 더 나은가의 근본적인 문제가 제기되었다. 이는 기본권 충돌 문제에 해당한다.

(3) 자유의 우선순위와 사회구조 및 문화

유럽연합이나 미국과 비교할 때 우리나라가 개인정보의 자유보다 행위의 자유, 더욱 정확하게 말해 개인정보의 자유보다 안전을 더 우선시한 것으로 보인다. 물론 확진자의 동선 공개에 관해 비판이 제기되고 이를 반영하여 감염병예방법 제34조의2를 개인정보 보호 친화적으로 바꾸기는 했지만 여전히 무게중심은 안전 및 이에 결부되어 있는 행위의 자유에 놓여 있었던 것으로 보인다. 행위의 자유와 개인정보의 자유 중에서 무엇을 더 우선시할 것인가에는 정답을 말하기 어렵다. 어떤 자유를 더욱 중요하게 여길 것인가 하는 점은 해당 사회가 어떤 구조를 지니는지, 자유에 관해 어떤 사회적 소통이 이루어지는지, 자유에 관해 어떤 문화를 지니는지에 따라 달라지기 때문이다.

이는 정보주체의 개인정보 또는 프라이버시를 어떤 방식으로 보호할 것인가에 관해 유럽연합과 미국이 서로 다른 방식을 취하는 것을 보아도 확인된다.

법제연구원, 2021) 참고.

[53] 이에 관한 기사로는 https://world.kbs.co.kr/service/news_view.htm?lang=k&Seq_Code=352348 참고.

미국의 법학자 제임스 휘트먼(James Q. Whitman)은 이를 문화의 차이로 논증한
다.[54] 이때 말하는 문화의 차이는 '존엄 대 자유'의 차이를 말한다. 휘트먼 교수
에 따르면 유럽연합은 개인정보에 관해 '존엄'(dignity)을 강조한다. 이로 인해 유
럽연합에서는 '존엄의 측면을 가진 프라이버시'(privacy as an aspect of dignity)가
중요하다. 이를 달리 말하면 자신의 프라이버시, 즉 개인정보에 관해 정보주체
가 자기결정권을 가지는지가 중요하다는 것을 뜻한다. 칸트의 철학이 시사하듯
이 존엄에서 중요한 지위를 차지하는 것은 자기결정이기 때문이다.[55] 이에 반
해 미국은 개인정보, 즉 프라이버시에 관해 '자유'(liberty)를 우선시한다. 이러한
맥락에서 미국에서는 '자유의 측면을 가진 프라이버시'(privacy as an aspect of
liberty)가 핵심이 된다. 프라이버시 또는 개인정보가 실질적으로 침해되었는지
가 중요하다는 것이다. 이러한 문화적 차이로 인해 유럽연합은 정보주체의 존
엄을 중시하는 사전동의 방식의, 미국은 정보주체의 실질적인 자유를 중시하는
사후승인 방식의 개인정보 보호를 채택한다는 것이다.

　　문화가 법제도에 긴밀한 영향을 미친다는 점은 다수의 연구에서도 확인된
다.[56] 그리고 문화가 사회의 구조 및 소통 방식을 규정하는 데 중요한 역할을
한다는 점을 고려하면, 개인정보의 자유와 행위의 자유 중에서 무엇을 우선시
할 것인가의 문제는 결국 해당 사회가 어떻게 구조화되었는지와 밀접한 관련을
맺는다고 말할 수 있다. 이렇게 보면 코로나 상황에서 코로나 확진자의 개인정
보에 관한 자유보다 비확진자의 행위 자유 및 안전을 더 중시하는 우리의 모습
은 우리 사회가 이미 상당 부분 안전사회로 이행했다는 점을 시사한다.

---

54 James Q. Whitman, "The Two Western Cultures of Privacy: Dignity versus Liberty", *Yale Law
Journal* 114 (2004), 1151쪽 참고.

55 이를 치밀하게 논증하는 경우로는 심재우, "인간의 존엄과 법질서: 특히 칸트의 질서사상을 중심
으로", 『열정으로서의 법철학』(박영사, 2020), 175쪽 아래 참고.

56 이를 보여주는 양천수, "법과 문화: 유기천 교수의 형법철학을 예로 하여", 『법과 사회』 제60호
(2019), 231 - 269쪽 참고.

3. 안전사회에 대한 대응으로서 포용국가

(1) 문제점

앞에서 살펴본 것처럼 코로나가 진행된 우리 사회는 안전을 그 무엇보다 중요시하는 안전사회로 접어들었다. 이에 따라 안전사회의 부작용이 사회 곳곳에서 불거졌다. 가장 눈에 띄는 문제로 코로나 감염을 기준으로 한 강력한 포함과 배제 문제를 들 수 있다. 코로나에 대응하기 위해 사회적인 물리적 거리두기와 선제적인 선별검사를 실시하였지만, 그 때문에 코로나 확진을 기준으로 한 뚜렷한 포함과 배제 및 (확진자에 대한) 사회적 거리두기가 부작용으로 나타났다. 바이러스 감염이라는 생물학적·의료적 기준이 사회의 동지와 적을 구별하여 강력한 포함과 배제를 유발하였다. 정부가 애초에 의도한 사회적인 차원의 물리적 거리두기가 사회적 관계에 대한 거리두기로 변질되었다. 문제는 이러한 포함과 배제가 코로나에 관해서만 한정되지 않았다는 것이다. 코로나로 비대면 방식의 소통이 급증하면서 사회의 여러 차원에서 포함과 배제 및 양극화가 심화되었다. 비대면 방식의 소통 증가에 따른 친밀성의 양극화, 비대면 소통매체 및 플랫폼에 대한 접근의 양극화 그리고 지속가능한 생존과 직결되는 경제적 양극화 등을 꼽을 수 있다.[57] 어찌 보면 이는 인터넷이 창발한 사이버세계의 배반일지도 모른다. 처음 인터넷이 등장하고 모든 정보가 소통되고 공유될 수 있는 사이버세계가 창발되면서 많이 이들은 정보민주주의와 같은 새로운 민주주의가 구현되는 사회를 꿈꾸었기 때문이다. 그렇지만 현실은 오히려 그 반대로 진행되었다. 현실세계보다 사이버세계에서 양극화가 심화되고 있는 것이다. 다양한 소통플랫폼과 소통매체가 개발되면서 자유롭고 평등한 소통이 전개되기보다는 반대로 가짜 뉴스와 딥페이크로 대변되는 소통왜곡 문제가 심화된다.[58] 사이버세계가 정보민주주의를 구현하기보다는 오히려 민주주의를 파괴한다는 우려가 늘어난다.[59] 합리적인 대화와 토론보다는 적과 동지로 구별되는 진영논리

---

[57] 플랫폼이 야기하는 여러 문제에 관해서는 마셜 밴 앨스타인 외, 이현경 (옮김), 『플랫폼 레볼루션』(부키(주), 2019), 371쪽 아래 참고.

[58] 이에 관해서는 이민영, "딥페이크와 여론형성: 알고리즘의 권력화와 탈진실의 규제담론", 『미국헌법연구』 제31권 제1호(2020), 199-241쪽 참고.

[59] 캐시 오닐, 김정혜 (옮김), 『대량살상 수학무기』(흐름출판, 2017), 298쪽 아래 참고.

가 모든 소통을 압도한다.

물론 이 모든 것이 안전사회가 빚어낸 부작용이라고 말할 수는 없을 것이다. 그렇지만 앞에서 언급한 문제들이 안전사회를 뚜렷하게 특징짓는 '포함/배제'와 밀접한 관련을 맺는다는 점은 부인하기 어렵다. 이러한 상황에서 우리는, 우리 국가는 포함과 배제라는 이분법이 유발하는 문제에 어떻게 대응해야 하는지 고민해야 한다. 이에 관해 이 책은 두 가지 개념을 다루고자 한다. 포용국가와 보장국가가 그것이다.

(2) 포용국가

1) 통합국가

포함과 배제라는 구별이 사회 전체를 지배한다는 것은 그 사회가 분열되어 있음을 시사한다. 사회가 분열되어 있을 때 전통적으로는 '통합'(Integration)을 해법으로 제시하였다. 국가가 분열을 해소하고 사회를 통합해야 한다는 것이다. 사회를 통합하기 위해 국가는 다양한 정책적 수단을 활용한다. 이때 법규범은 사회를 통합하는 데 중요한 수단이 된다. 이는 독일의 공법학자 스멘트(Rudolf Smend)가 제시한 헌법이론에서 잘 드러난다.[60] 국가와 법을 동일하게 파악하는 켈젠과는 달리 스멘트는 국가를 통합과정으로 규정한다. 스멘트에 의하면 이때 헌법이 중요한 기능을 수행한다. 헌법에 힘입어 비로소 인적·사물적·기능적 통합이 이루어지고 이를 통해 국가공동체는 통합이라는 과정을 밟게 된다. 특히 헌법이 규정하는 기본권은 객관적 가치질서로서 국가가 통합되는 데 기여한다.

그러나 통합이라는 구상은 사회의 거의 모든 부분에서 다원화가 진행되고 이로 인해 복잡성이 비약적으로 증대하는 오늘날에는 적절하지 않은 것으로 보인다.[61] 물론 통합 개념을 국가공동체를 하나로 동일화하는 통합이 아니라,

---

[60] Rudolf Smend, *Verfassung und Verfassungsrecht* (Berlin, 1928); Roland Lhotta (Hrsg.), *Die Integration des modernen Staates. Zur Aktualität der Integrationslehre von Rudolf Smend* (Baden–Baden, 2005) 등 참고.

[61] 통합론에 대한 비판으로는 Robert Chr. van Ooyen, "Demokratische Partizipation statt "Integration": normativ–staatstheoretische Begründung eines generellen Ausländerwahlrechts. Zugleich eine Kritik an der Integrationslehre von Smend", in: *Zeitschrift für Politikwissenschaft* (2003), 601–627쪽.

한편으로는 사회의 다원성을 인정하면서도 다른 한편으로는 이러한 다원성이 서로 조화를 이루면서 병존할 수 있는 개념으로 설정한다면, 다시 말해 '다원적 통합'으로 설정할 수 있다면 오늘날에도 여전히 유효한 개념으로 수용할 수 있을 것이다. 하지만 통합이 지닌 본래적 이미지 때문에 통합 개념을 재설정하는 것은 어려워 보인다. 그 때문에 오늘날에는 포용이 더 적절한 키워드로 부각된다.

2) 포용국가

'포용'(inclusion)은 문재인 정부가 강조한 키워드다.[62] 문재인 정부는 '혁신적 포용국가'(innovative inclusive state)를 정책적 목표로 설정함으로써 한편으로는 혁신성장을, 다른 한편으로는 포용국가를 내세운다. 제4차 산업혁명을 주축으로 하는 혁신 과정에서 배제되는 이들이 없도록 혁신과 포용을 동시에 추구하는 것이다. 그런데 이때 말하는 포용이란 무엇을 뜻하는지 의문이 들 수 있다. 이에 관해 문재인 정부에서 강조한 포용은 내용적인 면에서 볼 때 복지국가의 그것과 큰 차이가 없어 보인다. 사회에서 배제되는 사회적 약자를 배려하고 도와주는 복지국가의 목표와 비슷하게 포용 개념을 설정한다.[63]

하지만 2010년을 전후로 하여 활발하게 논의된 '포용국가'(inclusive state)는 전통적인 복지국가와는 다른 맥락에서 등장하였다.[64] 기존의 복지국가는 한 국가의 경계선을 기준으로 하여 국가 구성원의 복지에 주로 관심을 기울였다면, 포용국가는 이를 넘어 국가의 경계 밖에 있는 이들, 즉 국가공동체로부터 배제된 이들을 국가가 포용할 것을 강조하기 때문이다. 이때 포용국가가 직접적으로 관심을 기울여야 하는 이들은 이주민, 난민, 미등록외국인 등이었다. 그 점에서 포용국가는 국가주의의 한계를 넘어서는 '초국가주의'와 같은 맥락을 이룬다. 요컨대 포용국가는 당시 인문학 영역에서 등장했던 호모 사케르, 환대, 포용과 배

---

62 영어 'inclusion'은 포함, 포용, 포섭 등으로 번역된다. 필자는 '포함/배제' 구별을 원용할 때는 이를 '포함'으로 번역하였다. 다만 요즘 우리 사회에서 포용 및 포용국가가 널리 사용되기에 맥락에 따라 포용이라는 번역어도 함께 사용한다.

63 성경륭 외, 『(새로운 대한민국의 구상) 포용국가』(21세기북스, 2017) 참고.

64 Anis A. Dani/Arjan de Haan, *Inclusive States: Social Policy and Structural Inequalities* (World Bank, 2008) 참고.

제 등과 같은 맥락에서 제시된 새로운 국가 패러다임이라고 말할 수 있다.[65]

이렇게 보면 안전사회로 접어든 우리 사회에 대한 해결책으로 본래 의미의 포용 및 포용국가를 언급하는 것은 적절하지 않아 보인다. 제주도 예멘 난민 문제가 시사하듯이 우리 사회는 여전히 국가의 경계 밖에 있는 타자들을 포용할 준비가 충분히 마련되지 않은 것처럼 보이기 때문이다.[66] 그런데도 필자는 오늘날의 상황에서 포용이 유의미한 개념으로 사용될 수 있다고 생각한다. 이는 포용을 다음과 같이 개념화하면 가능하다. 다원화되고 전문화된 사회의 각 영역에 대한 자유롭고 평등한 참여를 보장한다는 의미로 포용을 개념화하는 것이다. 다시 말해 오늘날의 상황에서 포용국가가 추구해야 하는 포용은 기능적으로 분화된 사회 각 영역에 사회 구성원들이 자유롭고 평등하게 참여할 수 있도록 보장하는 것이어야 한다. 이를 개념화한다면 '절차주의적 포용'(procedural inclusion)으로 언급할 수 있을 것이다.

3) 역량이론과 결합된 포용국가

포용을 이렇게 개념화하면 포용국가는 기존의 복지국가와 차별화되는 독자적인 의미를 획득할 수 있다. 복지국가가 직접적인 급부라는 방식으로 국가 구성원들의 생존을 배려하고자 했다면, 포용국가는 국가 구성원들이 기능적으로 분화된 사회의 각 영역에 자유롭고 평등하게 참여할 수 있는 능력, 즉 '역량'을 키우는 것에 더 주목한다고 말할 수 있기 때문이다. 이러한 점에서 포용국가는 센(Amartya Sen)과 누스바움(Martha Nussbaum)이 발전시킨 역량이론과 연결된다.[67] 포용국가는 국가 구성원들에게 재화 공급과 같은 급부를 직접 제공하기보다는 구성원들의 자율적인 역량을 제고하는 데 관심을 기울이기 때문이다. 구성원들에게 물고기를 잡아주기보다는 물고기를 잡을 수 있는 역량을 키우는 데 더 초점을 맞추는 것이다.

---

[65] 조르조 아감벤, 박진우 (옮김), 『호모 사케르: 주권 권력과 벌거벗은 생명』(새물결출판사, 2008); 자크 데리다, 남수인 (옮김), 『환대에 대하여』(동문선, 2004) 참고.

[66] 이에 관한 문제를 다루는 구정우, 『인권도 차별이 되나요?: '나는 괜찮다'고 여겼던 당신을 위한 인권사회학』(북스톤, 2019) 참고.

[67] 역량이론에 관해서는 마사 누스바움, 한상연 (옮김), 『역량의 창조: 인간다운 삶에는 무엇이 필요한가?』(돌베개, 2015); 이서형, 『자유주의의 실질화를 위한 자율적 구성 모델』(이화여대 법학박사 학위논문, 2018) 등 참고.

4) 포용국가와 보장국가의 연결 가능성

이렇게 이해된 포용국가는 기존의 복지국가보다는 한 발짝 물러서서 국가 구성원들을 배려하는 국가로 파악된다. 복지국가보다는 후견의 정도가 약한 것이다. 그 점에서 포용국가는 보장국가와 연결될 가능성이 있다. 최근 공법학, 특히 행정법학에서는 새로운 패러다임으로 보장국가가 논의된다. 여기서 '보장국가'(Gewährleistungsstaat)란 "국방, 치안, 외교, 국민생활의 최소한의 보장 등 국가의 핵심적 역할만 직접 수행하고 나머지 국가적(공익적) 역할 또는 활동은 되도록 公과 私의 협력을 통해서, 혹은 사인의 자율적 활동을 통해 달성하되, 그 공사협력 내지 사인의 자율적 활동이 본래의 목적을 달성할 수 있도록 보장할 책임을 지는 국가"를 뜻한다.[68] 이러한 보장국가는 전통적인 복지국가와는 달리 국가의 직접적인 임무를 대폭 축소한다. 국민의 생존과 안전에 직결되는 보장책임만을 국가가 직접 부담하고 그 외의 임무와 책임은 우선적으로는 국가 구성원, 즉 시민들이 자율적으로 짊어진다. 이를 통해 시민과 국가가 서로 협력하는 민관협력 모델을 추구한다. 그 점에서 보장국가에서는 복지국가보다 시민과 사회에 대한 국가의 직접적인 후견과 개입이 약화된다. 하지만 그렇다고 해서 보장국가가 신자유주의가 추구하는 작은 정부의 새로운 버전인 것은 아니다. 보장국가는 시민과 사회의 자율성에만 의존하는 것은 아니기 때문이다. 보장국가는 일차적으로는 시민들이 자율적으로 자신의 문제를 처리할 것을 요청하지만 자율적으로 문제를 처리할 수 없을 때는 이에 개입하기 때문이다. 그 점에서 시민과 사회 영역에 대한 후견적 개입을 완전히 포기하는 것은 아니다. 이렇게 보면 보장국가는 복지국가와 신자유주의적 국가 사이에 자리한 국가 패러다임으로 이해하는 것이 적절하다.

---

[68] 김남진, "보장국가 구현을 위한 법적·정책적 연구", 『학술원논문집』(인문·사회과학편) 제55집 제2호(2016), 2쪽. 그밖에 보장국가에 관한 연구로는 계인국, "보장행정의 작용형식으로서의 규제: 보장국가의 구상과 규제의미의 한정", 『공법연구』 제41집 제4호(2013), 155–184쪽; 박재윤, "보장국가론의 비판적 수용과 규제법의 문제", 『행정법연구』 제41호(2015), 191–212쪽; 이부하, "위험사회에서 국민의 안전보호의무를 지는 보장국가의 역할: 현행 안전법제에 관한 고찰을 겸하며", 『서울대학교 법학』 제56권 제1호(2015), 139–165쪽; 정기태, "현대국가에 있어서 행정의 역할변화와 보장국가적 책임", 『공법연구』 제44집 제1호(2015), 457–491쪽; 김성수, "독일 신사조 행정법학의 실천 분야와 보장국가론", 『토지공법연구』 제78집(2017), 159–161쪽 등 참고.

바로 이 점에서 포용국가와 보장국가를 연결할 가능성이 보인다. 일단 국가는 보장국가가 추구하는 것처럼 국가 구성원들의 생존과 안전에 직결되는 책임은 직접 짊어져야 한다. 안전을 보장하는 책임은 국가가 직접 부담해야 한다. 이에 비해 기능적으로 분화된 사회의 각 영역에서 발생하는 여러 문제는 일차적으로는 국가 구성원들이 자율적으로 풀어갈 수 있어야 한다. 그러나 이를 위해서는 사회의 각 영역에 구성원들이 자유롭고 평등하게 참여할 수 있는 역량을 갖추어야 한다. 만약 이러한 역량을 갖추지 못하면 구성원들은 사회의 각 영역에 포용될 수도, 자신에게 당면한 문제를 자율적으로 해결할 수도 없다. 따라서 국가는 이러한 구성원들의 역량을 키우는 일에 적극 관여해야 한다. 만약 이러한 국가를 '보장적 포용국가'로 개념화할 수 있다면 보장적 포용국가는 복지국가와 보장국가 사이에 자리하는 국가로 이해할 수 있다. 이를 도식으로 표현하면 아래와 같다.[69]

도식-6 보장적 포용국가의 위상

복지국가 > 복지국가적 포용국가 > 보장적 포용국가 > 보장국가 > 신자유주의적 국가

위에서 알 수 있듯이 포용국가는 두 가지로 구별할 수 있다. 복지국가적 포용국가와 보장적 포용국가가 그것이다. 복지국가적 포용국가는 복지국가에 좀 더 가까운 포용국가를 말한다. 이에 필자는 현대 안전사회에 대응하기 위한 포용국가는 복지국가와 보장국가 사이에 놓인 보장적 포용국가를 목표로 해야 한다고 생각한다.

Ⅳ. 안전에 대한 포용국가의 대응 방향

마지막 논의로 안전사회로 접어든 오늘날 우리가 지향해야 하는 포용국가는 안전에 어떻게 대응하는 것이 바람직한지 간략하게 언급한다.

---

[69] 도식에서 '>'는 후견의 정도를 나타낸다.

1. 완벽한 안전구현이 아닌 합리적 안전관리

앞에서 살펴본 것처럼 현대사회에서 안전을 완벽하게 구현하는 것은 불가능하다. 안전을 추구하면 할수록 또 다른 불안이 등장하는 '안전의 역설'이 발생하기 때문이다. 완벽한 안전사회는 도달할 수 없는 유토피아일 뿐이다. 따라서 우리가 추구해야 하는 안전은 법체계 등으로 합리적으로 관리할 수 있는 수준의 안전이다. 안전을 완벽하게 구현하기보다는 합리적으로 부담할 수 있는 수준으로 이를 관리할 수 있어야 한다. 안전을 완벽하게 구현하고자 하면 그에 상응하는 자유 제한을 대가로 치러야 한다는 점을 명심할 필요가 있다.

2. 안전관리에 대한 참여와 소통

물론 이때 구체적으로 무엇이 합리적인 안전관리인지 문제를 제기할 수 있다. 이를 위해서는 우선적으로 객관적 안전을 제고하는 것이 필요하다. 객관적으로 위험발생 확률을 억제하는 것이다. 그러나 안전의 역설 및 객관적 안전과 주관적·사회적 안전 사이의 불일치 등을 고려할 때 객관적 안전을 제고하는 것만으로는 합리적인 안전관리를 실현하기 어렵다. 따라서 합리적인 안전관리를 구현하려면 객관적 안전뿐만 아니라 주관적·사회적 안전을 높일 필요가 있다. 이에 대한 구체적인 방안으로 안전관리에 대한 참여와 소통을 보장하는 것을 꼽을 수 있다. 시민들이 안전관리에 직접 참여하거나 소통할 수 있는 계기를 마련하면 주관적 안전 및 사회적 안전을 제고하는 데 도움이 될 수 있다. 안전관리를 투명하게 하는 것도 좋은 방안이 된다.

3. 안전에 관한 상징정치

안전관리에 대한 참여와 소통을 보장하면 주관적 안전과 사회적 안전을 제고할 수 있지만 이것만으로는 부족하다. 특히 사회적 차원의 안전을 드높이는 데 한계가 있다. 따라서 사회적 차원의 안전을 높이려면 사회 전체에서 이루어지는 안전에 관한 소통을 긍정적인 방향으로, 시민들이 불안을 덜 느낄 만한 방향으로 진행시킬 필요가 있다. 이러한 역할은 정치체계가 수행해야 한다. 사회적 안전에 관해 정치체계가 일종의 상징정치를 수행해야 한다.[70] 이러한 과정으로 시민들을 설득하고 불안을 해소할 수 있어야 한다. 이를 위해서 안전에 관해 포함과 배제를 강화하는 방향으로 소통을 진행시키기보다는 안전에 관해 적극적인 포용이 이루어질 수 있도록 사회적 소통을 유도해야 한다.

---

[70] 이에 관해서는 이종은 외, 『상징과 정치: 상징이 정치적 권위를 확립하는 데 어떻게 영향을 미치는가』(인간사랑, 2012); 大貫惠美子, 『人殺しの花: 政治空間における象徵的コミュニケーションの不透明性』(岩波書店, 2020) 등 참고.

I. 서론

시민불복종은 인권이라고 말할 수 있을까? 이는 어려운 문제이다. 왜냐하면 시민불복종은 법준수의무와 충돌하기 때문이다. 만약 시민불복종을 인권의 일종으로서 도덕적으로뿐만 아니라 법적으로도 정당화할 수 있다면 법준수의무로 유지되는 실정법의 효력이 무너질 수 있다. 따라서 이 문제는 이론적으로 볼 때 매우 흥미롭다. 그뿐만 아니라 이 문제는 실천적으로도 아주 중요하다. 우리는 이에 관한 경험을 이미 가지고 있기 때문이다. 촛불시위와 같은 다양한 시민운동이 이를 예증한다. 그중에서도 시민불복종 문제가 직접 연결되는 '낙천·낙선운동'을 언급할 필요가 있다.

2000년 4월 13일에 투표가 치러지면서 막을 내린 제16대 국회의원 선거 과정에서 우리는 그 이전에는 경험하지 못했던 새로운 시민운동을 체험하였다. 총선시민연대가 전개한 '낙천·낙선운동'이 바로 그것이다. 2000년 1월 24일 공천부적격자 66명의 명단을 발표하면서 시작된 낙천·낙선 운동은 대다수의 시민으로부터는 지지를 그리고 기성 정치권으로부터는 불만을 받는 등 큰 논란을 야기하면서 진행되었다. 그리고 결과적으로는 총선시민연대가 낙천·낙선대상자로 선정했던 상당수의 정치인이 제16대 국회의원 선거에서 탈락하는 성공적인 성과를 이끌어냈다. 한마디로 말해 부패하고 무능한 정치권에 대해 총선시민연대의 낙천·낙선운동으로 대표되는 시민운동이 승리를 거두었다고 말할 수 있다.

그러나 총선시민연대가 주도한 낙천·낙선운동은 시작부터 많은 논란을 불러일으켰다.[1] 특히 낙선운동이 당시의 선거법이 금지하는 사전선거운동 또는 선거법 제87조가 규정하는 내용을 위반하는 것은 아닌지 문제되었다.[2] 다시 말해 낙선운동이 당시의 현행 선거법을 위반하여 위법한 것은 아닌지 논란이 되었다. 그러면 낙선운동은 위법한 것에 지나지 않을까? 이를 법적으로 정당화하는 것은 불가능할까? 낙선운동을 서구에서 논의되었던 시민불복종 운동으로 평가할 수는 없을까? 그리고 만약 시민불복종이라고 말할 수 있다면 이를 합법적인 것으로 정당화하는 방법은 없을까? 더 나아가 만약 낙선운동이 시민불복종에 해당한다면 이를 인권으로 볼 수는 없을까? 제17장은 이러한 의문들을 해명하는 것을 목표로 한다. 이를 위해 우선 낙선운동이 시민불복종 운동에 해당하는지 검토한다(Ⅱ). 그리고 나선 만약 낙선운동이 시민불복종에 해당한다면 이를 법적으로 정당화할 수 있는지, 특히 시민불복종을 인권의 일종으로 볼 여지는 없는지 모색한다(Ⅲ). 나아가 이에 대한 반론을 검토한다(Ⅳ).

Ⅱ. 낙선운동이 시민불복종에 해당할까?

1. 시민불복종의 개념 요소

총선시민연대가 전개한 낙선운동이 서구에서 전개된 시민불복종에 해당하는지 검토한다.[3] 이를 위해서는 시민불복종이 과연 무엇인지 해명할 필요가 있다. 독일의 법철학자 랄프 드라이어(Ralf Dreier)의 견해를 빌리면 시민불복종은

---

[1] 이하 '낙천·낙선운동'은 '낙선운동'으로 약칭하여 사용한다.
[2] 처음 총선시민연대에 의해 낙천·낙선운동이 시작될 무렵 이것이 「공직선거 및 선거부정방지법」 제87조를 위반하는 것인지 문제가 되었다. 이 때문에 당시 김대중 대통령은 단체의 선거운동을 전면적으로 금지하는 위 법 제87조를 개정할 것을 지시하였고 그 결과 이 법은 일정 부분에 한해 단체도 선거운동을 허용하는 쪽으로 개정되었다.
[3] 이에 관한 논의로는 참여사회연구소 (편), 『한국정치와 낙천·낙선운동: 사회·정치적 의미와 한계』(참여사회연구소 제2회 정책포럼)(참여사회연구소, 2000); 총선시민연대 (편), 『낙천·낙선운동의 중간 평가와 향후 전망』(총선시민연대, 2000); 오현철, 『시민불복종: 저항과 자유의 길』(책세상, 2001) 등 참고.

다음과 같이 정의할 수 있다.[4]

"시민불복종이란 혼자 또는 공동으로 다른 이들과 함께 공공의 목적을 위해 비폭력적으로 그리고 정치적·도덕적 이유에서 법을 위반하는 행위를 말한다."

시민불복종의 의미를 더욱 명확히 하기 위해 이 개념 요소를 각각 검토한다. 먼저 시민불복종은 혼자 또는 다른 이들과 함께 현행 실정법이 요구하는 의무나 금지사항을 위반하는 행위여야 한다.

다음 시민불복종은 단순히 자신 또는 자기 집단의 이익만을 그 목적으로 해서는 안 된다. 시민불복종은 공공의 목적, 즉 공익을 위해 전개해야 한다. 단순히 자신들의 이익을 위해서만 불복종 운동을 전개하는 것은 집단이기주의를 보여주는 것에 불과하다. 그러면 어떤 목적을 추구해야만 공공의 목적에 해당할 수 있을까? 이는 '공익' 또는 '공공성'(Öffentlichkeit) 개념의 본질에 해당하는 것으로서 법철학 또는 사회철학의 근본 문제에 속하는 어려운 문제이다.[5] 따라서 이 개념을 여기서 명쾌하게 해명하기는 어렵다. 다만 대략적인 생각만을 밝힌다면 단순히 불복종하는 행위자 자신들만을 위한 것이 아니라 다른 사회구성원에게도 이익이 될 수 있다면 그 불복종 행위에는 공익성을 인정할 수 있다고 생각한다.[6] 예를 들어 부당한 사실을 보도한 방송사에 항의하기 위해 시청료 납부를 거부하였다면, 이러한 행위는 단순히 그 행위자만을 위한 것이 아니라 다른 사회구성원에게도 영향을 미치는 것이기에 이 행위에는 공익성을 인정할 수 있다.[7]

---

4 R. Dreier, "Widerstandsrecht und ziviler Ungehorsam im Rechtsstaat", in: P. Glotz (Hrsg.), *Ziviler Ungehorsam im Rechtsstaat* (Frankfurt/M., 1983), 60쪽.

5 '공익' 개념에 관해서는 우선 최송화, 『공익론』(서울대학교출판부, 2002); 양천수, "공익과 사익의 혼융현상을 통해 본 공익 개념: 공익 개념에 대한 법사회학적 분석", 『공익과 인권』제5권 제1호 (2008. 2), 3-29쪽 참고. 공공성 개념에 관해서는 박정훈, "행정부패와 행정법적 집단분쟁", 『서울대학교 법학』제39권 제1호(1998), 102쪽.

6 R. Dreier, 앞의 논문, 62쪽.

7 예를 들어 1986년에 전개된 'KBS 시청료 납부거부 운동'을 거론할 수 있다. 이에 관해서는 박은정, "법치국가와 시민불복종", 한국법철학회 (편), 『법치국가와 시민불복종』(법문사, 2001), 49쪽 아래 참고. 현대사회에서 방송사라는 언론기관이 수행하는 기능을 고려할 때 방송사에 공정한

마지막으로 불복종 행위가 정치적 또는 도덕적인 근거를 가져야 한다. 이때 말하는 정치적·도덕적 근거는 앞에서 말한 공익 목적과 연결해 생각하면 비교적 그 윤곽을 잡을 수 있다. 물론 여기서 정치적·도덕적 근거가 정확하게 무엇을 의미하는지 말하는 것은 어렵다. 왜냐하면 이 개념 하나하나가 모두 철학적 의미를 담기 때문이다. 다만 분명한 점은 단순히 집단이기주의만을 표출하는 위반행위는 정치적·도덕적 근거를 가진다고 말하기 어렵다는 점이다. 또한 정치권력이나 자본권력에 종속되어 전개되는 정치적 행위도 정치적·도덕적 근거를 가진다고 말하기는 어렵다. 정치적·도덕적 근거는 자본과 권력에 얽매이지 않은 자율적인 시민운동에만 인정할 수 있기 때문이다.[8]

2. 시민불복종의 구별개념

이와 같이 어떤 법위반 행위가 공익 목적을 위해 이루어졌고 이러한 법위반 행위가 정치적·도덕적 근거를 갖추고 있는 때에는 이러한 행위를 시민불복종으로 인정할 수 있다. 그런데 이러한 시민불복종 개념과 그 성격이 비슷하면서도 차이가 있는 개념들이 있다. 바로 '저항권', '양심적 거부' 그리고 '법적 항의' 등과 같은 개념이 그것이다. 아래에서는 시민불복종 행위의 의미를 더욱 분명히 하기 위해 시민불복종을 이 개념들과 비교한다.

먼저 시민불복종과 저항권을 비교한다.[9] 시민불복종과 저항권은 모두 국가의 법질서에 저항하는 행위라는 점에서 공통점을 보인다. 이 점에서 독일에서는 전통적인 저항권을 '큰 저항권'으로 그리고 시민불복종을 '작은 저항권'으로 부르기도 한다.[10] 그렇지만 시민불복종과 저항권은 다음과 같은 점에서 차이를

보도를 촉구하는 행위는 다른 사회구성원들에게도 큰 의미가 있다.

8 물론 현대 자본주의 사회에서 자본이나 권력으로부터 완전하게 해방된 그 어떤 행위를 상정하는 것은 어렵다. 프랑크푸르트학파나 현대 프랑스 철학이 밝힌 성과에 따르면 인간의 모든 행위에는 일정 정도 권력관계 또는 자본관계가 영향을 미친다고 볼 수 있기 때문이다. 이 점은 우리의 일상생활에서 자본(금전)과 관계를 맺는 '계약행위'를 쉽게 찾아볼 수 있다는 점에서도 알 수 있다. 그러나 이러한 경우에도 '완전하게 자본 및 권력에 왜곡된 경우'와 그렇지 않은 경우를 구별할 수는 있다고 생각한다. 문제는 '완전하게'를 어떻게 판단하는가에 달려 있다.

9 저항권을 폭넓게 논의하는 문헌으로는 심재우, 『저항권』(고려대학교 출판부, 2002) 참고.

10 R. Dreier, 앞의 논문, 57쪽.

보인다. 우선 저항권은 국가의 법질서 상태가 한계상황에 다다른 것을 전제로 한다. 이때 법질서가 한계상황에 이르렀다는 것은 법질서를 유지하기 위한 국가의 법체계가 제대로 작동하지 못하는 상태를 뜻한다. 예를 들어 독일의 나치 치하에서 존재했던 법상태를 생각할 수 있다. 독일의 나치 치하에서는 비록 외관상으로는 법치국가의 형태를 띠고는 있었지만 실질적으로는 근대 법체계의 기본이념이 제대로 실현되지 못하던 불법국가 상태였다.[11] 이러한 상태를 바로 한계상황이라고 일컬을 수 있다. 나아가 저항권은 국가법질서 전체를 저항 대상으로 하는 데 반해 시민불복종은 개개의 행위를 대상으로 한다는 점에서도 차이가 있다.

다음 시민불복종과 양심적 거부를 비교한다. 한편으로 보면 시민불복종과 양심적 거부는 비슷한 성격을 띤다. 양심적 거부는 단순히 자기만의 이익을 위해서 행하는 것은 아니기 때문이다. 이는 통상 자기가 믿는 어떤 신념을 바탕으로 하여 이루어진다. 예를 들어 여호와 증인들이 벌이는 집총거부가 그 예가될 수 있다. 이 때문에 영미에서 제시된 시민불복종 이론은 양심적 거부를 시민불복종 개념에 포함하기도 한다.[12] 그러나 시민불복종과 양심적 거부는 서로 구별하는 것이 더욱 적절하다. 그 이유는 다음과 같다. 양심적 거부는 보통 정치적·도덕적 근거보다는 종교적 또는 양심적·윤리적 이유에서 행해진다.[13] 그런데 현대 민주주의 사회는 기본적으로 가치관의 다원화를 추구한다. 따라서 단순히 개인적 세계관에 해당하는 종교적 또는 윤리적 이유에서 양심적 거부 행위를 하였을 경우 이러한 행위에 공익성을 인정하는 것은 쉽지 않다. 다시

---

11 예를 들어 영국의 존 로크 그리고 프랑스의 몽테스키외에 의해 정립된 권력분립을 말할 수 있다. 나치 치하에서는 이른바 수권법을 통해 총통(Führer)이 초헌법적 권력을 보유하였기에 이러한 권력분립은 유지될 수 없었다.

12 예를 들어 영미의 사회철학자인 존 롤즈나 드워킨(Ronald Dworkin)을 들 수 있다. 이들에 관해서는 박은정, 앞의 논문 참고.

13 이러한 구별은 도덕과 윤리를 구별하는 견해에 바탕을 둔다. 필자는 원칙적으로 도덕과 윤리는 구별할 필요가 있다고 생각한다. 왜냐하면 도덕은 나와 타인의 관계를 규율하는, 즉 상호주관적인 성격을 가지는 데 반해 윤리는 자신의 세계관과 관계를 맺는 것으로 단지 개인적 측면만을 보여준다고 생각하기 때문이다. 이러한 생각은 하버마스의 이론에 바탕을 둔 것이다. 하버마스의 도덕/윤리 구별론에 관해서는 위르겐 하버마스, 이진우 (옮김), 『담론윤리의 해명』(문예출판사, 1997), 147쪽 아래 참고.

말해 종교적·윤리적 근거에서 이루어진 행위를 정치적·도덕적 근거에서 이루어진 행위라고 말하기는 어렵다. 이런 점에서 정치적·도덕적 근거에서 행해지면서 공익성을 띠는 시민불복종과 종교적·윤리적 근거에서 행해지는 양심적 거부를 같은 선상에 놓기는 어렵다. 시민불복종이 사회적인 것이라면 양심적 거부는 개인적인 것이다. 이 점에서 양자는 구별해야 한다.

마지막으로 시민불복종을 법적 항의와 비교한다.[14] 일단 시민불복종과 법적 항의는 국가를 대상으로 하는 항의라는 점에서 일치한다. 하지만 법적 항의는 합법적인 틀 안에서 이루어진다는 점에서 시민불복종과 차이가 있다. 예컨대 우리 헌법이 보장하는 언론·출판·집회·결사의 자유(헌법 제21조)라는 기본권의 범위 안에서 그리고 이러한 기본권을 구체화하는 개별 법률의 범위 안에서 국가에 대한 항의가 전개되었다면, 이는 적법한 행위로서 여기에는 아무런 하자가 없다. 그러나 시민불복종은 이미 개별 실정법을 위반하고 있다는 점에서 이러한 법적 항의와는 다르다.[15]

3. 낙선운동이 시민불복종에 해당할까?

이처럼 시민불복종은 저항권, 양심적 거부, 법적 항의와는 차이가 있다. 그러면 이 책에서 문제로 삼는 총선시민연대의 낙선운동은 과연 시민불복종이라는 개념에 포섭할 수 있을까? 우선 낙선운동은 국가가 법률에 따라 진행하는 국회의원 선거 과정에 항의한다는 점에서 개인 또는 단체로 행하는 불복종 행위에 해당한다. 그리고 낙선운동은 당시의 공직선거법 제87조를 위반한다는 점에서 개별 실정법에 반하는 행위라고 말할 수 있다. 나아가 낙선운동은 비록 논란이 있기는 하지만 단순히 어느 특정한 개인이나 단체 혹은 정당만을 위한 행위라고 평가하기는 어렵다. 총선시민연대가 특정 사회구성원만을 위한 단체가 아니라 모든 시민을 위한 단체라는 면에서 낙선운동에 공익성을 인정할 수 있다.

---

14 변종필, "시민불복종과 국회의원 후보 낙천·낙선운동의 정당화 문제", 한국법철학회 (편), 『법치국가와 시민불복종』(법문사, 2001), 179쪽 아래.

15 물론 개별 합법성의 테두리를 벗어난다고 해서 이러한 행위가 전체 실정법 체계에 반한다고 섣불리 평가할 수는 없다. 왜냐하면 헌법이라는 국가 기본법의 측면에서 볼 때 그것이 합법화될 가능성은 여전히 존재하기 때문이다. 이에 관해서는 R. Dreier, 앞의 논문, 56쪽.

문제는 낙선운동이 정치적·도덕적 근거를 가진다고 말할 수 있는가 하는 점이다. 이 문제는 아래에서 시민불복종의 정당화 문제와 관련하여 상세하게 논할 것이므로 여기서는 결론만을 말하겠다. 필자는 낙선운동은 현대 대의제 민주주의가 가진 엘리트적·관료적·배타적 문제점을 해소하기 위한 한 가지 방안이라는 점에서 정치적·도덕적 근거를 가진다고 생각한다. 결론적으로 말해 총선시민연대가 전개한 국회의원 낙선운동은 시민불복종 운동에 해당한다고 말할 수 있다.

Ⅲ. 시민불복종 운동으로서 낙선운동의 정당화 가능성

1. 쟁점

낙선운동이 시민불복종 운동에 포섭된다고 할 때 이러한 낙선운동은 합법적인 것으로 또는 도덕적인 것으로 정당화할 수 있을까? 이 문제에 관해서는 이미 영미와 독일의 사회철학 및 법철학에서 많은 논의가 진행되었다.[16] 이러한 논의를 크게 유형화하여 간략하게 소개하면 다음과 같다.

우선 시민불복종을 합법화하는 것에는 반대하면서, 다만 이를 도덕적으로 정당화하는 것에만 만족하고 실제 법적 제재를 부과하는 과정에서 일정한 혜택만을 부여하자는 견해가 있다. 이러한 견해를 주장하는 대표적인 학자로는 영미에서는 드워킨(Ronald Dworkin) 그리고 독일에서는 유명한 사회철학자인 하버마스를 들 수 있다. 이와 달리 시민불복종을 헌법 또는 기본법의 관점에서 합법화할 수 있다고 주장하는 견해도 제시된다. 이러한 견해를 제시한 학자로 독일의 법철학자이자 공법학자인 랄프 드라이어를 거론할 수 있다. 이외에 이를 형법적인 관점에서 정당화할 수 있는지를 검토한 견해도 있다.[17] 그러나 이 책은 이러한 다양한 견해를 모두 소개할 수는 없다. 이 책은 낙선운동에 대한 법적 정당화를 모색한다는 점에서 이러한 논의 가운데 특히 랄프 드라이어가 전개한

---

16 이를 보여주는 P. Glotz (Hrsg.), *Ziviler Ungehorsam im Rechtsstaat* (Frankfurt/M., 1983) 참고.

17 예를 들어 W. Hassemer, "Ziviler Ungehorsam: Ein Rechtsfertigungsgrund?", in: *Festschrift für R. Wassermann* (Darmstadt, 1985), 326쪽; H. Schüler-Springorum, "Strafrechtliche Aspekte zivilen Ungehorsams", in: P. Glotz (Hrsg.), *Ziviler Ungehorsam im Rechtsstaat* (Frankfurt/M., 1983), 76쪽 아래 참고.

헌법적 정당화를 소개하고자 한다. 그리고 이 견해에 따라 과연 낙선운동이 현행법상 합법화될 수 있는지를 특히 헌법과 형법의 관점에서 분석한다.

2. 랄프 드라이어의 법적 정당화 이론

본격적인 논의를 하기에 앞서 랄프 드라이어가 제시한 법적 정당화 이론을 간단하게 소개하겠다.[18] 앞서 소개한 것처럼 드라이어는 시민불복종을 혼자 또는 공동으로 다른 이들과 함께 공적으로, 비폭력적으로 그리고 정치적·도덕적 근거에서 특정한 금지구성요건을 충족하는 행위로 정의한다. 그러면서 드라이어는 이러한 시민불복종 행위가 어떤 중대한 불법에 항의하고 그 불법에 항의하기 위해 사용하는 수단이 그 목적에 대해 비례적인 관계를 유지할 때 합법적인 것으로 인정할 수 있다고 말한다.[19] 그러면 구체적으로 어떤 법적 근거에 의해 시민불복종을 정당한 것으로 인정할 수 있을까? 이에 드라이어는 독일 기본법(Grundgesetz)이 규정하는 기본권 규정에 따라 이를 해결하려 한다. 드라이어는 일단 시민불복종이 기본권의 보호영역에 속하고 나아가 시민불복종이 기본권 제한의 범위 안에 포함되는 한 이러한 시민불복종은 기본법을 통해 정당화될 수 있다고 한다. 이때 문제가 되는 기본권은 바로 의사표현의 자유라는 기본권이라고 한다. 이를 더욱 구체적으로 살펴본다.

드라이어에 따르면 우선 시민불복종이 의사표현의 자유라는 기본권의 보호영역에 속해야 한다. 그런데 시민불복종은 어떤 국가의 중대한 불법에 항의하기 위해 행하는 것이므로 일종의 의사표현이라 할 수 있다. 또한 시민불복종이 성립하려면 비폭력적인 것이어야 하기에 이 부분에서도 시민불복종은 의사표현의 자유라는 기본권의 보호영역에 속한다고 평가할 수 있다. 다음으로 시민불복종이 기본권 제한범위 안에 해당하는 것이어야 한다. 원래 모든 기본권은 그것이 기본권이라 해서 절대적으로 보장되지는 않는다. 특정한 요건을 충족했을 때는 기본권도 일정한 범위에서 제한될 수 있다. 이를 정당화하는 근거

---

18 이에 관해서는 R. Dreier, 앞의 논문, 60쪽 아래.
19 이때 말하는 중대한 불법은 저항권이 대상으로 하는 법질서의 한계상황과는 구별해야 한다. 랄프 드라이어는 저항권과 시민불복종을 구별하기 때문이다.

가 바로 기본권 제한 도그마틱이다. 그런데 기본권 제한은 자칫 기본권 침해로 변질될 수 있기에 그 제한은 엄격하게 이루어져야 한다. 기본권 제한은 비례성 원칙에 따라 실행되어야 한다. 이러한 기본권 제한 도그마틱을 시민불복종에 적용하면 다음과 같은 결론을 이끌어낼 수 있다. 시민불복종이 의사표현의 자유로서 기본법에 따라 보호받으려면 의사표현의 자유라는 기본권의 제한범위 안에 포함될 수 있어야 한다. 달리 말해 시민불복종은 비례성 원칙에 따라 실행되어야 한다는 것이다. 이와 같은 요건을 충족했을 때 비로소 시민불복종은 기본권 행사의 한 형태로서 합법화될 수 있다고 한다.

3. 낙선운동의 정당화 가능성

(1) 드라이어의 정당화 이론에 따른 검토

드라이어의 정당화 이론을 총선시민연대가 행한 낙선운동에 적용해 본다. 드라이어의 공식에 따르면 우선 낙선운동이 우리 헌법 제21조가 규정하는 언론·출판·집회·결사의 자유에 해당해야 한다. 구체적으로 판단해 본다. 총선시민연대를 결성한 것은 결사의 자유에 속한다. 낙천자 명단이나 낙선자 명단을 언론을 통해 공개한 것은 언론의 자유에 해당한다. 그리고 가두서명 운동을 한 것이나 선거유세장에서 낙선운동을 전개한 것은 집회의 자유에 포함된다. 또한 이 과정에서 폭력적인 행위가 있었다고 특별히 보이지는 않기 때문에 이러한 일련의 낙선운동은 언론·출판·집회·결사의 자유(이하 '의사표현의 자유'로 약칭한다)에 포섭된다. 그러므로 낙선운동은 의사표현의 자유라는 기본권의 보호영역에 포함된다고 말할 수 있다.

다음 이러한 일련의 낙선운동이 비례성 원칙을 준수했는지 검토한다. 이를 검토하려면 다시 낙선운동이 비례성 원칙의 하부원칙인 적합성·필요성·균형성 원칙에 부합하는지 판단해야 한다.[20]

---

20 비례성 원칙의 하부원칙인 적합성·필요성·균형성 원칙에 관해서는 배종대, "보안처분과 비례성 원칙", 김일수·배종대 (편),『법치국가와 형법』(세창출판사, 1998), 71쪽 아래; 양천수, "합리적인 법정책의 방향과 기준: 전략물자에 대한 법적 통제를 예로 하여",『영남법학』제24호(2007), 90−92쪽; 이부하, "비례성원칙과 과소보호금지원칙",『헌법학연구』제13권 제2호(2006) 등 참고.

첫째, 낙선운동은 적합성 원칙을 준수하였는지 본다. 적합성 원칙이란 목적을 달성하는 데 그 수단이 적합해야 함을 뜻한다. 그러면 낙선운동은 국회의원 선거가 지닌 문제점을 해소하기에 적합한 수단이었을까? 낙선운동이 폭력적이지 않은 의사표현의 한 형태를 보였다는 점에서 수단의 적합성을 인정할 수 있다.

둘째, 낙선운동은 필요성 원칙을 준수하였을까? 이때 필요성 원칙이란 '최소침해 원칙'으로 지칭하기도 한다. 당해 수단이 목적을 달성하는 과정에서 상대방에게 가장 최소한의 침해를 가하는 것이어야 함을 뜻한다. 당시 선거에서 총선연대가 낙선운동의 수단으로 사용한 것은 명단공표, 지지서명 운동 그리고 유세장에서 행한 낙선운동이었다. 이러한 수단들은 공직선거법이 추구하는 공정한 선거를 실현하는 데 가장 최소한의 침해를 가하는 것이었을까? 이에 관해 당시 공직선거법은 명단공표 행위만을 적법한 것으로 인정하고 있었다. 이러한 법규정에 비추어 볼 때 명단공표만을 통해 낙선운동을 전개하는 것이 가장 최소한의 침해를 가져오는 수단이었을지 모른다. 그러나 명단공표만으로는 낙선운동을 통해 공정한 선거를 실현하고자 하는 목적을 달성할 수 없었다고 생각한다. 달리 말해 명단공표만을 통해 낙선운동을 전개하는 것은 실효성 있는 수단이 될 수 없었다. 따라서 명단공표뿐만 아니라 다른 행위를 통해 낙선운동을 전개하는 것이 공정한 선거를 실현한다는 목적을 달성하는 데 좀 더 유용하다. 물론 이렇게 수단을 선택하는 것이 공직선거법의 입법목적을 더욱 침해하는 것일지도 모른다. 그러나 수단을 선택할 때는 최소침해 뿐만 아니라 실효성까지 동시에 고려해야 할 필요가 있다. 그러므로 낙선운동에 명단공표뿐만 아니라 다른 수단을 포함하는 것이 낙선운동의 목적을 달성하는 데 더욱 실효성 있는 수단이 될 뿐만 아니라 동시에 이러한 수단이 공직선거법의 입법목적을 달성하는 데 가장 최소한의 침해를 야기하는 것이라고 생각한다.

셋째, 낙선운동이 균형성 원칙을 준수하는지 본다. 균형성 원칙이란 낙선운동으로 얻게 되는 이익과 침해되는 이익 사이에 균형성이 존재해야 함을 뜻한다. 낙선운동은 균형성 원칙을 준수하였을까? 낙선운동으로 얻을 수 있는 이익은 현대 민주주의의 핵심인 대의제 기능을 회복하고 올바른 정치문화를 확립하는 것이라 할 수 있다. 한마디로 말하면 헌법의 기본원칙 가운데 하나인 민주주의를 제대로 세우는 것이다. 이에 대해 침해되는 이익은 바로 공직선거법이 추구하는 '공정한 선거문화 달성'이다. 그러면 낙선운동과 관련되는 이러한 이익 사이에 균형성이 유지되고 있을까? 공정한 선거는 민주주의를 실현하는 한 가지 방법이라 할 수 있다. 따라서 공정한 선거를 추구하는 것은 궁극적으로 민주주의를 실현하는 데 그 목적이 있다. 그러므로 민주주의를 회복하기 위해 낙선운동을 전개하는 것은 이익의 균형성을 충족한다고 볼 수 있다. 이처럼 낙선운동은 비례성 원칙의 하부원칙인 적합성·필요성·균형성 원칙을 모두 충족한다. 그러므로 총선시민연대가 전개한 낙선운동은 헌법 제21조가 보장하는 의사표현의 한 형태에 해당하여 그 정당성을 인정할 수 있다고 생각한다.

(2) 낙선운동의 헌법적 역설과 해소방안

그런데 이처럼 낙선운동을 헌법을 통해 합법적인 것으로 정당화할 때 다음과 같은 문제가 발생한다. 한편으로는 공직선거법 제87조를 합헌적인 것으로 인정하면서 다른 한편으로는 제87조에 반하는 낙선운동 역시 합헌적인 것으로 인정한다는 점이다. 이는 법체계 안에서 서로 모순되는 것을 인정하는 것이다. 제87조에 관해 역설이 발생하는 것이다. 이러한 역설은 어떻게 해소할 수 있을까? 이 문제는 공직선거법 제87조를 어떻게 해석할지의 문제와 연결된다. 따라서 제87조를 시민불복종인 낙선운동과 양립할 수 있게 하면서도 동시에 헌법에 합치하도록 해석하는 것이 바로 문제해결의 열쇠이다. 그렇다면 어떻게 제87조를 해석해야 할까? 낙선운동을 헌법상 기본권 도그마틱으로 정당화한다 하더라도 이러한 낙선운동을 금지하는 제87조를 전적으로 위헌인 것으로 평가할 수는 없다. 만약 제87조를 전면 위헌으로 파악하면 얻는 것보다 잃는 것이 더 많을 수 있기 때문이다. 그러므로 제87조를 합헌인 것으로 유지하되 다만 그 효력범위만을 축소하는 방법을 모색해야 한다. '한정합헌'과 같은 해석방법을 이러한 예로 언급할 수 있다. 요컨대 제87조를 헌법합치적으로 축소해석하는 것이다. 구체적으로 말하면 총선시민연대의 낙선운동과 같은 시민불복종을 포함하지 않는다고 해석하는 한 제87조는 합헌이라고 해석하는 것이다. 이러한 해석방법을 통해 제87조에 관한 역설을 해소할 수 있다. 더불어 이를 통해 한편으로는 법체계의 통일성과 법적 안정성을 유지하면서 다른 한편으로는 구체적 타당성, 즉 좁은 의미의 정의를 실현할 수 있을 것이다.

(3) 낙선운동의 형법적 정당화

위와 같은 모순은 형법적 정당화를 통해서도 해결할 수 있다. 당시의 공직선거법에 따르면 제87조에 위반하는 행위는 부정선거운동죄의 구성요건을 충족하여 3년 이하의 징역 또는 600만 원 이하의 벌금형에 처해야 한다(공직선거법 제255조 제1항 제11호). 그러나 낙선운동이 헌법상 기본권의 보호영역에 해당하여 정당화되는 경우에는 비록 낙선운동이 공직선거법상 부정선거운동죄의 구성요건을 충족한다 하더라도 위법성이 조각될 수 있다고 생각한다. 이에 관한 근거로 생각할 수 있는 것이 바로 형법 제20조가 규정하는 정당행위다.

형법 제20조는 "법령에 의한 행위 또는 업무로 인한 행위 기타 사회상규에 위배되지 아니하는 행위는 벌하지 아니한다."고 규정한다. 비록 형법 제20조에 관해서는 유력한 비판이 제기되기도 하지만 "사회상규에 위배되지 아니하는 행위"라는 규정은 해석하기에 따라 여러 유용한 결과를 낳을 수 있다.[21] 예를 들어 낙선운동과 같은 시민불복종 행위를 사회상규에 위배되지 아니하는 행위라고 보아 그 위법성을 조각할 수 있다. 이때 사회상규의 의미는 헌법상 기본권이 가진 이중적 성격 중에서 '객관적 가치질서성'을 달리 표현한 것으로 해석할 수 있다.[22] 결론적으로 말해 낙선운동은 시민불복종 행위로서 헌법상 의사표현의 자유에 해당하고 의사표현의 자유는 기본권으로서 주관적 공권의 의미뿐만 아니라 객관적 가치로서 그 의미를 가진다. 이때 시민불복종이 가지는 객관적 가치질서의 성격은 형법 제20조가 규정하는 사회상규의 한 예가 된다고 해석할 수 있다. 그러므로 낙선운동은 비록 공직선거법 제255조가 규정하는 부정선거운동죄의 구성요건을 충족하지만 형법 제20조가 정하는 정당행위에 해당하여 위법성이 조각될 수 있다.

---

21 김영환, "형법 제20조 정당행위에 대한 비판적 고찰", 『고시계』(1991. 5), 60쪽 아래.
22 기본권의 이중적 성격에 관해서는 우선 허영, 『헌법이론과 헌법』(박영사, 2008), 391–393쪽.

4. 시민불복종은 인권일까?

낙선운동을 시민불복종으로 보아 헌법상 기본권 논증으로 정당화할 수 있다면 이에 더해 다음과 같은 질문을 던질 수 있다. 낙선운동은 인권의 일종으로 볼 수 있을까? 다시 말해 시민불복종을 인권의 규범적 내용으로 포섭할 수 있을까? 시민불복종은 인권일까?

'인간이면 그 누구나 평등하게 누려야 하는 권리'인 인권은 보편성, 불가침성과 같은 특성을 지닌다. 이외에 인권은 '자기생산적 성격'도 가진다.[23] 이는 인권의 규범적 내용이 고정되어 있지 않고 시간과 지역에 따라 규범적 의미내용이 달라질 수 있음을 뜻한다. 사실이 그렇다면 낙선운동과 같은 시민불복종을 인권의 규범적 내용으로 포섭할 가능성 또한 없지 않다. 더군다나 랄프 드라이어처럼 시민불복종을 헌법상 기본권인 의사표현의 한 범주로 이해하면 시민불복종을 인권으로 파악할 가능성은 더욱 커진다. 왜냐하면 헌법상 기본권은 인권의 성격을 가지는 경우가 많기 때문이다. 이로 인해 기본권과 인권을 같은 권리로 파악하는 견해도 제시된다.[24]

그러나 필자는 시민불복종 그 자체를 인권으로 파악하는 것은 아직은 무리라고 생각한다. 시민불복종을 인권, 즉 '권리'로 인정하면 시민불복종이 남용될 우려가 더욱 커지기 때문이다. 시민불복종이 남용되면 시민불복종을 통해 정상적인 상태로 회복하고자 했던 실정법체계는 오히려 더 큰 혼란에 빠질 위험이 있다. 그러므로 시민불복종 그 자체는 인권이 아니고 시민불복종이 헌법상 기본권인 의사표현의 자유에 포섭될 수 있는 한에서 실정법적으로 정당화될 수 있다고 이론을 구성하는 게 더욱 타당하다.

다만 이때 다음과 같은 이론 구성을 해볼 수 있다. 우리가 인권 자체를 이원적으로 구성하여 '단순한 인권'과 '인권법상 인권', 즉 '도덕적 의미를 가진 인권'과 '실정법상 권리로 의미가 있는 인권' 또는 '초실정법적 권리인 인권'과 '실

---

23 이에 관해서는 양천수, "인권법체계의 자기생산적 구조: 법사회학의 측면에서 접근한 시론", 『법학연구』(부산대) 제48권 제2호(2008), 33쪽 아래 및 이 책 제4장 참고.

24 특히 칼 슈미트의 기본권 이론을 수용하면 기본권은 곧 인권이라고 말할 수 있다. C. Schmitt, *Verfassungslehre* (Berlin, 1954), 165쪽 아래 참고.

정법적 권리인 인권'을 구별한다면 시민불복종을 도덕적 의미를 가진 인권에 포섭할 가능성은 있다는 것이다. 하지만 이렇게 보더라도 시민불복종은 실정법상 권리가 아니므로 시민불복종을 실정법의 차원에서 정당화하는 힘은 없다고 보아야 한다. 결과적으로 시민불복종은 실정법적 힘을 발휘하는 인권으로 볼 수는 없고 따라서 낙선운동 그 자체도 실정법상 인권으로 파악하는 것은 적절하지 않다.

5. 중간결론

정리해서 말하면 총선시민연대가 전개한 낙선운동은 시민불복종 운동으로 헌법 제21조가 규정하는 의사표현의 자유에 해당하고 기본권 제한 범위를 넘어서지 않는다. 따라서 낙선운동은 헌법적으로 정당화될 수 있다. 다만 이때 공직선거법 제87조와 모순될 우려가 있는데 이는 제87조를 합헌적으로 축소해석함으로써 해결할 수 있다. 또한 비록 낙선운동이 공직선거법 제87조에 해당하여 같은 법 제255조가 규정하는 부정선거운동죄의 구성요건을 충족하더라도 낙선운동은 의사표현의 기본권이 가진 객관적 가치질서의 성격에 힘입어 형법 제20조가 규정하는 사회상규에 위반하는 행위가 아니라고 할 수 있다. 그러므로 낙선운동은 형법 제20조가 규정하는 정당행위에 해당하여 위법성이 조각된다. 그러나 낙선운동 그 자체는 실정법상 인권으로 파악하기는 어렵다.

Ⅳ. 낙선운동의 정당화에 대한 반론

지금까지 이 책은 랄프 드라이어의 견해를 원용하여 어떻게 시민불복종에 해당하는 낙선운동을 법적으로 정당화할 수 있는지 살펴보았다. 그러나 낙선운동과 같은 시민불복종을 법적으로 정당화하는 시도에 찬성하는 견해만 있는 것은 아니다. 이를 비판하는 견해도 만만치 않다. 그러나 여기서 이러한 반론을 상세하게 다루기는 어렵다. 따라서 아래에서는 낙선운동에 관해 특히 문제가 되었던 논점을 중심으로 하여 법적 정당화 시도에 대한 반론을 간략하게 소개하겠다. 더불어 이러한 반론에 어떻게 재반론을 할 수 있는지도 살펴보겠다.

1. 법치국가 원칙에 반한다는 반론

먼저 낙선운동이 법치국가 원칙에 반한다는 반론이 제시된다.[25] 낙선운동과 같은 시민불복종 운동은 명백하게 실정법 규정을 위반한다는 점에서 법률의 우위를 강조하는 법치국가 원칙에 반한다는 것이다. 그러나 이러한 반론에는 다음과 같은 재반론을 할 수 있다.

현대 입헌주의 국가의 헌법에서 받아들이는 법치국가 원칙은 단순히 형식적으로만 법률을 준수할 것을 요구하는 '형식적 법치국가' 원칙이 아님에 주의해야 한다. 오히려 현대 헌법국가는 이른바 '실질적 법치국가' 원칙을 목표로 삼는다. 실질적 법치국가는 헌법 아래 존재하는 개별 법질서가 형식적으로 합법적일 뿐만 아니라 그 내용 면에서도 정당할 것을 요청한다. 또한 실질적 법치국가 원칙은 집행권 및 사법권뿐만 아니라 입법권까지 구속한다. 그래서 만약 입법자가 헌법에 반하는 입법을 할 경우 헌법재판과 같은 법적 절차를 통해 이를 통제한다. 이러한 실질적 법치국가 원칙에서 볼 때 만약 어떤 국가권력 행위 또는 개별 실정법 규정이 비록 형식적으로는 '합법성'의 외관을 갖추고 있다 하더라도 헌법의 측면에서 볼 때 그 정당성이 부인되는 경우라면, 당연히 이러한 국가권력 행위나 개별 실정법 규정의 효력을 부인하는 것도 가능하다. 그런데 시민불복종은 바로 이러한 실질적 법치국가의 이념과 합치한다. 외견적으로는 '형식적 법치국가' 원칙을 위반하는 행위처럼 보이지만 실제로는 '실질적 법치국가' 원칙에 충실한 행위로, 현대사회에서 법치국가 원칙이 제대로 작동하도록 하는 데 기여한다고 말할 수 있다.[26] 그러므로 낙선운동과 같은 시민불복종 행위가 법치국가 원칙을 뒤흔든다고 볼 수는 없다.

2. 다수결 원리를 침해한다는 반론

낙선운동과 같은 시민불복종이 민주주의의 기본 원리인 다수결 원리를 침해한다는 반론이 있다.[27] 이 반론은 다음과 같이 말한다. 현대 민주주의는 직접

---

25 이를 보여주는 예로 송복, "'불복종'도 법테두리 안에서", 『조선일보』(2000. 1. 21), 7쪽 "오피니언"란 참고.

26 이렇게 시민불복종의 역할을 이해하는 견해로 이상돈, 『법철학』(법문사, 2003), 272-275쪽.

민주주의를 취하기보다는 간접 민주주의를 택한다. 이러한 간접 민주주의는 '대의제 민주주의'로 제도화된다.[28] 대의제 민주주의는 국민의 대표기관인 의회에 국가정책에 대한 결정권한을 전적으로 위임한다. 이를 '자유위임'이라고 말하기도 한다. 이때 의회에서 정책을 결정하는 데 사용되는 기본 방법이 바로 다수결 원리이다. 다수결 원리를 통해 국가의 정책을 실현하기 위한 법률이 제정된다. 그러므로 다수결 원리는 현대 헌법국가에서 민주주의를 실현하기 위한 근간을 이룬다. 그런데 시민불복종은 이러한 다수결 원리를 명백하게 침해한다고 한다. 왜냐하면 시민불복종은 다수결 원리에 의해 제정된 실정법을 위반하기 때문이다. 이 점에서 시민불복종은 정당하다고 볼 수 없다고 한다.

이러한 반론은 현행 헌법체계 아래서 비록 형식적이기는 하지만 법률이 다수결 원리를 통해 제정된다는 점에서 볼 때 일견 타당성이 있어 보인다. 그러나 역시 다음과 같은 재반론을 던질 수 있다. 우선 다수결 원리가 순전히 과반수 이상의 찬성을 얻기만 하면 행위의 정당성을 보장해주는 원리인 것은 아님에 주목할 필요가 있다. 다수결 원리는 절차적 정당성을 획득할 수 있어야 한다. 다수결 원리가 이렇게 절차적 정당성을 얻으려면 절차가 공정하게 마련되어야 한다. 이때 절차가 공정하게 마련된다는 것은 절차와 관련된 모든 이들이 자유롭고 평등하게 다수결 절차에 참여할 수 있도록 보장해야 함을 뜻한다.[29] 그러나 현대 대의제 정당정치가 처한 상황을 보면 이러한 전제조건이 쉽게 충족되기 어렵다는 점을 확인할 수 있다. 다수결 절차의 참여자인 의원들은 그들이 속한 정당에 사실상 기속되어 자신의 독자적인 정치적 견해를 형성·주장하기 어려운 게 현실이다. 이 점에서 비록 외견상으로는 다수결 원리를 준수하는 것처럼 보이지만, 실제로는 개별 의원들의 견해는 없고 당론만이 다수결 과정에 반영될 뿐이다. 이와 같이 현대 민주주의의 근간인 다수결 원리가 제대로 작동하지 못하고 있고 이러한 상황에서 어떤 법률이 제정되었다면, 과연 이러한 법률에 절차적 정당성을 인정할 수 있을까? 그럴 수는 없다고 생각한다. 따라서 절

---

27 이러한 반론에 관해서는 변종필, 앞의 논문, 179쪽 아래 참고.
28 대의제 민주주의에 관한 연구로는 정종섭, 『헌법연구 1』(박영사, 2001) 참고.
29 이에 관해서는 변종필, "로스쿨법의 도덕적 정당성에 대한 의문", 『법철학연구』 제10권 제2호 (2007), 349－374쪽.

차적 정당성의 측면에서 문제가 있는 법률은 별도의 통제장치를 통해 규제할 필요가 있다. 이때 통제장치의 한 예로 헌법재판 제도를 들 수 있다. 그러나 헌법재판을 담당하는 헌법재판소도 국가기관인 이상 한계에 부딪힐 수밖에 없다. 따라서 이러한 한계는 바로 시민들의 '참여'로 극복할 수밖에 없다.[30] 이러한 참여의 예로 바로 낙선운동과 같은 시민불복종 운동을 생각할 수 있는 것이다. 시민불복종은 현대 대의제가 마주하는 문제점을 보완하여 민주주의가 가진 본래 의미를 회복할 수 있는 방법이다. 이러한 근거에서 볼 때 시민불복종이 다수결 원리를 침해한다고 말하기는 어렵다.

3. 하버마스의 반론

이러한 반론에 더하여 하버마스는 다음과 같은 반론을 제시하였다.[31] 그런데 여기서 주의해야 할 점은 하버마스가 시민불복종 자체를 반대하는 것은 아니라는 점이다. 하버마스는 시민불복종 자체는 긍정적으로 평가한다. 그 대신 하버마스는 시민불복종을 합법화하는 것에는 반대한다. 하버마스는 시민불복종이 "합법성과 정당성 사이에 유동적으로" 머물러 있어야 한다고 말한다. 그런데도 만약 시민불복종을 합법적인 것으로 법이 정해버리면 "원치 않는 일상화 효과"를 불러일으킬 것이라고 말한다. 이때 말하는 일상화 효과란 시민불복종이 일상적인 현상으로 남용되어 버리는 것을 말한다. 하버마스는 이러한 일상화 효과 때문에 민주적 법치국가의 기초가 되는 '법적 안정성'이 훼손되는 것을 우려한다.

이러한 하버마스의 반론은 일면 설득력이 있다. 그러나 랄프 드라이어가 적절하게 지적하듯이 설사 시민불복종을 헌법이 기본권으로 보장한다 하더라도 하버마스가 우려하는 심각한 일상화 효과는 발생하지 않을 것이다.[32] 왜냐하면

---

30 이렇게 참여를 강조하는 민주주의의 예로서 J. Habermas, *Faktizität und Geltung*, 2. Aufl (Frankfurt/M., 1994), 제3장 참고. 또한 양천수, "대화적 민주주의론", 『호원논집』 제8호(2000), 181–185쪽 등 참고.

31 J. Habermas, "Ziviler Ungehorsam: Testfall für den demokratischen Rechtsstaat. Wider den autoritären Legalismus in der Bundesrepublik", in: P. Glotz (Hrsg.), *Ziviler Ungehorsam im Rechtsstaat* (Frankfurt/M., 1983), 41쪽 아래.

시민불복종은 엄격한 이익형량을 통해 제한적으로만 인정되기 때문이다. 이러한 이유에서 시민불복종 행위자들은 행위 당시부터 이미 일정 정도 처벌위험을 감수해야 한다. 그리고 앞에서 논증했지만 시민불복종을 합법화한다고 해서 이를 법규정으로 명문화해야 하는 것은 아니다. 다만 시민불복종에 저촉되는 법률규정, 예를 들어 공직선거법 제87조와 같은 규정을 합헌적으로 축소해석함으로써 시민불복종을 합법화할 뿐이다. 그러므로 비록 시민불복종을 합법화한다 해도 하버마스가 우려하는 일상화 효과는 심하게 발생하지 않을 것이다. 이는 독일 기본법에 명문으로 저항권을 인정하는 제20조 제4항을 규정하는 과정을 보더라도 알 수 있다.[33] 기본법에 저항권을 명문으로 규정했다 해서 저항권이 일상적인 것이 되지는 않았기 때문이다.[34]

4. 정치적 악용 가능성이라는 반론

사실 가장 설득력 있는 반론은 낙선운동이 정치적으로 악용될 수 있다는 반론이다. 예를 들어 제16대 국회의원선거에서 총선시민연대가 행한 낙선운동은 그 취지야 어떻든 결과적으로 당시 집권여당이던 민주당에 이익을 안겨줄 것이라는 반론이 제시되었다.[35] 나아가 이처럼 낙선운동을 합법화하면 과거 군사독재정권 시절에 그랬던 것처럼 우익 관변단체들이 정치에 개입하여 결국 민주주의가 퇴보하는 결과를 가져올지 모른다는 반론도 개진되었다. 이외에 지역감정이 더욱 심화될 것이라는 반론도 제기되었다.

이러한 반론들은 강한 설득력을 지닌다. 사실 하버마스가 우려했던 일상화 효과는 어쩌면 우리 사회에서는 이러한 형태로 표출될지도 모른다. 그러나 이러한 현상이 두렵다고 해서 정치적 시민운동 자체를 모두 막을 수는 없다. 결국 이러한 위험들은 낙선운동을 행할 수 있는 단체를 엄격하게 제한함으로써 그리고 시민불복종 운동의 개념이 시사하는 것처럼 시민불복종의 구체적인 방법을

---

32 R. Dreier, 앞의 논문, 70쪽.
33 독일 기본법 제20조 제4항은 다음과 같이 규정한다. (제20조가 규정하는) 이런 질서를 없애려 하는 모든 자에 대해 독일 국민은 다른 구제수단을 사용할 수 없을 때 저항권을 행사할 수 있다.
34 R. Dreier, 앞의 논문, 71쪽 아래.
35 김대중, "'낙선운동' 감상법", 『조선일보』(2000. 1. 15).

비례성 원칙에 합치하는 비폭력적인 것에 한정함으로써 극복할 수 있다. 물론 과연 어떤 방법들이 비례성 원칙에 합치하는지는 더욱 생각해야 할 문제다. 이는 시민불복종 운동에 관심을 가진 모든 이들이 장기적으로 고민해야 할 주제일 것이다.

V. 맺음말

지금까지 제16대 총선과정에서 총선시민연대가 주도한 낙선운동을 정당화할 수 있는 방안을 검토해 보았다. 제17장에서 필자는 낙선운동을 정당화하기 위해 서구에서 등장한 시민불복종 이론을 원용해 보았다. 그러나 이에 관한 연구가 아직 부족하여 여러 부분에서 이론적·실천적인 허점이 보인다. 낙선운동을 포함한 시민불복종 운동은 하버마스가 말한 것처럼 합법성과 정당성 사이에서 유동하는 속성을 지니기에 이를 일률적으로 판단하는 것은 쉽지 않다. 마치 독일의 법철학자 라드브루흐(Gustav Radbruch)가 '법적 안정성'과 '구체적 타당성' 사이에서 평생 고민한 것처럼 시민불복종을 판단할 때 우리는 합법성과 정당성 사이에서 끊임없이 숙고해야 할 것이다. 결국 시민불복종을 법적으로 어떻게 취급할 것인가의 문제는 시민불복종이 이루어지는 당해 역사적 공간이 정치적으로 과연 어느 정도 성숙했는지에 따라 그 해법이 달라질 것이다. 그렇다면 현재 우리 사회는 시민불복종 운동이 필요하지 않을 만큼 정치적으로 성숙하였을까?

Ⅰ. 서론

'전쟁과 평화'라는 개념 쌍은 오래전부터 인류 역사와 함께 해왔다. 많은 이들이 전쟁을 두려워하고 이를 피하려 했지만, 전쟁은 평화를 유지하는 필수적 수단이라는 명목 아래 어쩔 수 없는 필요악으로 인식되었다. 전쟁이 낳은 참상에 공감을 표하면서도 전쟁은 불가피한 것으로, 때로는 정의로운 것으로 그리고 때로는 우리의 자존심을 회복할 수 있는 수단으로 승인되었다. 이는 무엇보다도 지금의 한반도에서 현실로 다가온다. 우리가 살아가는 한반도는 여전히 전쟁에 가장 근접해 있다.

제18장은 전쟁과 인권이라는 관점에서 전쟁과 평화 문제를 다룬다.[1] 전쟁과 평화야말로 우리의 생존과 가장 직결되는 실존적 문제이기 때문이다. 다만 전쟁과 평화라는 주제가 워낙 광범위하기에 제18장은 논의범위를 다음과 같이 제한한다. 과연 '정당한' 전쟁은 가능한지, 만약 가능하다면 그 범위와 한계는 무엇인지의 문제, 즉 '전쟁의 가능성과 한계' 문제가 그것이다. 전쟁의 가능성과 한계라는 문제를 다루려면, 다시 '전쟁 개시의 정당성', '전쟁 수행의 정당성', '전쟁 종결의 정당성'이라는 측면에서 이 문제에 접근해야 한다.[2] 제18장은 이

---

1 이에 관한 연구 문헌으로는 예를 들어 아르투어 카우프만, 김영환 (옮김), 『법철학』(나남, 2007), 521-523쪽에 소개된 문헌 참고.

2 이를 시사하는 정태욱, "정전론과 월저의 이론", 『자유주의 법철학』(한울아카데미, 2007), 158쪽.

가운데 '전쟁 개시의 가능성과 한계'에 논의의 초점을 맞추고자 한다. 우리가 특정한 국가가 전쟁을 개시하는 것 자체를 법이론적으로 적절하게 제동을 걸 수 있다면 그만큼 평화는 더 안정적으로 유지될 수 있고 이를 통해 인권도 보장될 수 있기 때문이다.

Ⅱ. 전쟁 개시의 제한 가능성에 관한 논의

1. 전쟁에 관한 세 가지 관점

논의의 출발점으로 한 국가가 전쟁을 개시하는 것을 과연 제한할 수 있는가에 관해 그동안 법철학적으로 어떤 주장이 제시되었는지 간략하게 검토한다. 지금까지 축적된 법철학적 논의를 보면 전쟁에 관해 크게 세 가지 관점이 존재한다는 점을 발견할 수 있다.

첫째는 현실주의적 관점으로 전쟁을 정치의 연장이자 정상적인 수준으로 이해한다.[3] 정치적 목적을 전쟁의 동인으로 파악한 프로이센의 전쟁이론가 클라우제비츠(Carl von Clausewitz)의 견해가 가장 전형적인 현실주의적 관점에 속한다.[4] 이에 따르면 전쟁은 정치적 행위의 연장선상에 놓여 있으므로 해당 전쟁이 과연 정당한가를 따지는 것은 무의미하다. 전쟁은 정치적 목적을 달성하기 위한 수단에 불과할 뿐이다. 그러므로 이 관점에서 볼 때 오히려 중요한 점은 특정한 상황에서 전쟁이 정당한지가 아니라 그 전쟁이 정치적 목적을 달성하는 데 효율적 수단인가 하는 점이다. 이러한 관점은 홉스나 칼 슈미트에게서도 발견할 수 있다.[5] 이들에 따르면 주권국가는 자유롭게 전쟁을 수행할 자유를 누린

---

3 정태욱, 위의 논문, 163쪽.

4 C. v. Clausewitz, *Vom Kriege* (Frankfurt/M./Leipzig, 2005)(Erstdruck: Berlin, 1832/34), 26쪽. 주권을 "국가의 절대적이며 영구적인 권력"으로 파악한 장 보댕의 주권이론에서 보면 주권국가가 대외적으로 전쟁을 개시하는 것은 절대적 권력인 주권의 한 내용에 당연히 포함된다고 말할 수 있다. 보댕의 주권개념에 관해서는 장 보댕, 임승휘 (옮김), 『국가론』(책세상, 2005), 41쪽 아래 참고.

5 칼 슈미트에 따르면 국가들은 국제관계에서 자연상태에 놓여 있다. 칼 슈미트, 김효전 (역), 『로마 가톨릭주의와 정치형태. 홉스 국가론에서의 리바이어턴』(교육과학사, 1992), 315쪽. 이러한 맥락에서 칼 슈미트는 특정한 전쟁이 정당한지를 우리는 평가할 수 없다고 말한다. "국가간 전쟁은 종교전쟁, 내란, 당파전쟁과 다르며 진리나 정의의 규율로는 측정할 수 없다. 그것은 정도 부

다(전쟁의 자유).[6] 이러한 현실주의적 관점은 오늘날 법철학 또는 국제법 영역에서 널리 승인되지는 않는다.[7] 그러나 흥미롭게도 이와 유사한 관점이 경영학 영역에서 이른바 '경영전략'이라는 이름 아래 여전히 생명력을 발휘한다.[8]

둘째는 평화주의적 관점으로 전쟁을 절대적인 악으로 규정하여 일체의 전쟁을 거부한다.[9] 유명한 간디(Mahatma Gandhi)의 비폭력 저항운동이나 마틴 루터 킹(Martin Luther King) 목사의 민권운동이 대표적으로 이러한 관점을 보여준다. 이론물리학의 패러다임을 획기적으로 바꾼 아인슈타인 역시 평화주의 관점을 대변한 진영에 속한다.[10] 그렇지만 이러한 관점은 이상적 주장으로 많은 이들에 의해 거부되는 편이다.[11]

셋째는 일종의 절충적 관점으로 정의로운 전쟁, 즉 '정전'(正戰)의 경우에는 또는 정전의 경우에만 전쟁을 허용할 수 있다고 본다. 달리 말해 정의로운 전쟁에 해당하는 경우에는 정당성뿐만 아니라 합법성 역시 획득할 수 있다고 말한다. 필자가 보기에 이 관점이 현재로서는 법철학과 국제법학의 지배적 견해가 아닌가 한다.[12] 이를 아래에서 좀 더 살펴본다.

정도 아니며 국사(Staatsangelegenheit)이며, 감히 정의일 필요는 없다. (…) 국가는 그 질서원리를 자기 밖에서가 아니라 안에 가지고 있다. 그러므로 국가간적 국제법의 전쟁개념은 본질상 국제법적 적법성을 문제로 하지 않는 무차별 전쟁관이다." 인용은 칼 슈미트, 위의 책, 313쪽.

6 박재섭, 박기갑 (신편), 『전쟁과 국제법』(삼우사, 2010), 120쪽.
7 그러나 가톨릭 신학자인 군드라흐(Gustav Gundlach)는 이러한 현실주의적 관점을 '정의로운 전쟁'과 결합하여 현대적으로 되살린다. "정치적 행위로서의 전쟁은 (…) 법이 파괴와 법의 장애에 의해 방해된 평화로부터 벗어나서 재건될 평화로 이르는 길이다. (…) 전쟁은 본질적으로 평화질서에 속하는 법에 봉사하는 폭력사용이다. 요컨대 사람들이 법의 물리적 강제성이라는 의심할 수 없는 기본명제를 부인하고 단념하지 않는 한, 전쟁은 비윤리적이지 않다. 그리고 교란된 법질서가 관건이 되는 한, 여기서는 방어전쟁과 공격전쟁이 서로 구별되지 않는 것 또한 명백하다." 아르투어 카우프만, 앞의 책, 533쪽에서 다시 인용.
8 이를 보여주는 예로 윌리엄 더건, 윤미나 (옮김), 『제7의 감각: 전략적 직관』(비스니스맵, 2007), 105쪽 아래. 컬럼비아 경영전문대학원 교수인 더건은 여기에서 클라우제비츠의 전략적 사고가 어떻게 경영전략에 응용될 수 있는지 보여준다.
9 정태욱, 앞의 논문, 167쪽.
10 아르투어 카우프만, 앞의 책, 526쪽.
11 당대의 법철학자 카우프만 역시 전쟁을 절대적인 악으로 취급하지는 않는다. 아르투어 카우프만, 앞의 책, 526쪽.
12 법철학의 경우에는 아르투어 카우프만, 앞의 책, 526쪽. 국제법학의 경우에는 다소 오래된 문헌이지만 여전히 유효한 박재섭, 앞의 책, 134-141쪽 등 참고.

2. 정의로운 전쟁

'정의로운 전쟁'(bellum iustum)에 관한 법철학적 논의는 오랜 역사에 걸쳐 전개되었다.[13] 이미 중세시대의 정신 영역을 지배했던 아우구스티누스와 토마스 아퀴나스에서 정의로운 전쟁에 관한 논의를 찾아볼 수 있다.[14]『전쟁과 평화의 법』으로 유명한 그로티우스(Hugo Grotius) 역시 자연법의 기본법칙으로 근거지은 '자기보존'에 기초를 두어 전쟁의 가능성과 한계를 명확히 하려 하였다.[15] 이들은 정의로운 전쟁이 존재하며 정의로운 전쟁은 종교적·도덕적 측면에서 정당성을 획득한다고 말한다. 다만 이들이 주장하는 정의로운 전쟁은 오늘날과는 달리 방위전쟁에 국한되지 않았다. 중세의 십자군 원정이 시사하는 것처럼 공격전쟁 역시 일정한 요건을 갖추면 정의로운 전쟁으로 평가될 수 있었다. 그러나 근대국가의 주권개념이 정립되고 국가가 탈도덕화되면서 정의로운 전쟁이론 대신 전쟁의 자유이론이 득세하게 되었다.[16] 전쟁의 자유이론은 근대 이후 제1차 세계대전 직후까지 국제관계를 지배하였다. 하지만 인류가 두 차례에 걸친 세계대전의 참상을 경험한 이후 정의로운 전쟁이론은 합법화를 거쳐 오늘날 새롭게 생명력을 획득하였다. 예를 들어 대표적인 공동체주의자로 평가받는 월저(Michael Walzer) 역시 정의로운 전쟁을 논한다.[17] 그러나 정의로운 전쟁이론은 이율배반적인 모습을 보인다. 한편으로 정의로운 전쟁이론은 정당한 전쟁만이 허용될 수 있다고 말한다. 그 점에서 정의로운 전쟁이론은 전쟁을 제한한다. 그러나 다른 한편으로 정의로운 전쟁이론은 전쟁이 정의를 실현하는 데 기여할 수 있다고 말한다. 예를 들어 일마 타멜로(Ilmar Tammelo)나 아르투어 카우프만(Arthur Kaufmann)은 전쟁이 정의에 봉사할 수 있다고 말한다.[18] 이 점에서 정의

---

13 이에 관해서는 아르투어 카우프만, 앞의 책, 530－540쪽; 박재섭, 앞의 책, 118－141쪽 등 참고.

14 아퀴나스의 정전론에 관해서는 채이병, "정의로운 전쟁은 어떻게 가능한가?: 성 토마스 아퀴나스의 이론을 중심으로", 『중세철학』 제9권(2003), 41－75쪽 참고.

15 그로티우스의 자연법사상에 관한 간략한 소개는 홍기원, "후고 그로티우스의 법사상에 있어 자연법과 이성: 노베르토 보비오의 홉스 테제 비판 시론", 『중앙법학』 제9집 제2호(2007), 987－1021쪽 참고.

16 이를 칼 슈미트는 "국가의 중립화"로 표현한다. 칼 슈미트, 앞의 책, 304쪽 아래.

17 정태욱, 앞의 논문, 155쪽 아래.

18 아르투어 카우프만, 앞의 책, 526, 530쪽 등.

로운 전쟁이론은 전쟁을 근거 짓는다.

오늘날 일정한 전쟁이 정의로운 전쟁으로 승인받기 위해서는 어떤 요건을 충족해야 할까? 일정한 법규범이 올바른 법규범으로 인정되기 위해서는 내용적 측면과 형식적 측면, 즉 정당성과 합법성을 갖추어야 하는 것처럼 정의로운 전쟁 역시 정당성과 합법성이라는 두 요건을 충족해야 한다. 우선 합법성 요건에 따르면 일정한 전쟁이 정의로운 전쟁으로 승인되기 위해서는 전쟁법규범이 규정한 절차 및 방식을 따라야 한다. 오늘날의 상황에서 말하면 일정한 전쟁은 UN 안전보장이사회의 결의를 거쳐 개시되고 수행되는 경우에만 합법성을 갖추었다고 할 수 있다. 나아가 정당성 요건에 따르면 일정한 전쟁은 내용적 측면에서 올바른 목적과 근거, 즉 모든 이들이 납득할 만한 목적과 근거를 갖춘 경우에만 정당한 전쟁으로 승인될 수 있다.[19] 과거에는 공격전쟁도 특정한 요건을 충족한 경우에는, 이를테면 타국을 먼저 공격하는 전쟁이라 할지라도 응보와 배상의 목적으로 그리고 선한 의도를 가지고 수행되는 경우에는 정의로운 전쟁으로 승인하였다.[20] 그러나 오늘날에는 원칙적으로 정당방위의 성격을 띠는 방위전쟁만을 내용적으로 정당한 전쟁으로 인정할 뿐이다.

이렇게 일정한 전쟁이 합법성과 정당성을 갖춘 때에는 정의로운 전쟁으로서 승인된다. 이는 달리 말해 정의로운 전쟁은 종교적·도덕적 측면에서 정당할 뿐만 아니라 국제법적 측면에서도 범죄가 되지 않는다는 점을 뜻한다. 이와 달리 국가가 이러한 요건을 갖추지 않은 채 타국을 향해 전쟁을 개시하면 이는 정의롭지 못한 전쟁으로 취급된다. 다만 이를 어떤 차원에서 인정할 수 있을지 문제가 될 수 있다. 20세기 이전만 하더라도 일정한 전쟁이 정의로운가 정의롭지 못한가는 주로 종교 혹은 도덕의 차원에서 논의가 되었다. 그러므로 어떤 국가가 정의롭지 못한 전쟁을 개시하였다면 그 국가는 종교적 또는 도덕적 차원

---

19 구체적으로 다음과 같은 요건이 충족될 때 전쟁 개시가 허용된다고 말한다. 첫째, 전쟁 개시의 정당한 근거가 존재해야 한다. 둘째, 전쟁을 통해 구제하려는 이익이 희생되는 이익보다 더욱 우월해야 한다. 셋째, 올바른 의도로 전쟁이 개시되어야 한다. 넷째, 전쟁은 최후수단이어야 한다. 다섯째, 성공 가능성이 존재해야 한다. 여섯째, 전쟁을 통해 얻는 이익과 손해가 서로 비례적이어야 한다. 이에 관해서는 아르투어 카우프만, 앞의 책, 531쪽.

20 채이병, 앞의 논문, 50쪽 아래.

에서 비난을 받을 뿐이었다. 그러나 20세기에 들어서면서 이러한 전쟁은 이제 더 이상 종교적·도덕적 차원에만 머무는 것이 아니라 법적 차원까지 올라와 평가받게 되었다. 이는 일종의 국제법상 범죄로 취급을 받게 된 것이다. 이에 계기를 마련한 것이 바로 뉘른베르크 전범재판이었다.

Ⅲ. 뉘른베르크 전범재판과 전쟁 개시의 한계에 관한 논쟁

1945년 11월 14일부터 1946년 10월 1일까지 독일의 한 도시인 뉘른베르크 (Nürnberg)에서 진행된 뉘른베르크 전범재판은 역사적·법적 측면에서 중대한 의미가 있다.[21] 제18장의 주제에 한정해 말하면 뉘른베르크 전범재판은 처음으로 침략전쟁, 다시 말해 정의롭지 못한 전쟁을 국제법상 범죄로 취급하였다는 점에서 의미를 찾을 수 있다. 그러나 전범재판 당시뿐만 아니라 그 이후에도 침략전쟁을 과연 국제법상 범죄로 취급할 수 있는지에 관해서는 논란이 전개되었다. 아래에서는 뉘른베르크 전범재판에 관해 전체적으로 개관한 후 여기에 어떤 이론적 문제점이 있는지 살펴보겠다.[22]

1. 역사적 준비과정

(1) 뉘른베르크 전범재판 이전

뉘른베르크 전범재판은 패전국의 정치적·군사적 수뇌부를 '전쟁범죄자'로 규정하여 '국제형사재판절차'를 통해 법적 처벌을 가한 최초의 국제형사재판이었다. 물론 이미 오래전부터 몇몇 사상가, 철학자들은 전쟁의 무자비성을 통제하기 위해 전범재판을 마련해야 할 필요가 있다고 주장하였다. 그러나 무엇보다도 절대왕정의 등장과 더불어 근대적 의미의 주권개념이 성립하면서 전쟁권은 주권국가의 고유한 권리로 인정되었다. 따라서 모든 주권국가는 자신의 정치적 목적을 실현하기 위해 방위전쟁뿐만 아니라 침략전쟁도 수행할 수 있었

---

[21] 이에 관해서는 양천수, "뉘른베르크 전범재판의 역사적·법적 문제와 그 의미", 『군사』 제60호 (2006), 167−197쪽 참고.

[22] 아래에서 전개하는 논의는 양천수, 위의 논문, 170−182쪽에 의존하였다.

다. 이는 19세기에 접어들어 국민국가 이념, 더 나아가 제국주의가 성장하면서 점차 확고한 것으로 승인되었다. 다만 전쟁의 무자비함을 제한하고 군인이 아닌 민간인 및 포로는 보호할 필요가 있다는 주장이 공감을 얻으면서 1899년에 유명한 '헤이그 육전규칙'이 제정되었다. 이를 통해 전쟁 과정 중에 발생하는 전쟁범죄는 법적으로 통제할 수 있게 되었다. 그러나 전쟁에 관한 권리는 주권국가의 고유권한으로 여전히 엄격한 법적 통제에서 제외되었다.[23]

그렇지만 1914년 제1차 세계대전이 발발하고 이를 통해 인류가 그전까지는 존재하지 않았던 새로운 형태의 전쟁과 참상을 경험하면서 전승국들은 패전국들을 법적으로 다루어야 할 필요가 있다는 점에 공감하게 되었다. 이를 반영하듯 1919년 6월 29일에 체결된 베르사유 평화조약 제227조는 독일제국의 황제 빌헬름 2세를 기소할 것과 이 빌헬름 2세를 재판하기 위한 법원을 설치할 것을 규정하였다.[24] 그러나 제1차 세계대전에 책임이 있는 구독일제국의 빌헬름 황제나 핵심 정치가 그리고 군수뇌부들을 뉘른베르크 전범재판과 같은 국제전범재판으로 처벌하는 데는 실패하였다. 이들은 단지 정치적 추방을 받거나 독일 국내(바이마르 공화국)의 재판을 받아 2월에서 4년 사이의 형(Haftstrafe)을 받았을 뿐이었다. 국제전범재판이 탄생하는 것은 제2차 세계대전의 발발 및 나치 독일의 패전 그리고 이를 형법적으로 처벌하기 위한 뉘른베르크 전범재판이 마련될 때까지 기다려야 했다.

다만 제1차 세계대전을 경험한 세계 각국은 1928년 8월 27일 파리에서 '켈로그-브리앙 조약'을 체결함으로써 침략전쟁을 법적으로 제한하기 위한 근거를 마련하였다.[25] 그러나 켈로그-브리앙 조약은 침략전쟁과 구별되는 방위전쟁을 어떻게 개념적으로 규정할지를 각 주권국가에 일임함으로써 침략전쟁의 정확한 범위가 어디까지인가 하는 문제를 여전히 불분명하게 남겨두었다.[26] 이

---

23 R. Merkel, "Nürnberg 1945, Militärtribunal: Grundlagen, Probleme, Folgen", in: *RJ* 14 (1995), 493-497쪽.

24 *Der Vertrag von Versailles. Die amtlichen Texte*, 2. Aufl. (1926), 207쪽.

25 이는 일명 '부전조약'으로 일컫기도 한다. 정운장, 『국제인도법』(영남대학교출판부, 1994), 29쪽; 이용호, 『전쟁과 평화의 법』(영남대학교출판부, 2001), 16쪽 등 참고.

26 가령 켈로그-브리앙 조약은 다음과 같이 말한다. "모든 국가는 그 어느 때나 그 어떤 조약의 규정과는 상관없이 침입이나 공격으로부터 자신의 영토를 방위할 권한을 가지고 모든 국가는 어떤

러한 국제법적 상황에서 세계 각국은 제2차 세계대전을 치러야 했고 전후 나치 전범을 처리하기 위해 뉘른베르크 전범재판을 설치하게 되었다.

(2) 뉘른베르크 전범재판의 준비 과정

뉘른베르크 전범재판은 1945년 5월 8일 독일이 무조건 항복할 때 비로소 준비된 것은 아니었다. 그 이전부터 연합국 수뇌부는 그 필요성을 논의하였다.[27] 물론 제2차 세계대전 초기, 즉 독일이 소련을 상대로 전쟁을 개시하기 전까지는 연합국 수뇌부들은 아직 전범재판의 필요성을 진지하게 검토하지 않았다. 왜냐하면 독일군은 개전 초기 서부전선 및 북아프리카 전선에서는 제네바 협약을 비교적 준수하면서 전쟁을 수행하였기 때문이었다.[28] 그러나 1941년 독일이 소련을 침공하고 이에 따라 전쟁이 동부지역으로 확대되면서 비로소 뉘른베르크 전범재판과 같은 형식의 전범재판이 논의되기 시작하였다. 왜냐하면 서부전선에서 진행된 전쟁과는 달리, 동부전선에서 진행된 독일의 소련에 대한 전쟁은 독일 게르만 민족의 '생존영역'(Lebensraum)을 확보하고 슬라브 민족과 공산주의자 그리고 동부지역에 거주하는 유대인을 말살하기 위한 '말살전쟁'(Vernichtungskrieg)의 성격이 강했기 때문이다. 그 때문에 소련에 대한 전쟁 과정에서 많은 슬라브인과 유대인이 나치독일의 친위대(SS: Schutzstaffel)와 국방군(Wehrmacht)에 의해 체계적·조직적으로 살해되었다.

이러한 이유에서 이미 1942년 1월 13일 독일이 점령한 유럽 9개국의 대표들은 "성 제임스 선언"(Erklärung von St. James)을 하였다. 이 선언에서 점령지역 대표들은 점령지역에서 자행된 범죄에 책임이 있는 자를 장차 재판으로 처벌할 것을 요구하였다.[29] 나아가 1943년 미국, 영국, 소련 그리고 중국의 대표자는 나

상황에서 방위전쟁이 필요한지를 결정할 권한이 있다." *American Journal of International Law* 22 (1929), Supp., 109쪽.

27 Lothar Kettenacker, "Die Behandlung der Kriegsverbrecher als anglo—amerikanisches Rechtsproblem", in: G. R. Ueberschär (Hrsg.), *Der Nationalsozialismus vor Gericht*, 2. Aufl. (Frankfurt/ M., 2000), 17쪽 아래.

28 Lothar Kettenacker, 위의 논문, 17쪽.

29 R. A. Blasius, (Bearb.), *Dokumente zur Deutschlandpolitik*, 1. Reihe, 3. Bd., 1. Halbbd. (Frankfurt/ M., 1989), 32쪽 아래; P. Steinbach, "Der Nürnberger Prozeß gegen die Hauptkriegsverbrecher", in: G. R. Ueberschär (Hrsg.), *Der Nationalsozialismus vor Gericht*, 2. Aufl. (Frankfurt/M., 2000), 33쪽

치 및 전쟁의 주요 책임자들을 어떻게 처벌할 것인가의 문제를 논의하였다.[30] 그리고 1943년 10월 30일에 있었던 "비인간적인 것에 관한 모스크바 회의 선언"(Erklärung über Grausamkeiten auf der Konferenz in Moskau)에서는 연합군이 '반인도적인 것', '학살' 및 '집단처형'에 관한 증거물들을 갖고 있다는 점을 분명히 하였다.[31] 그 후 1945년 2월 12일에 열린 얄타회담에서는 "모든 전쟁범죄자를 정의롭고 신속하게 처벌하는 것"이 연합군의 "확고한 의지"임을 분명히 하였다.[32] 연합군은 이러한 목표를 포츠담 회담에서 다시 한번 확인하였다. 유럽의 세계대전이 끝난 이후인 1945년 8월 영국에서 진행된 국제회의에서는 "유럽 추축국의 주요 전쟁범죄자 소추 및 처벌에 관한 협약"(Abkommen über die Verfolgung und Bestrafung der Hauptkriegsverbrecher der europäischen Achse)을 제정하였고 동시에 1945년 8월 8일에는 "뉘른베르크 국제군사법원에 관한 규약"(Das Statut für den Internationalen Militärgerichtshof in Nürnberger)이 조약 내용에 포함되었다. 이 규약에 따라 비로소 뉘른베르크 전범재판을 진행하는 데 필요한 역사적·국제법적 기초가 마련되었다.[33]

2. 뉘른베르크 전범재판의 진행

뉘른베르크 전범재판은 독일 제3제국의 제2인자이며 공군 원수였던 괴링(Hermann Göring)을 필두로 한 23명을 피고인으로 하여 1945년 11월 14일부터 1946년 10월 1일까지 진행되었다. 그렇다면 왜 뉘른베르크에서 전범재판이 열린 것일까? 히틀러의 제3제국에게 뉘른베르크는 각별한 의미가 있었기 때문이다. 국가사회주의 독일노동자당(NSDAP)의 전당대회가 이 뉘른베르크에서 열렸

에서 재인용.

30 P. Steinbach, 위의 논문, 33쪽

31 H. Michaelis/E. Schraepler (Hrsg.), *Ursachen und Folgen. Vom deutschen Zusammenbruch 1918 und 1945 bis zur staatlichen Neuordnung* (Berlin, 1958); P. Steinbach, 앞의 논문, 34쪽 참고. 한편 이 선언의 내용에 관해서는 G. R. Ueberschär (Hrsg.), *Der Nationalsozialismus vor Gericht*, 2. Aufl. (Frankfurt/M., 2000), 285-286쪽(부록) 참고.

32 P. Steinbach, 앞의 논문, 34쪽. 얄타회담에 관해서는 Lothar Kettenacker, 앞의 논문, 27쪽 아래 참고.

33 P. Steinbach, 앞의 논문, 34-35쪽. 이 규약 내용에 관해서는 G. R. Ueberschär (Hrsg.), 앞의 책, 295-301쪽(부록) 참고.

고 악명 높은 인종법(Nürnberger Rassengesetze 1935) 역시 1935년 이 뉘른베르크에서 제정되었기 때문이다.[34] 그만큼 뉘른베르크는 나치독일에 특별한 의미를 지녔기에 전범재판을 준비한 연합국은 의식적으로 이 나치의 상징적 심장에서 나치가 저지른 범행을 재판하려고 한 것이다. 아래서는 이 전범재판의 진행 과정을 재판부, 검찰단, 피고인단 그리고 범죄혐의를 중심으로 하여 간략하게 살펴본다.

(1) 재판부 및 검찰단

뉘른베르크 전범재판의 재판부는 승전 연합국인 영국, 미국, 프랑스, 소련을 대표하는 각 두 명의 법관, 총 8명의 법관으로 구성되었다. 재판장은 영국의 법관 제프리 로렌스 경(Sir Geoffrey Lawrence)이 맡았다.

검찰 역시 영국, 미국, 프랑스, 소련을 대표하는 검찰로 구성되었다. 구체적으로 살펴보면 영국을 대표하는 여섯 명, 미국의 세 명, 프랑스의 네 명 그리고 소련을 대표하는 두 명의 검찰이 검찰단을 구성하였다. 그중에서 미국의 로버트 잭슨 검사(Robert H. Jackson)가 나치 전범을 소추하는 데 주도적 역할을 하였다.

(2) 피고인

뉘른베르크 전범재판의 피고인은 헤르만 괴링을 포함한 나치의 수뇌부 23명이었다. 이 가운데는 1941년까지 히틀러의 대리인이었던 루돌프 헤쓰(Rudolf Heß), 해군대장이자 해군총사령관이었던 칼 되니츠(Karl Dönitz), 육군원수이자 독일 국방부 최고사령관인 빌헬름 카이텔(Wilhelm Keitel), 육군대장이자 국방부 참모본부장인 알프레드 요들(Alfred Jodl), 군수장관이자 히틀러가 총애한 건축가이기도 한 알버트 슈페어(Albert Speer)가 포함되었다. 원래 연합국 수뇌부는 전범재판의 중요 피고인으로 독일제국의 총통(Der Führer)인 히틀러 이외에 제2인자인 괴링, 선전장관인 요제프 괴벨스(Josef Goebbels), 히틀러 친위대(SS) 대장이

---

34 가장 대표적인 법률로는 1935년 9월 15일에 제정된 "독일인의 피와 혼인 보호법"(Gesetz zum Schutz des deutschen Blutes und der deutschen Ehre)을 들 수 있다. 이 법률에 관한 간략한 내용으로는 I. v. Münch (Hrsg.), *Gesetze des NS−Staates* (München u.a., 1994), 120쪽.

자 유대인 학살을 주도한 하인리히 힘믈러(Heinrich Himmler) 등을 고려하였다. 그러나 주지하다시피 히틀러는 소련군에 의해 베를린이 함락되기 직전인 1945 년 4월 30일 15시 30분 자신의 지하 벙커에서 권총 자살을 하였고, 괴벨스 역시 히틀러가 자살한 직후 그의 부인 및 자녀들과 함께 자살하였다. 힘믈러는 1945 년 5월 6일 되니츠 정부에 의해 모든 공직에서 파면된 후 피난민에 섞여 이름 을 숨긴 채 도주하다 발각되자 자살하였다.[35] 이 때문에 이들은 애초부터 전범 재판에 피고인으로 설 수 없었다. 또한 히틀러의 비서이자 대리인이었던 마르 틴 보르만(Martin Bormann)은 행방불명이 된 관계로 부재중인 상태에서 피고인 으로 소추되었고 국가사회주의 독일노동자당(NSDAP) 제국의장이자 독일 노동 전선의 지도자였던 로버트 라이(Robert Ley)는 전범재판이 시작되기 직전에 자 살하였다. 이러한 이유에서 실제로 뉘른베르크 전범재판의 피고인석에 선 사람 들은 괴링을 비롯한 21명이었다.[36]

한편 뉘른베르크 전범재판부는 국가사회주의 독일노동자당의 정치지도부, 안전부(SD: Sicherheitsdienst), 국가비밀경찰(Gestapo: Geheime Staatspolizei) 그리고 국가사회주의 독일노동자당 친위대(SS)를 범죄단체로 규정하였다.[37]

(3) 범죄혐의와 문제점

1) 세 가지 범죄혐의

뉘른베르크 전범재판은 크게 세 가지 범죄혐의를 이유로 하여 피고인들을 소추하고 재판하였다.[38] '평화에 반한 죄'(Verbrechen gegen den Frieden), '전쟁범 죄'(Kriegsverbrechen) 그리고 '인도에 반한 죄'(Verbrechen gegen die Menschlichkeit) 가 그것이다.[39] 우선 '평화에 반한 죄'는 "국제조약, 협약 또는 확약에 위반하여

---

35 W. Lüdde–Neurath, *Regierung Dönitz. Die letzten Tage des Dritten Reiches* (Druffel–Verlag, 1981), 88쪽 아래.

36 피고인 모두에 관한 상세한 명단은 G. R. Ueberschär (Hrsg.), 앞의 책, 293–294쪽 참고.

37 G. R. Ueberschär (Hrsg.), 앞의 책, 292쪽(부록).

38 이 세 가지 범죄혐의에 관해 연합군 측이 제정한 실정법적 근거로는 "전쟁범죄자 처벌에 관한 연합군 통제위원회 법률 제10호"(Gesetz Nr. 10 des Alliierten Kontrollrats über die Bestrafung von Personen, die sich Kriegsverbrechen, Verbrechen gegen Frieden oder gegen Menschlichkeit schuldig gemacht haben) 제2조 참고. 이 법률 원문은 P. Steinbach, 앞의 논문, 295쪽 아래 참고.

39 P. Steinbach, 앞의 논문, 35쪽 아래. 용어의 번역은 김영석, 『국제형사재판소법강의』(법문사,

침략전쟁(Angriffskrieg) 혹은 전쟁을 계획, 예비, 개시 또는 수행한 행위 그 자체나 이러한 행위를 수행하기 위한 공동계획 또는 음모에 참여한 행위"를 말한다.[40]

다음으로 '전쟁범죄'는 전쟁법률이나 전쟁관습에 위반한 행위를 말한다. 이 위반행위에는 점령지역 민간인을 살해하거나 학대, 강제노동 또는 그 밖의 다른 목적을 위해서 추방한 행위, 전쟁포로를 살해하거나 학대하는 행위, 인질살해, 공적·사적 재산 약탈행위, 고의적인 도시·시장·마을 파괴행위, 또는 군사적 필요성이 없는 황폐화 행위가 포함된다.[41]

마지막으로 '인도에 반한 죄'는 기본적으로 전쟁 이전 혹은 전쟁 중에 민간인에 자행된 살해, 말살, 노예화, 추방 또는 다른 반인간적 행위를 포함한다. 이외에도 전쟁 수행 중에 정치적, 인종적, 종교적인 근거에서 행해진 형사소추 또는 법원이 관할권을 가진 범죄와 결부된 소추를 포함한다. 이때 이렇게 나치에 의해 제기된 형사소추가 이 형사소추가 이루어진 국가, 가령 독일제국이나 독일제국 점령지역의 법에 합치하는가 아니면 위반되는가는 문제가 되지 않았다.[42] 국제법 및 형법의 시각에서 보면 세 번째 '인도에 반한 죄'는 오늘날 국제형사재판의 대상이 되는 '인도에 반한 죄'(crimes against humanity)의 토대가 된다(로마조약 제5조 제1항).

2) 문제점

그러나 이렇게 "뉘른베르크 국제군사법원에 관한 규약"에서 규정한 범죄혐의는 그 당시까지 존재하던 실정 국제법의 측면에서 보았을 때 여러 법적 문제를 안고 있었다. 무엇보다도 '평화에 반한 죄'와 '인도에 반한 죄'는 당시까지도 아직 확고한 실정법적 근거를 갖지 못했다. '전쟁범죄'의 경우에는 비교적 문제가 적었다. 왜냐하면 이미 1864년에 제정된 "제1차 제네바 협약"과 1899년에 제정된 "헤이그 육전규칙"에 의해 전쟁범죄는 범죄로 규정되었기 때문이다. 그러나 이렇게 명확한 실정법적 근거를 가졌던 전쟁범죄의 경우에도 문제가 전혀

2003), 30쪽을 따랐다.
40 P. Steinbach, 앞의 논문, 35쪽.
41 P. Steinbach, 앞의 논문, 35쪽.
42 P. Steinbach, 앞의 논문, 35-36쪽.

없는 것은 아니었다. 예를 들어 독일군뿐만 아니라 연합군 역시 제네바 협약에 위반한 행위를 저지르기도 했기 때문이다.[43]

이에 반해 '인도에 반한 죄'라는 범죄혐의는 뉘른베르크 전범재판에서 본격적으로 등장한 것이었다. 따라서 이에 관한 실정법적 근거는 아직 존재하지 않은 상태였다. 기껏해야 초실정법적인 자연법을 근거로 삼을 수 있을 뿐이었다. 그런데도 '인도에 반한 죄'의 범죄혐의성 및 이의 처벌 필요성은 그 어느 때보다도 명확했다. 왜냐하면 나치가 자행한 유대인 집단학살이나 동부전선에서 슬라브 민족 및 집시를 대상으로 하여 조직적·체계적으로 자행된 살해행위 등은 이미 여러 증거에 힘입어 그 진실성이 뚜렷했기 때문이다. 그래서 뉘른베르크 전범재판은 다음과 같은 방식으로 이 문제를 피하려 했다. '인도에 반한 죄'는 전쟁범죄와 직접 연결된 것으로, 이는 전쟁을 수행하기 위한 일종의 준비절차이자 수단이었다는 것이다(뉘른베르크 국제군사법원에 관한 규약 제6조 c). 이 논증을 통해 뉘른베르크 전범재판은 '인도에 반한 죄'를 둘러싼 실정법적 문제를 피하려 하였다. 그러나 이 경우에도 여전히 문제는 남는다. 이 논증을 통해 전쟁이 발생하기 이전에 자행되었던 유대인 및 소수민족에 대한 박해를 처벌하고자 하는 것은 분명 소급효금지 원칙에 반하는 것이기 때문이다.

가장 큰 법적 문제는 '평화에 반한 죄', 즉 침략전쟁이 과연 형법으로 처벌할 수 있는 범죄인가 하는 점이었다. 왜냐하면 그 당시의 국제법적 근거에서 보면 침략전쟁을 국제법상 범죄로 파악하는 규정이 아직 분명하게 존재하지는 않았기 때문이다. 물론 이미 켈로그−브리앙 조약에서는 침략전쟁을 위법한 것으로 규정하고 있었다. 그렇지만 이미 지적한 것처럼 켈로그−브리앙 조약은 과연 무엇이 방위전쟁이고 무엇이 침략전쟁인지 분명하게 확정하지 않았다. 또한 침략전쟁을 위법한 것으로만 규정하고 있었을 뿐 이것을 국제법상 범죄로 파악

---

[43] 1945년 1월 12일 소련 붉은 군대가 독일에 대공세를 감행할 때 소련 붉은 군대는 일종의 보복으로 많은 민간인 독일 여성을 강간하였다. 이에 관해서는 G. Knopp, *Der Sturm. Kriegsende im Osten* (Berlin, 2004) 참고. 또한 1998년에 서거한 독일의 사회학자 니클라스 루만은 서거하기 얼마 전 라디오에서 행한 대담에서 자신이 포로 생활할 당시 연합군 측에서도 수시로 제네바 협약을 위반하는 경우가 많았음을 토로하였다. 이에 관해서는 W. Hagen (Hrsg.), *Warum haben Sie keinen Fernseher, Herr Luhmann?* (Berlin, 2005), 14쪽 아래.

하지는 않았다. 나아가 사실관계의 측면에서 볼 때 연합군 승전국 가운데 한 국가인 소련이 독일과 함께 폴란드를 침공하였다는 점을 고려하면 '평화에 반한 죄'라는 범죄혐의는 이를 실제로 적용하는 과정에서도 문제가 있었다. 과연 어떤 근거에서 소련은 이 범죄혐의에서 자유로울 수 있을까? 바로 이와 같은 근거에서 가령 당대의 공법학자이자 엄격한 법실증주의자이면서 동시에 그 자신이 유대인으로 나치독일에서 망명하기도 했던 한스 켈젠은 법실증주의의 관점에서 뉘른베르크 전범재판을 비판하였다.[44] 또한 반대로 나치에 협력한 공법학자이자 정치학자인 칼 슈미트는 '평화에 반한 죄'는 연합군이 새롭게 창조해낸 것으로, 이는 죄형법정주의에 반하는 것이라고 공격하였다.[45] 이러한 까닭에 뉘른베르크 전범재판은 심지어 "승리자의 재판정"(Tribunal der Sieger)이라는 비판을 받기도 하였다.

3) 범죄혐의의 증명

뉘른베르크 전범재판의 재판부는 위에서 언급한 세 가지 범죄혐의를 증명하기 위해 통상의 형사절차와 마찬가지로 증인신문, 피고인신문 등과 같은 절차를 거쳤다. 이 과정에서 검찰 측은 가령 '인도에 반한 죄'를 증명하기 위해 악명 높았던 아우슈비츠 수용소를 비롯한 여러 수용소에서 학살당한 유대인의 모습을 담은 기록영화를 증거방법으로 상영하였다. 또한 첫 번째 범죄혐의인 '평화에 반한 죄'를 증명하기 위해 제2차 세계대전 당시 전세를 바꾸는 데 결정적 기여를 한 스탈린그라드 전투에서 독일 제6군의 군사령관으로 독일 국방군을 이끌고 소련에 항복했던 파울루스(Friedrich Paulus) 육군원수를 증인으로 세우기도 하였다.

3. 재판결과

거의 1년 가까이 뉘른베르크 전범재판을 이끌어온 재판부는 피고인들에 각각 다음과 같은 판결을 하였다.[46]

---

44 R. Merkel, 앞의 논문, 509-510쪽.

45 S. Kadelbach, "Bellum iniustum - nullum crimen? Carl Schmitt und der Angriffskrieg", in: *RJ* 14 (1995), 550쪽 아래 참고.

46 P. Steinbach, 앞의 논문, 40-41쪽 참고.

먼저 세 명의 피고인, 즉 바이마르 공화국 시절 수상이었던 프란츠 파펜 (Franz Papen)과 초기 제국은행장 및 제국경제장관을 역임했던 할마르 샤흐트 (Hjalmar Schacht) 그리고 선전부 편집부장이었던 한스 프리체(Hans Fritzsche)는 무죄를 선고받았다.

다음 해군대장이자 히틀러의 후계자로 제국대통령을 역임한 칼 되니츠, 외무부장관 콘스탄틴 폰 노이라트(Konstantin von Neurath), 제국청소년지도자였던 발두어 폰 쉬라흐(Baldur von Schirach) 및 군수장관이었던 알버트 슈페어는 각각 10년에서 20년의 형을 선고받았다.[47]

나아가 제국경제장관이었던 발터 푼크(Walter Funk), 히틀러의 대리인이었던 루돌프 헤쓰(Rudolf Heß) 그리고 해군대장 에리히 레더(Erich Raeder)는 종신형을 선고받았다.

마지막으로 점령지역 총독 한스 프랑크(Hans Frank), 육군대장 알프레드 요들, 제국안전청 및 안전경찰청장 에른스트 칼텐브룬너(Ernst Kaltenbrunner), 국방부 총사령관이자 육군원수 빌헬름 카이텔, 제국내무부장관 빌헬름 프릭(Wilhelm Frick), 헤르만 괴링, 반유대 선동자로 악명 높았던 국가사회주의 독일노동자당 대관구지도관(Gauleiter) 프랑켄스 율리우스 슈트라이허(Frankens Julius Streicher), 오스트리아 총독이자 네덜란드 점령지역 전권대사 아르투어 슈파이스-인크봐르트(Arthur Speyß-Inquart), 노동동원 수석대표 프리츠 사욱켈(Fritz Sauckel), 나치 인종이데올로기 제공자로 악명 높았던 동부 점령지역 제국장관 알프레드 로젠베르크(Alfred Rosenberg) 그리고 제국외무부장관 요아힘 폰 리벤트로프(Joachim von Ribbentrop) 이렇게 모두 11명의 피고인은 교수형 선고를 받았다. 이들은 뉘른베르크 전범재판이 종결된 직후 곧바로 교수형에 처해졌다.

다만 괴링은 교수형이 집행되기 직전 비밀리에 미리 준비해둔 극약으로 자살하였다. 그리고 히틀러의 비서였던 마르틴 보르만은 행방불명이 된 채로 재판을 받아 교수형 선고를 받았지만 당시 행방불명 상태였으므로 교수형이 집행되지는 않았다.

---

47 되니츠는 10년 형, 노이라트는 15년 형 그리고 쉬라흐와 슈페어는 각 20년 형을 선고받았다.

4. 재판 이후

이처럼 세 명의 피고인에는 무죄를, 네 명에는 10년에서 20년까지의 자유형을 그리고 다른 세 명에는 종신형을, 마지막으로 나머지 12명에는 교수형을 선고하는 것으로 뉘른베르크 전범재판은 1946년 10월 1일 막을 내렸다. 그러나 이것으로 전범재판이 모두 막을 내린 것은 아니었다. 나치 수뇌부를 피고인으로 한 이 전범재판 이후에도 미국의 주도로 나치의 법률가, 사업가, 의사 집단, 국방군 엘리트 장교, 외교관 및 공무원을 피고인으로 한 모두 12개의 후속 재판이 진행되었다.[48] 그 밖에 소련에서도 독자적인 전범재판이 이미 1943년부터 진행되었고 이외에도 구독일 점령지역에서 독자적인 전범재판이 진행되었다.[49]

5. 뉘른베르크 전범재판의 법철학적·국제법적 의미

뉘른베르크 전범재판은 전반적으로 긍정적 평가를 받는다. 다만 좀 더 상세하게 살펴보면 뉘른베르크 전범재판은 역사적 측면과 법적 측면에서 각기 상이한 평가를 받는다. 역사가들은 전반적으로 뉘른베르크 전범재판의 의미를 긍정적으로 평가한다. 왜냐하면 무엇보다도 뉘른베르크 전범재판을 통해 나치가 암암리에 저지른 만행이 일반 대중에 알려질 수 있었기 때문이다. 이러한 이유에서 뉘른베르크 전범재판은 재판이 진행되던 당시부터 일반 대중에 의해 긍정적인 평가를 받았다.[50] 물론 일부 역사가들이나 저술가들은 뉘른베르크 전범재판을 "승리자의 재판정" 혹은 "나치 독일을 향한 최후의 공격"이라 하면서 그 정당성이나 역사적 의미를 폄하하였다. 홀로코스트를 부인하여 2006년 오스트리아 법원으로부터 유죄판결을 받기도 했던 어빙(David Irving)이 이러한 주장을 하는 대표적인 저술가에 해당한다.[51] 그렇지만 다수의 역사가는 뉘른베르크 전

---

48 G. R. Ueberschär (Hrsg.), 앞의 책, 9쪽(Vorwort). 각각의 재판에 관한 상세한 내용은 G. R. Ueberschär (Hrsg.), 앞의 책, 73쪽 아래 참고.

49 G. R. Ueberschär, "Die sowjetischen Prozesse gegen deutsche Kriegsgefangene 1943–1952", in: G. R. Ueberschär (Hrsg.), *Der Nationalsozialismus vor Gericht*, 240쪽 아래.

50 P. Steinbach, 앞의 논문, 39쪽.

51 D. Irving, *Der Nürnberger Prozeß: Die letzte Schlacht* (München, 1979). 어빙에 관한 재판에 대해서는 이재승, 『국가범죄』(앨피, 2010), 558–564쪽 참고.

범재판을 긍정적으로 평가한다. 이와 달리 법적 측면에서 뉘른베르크 전범재판은 많은 논란을 불러일으켰다. 가장 근본적으로 문제가 되는 점은 "과연 전쟁의 승리자가 전쟁의 패배자를 승리자의 이름이 아닌 정의의 이름으로 재판하고 처벌할 수 있는가?" 하는 것이다. 다시 말해 전범재판을 법적으로 근거 지을 수 있을까? 특히 전쟁의 가능성과 한계에 관해 여전히 논란이 벌어지는 오늘날의 상황에서 볼 때 침략전쟁을 독자적인 범죄로 파악한 뉘른베르크 전범재판은 여전히 법적 측면에서 생각할 거리를 던진다.[52]

그렇지만 바로 이러한 뉘른베르크 전범재판 덕분에 침략전쟁이 종교적·도덕적으로뿐만 아니라 법적으로도, 다시 말해 일종의 범죄로 위법화될 수 있었음을 긍정적으로 평가할 수밖에 없다. 오늘날에도 여전히 국제법은 한 국가가 정당하게 전쟁을 수행할 권한을 가진다는 점을 인정한다 하더라도 뉘른베르크 전범재판을 통해 정당한 전쟁의 가능성과 범위가 법적 측면에서 분명하게 획정될 수 있게 된 것이다.[53]

Ⅳ. 전쟁 개시의 가능성과 한계에 관한 새로운 문제

1. 침략전쟁의 범죄화

비록 논란이 전개되기는 하였지만 뉘른베르크 전범재판 이후 정당한 이유나 절차 없이 다른 국가에 전쟁을 개시하는 행위는 '평화에 반한 죄'로, 즉 '침략전쟁'으로 취급받게 되었다. 이는 무엇보다도 1998년 7월 17일에 채택되고 2002년 7월 1일부터 발효된 "국제형사재판소 규약"(The Rome Statute of International Criminal Court), 이른바 '로마조약'을 통해 실정법상 개념으로 자리매김하였다. 가령 로마조약 제5조는 국제형사재판소의 관할 대상범죄를 규정하는데 여기에는 '침략범죄'(crime of aggression)가 '집단살해죄'(crime of genocide), '인

---

52 K. Doehring, *Völkerrecht. Ein Lehrbuch* (Heidelberg, 1999), 239쪽 아래.
53 K. Doehring, 위의 책, 239쪽: "만약 현재 존재하는 국제법에 따르면 '전쟁법'이 존재하지 않는다고 주장한다면 이는 정확하지 않은 주장이다. 왜냐하면 방위전쟁은 분명 적법하기 때문이다. 침략전쟁만이 국제법에 반하는데 그러나 이 개괄적 주장 자체도 (…) 섬세하게 세분화해야 할 필요가 있다."

도에 반하는 죄'(crimes of humanity), '전쟁범죄'(war crimes)와 더불어 관할 대상 범죄로 규정되었다.[54] 그러므로 오늘날 정의롭지 못한 전쟁은 침략전쟁으로서 국제형사재판을 거쳐 처벌될 수 있다.[55]

얼핏 보면 이제 로마조약을 통해 정의로운 전쟁에 관한 문제, 달리 말해 전쟁 개시에 관한 문제는 상당 부분 해소된 것처럼 보인다. 왜냐하면 침략범죄 가 아닌 방위전쟁인 한 그리고 합법적 절차를 거친 한 그 전쟁은 정의로운 전 쟁으로 평가될 수 있기 때문이다. 이와 반대로 정당한 이유와 절차를 거치지 않 은 침략전쟁이 일종의 범죄로 규정되면서 이를 통해 불필요한 전쟁을 억제할 수 있는 일반예방적 효과를 도모할 수 있게 된 것처럼 보인다. 그러나 이 문제 를 좀 더 면밀하게 따져보면 정의로운 전쟁에 관한 문제가 오늘날 새로운 형태 로 등장하고 있음을 발견할 수 있다.

2. 정당한 전쟁 개시의 한계 선상에 놓인 문제

(1) 침략전쟁과 방위전쟁 구별의 어려움

우선적으로 실제 전쟁 개시 상황에서 침략전쟁과 방위전쟁을 구별하기가 쉽 지 않다는 문제를 지적할 수 있다. 이러한 사례는 숱한 전쟁사 속에서 쉽게 찾아 볼 수 있다. 가령 제2차 세계대전의 시발점이 된 나치독일의 폴란드 침공 당시 히틀러는 자신들이 먼저 폴란드를 침략한 것이 아니라 폴란드군의 공격에 맞서 대응한 것에 지나지 않았다고 주장한다. 물론 이와 같은 문제는 이론적 차원의 문제가 아니라 실제적 차원의 문제, 달리 말해 소송절차상 사실인정에 관한 문제 이므로 엄격한 증거조사 및 증명에 힘입어 당해 전쟁이 침략전쟁인지 아니면 방 위전쟁인지 가려낼 수 있을 것이다. 이보다 더 어려운 이론적 문제는 이른바 '선 제 방어전쟁론'에서 찾아볼 수 있다. 공동체주의 철학자 월저 역시 지지하는 선제 방어전쟁은 비록 '방어전쟁'이라는 개념을 사용하기는 하지만 적국을 먼저 공격 하는 형태를 취한다는 점에서 외형적으로는 침략전쟁과 구별하기 쉽지 않다.[56]

---

54 이에 관한 상세한 내용은 김영석, 앞의 책, 89쪽 아래 참고.
55 로마조약 제77조. 로마조약의 번역 전문과 원문은 김영석, 앞의 책, 243쪽 아래('부록') 참고.
56 정태욱, 앞의 논문, 177쪽 아래.

물론 이를테면 월저는 선제 방어전쟁에 관한 요건을 상세하게 제시하기는 하지만, 여러 상황 요소들이 복잡하게 얽혀있는 실제상황에서 특정한 전쟁이 선제 방어전쟁인지 아니면 침략전쟁인지 구별하는 것은 쉽지 않다.[57]

(2) 인도적 개입 전쟁

이와 같은 문제는 인도적 개입을 이유로 개시되는 전쟁에서도 마찬가지로 발견할 수 있다. 인도적 개입 전쟁은 불법국가에 의해 인권침해가 조직적·체계적으로 자행되는 경우 이를 막기 위해 다른 국가 혹은 국가들이 이 불법국가에 무력행사를 하는 것을 말한다. 그러나 이러한 인도적 개입 전쟁을 허용할 수 있는가에는 견해가 대립한다. 그 이유는 인권과 주권의 충돌이라는 법철학적 문제에서도 찾을 수 있지만 인도적 개입 전쟁 역시 방어전쟁이 아닌 침략전쟁의 형태를 띤다는 점에서 그 이유를 찾을 수 있다. NATO는 코소보 내전 속에서 자행된 조직적 인권침해를 막기 위해 인도적 개입 전쟁을 수행한 바 있는데 바로 인도적 개입이 가진 이론적 곤란성으로 NATO 개입이 과연 정당한지 논란이 벌어졌다.[58]

(3) 테러억제 전쟁

인도적 개입 전쟁과 유사한 구조를 보이는 것이 바로 테러억제 전쟁이다. 테러억제 전쟁은 말 그대로 테러가 유발할 수 있는 대규모의 인권침해와 국가안전 파괴를 억제하기 위해 예방적으로 수행하는 전쟁을 말한다. 2001년 이후 미국이 아프가니스탄과 이라크를 상대로 개시한 전쟁이 테러억제 전쟁의 성격을 띤다고 말할 수 있다. 물론 이러한 테러억제 전쟁은 선제 방어전쟁과 인도적 개입 전쟁의 성격을 복합적으로 지닌 경우가 많다. 얼마 전까지 미국을 대표로 한 서방 기독교 국가들에 주로 이슬람에 속하는 단체들이 조직적 테러를 자행함으로써 서방세계, 특히 미국은 이러한 '메가테러리즘'에 대항하고자 '세계질서 전쟁'을 세계 곳곳에서 벌였다.[59] 그런데 이 과정에서 미국은 UN 안보리를 거

---

[57] 이를 지적하는 정태욱, 앞의 논문, 183−186쪽 참고.

[58] 독일의 사회철학자 하버마스는 NATO가 코소보에 개입한 것을 옹호한 적이 있는데 이를 둘러싸고 논란이 전개되기도 하였다. 이에 관해서는 주정립, "지구화시대의 인권과 국가주권: 코소보 사태에 관한 하버마스의 논의를 중심으로", 『철학사상』 제19호(2004) 참고.

치지도 않은 채 독자적으로 이러한 전쟁을 개시하였다는 점에서 문제가 아닐 수 없다.

(4) 핵전쟁

마지막으로 핵전쟁 문제를 언급할 수 있다. 핵전쟁이 문제되는 이유는 핵전쟁에서는 해당 전쟁이 침략전쟁인지 아니면 방위전쟁인지가 중요하지 않다는 점에서 찾을 수 있다. 핵전쟁 그 자체는 이러한 구별과는 상관없이 인류 전체를 파멸에 이르게 할 수 있기 때문이다. 물론 법철학자 카우프만에 따르면 기독교 계열의 군드라흐와 같은 일부 학자들은 핵전쟁 역시 정의로운 전쟁이 될 수 있다고 한다.[60] 그러나 핵전쟁 자체가 안고 있는 파멸성에 비추어볼 때 설사 핵무기를 사용하여 방위전쟁을 수행한다 하더라도 이 방위전쟁에는 비례성을 인정할 수 없다고 보아야 한다. 이 점에서 "핵전쟁은 결코 정의로운 전쟁일 수 없고, 핵전쟁은 비윤리적이고, 비기독교적이며, 범죄"라고 한 카우프만의 주장은 타당하다.[61]

V. 평화유지를 위한 몇 가지 방안

1. 국제법을 통한 평화유지의 한계

국제법상 합법성과 정당성을 부여받을 수 있는 전쟁인지가 불확실한 경우가 늘어나면서 국제법을 통해, 국제형사재판소를 통해 평화를 유지하고자 하는 시도도 한계에 부딪힌다. 이는 국제법이 지닌 태생적 한계, 즉 국내법과는 달리 국가적 관철가능성을 갖지 않고 국제정치적 상황과 논리에서 자유롭지 않다는 한계 때문에 더욱 가속화된다. 더군다나 이념대립에 기반을 둔 냉전이

---

59 이에 관해서는 구춘권,『메가테러리즘과 미국의 세계질서전쟁』(책세상, 2007) 참고.

60 아르투어 카우프만, 앞의 책, 534-539쪽.

61 아르투어 카우프만, 앞의 책, 540쪽. 참고로 국제사법재판소(ICJ)는 1996년 7월 8일 '핵무기 사용의 위법성'에 관해 다음과 같은 권고적 의견을 표명한 바 있다. 핵무기를 사용하는 것은 원칙적으로 국제법규범 및 국제법의 일반원칙에 반한다는 것이다. 그러나 국제사법재판소는 개별적·구체적 상황에서도 핵무기를 사용하는 것이 과연 위법한 것인지에는 판단을 유보하였다. 그러므로 핵무기를 사용하는 것이 '절대적으로' 금지되는가는 여전히 불분명한 상태로 남아있다고 말할 수 있다. 이에 관해서는 이용호, 앞의 책, 216쪽 아래 참고.

종전을 거둔 이후 각 국가 간의 합종과 연횡이 심화되면서 그리고 자국의 이익에 따라 공공연하게 국제법을 무시하는 강대국의 행태 때문에 국제법으로 평화를 유지하고자 하는 노력은 그리 성공할 것으로 보이지 않는다. 물론 그렇다고 해서 국제법이 엄연히 법규범의 일종이라는 점을 부인할 수는 없다.[62] 그러나 전쟁 문제 등에 국제법이 현실적으로 한계를 보인다는 점 역시 부인할 수는 없을 것이다.

2. 평화유지를 위한 몇 가지 방안

국제법을 대신하여 또는 국제법을 넘어 전쟁을 억제하고 평화를 유지할 방안은 없는 것일까? 이러한 근본적인 물음에 필자가 이 책에서 당장 적절한 해법을 제공하는 것은 불가능하다고 생각한다. 그 대신 아래에서는 필자가 생각하는 방안 몇 가지를 간략하게 그야말로 스케치하듯이 제안하는 데 그치고자 한다. 필자는 이러한 방안으로 크게 예방적 방안, 전쟁 개시 직전의 방안, 사후적 방안을 고려할 수 있다고 생각한다.

(1) 예방적 방안: 초국가적 조직과 법의 가능성

국제법, 특히 국제형사재판소를 통해 평화를 유지하는 것이 여러 면에서 한계에 직면한다면 우선적으로 이와는 다른 방법으로 평화를 유지하는 방안을 모색해야 한다. 국제형사재판소에 의존하여 평화를 유지하고자 하는 것은 일종의 사후적 방안에 해당하므로 사전적으로 국제적 분쟁이 발생하지 않도록 모색할 필요가 있다. 칸트가 영구평화를 위해 세계국가를 구상한 것처럼 전 세계적인 평화유지를 위해서는 사후적 방안이 아닌 사전적·예방적 방안을 고려해야

---

62 1세대 국제법학자였던 박재섭 교수는 다음과 같이 국제법도 법규범이 될 수 있다는 점을 인상 깊게 주장한다. "국가에서는 구성원 사이의 폭력금지의 전제가 되는 것이 확립되었고 국제사회에서는 그렇지 못하다는 것이 너무 과대시되고 국제법에서의 전쟁금지는 공문화(空文化)된 것이라는 주장은 삼가야 할 것이다. 이러한 주장에는 법은 현실과 꼭 부합되어야 한다는 그릇된 주장이 잠재하고 있다. 그뿐 아니라 우리가 세계 모든 국가들을 총괄하여 보면 무력에 의한 법질서의 교란 또는 전복이 빈번히 일어나며, 질서가 잘 잡힌 국가 내에서도 다양한 폭력사태가 발견되고 있음에도 불구하고 국내법에서는 일반적으로 폭력의 행사가 금지되었다는 것을 부인하는 자는 드물다." 박재섭, 앞의 책, 9쪽.

한다.

그러면 평화를 유지하기 위한 가장 근원적 해결책은 모든 국가에 구속력을 가지는 세계국가를 만드는 것일까? 그러나 UN의 경험이 시사하는 것처럼 현실 적으로 전 세계의 국가를 통합할 수 있는 국제연합형태가 아닌 세계국가를 창 설하는 것은 거의 불가능해 보인다. 그렇다고 UN과 유사한 국제기구를 만드는 것도 별 실효성이 없어 보인다. 그래서 필자는 오늘날 전 세계적으로 진행되는 세계화와 더불어 찾아볼 수 있는 흐름인 '초국가주의'에서 한 가지 해결방안을 모색하고자 한다. 초국가주의는 세계화와 마찬가지로 전 세계를 대상으로 하면 서도 동시에 국가를 기반으로 한 국제주의와는 달리 국가를 넘어선다. 독일의 법사회학자 토이브너는 이러한 초국가주의를 사실적 경향의 차원을 넘어 규범 적인 것으로 파악한다. 예를 들어 토이브너는 국가 단위를 넘어서는 초국가적 공동체의 가능성을 인정할 뿐만 아니라 이들이 자율적으로 생산하는 초국가적 규범을 독자적인 법, 즉 '초국가적 법'으로 파악한다. 토이브너에 따르면 오늘날 WTO나 ICN 또는 FIFA 등은 초국가적 공동체로서 국가공동체와 유사한, 때로 는 국가공동체를 능가하는 역할과 기능을 수행한다. 심지어 토이브너는 인터넷 공동체를 예로 하여 초국가적 공동체가 독자적인 헌법(Verfassung)을 제정할 수 있음을 논증한다.[63] 이에 추가하여 필자는 초국가적 시민운동 공동체 역시 모색 할 수 있다고 생각한다.[64]

이와 같은 초국가적 공동체가 전쟁을 억제하고 평화를 유지하는 데 어떤 역할을 수행할 수 있을까? 우리가 일상적으로 경험할 수 있듯이 분쟁이 가장 쉽 게 발생할 수 있는 경우는 이해당사자들이 두 진영으로 갈라져 팽팽하게 대립 하는 때로 보인다. 다시 말해 다양한 이해관계자들이 '적과 동지'로 명확하게 구 획되는 것에 비례하여 분쟁의 발생 가능성도 그만큼 증가하는 것으로 보인다. 그러므로 가능한 한 분쟁을 억제하기 위해서는 이해관계자들을 좀 더 다원적으 로 분산시킬 필요가 있다. 필자는 이러한 다소 일상이론적 구상을 국제관계에

---

[63] G. Teubner, "Globale Zivilverfassungen: Alternativen zur staatszentrierten Verfassungstheorie", in: Zeitschrift für ausländisches öffentliches Recht und Völkerrecht 63 (2003), 1–28쪽.

[64] 이와 유사하게 초국가적 공론의 가능성을 언급하는 이상돈, 『인권법』(세창출판사, 2005), 142–143쪽 참고.

도 적용할 수 있다고 생각한다. 정치적 이해관계자들을 다원화함으로써 불필요한 전쟁을 억제하는 것이다.

이는 크게 두 가지 방식으로 수행할 수 있다. 첫째는 요즘 진행되는 것처럼 국가들의 이해관계를 다원화하는 것이다. 그러나 이러한 방식은 국가가 여전히 전쟁 수행의 주체가 된다는 점에서 그리 효과적으로 보이지는 않는다. 둘째는 국가가 아닌 초국가적 공동체를 확장 및 다원화하는 방식이다. 국가와는 달리 초국가적 공동체는 아직까지는 군사력을 확보할 수 없다. 그러므로 초국가적 공동체가 직접적으로 전쟁을 개시할 수는 없다. 반면 초국가적 공동체는 각 국가에 비군사적 압력을 행사할 수는 있다. 이러한 초국가적 공동체의 정치적 이해관계를 다원화하면, 전 세계적인 정치적 이해관계도 다원화할 수 있고 이를 통해 대규모의 전쟁은 억지할 수 있으리라 추측해본다.[65] 말하자면 다원화와 경쟁을 통해 평화를 유지하는 방안이다. 이는 어찌 보면 "힘들을 상호간에 견제시킴으로써, 한편이 다른 편의 파괴적 작용을 중지시키거나 지양시키는 권력분립적 양식",[66] 다시 말해 칸트가 강조한 '공화주의적 헌법'의 이념을 다른 방식으로 구현한 것이라 말할 수 있다.

(2) 전쟁 개시 직전의 방안: 인도적 개입에 대한 사법적 심사

그러나 이해관계를 다원화한다 하더라도 경우에 따라서는 전쟁이 발발할 수밖에 없는 때가 존재할 것이다. 무엇보다도 예방적 방어전쟁이나 인도적 개입 전쟁, 테러억제 전쟁 등이 그러한 예에 속할 것이다. 그 가운데서도 인도적 개입 전쟁이나 테러 억제 전쟁 등은 성격상 반대하기가 쉽지 않아 보인다. 그렇지만 문제는 과연 당해 전쟁이 인도적 개입을 위한 전쟁인지가 그리 명확한 것은 아니라는 점이다. 왜냐하면 실제로는 대부분의 전쟁에서 국가들은 자신의 전쟁이 침략전쟁이라는 점을 명시적으로 선언하면서 개시하지는 않기 때문이다. 그 반대로 대부분의 전쟁은 특히 최근 들어 인도적 개입이나 테러억제 등을 명분으로 하여 개시된다. 이러한 근거에서 당해 전쟁이 겉으로만 인도적 개입

---

[65] 물론 이로 인해 국지적 전쟁이 더욱 발발할 가능성도 배제할 수는 없다. 현대 세계가 지닌 엄청난 복잡성 때문에 미래를 정확하게 예측하는 것은 불가능하다. 우리의 미래는 언제나 열려 있다.
[66] 아르투어 카우프만, 앞의 책, 541쪽.

인지 아니면 실제로도 그런지를 판단해야 하는 것이 중요한 문제로 등장한다.

현재까지 이 문제는 UN 안전보장이사회가 처리하는 것으로 보인다. 그러나 여러 상황이 보여주듯이 정치적 논리 때문에 UN 안전보장이사회가 이 역할을 제대로 수행하는 것으로 보이지는 않는다. 그래서 필자는 이 문제를 좀 더 현실적으로 풀기 위해서는 특정한 국가가 인도적 개입이라는 이름 아래 전쟁을 개시하기 직전에 이 전쟁의 정당성을 판단할 수 있는 사법적 장치를 만들어야 한다고 생각한다. 인도적 개입에 관한 문제를 정치적으로 풀어가는 것은 현재로는 쉽지 않아 보이므로 오히려 이를 법적으로 풀어갈 수 있는 법적 장치를 강구하는 것을 고려해볼 수 있다. 구체적으로는 다음과 같은 법적 장치를 생각해볼 수 있다. 예를 들어 민사분쟁에서 본안소송에 들어가기 전에 당사자가 자신의 권리나 지위를 보호하기 위해 가압류나 가처분을 구하는 것처럼, 특정 국가가 인도적 개입 전쟁을 개시하기 직전에 관련 국가들이 이 전쟁의 정당성을 긴급하게 판단해줄 것을 초국가적 법원에 요청할 수 있도록 하는 것이다. 그러면 법원은 신속한 재판절차를 통해 그리고 그때까지 확보된 증거를 바탕으로 하여 당해 전쟁이 인도적 개입 전쟁으로서 또는 테러억제 전쟁으로서 정당한지를 판단하는 것이다. 필자는 이러한 역할을 국제형사재판소에 부여하는 것이 어떨까 생각한다. 물론 국제정치적인 역학관계 및 논리 때문에 이러한 구상이 실제로 실현될 수 있을지에는 의문이 없지 않다. 그러나 정치적 논리에 의해 작동하는 그리고 강대국이 거부권을 행사할 수 있는 UN 안보리보다는 사법적 논리에 좀 더 충실할 수 있는 국제형사재판소에 이러한 역할을 부여하는 것이 인도적 개입 전쟁이나 테러억제 전쟁의 인정 범위를 명확히 하는 데 더욱 도움을 줄 수 있다.

(3) 사후적 방안: 국제형사재판소의 실질화

전쟁이 종결된 이후의 관계를 염두에 두는 사후적 방안에서는 아무래도 국제형사재판소가 비중 있는 역할을 수행할 수밖에 없을 것이다. 전쟁 종결 이후 이해관계자들의 요청이 있는 경우 국제형사재판소는 당해 전쟁이 정당한지, 합법적인 요건과 절차를 밟은 것인지 판단해야 한다. 그러나 국제법이 안고 있는 현실적 한계로 국제형사재판소가 이러한 역할을 제대로 수행할 수 있을지에는 의문이 없지 않다. 바로 그 때문에 필자는 국제적인 평화를 유지하기 위해서는 사후적 방안보다 사전적 방안이 더욱 중요한 의미를 가진다고 생각한다.

사항색인

인명색인

저자 소개

양천수 교수는 고려대학교 법과대학을 졸업하고 같은 대학교 대학원에서 이상돈 교수의 지도로 법학석사 학위를 취득하였다. 태광그룹 일주학술문화재단의 장학금을 받고 독일로 유학을 떠났다(11기). 독일 프랑크푸르트대학교 법과대학에서 독일의 유명한 사회철학자 하버마스(Jürgen Habermas)의 제자인 클라우스 귄터(Klaus Günther) 교수의 지도로 법학박사 학위를 취득하였다. 2006년 9월 1일부터 영남대학교 법학전문대학원에서 기초법 전임교수로 학생들을 가르친다.

『부동산 명의신탁』(2010), 『서브프라임 금융위기와 법』(2011), 『법철학: 이론과 쟁점』(2012, 2017, 2022)(공저), 『민사법질서와 인권』(2013), 『빅데이터와 인권』(2016), 『법과 진화론』(2016)(공저), 『법해석학』(2017), 『현대 법사회학의 흐름』(2017)(공저), 『제4차 산업혁명과 법』(2017), 『디지털 트랜스포메이션과 정보보호』(2019)(공저), 『공학법제』(2020)(공저), 『유기천형법학연구: 유기천의 형법연구방법론(Ⅱ)』(2020)(공저), 『인공지능 혁명과 법』(2021), 『코로나 시대의 법과 철학』(2021)(공저), 『삼단논법과 법학방법』(2021), 『데이터와 법』(2021)(공저), 『단체의 법이론』(2022), 『책임과 법』(2022), 『디지털 전환 시대의 법이론』(2023)(공저)을 포함한 다수의 저서와 논문을 집필하였다.

제1회 북악법학학술상과 단국대『법학논총』최우수논문상, 제1회 한국법학교수회 학술상을 수상하였다.

인권법이론

초판발행	2023년 7월 30일
지은이	양천수
펴낸이	안종만·안상준
편 집	이승현
기획/마케팅	장규식
표지디자인	Benstory
제 작	고철민·조영환
펴낸곳	(주) **박영사**
	서울특별시 금천구 가산디지털2로 53, 210호(가산동, 한라시그마밸리)
	등록 1959. 3. 11. 제300-1959-1호(倫)
전 화	02)733-6771
f a x	02)736-4818
e-mail	pys@pybook.co.kr
homepage	www.pybook.co.kr
ISBN	979-11-303-4459-1 93360

정 가   29,000원